人·與·法·律

逃避人性
噁心、羞恥與法律

Hiding from Humanity

Disgust, Shame, and the Law

瑪莎·納思邦（MARTHA C. NUSSBAUM）著

方佳俊　譯

〈出版緣起〉

爲中國輸入法律的血液

何飛鵬

　　衡諸中國歷史，法治精神從未眞正融入政治傳統，更遑論社會倫理和國民教育。現代國家以人民爲「理性之立法者」的立憲精神，在台灣顯然是徒具虛文。法律和國家的基本精神一樣遭到政客和商人的任意蹂躪，國家公器淪爲權力鬥爭的手段，司法尊嚴如失貞的皇后，望之儼然卻人人鄙夷，我們的司法體制眞的與社會脫了節。

　　近年來，台灣正面臨司法改革的轉捩點。然而長期以來，司法啓蒙教育被獨裁者的愚民政策所壓抑，使得國人普遍缺乏獨立判斷的法學教養，在面對治絲益棼的司法亂象時，失去了盱衡全體制度及其社會脈絡的根據。改革之聲高唱入雲，而所持論據卻總是未能切中時弊，不是見樹不見林，就是病急亂投醫，國家之根基如此脆弱，豈不危乎殆哉。

　　司法體制之矮化爲官僚體制，連帶使我們司法人員的教育和考選，成爲另一種八股考試，完全忽視了法律與社會互相詮釋的脈動。學生只知道死記法規和條文解釋及學說，成爲國家考試的機器人；至於法的精神和立法執法的原則卻置之罔顧。如此國家所考選的司法人員知法而不重法，不是成爲爭功諉過

的司法官僚，就是唯利是圖的訟棍。在西方國家裡，法學專家與司法人員由社會菁英與知識份子構成，不惟力執超然公正的社會角色，甚至引導風氣之先，為國家之中堅。在歐洲，在美國，法律的歷史和社會變遷是息息相關的，布藍迪斯（Louis Dembitz Brandeis）大法官曾說：「一個法律人如果不曾研究過經濟學和社會學，那麼他就極容易成為社會的公敵。」我們希望法律人能夠真正走出抽象法律的象牙塔，認真思考社會正義與價值的問題，這才是法的精神所在。

「人與法律系列」之推出，正是有感於法學教育乃至大眾法律素養中的重大缺陷，提出針砭之言，以期撥亂反正，讓法的精神真正在國人心中植根。我們想推薦讀者「在大專用書裡看不到的司法教育」，為我們整個司法環境中出現的問題，提供更開放的思考空間。選擇出版的重點，旨在：（一）譯述世界法學經典；（二）就我國司法現況所面臨的問題，引介其他國家之相關著作，以為他山之石；（三）針對現今司法弊病提出建言。系列之精神在於突破學校現有法律教育之窠臼，致力司法教育與社會教育之融貫。

就翻譯作品部分，計畫以下列若干範疇為重點：（一）訴訟程序與技巧；（二）法律與社會、政治的關係；（三）西洋法理學經典。

卡多索（Benjamin Nathan Cardozo）大法官說過：「法律就像旅行一樣，必須為明天作準備。它必須具備成長的原則。」對我們而言，成長或許是明天的事，但今天，我們期待

這個書系能為中國輸入法律的血液，讓法律成為社會表象價值的終極評判。

　　《人與法律》系列叢書之出版，要感謝司法界和學術界中有志司法改革與教育的各位先進，其中我們必須特別提到蔡兆誠律師，沒有他的推動，是不會有這個書系的。

（本文作者為商周出版發行人）

〈推薦序〉
情感與法律之間關係的論述

李茂生

　　只要上網以簡繁體的網域為限查詢一下Martha Nussbaum，就可以知道這位美國芝加哥大學的教授在華語圈是多麼地有名，不過這也僅限於倫理學或政治哲學的領域，牽涉到法學時，頂多是少數法理學專家會留意到這位女士的存在。慚愧的是，我也是不知瑪莎‧納思邦（Martha Nussbaum）存在的法學研究群的一員。當然我可以藉口說我專研的是大陸法系的刑法學，而輔助性的哲學知識也偏向於歐陸的論述，且人的精力是有限的，若不是我的學生翻譯了這本書並請我寫推薦文（主要可能是因為我的專攻是刑法學），則我可能一生都不會接觸到這位大名鼎鼎的瑪莎‧納思邦女士的論著；不知美國名家的存在一事，實屬非戰之罪。但是這樣的辯解也只會透露出我偏狹的眼界與不用功之處。在看完譯文後，這種羞愧感更加深化，然而不服輸的彆扭又讓我對於本書有著不得不吐的不滿。以下我將忠實地在推薦文中表達我的羞愧與不滿，讀者就將我的羞愧當成是對於瑪莎‧納思邦女士這本書的讚美，並將我的不滿當成是碰到趨近完美者時不完美的人的怨憤即可。

　　瑪莎‧納思邦於本書的起頭開宗明義地論及慾望、情感與

心情這三種人類心理間的區別，並據此將論述限縮在會直接影響法律運作的人類情感。當然，聰明的瑪莎・納思邦沒有直接了當地立即深入她所欲談論的噁心與原始羞恥的情感，反倒是透過一般人較容易理解與接受的「憤怒」，展開情感與法律之間關係的論述。研習過法律的人應該立即會察知，於此所謂的「憤怒」不外就是義憤殺人罪中的「義憤」，並無意中就接受了瑪莎・納思邦所提出的觀點，此即所有的人類情感都會與對於事物的人類評價性認知有關，而這個評價性認知是被建構的（這點牽涉到我對於本書的一點小小不滿）。更巧妙的是，瑪莎・納思邦於討論憤怒時所提出的事例，其實僅是外表與憤怒有關，但實質上卻是與其後她所欲討論的噁心相關的案例。

　　之後的幾章論述，雖然由法律人的觀點而言，可謂是雜亂無章，有時討論立法，有時討論司法程序，甚至稍稍觸及矯治領域，表面上看似毫無章法可言，但事實上這僅是從法律人自以為是的觀點所為的膚淺觀察而已，瑪莎・納思邦於本書中所舉的刑事法的例子都只是些例證而已，其論述的主軸是在噁心與羞恥，而副軸則是差異、排除與污名化。

　　排除弱小、污名化奇特人氏，藉此彰顯與肯認「正常人」的存在一事，是很簡單的道理，人人都會說（我在教監獄學時，幾乎一整個學期都在說這件事情），不過能夠更深入地從精神醫學以及心理學的觀點闡明這種作為的原始根據，則是博學多聞的人才辦得到，而瑪莎・納思邦在本書的論述中正充分地展現了她的才華。她說我們這些健全的人因為懼怕人類的動

物性與必死性，於是產生噁心情感，並將這種情感投射到污穢、不潔的人（或人種）身上，同時我們也懼怕在一些人身上看到自己原初的脆弱性與不完整性，於是強裝堅強（其實是回歸子宮），並把一些依賴性高的人標示出來，排除於社會之外。在看多了傅柯（Michel Foucault）的身體與權力的規訓，以及亞干賓（Giorgio Agamben）的神聖之人、例外狀態等複雜難懂的論述後，這類簡潔的美式論述真的會有令人驚豔的感覺。

或許台灣對於同性戀、人獸交等議題不太熟悉（至少我國沒有將這種行為入罪化，而且就像人獸交的議題一樣，我們立即以簡單一語「學術自由」，即將它打入冷宮），但是在看到最近我們偉大的公民或公僕們對待漢生病患者的粗魯與冷漠後，應該會有些感受吧。而這樣的感受正是瑪莎·納思邦所企求的。

在論完人類的本性後，瑪莎·納思邦並沒有簡單地結束論述，她發揮了美國人樂觀的精神，提出了解決的方案。她說噁心的情感也有正面的意義，這種情感可以讓我們遠離危險，而原始的羞恥感也可以昇華到積極的、反省的羞恥感。據此，瑪莎·納思邦主張應該採取一些救濟的方案，諸如失業救濟、社會福利、反差別對待的法制等等，她期待這些方案能夠讓我們產生細緻的人際溝通，並且讓被我們人類的本性排除出去的「非健全者」得到機會能夠回到社會中。為展開論述，瑪莎·納思邦在最後一章，除再度確認法律規制的限度是彌爾（J.S.

Mill）的傷害原理外，另駁斥彌爾的功利原理以及人本的眞理，而改採羅爾斯（John Rawls）的非眞理的合理選擇論調（雖然在論及女性主義的議題時，她好像也對羅爾斯的議論頗有微詞）。

確實，社會契約論中所討論的參與者是自由平等獨立的，其前提已經排除了不自由、被差別對待以及依賴他人而存活的人，這不外是一個差異與排除的論述，殊不可採，但是細膩的人際關係以及單純的救濟眞的可以取代救贖嗎？眞的可以期待我們將來會容忍不傷害他人的異端（完美的、想像中的人類之外，必然存在的必死的、依賴的人類）存在嗎？

我也曾經在討論死刑問題時，利用了積極的羞恥感，企圖讓人們能夠理解到死刑的荒謬，甚至提出令其他論者嗤之以鼻的極端論調：讓判死刑的司法人員自行去執行死刑。我認爲只有在自己手上結束一個生命時，才會感到深層的、積極的羞愧。不僅如此，我甚至設計了一套不講愛而只講贖罪的少年司法。然而，死刑的暫時停止執行僅是爲了國際觀瞻的利益，而且曾幾何時，那套少年事件處理法已經失去了光環，淪陷在功利的泥淖中。台灣人與美國人都是人，瑪莎・納思邦眞的能夠在處處充滿超人、蝙蝠俠、蜘蛛人等人類的完美性論述，以及崇拜鋼鐵雄師般意志的美國，實現其羅爾斯式的美景？抑或，這只是再一度的吸食鴉片過程？難道二十世紀八〇年代後，刑事政策領域中社會復歸模式已經蕩然無存的事實，對瑪莎・納思邦而言，是個毫無意義的社會事實？再度地強調社會復歸或

再社會化的努力的必要性一事，眞的能改變現狀？

　　誠如瑪莎・納思邦所言，人類的情感是奠基於對於事物的人類評價性認知，而羅爾斯所主張的也不是眞理而僅是合理的選擇。難道這些認識與選擇不是一種建構，一種被語言所支配的創造物？或許傅柯所談論的勞動與性的規訓僅是一種表象，更深層的還有人性的問題，不過人性也是一種語言的產物，所以眞正讓查拉圖斯特拉感到無奈的應該是語言的結構吧。

　　數年前我寫過一篇有關後現代犯罪學的文章，文中介紹了日本的戎橋事件。一個大阪的流浪漢因爲在另一位流浪漢身上看到自己未來的影子，於是將他擲入運河中凍死。當事實眞相公諸於世後，令我無限感慨的是日本法官的良心判決。這位法官在毫無論述的情形下，做出了原諒行爲人、也深刻反省日本現況的結論。他將語言的結構、共同主觀的結構 epoche 起來了，他應該是憑藉著無法用語言表達的純粹主觀，做出了這個充滿了道德意涵的判決（語言）。啊！深層的人性不僅是存在於健全人身上，也同時存在於非健全人的體內，而唯一的救贖或許是透過文學或藝術，甚至是透過無法理解的判決中，所展現出來的、無法用語言表達的奇妙共感。這個共感的發揮或許正是德希達（Jacques Derrida）於《法的力量》（*Force de loi*）一書中，最後所談及的可以與法的暴力對抗的純粹的暴力。

　　奇妙的是，去年我的一位已經畢業多年、而這幾年來幾乎都沒有任何學術上往來的學生也寫了一篇文章，名爲〈灰色靈魂，被害・法律・救贖〉。我評審了這篇文章，並且也因爲這

篇文章的取徑與我上述的文章頗為相似，但內容上卻是比我的文章更加地紮實，所以給了最高的評價。

　　這篇論文以本文敘述文學，用註釋應證法律論述的書寫方式，利用極短的篇幅說明了對於同一事務，文學與法學的敘述上差異以及互通的可能性；手法雖然不見得會被傳統的法學研究者接受，但是只要細心詳讀幾次，相信有心人士會發覺這種對應方式的意見表達，正是彰顯出文學與法學交互排斥但又相互影響的現實。

　　該文大量地簡略引用德國、法國以及義大利三國最先端的哲學家的論述，這會造成閱讀以及理解上的困難度，一般讀者應該是無法理解該文的精義。但這是讀者的問題，而不是作者的問題，終究這類的論文在台灣僅是小眾論述，是無法一般化、普遍化的。以一個小眾的觀點而言，該文的作者成功地表達了法律暴力的現實，然後利用系統論的觀點，巧妙地將現象學中有關共同主觀與純粹主觀的論述，轉化為救贖之途，其中的轉折巧思，令人激賞。

　　該文認為法律暴力排除所有的其他力量，強將人類的思維與行動納入法律系統的二元區分中（該文所舉例子是加害與被害的區分），這會妨礙到人類終極的純粹主觀的作用，妨礙到自我透過對於他者的對應而尋覓（文學上的、真正的）自我的可能性；而法律語言的妥協，亦即修復性司法的創設，其實僅是一種表面上的退讓，事實上並無法大量地提供自我他人在純粹主觀層面進行刺激與思維再製的機會。

　　以上這類的論述，以目前台灣的法律論壇的程度而言，大概也只有該文作者能夠明確地表述出來吧。連我也僅能在刑事責任判斷（該文中所謂的決斷）與司法良心的層面予以論述，而無法將這類的觀點擴張到所有與法律系統運作有關的人（或角色），或許這是因為我無多少的文學素養所致。

　　也正因為如此，當我看到該文作者透過文學作品而將海德格的「現世存在、死亡的不安」與自他的相互刺激與思維再製（自我的發覺或確認）連鎖在一起時，會感到非常不舒服。難道只有針對死亡的議題時，自他才有可能「共振」，亦即雙方都可以互相刺激、互相獨立地自我再製，進而形成一種不可言喻、不用言語的溝通（共振）？雖然該文作者在論述的途中，突兀地將死亡的議題模糊化（本文與註釋的本質上切割），而表明只要自我有過（除死亡外的）類似的人生經驗，則自己的人格的自我再製即有可能發生，但是我於最後仍舊認為這是一種永無止境的期待，而且亦僅是期待而已。

　　雖然我真的不喜歡這篇文章，但是又不得不承認，這篇文章或多或少觸動了少眾的深層悲哀。或許也是因為這種莫名的悲哀，我一直到最近還是寧願一味地將相關論述的可能性寄託在作為權威者、權力者（能將法律的效力予以懸置的人）而存在的「法官」身上。當個縮頭烏龜也無所謂，不然在語言的結構下，「我」要如何愉悅地生存下去？

　　不過，最近終於在態度上有了稍微的軟化。雖然很早就接觸了亞干賓的《神聖之人》（*Homo Sacer*）與《奧許維茲的殘餘

者》（*Remnants of Auschwitz*）等的論述，但是始終無法理解其中有關人的潛在力的論述，所以感受也不是很深刻。一直到最近讀了亞干賓於二○○三年所書寫的《開展：人類與動物》（*The Open: Man and Animal*）的日譯本後，觀點才有所轉變。於《開展》一書中，亞干賓除了再度強調動物性與人性之間的分隔線並不是那麼地明確，其間存在著被人性排除出去，失去法律保障的赤裸裸的生存（神聖之人或動物人），一種「被開展的人性排除於外，但又於外部包攝了內部的人性，且不屬於閉鎖的動物性」的純粹的存在。動物人或神聖之人無法走向任何一個極端（動物或人），而僅能漂流在人性與動物性之間的場域中。在古代，人類透過神話等方式於外部標示出動物人（不是人也不是動物，而是生存於人類的旁邊，被人類愉悅地食用的想像中生物），並藉此而彰顯出人性的特殊性。但是在近代，人們利用了強而有力的「人性機器」，亦即生物學、哲學、政治學等道具，直接從內部建構起人性的內涵。至此，大量被人性所排除出去的神聖之人或動物人即不斷出現，人性機器愈是精緻（在這種意義下，瑪莎・納思邦的細膩的人際關係、互相尊重，甚至於積極的羞恥情感下所產生的憐憫等都是一種人性機器）則神聖之人或動物人就會愈多，當然人類的悲劇也會不斷地大量發生。亞干賓認為只有利用班雅明式的（或胡賽爾式的）中止判斷，將理性與語言這種人性的標竿用括弧括起來，不然根本不會產生救贖。亦即只有「不為」才有可能「有為」（老子說聖人不為大，所以能成其大），只要放棄或限制人性機

器，則人類即可發揮潛在力。

　　小小的一本書，而且是在論述權力者之作爲的《例外狀態》（*State of Exception*）出書前的一年多所出版，簡潔地讓我理解了我的學生的論述，亦即不僅是對於必死性的恐懼的共感，而是對於所有的人性事務，都能進行所謂的超脫語言桎梏的反省。同時《開展》這本書也讓我理解了我所設計的少年事件處理法的盲點，此法的根本應該不在於明示出來的基於積極羞恥感的救濟或基於滿溢而出的情感（滿足感）的愛護，反倒是在於被隱藏起來的基於無爲所達成的人性禁制的懸置；以往我都是兩者並重，甚或較偏好於前者，根本就忘懷了混沌與複雜秩序之間的重點應該在於混沌。

　　瑪莎・納思邦女士的這本書，處處充滿了羅爾斯或哈伯瑪斯（Jürgen Habermas）的樂觀，但是我仍舊應提醒讀者，在讀完這本書，並且充滿幹勁地想要改變這個世界、想要實現積極的政治作爲之前，先停下來。尼采在告別華格納、叔本華，結束前期創作，產出後期的《查拉圖斯特拉如是說》（*Also Sprach Zarathustra*）、《善惡的彼岸》（*Jenseits von Gut und Böse*）以及《道德系譜學》（*Zur Genealogie der Moral*）前，曾寫了一本小書名爲《人性，太人性的：一本獻給自由精靈的書》（*Menschliches, Allzumenschliches*）。或許我們在進入美式樂觀論述後，心中仍舊要保留些許抗拒人性時的悲觀情緒吧。

　　　　　　　　　　　　　（本文作者爲台灣大學法律學院教授）

〈推薦序〉

客觀理性的背後——從人性的剖析到律法的觀照

林志潔

　　二〇〇七年初，我在國立交通大學開設了一門通識課「Love, Sex and Law」，中文課名叫「愛情的法律學分」，我將這門課分為財產篇、婚姻篇、分手篇、性愛篇等主題，就不同議題所涉及的法律進行探討。我的聽眾是一群理工科為主、男生居多、樸實敦厚但沒有任何法學背景的大四學生，我希望這門課能讓他們在踏出校園前，對愛情、性以及相關的法律具備基礎的認識。

　　當我們的主題即將進行至「性交易與法律」的議題時，我預備邀請日日春公娼協進會的工作人員來播放廢公娼及抗爭經過的紀錄片，若有時間，我也打算舉辦一場小型的座談會。然而，就在我向學生宣布此計畫的隔週，一張未署名的便條紙從教務長室轉到通識中心主任，又從通識中心主任轉到我手中，紙上寫著：「教務長您好，本校有門通識課『愛情的法律學分』，老師要請日日春的妓女來演講，讓人感到不適，請教務長轉告老師。」

　　我相信世界上任何一位認真教學、想帶給學生不同觀點的

老師，看到這樣的訊息都不免會心情低落。同事們有的勸我打消此意，因為擔心寫紙條的人會繼續申訴，屆時我將落到得至教評會為自己辯護的局面；至於通識中心和教務長室，則表達支持老師教學及學術自由的理念，不認為我需要做任何處理。我考慮了一天一夜，決定按照原訂計畫請日日春公娼協進會的公娼阿姨來放影片，但我也決定直接在課堂上處理這個「便條紙事件」。我在上課時宣布自己接獲這樣的一種反應，由於紙條未署名，無法確定究竟是否為我的學生，所以我發給每位同學一張紙，請他們寫出對這樣的課程安排的意見，當作一次不記名的實證調查，希望了解同學們的想法。大家都交了，多數的人認為這樣的安排很好，少數貼心的學生還另外寫上對我的鼓勵與安慰。沒有任何人（至少在收回來的不記名的紙條上）覺得這樣的安排會「不適」。課程照常進行，座談也相當成功，同學們從紀錄片與公娼阿姨的故事中，用過去不曾想過的角度重新反省所謂的法律和正義。

在得知商周出版即將出版瑪莎‧納思邦（Martha Nussbaum）教授的《逃避人性》（*Hiding from Humanity*）一書並邀請我寫序時，我立刻聯想到這張無名的便條紙。不論這張紙條究竟是何人所寫，紙條所呈現的想法本身就是一個很好的教材，完全呼應了納思邦教授書中的觀點：羞恥與噁心，不該、但卻往往成為法律規訓及懲罰的源頭。

當台灣的「社會秩序維護法」第八十條做出「罰娼不罰嫖」的選擇時，背後的理由難道僅僅是為了善良風俗的維護？若認

為嫖妓行為該被遏阻，為何處罰的不是在經濟上較為強勢的買方（嫖客），反而是弱勢的賣方（性工作者）？立法者或許不願承認，真正的理由可能是沒有說出口的情緒：和嫖客相較，妓女的存在讓人覺得「不適」──娼妓的身體盛滿不同男人的精液，是種不潔污穢之物，娼妓是一種低等、污名的壞女人，是可恥的行業──所以成為處罰的對象。這種噁心嫌惡的羞恥感，亦即我所接到的便條紙上所謂的「不適」感，恐怕才是罰娼不罰嫖的核心思想。

問題在於：為何一位性工作者會讓人感到「不適」？而這種「不適」是否足以成為處罰某一種行為或族群的正當化事由？

納思邦教授在這本書中，提出有力而清楚的主張：對特定族群的噁心和嫌惡，不應該成為法律懲罰的理由。她先以「情緒與人性」作為開場，挑戰「法律是客觀公平理性」的神話，認為人性與情感往往和法律有著深度的糾結。以政治自由主義和基本善為前提，納思邦教授舉刑法的故意（mens rea）、正當防衛的抗辯（self-defense）與量刑（sentence）為例，呈現出在這些法律原則的思考上，情感所扮演的重要角色。納思邦教授接著運用大量的精神分析、心理學、歷史資料、社會學的觀點，分別說明「噁心」與「羞恥」的概念，並對兩者在法律上該有的省思進行辯證。納思邦教授認為，噁心和憤怒不同，噁心是一種「對自我污染的排斥」的情感，與憤怒所針對「錯誤」和「傷害」不同，噁心雖然能引導我們遠離某些危險，但在法

律上，它只該在某個狹窄的、對身體環境有所危險的法律領域（如公害法），提供某些行為的建構性判準，而不能成為將弱勢團體或個人邊緣化的工具。而「羞恥」也有類似的問題，固然羞恥有時可能在道德上屬於有價值的情感，而在人類社會的發展中扮演某些建設性的角色，但羞恥也容易被多數群體誤用成為對少數壓迫及污名的手段，如對同性戀、娼妓、身心障礙人士予以差別次化的對待，因此我們必須強烈地堅持個體自由的權利，並堅定保障所有公民得到法律的平等保護。

簡言之，納思邦教授主張禁止以噁心作為處罰特定群體的理由，並要求國家要創造援助的環境以保護公民免於羞恥，防弊的方式包括通過禁止人民歧視某特定族群的「反歧視法」（anti-discrimination law），或是制訂「仇恨犯罪法」（hate crime law），將那些出於憎恨的主觀要素而傷害其他族群的行為，加以刑事處罰。誠然，在定義何謂「憎恨的主觀」上並不容易，但納思邦教授認為，區別的重點在於該行為是否因被害人具備某種特質所致，因此，若一個扒手竊取了某個回教徒的錢包，並不因此強化或鼓勵對回教徒的攻擊，那麼被害人雖具有回教徒的特質，但該行為並不屬於仇恨犯罪；反之，若一個犯罪行為直接衝著回教徒（或同性戀、或原住民、或其他移民族群、或性別、或職業）而來，並散布一種攻擊特定族群的訊息，則應被歸為仇恨犯罪而加以禁止，以保護公民應享有的平等尊嚴。

如同德沃金（Ronald Dworkin）的觀察，法律的有效性並

非在其強制性，而是在人民對法律的尊敬與服從，這種尊從的源頭是「權利」，由於權利賦予了法律道德性，使法律產生權威，使人民願意尊重法律、服從法律；而在所有權利中，最重要的便是平等權，由於多數作爲社會的強勢者，往往成爲邊緣化、差異化、歧視化少數的推手，因此國家更須平等地對待每一個人民，使個人享有不受歧視的尊嚴與保障。納思邦教授的論述雖是爲了美國的法律而寫，但在台灣的環境來看，卻也產生極大的意義。每個國家面臨的困境不同，台灣有台灣必須解決的課題。

　　台灣受到長期的殖民，而殖民政府往往先以差異化對待殖民地人民，再以同化主義將母國文化強加在殖民地上，灌輸人民單一的、以母國文化爲主流的價值觀。久而久之，本應充滿海洋多元文化的台灣及台灣人民，逐漸習慣了單一型態的思考以及文化脈絡，處處可見強勢族群主流文化的霸權：戒嚴時期對台灣文化的打壓在政黨輪替後轉變爲對外省族群的攻擊；對外交流開通卻對外籍配偶或勞工不斷貶抑；異性戀者對同性戀的打壓；身心健康者對殘障或疾病者生存需求的漠視；女性的經濟、勞動條件、社會地位、甚至人身安全，長期無法與男性平等，而男性的沙文主義文化，則不時表現在言語文化或是意象中……。當社會的發展已經無法回到一元，但人民的心態仍然停留在一元，噁心與羞恥便很容易成爲標籤化與污名化的工具，如果國家在此時非但未能避免這種將少數人次化的危險，反而利用噁心與羞恥製造對立、污名、階級與所謂的異常者，

這種行爲與殖民政府又有何異？

　　回到便條紙事件。如果寫紙條的人，能夠理解台灣色情行業的發展歷史，了解社會不同階級生活的樣貌，看到所謂的「公娼」是一個眞實存活、站在眼前的女性，就像鄰家的大嬸或阿姨時，有沒有可能會改變他最初產生的「不適」的想像？我認爲有可能。納思邦教授在書中寫道：「如果平等尊重眞的想要獲勝，並指引制度與個體行動者的行爲，一個自由民主體制必須將這種任務承擔起來。」而我認爲，體制是制度性的承擔，教育則是實踐這個承擔的根本。所謂的道德情感不就是從我們的家庭教育、學校教育、甚至職場教育和社會教育所形成的嗎？納思邦教授在最後也寫道：「教育人民憐憫，憐憫在經過良好教育後，可以爲法體系的各個層面提供良好的引導，尤其是涉及闡揚基本權的場合，憐憫可以也通常成爲對於因遭受障礙而功能範圍被削弱的受難者的勇氣及能力的欽佩。」換言之，正因爲有便條紙上面所呈現的想法，所以這樣的課程安排及教育便顯得更爲重要。

　　你可以不同意納思邦教授對政治自由主義的分析，可以質疑人的感情難以如此清楚的區別爲噁心、憤怒、羞恥和仇恨，也可以挑戰所謂仇恨犯罪與言論自由的界線問題。但是不可否認的，納思邦教授開啓了觀察法律的一種新的角度。從人性與心理的層面，解構「理性客觀的法律」背後所蘊藏的情感與投射，讓我們更清楚地發現人的脆弱與規範的動機。噁心和羞恥雖不可能從人類經驗中完全去除（事實上，納思邦教授也並不

做如此的主張），但在法律的界線及國家的政策上，要如何減少噁心和羞恥的入罪化行為，消除滋養歧視、仇視或偏見的環境因素，有效採取反歧視的規範，教育人民與社會建立尊重多元的觀念，都是當前的台灣需要努力的方向。

二○○四年此書剛出版時，我正在與我的博士論文奮戰。由於書中充滿大量的精神分析素材，當時的我費了一番工夫才得吸收。三年後，我已經回台灣任教，很高興商周出版找到好的譯者，將全書完整譯出，讓國內的讀者也能閱讀到這本獲二○○四年美國出版協會法學類專書大賞的經典作品。每個人讀書所得各有不同，對我而言，人性有其不完美之處，人所創造出來的律法亦然，對於這種不完整性的坦白，並非是對人性的攻擊，而是一種反省和追尋高貴情操的動力，是創造一個更好、更自由、更多元的社會的起點，這是此書在我寫作博士論文時給我的最大啟示，也是我至今奉行不渝的信念。希望這本譯著的問世，能帶給法學界不同的新觀點，也期待台灣在反歧視的多元化上，能一日比一日加快。

（本文作者為交通大學科技法律學院特聘教授）

〈推薦序〉

一草一葉的奮鬥：納思邦的另類法律倫理學

陳妙芬

「哪有土，哪有水，哪就長著草。」萬物皆嚮往自由。

而人的自由有限？言論和行動不能自如，唯獨情感無法控制、沒有對錯？

這個生活中我們經常要面對的問題，何其複雜困難！但大多數人（當然也包括法政和社會學者）對之卻無動於衷、輕描淡寫，當然更不可能把它當成重要的學術議題。不過，這個亙古難題在著名美國哲學家瑪莎・納思邦（Martha C. Nussbaum）的筆下，卻成了法學和倫理學辯證思考的起點，她以政治自由主義者自居，一方面批判社群主義的文化中心論，另一方面也企圖擺脫自由主義者客觀和理性論證的包袱，嘗試把心理和人性的精神分析及經驗研究導入法學。

長久以來，凡是談到感性、感情，社會科學理論薰陶下的理性人不是退縮、逃避，就是對之嗤之以鼻——愈難以啓齒、辯駁的，愈受到忽視和壓抑。而眞正令人扼腕的還不是這個，而是一些自許爲自由主義學者的人對感性和感情的過度簡化及扭曲。最常見的自由主義論證，是把人類的性傾向和表現一律視爲私人的感受，主張法律和政治不應妨害個人對於性的自主

選擇，對於猥褻和色情傳播的定義和處罰也必須以此爲度，以避免剝奪人的言論和表現自由。這看似價值中立、客觀的論證，內容其實很空洞，因爲以自由之名，想當然耳地把與「性」有關的所有情感作用劃爲私人的感受，再把這些等同於人格來加以保護，可能說得有理（推論成立），但卻沒有任何實質的依據──究竟與「性」和「人格」有關的諸多事實假設，從何而來？

　　當自由主義者習慣於道德人、理性人的獨白時，經常無法看到形式化推論的盲點所在。所幸近年來，少數女性自由主義學者陸續推出融合精神分析和經驗研究的成果，重新挖掘、詮釋自由主義的人性論，爲日漸走入困局的政治自由主義帶來一種契機。閱讀納思邦的近作《逃避人性》（ *Hiding from Humanity* ），甚至比過去讀另一位美國法學家蔻乃爾（Drucilla Cornell）的《想像的所在》（ *The Imaginary Domain* ）還令人振奮。兩位學者都致力於批判自由主義理論抽象化思考的盲點，蔻乃爾的貢獻在於重新建構「人」的觀念，提出人對於自我的想像並非穩定、一成不變的，相反地，自我想像具有無限可能性（包括性的想像），人的生命際遇、角色和生活種種選擇其實就是個人一生的自我奮鬥和在世的鬥爭，這種鬥爭即便無法在政治和法律中獲得實現，但至少應該被尊重、賦與平等的對待，因此她提出著名的「個人自我形成的必要（最低限度）條件」，以補充羅爾斯（John Rawls）的理性人和基本善的概念。從蔻乃爾於一九九五年發表《想像的所在》以後，十多年來女

性主義運動的人性和性別想像幾乎並未踏出更新的一步，反而有的還走了回頭路。把二〇〇四年納思邦這本《逃避人性》看做是女性主義學者在人性論上的另一力作，並不爲過。不管我個人是否全然同意這兩位自由主義學者的結論，她們的取材和研究方法，在當時確實讓人耳目一新。可惜，台灣自稱自由主義者（男性爲主）的學者們，似乎在處理如此複雜的議題時，竟不約而同地忽視她們的貢獻。

　　話說納思邦的《逃避人性》何以更令人振奮呢？理由很簡單。她是當代最重要的女性哲學家之一，其多產、博學和細膩較諸熟悉的「大師」們有過之而無不及。這還不夠稀奇，過去二十年間，納思邦持續關注「第三世界」（尤其是印度）發展，經年累積她的田野經驗，同時不忘藉此呼籲美國人重視人文教育，鼓勵人們走出英文世界的侷限、培養對世界不同文化和社會的興趣和關注。對她而言，培養想像力是整個人文教育的核心，藉由文化、語言、戲劇、音樂等多方面的接觸涉獵，可以使想像力更豐富，而想像力不只開闊個人的生活，也是幫助思索社會問題之鑰。不難發現，納思邦許多觀點，都與她廣泛的人文學和藝術興趣有關，年輕時的納思邦一度醉心表演工作，也確實當過演員，當她在哈佛大學就讀時，偶然受到英國哲學家伯納德·威廉斯（Bernard Williams）的啓發，發現原來哲學可以涵蓋感性和理性經驗如此之廣後，便毅然決定專注哲學之路。

　　納思邦的寫作從古典希臘哲學、知識論、倫理學、文學到

政治哲學，範圍很廣，發表速度也算快，而且幾乎每一本書都有個人獨特的取徑或創見，近年她的研究甚至已擴展到政治經濟學，與著名經濟學家沈恩（Amartya Sen）在赫爾辛基「世界發展經濟學研究所」的共同研究，以及合作發表有關社會正義和「能力取徑」（capabilities approach）的著作，都受到高度重視。然而，在芝加哥大學法學院任教的她，雖然過去在文章中論及和挑戰羅爾斯、德沃金等人，但在二〇〇四年前卻一直沒有「法哲學」或「法學」的代表作。這本二〇〇四年問世的《逃避人性》是她第一本有系統的法哲學著作，也是中文世界首度翻譯她的作品。加上她在二〇〇五年發表的《正義的邊界》（*Frontiers of Justice*），結合上述幾種研究取徑，激起眾多迴響，說她是當代最重要的女性法哲學家應非過譽。

　　《逃避人性》這本書確實極力為政治自由主義辯護，不過重要的不是辯護成功與否（這樣未免過於狹隘），而是納思邦所提出的人性論是否具有說服力。如果人性論言之成理，情感哲學亦能如真理一般深入人心，那她所要捍衛的立場是否叫做「政治自由主義」，就不是關鍵了。反過來說，政治自由主義者或許該為她努力充實自由主義的「質感」而高興才對。畢竟從一九七一年羅爾斯的《正義論》（*A Theory of Justice*）變成難以超越的經典之後，太多假自由主義之名、而內容貧乏的法律或政治分析，不但容易誤導，又食之無味。納思邦的學術研究反映她本身學習經驗的多樣性，因此不僅廣博，也格外具有活力。她雖然深受父親律師性格的影響，自小耳濡目染，但她卻

認爲自己受母親的影響更大，由於深切感受到自己的母親是個極度不快樂的家庭主婦，納思邦對於女人處於家庭、婚姻、兒女和工作之間的掙扎和犧牲，以及女性地位普遍低落，有切膚之痛，這使她不斷想藉哲學之途，掙脫男性爲主、視情感爲無物的傳統禁錮。她的努力被一些基進派或改革派譏爲「不夠進步」、代表「中產階級女性」，而這多半是因爲納思邦對於自然、宗教、文化差異和人文教育的重視似乎停留在分散的議題討論上，而非對國家和社會結構的根本質疑。的確，這也是自由主義者向來被認爲過於天眞（倘若不是愚昧、媚俗的話），或甚至爲人詬病的地方。

這一類的批評並非毫無道理，但卻很容易陷入「複製」霸權和父權思想的圈套。以《逃避人性》這本書來說，納思邦雖然支持自由主義大師彌爾（John Stuart Mill）提出的「傷害原則」（harm principle）——所有的行爲只要不傷害到他人，都不應被禁止；但是她卻認爲一般人對於傷害原則的定義過窄，以致無法精確掌握彌爾的精神。她重新解釋傷害原則，將人可能受傷的範圍，從身體、財產進一步延伸到情感，同樣地，也把情感視爲足以傷害他人的一種方式，其強度和作用並不亞於物理性的傷害。只要是傷害，就有對與錯。在此先不論納思邦討論的細節，僅就她鉅細靡遺考究和創新詮釋自由主義的精神，就要比化約式的運用批判理論，更具顚覆理論和現實的作用。何以言之？只因這種細膩的分析將理論往前推進一步，把現實制度的非理性和不義，講得無所遁形。

　　對於美國政府和官僚以公共之名，打擊異己、鞏固權力，納思邦的批評毫不隱諱，而比較特殊的是，她認為九一一事件之後，美國政治和法律的一連串保守反動作為，根本就反映了美國從雷根時代以來的保守文化，九一一事件不過是使官僚和主流社會的保守心態無所遁形而已。她以歐威爾（George Orwell）的《一九八四》為喻，痛批美國文化的保守性源於「井底之蛙」的無知與自大，這也是納思邦極力呼籲美國人重視人文教育的原因；不僅要習古，知所不足，還要向異文化學習，豐富想像力和創造力。

　　如果說，在納思邦的心裡，彌爾、盧梭和羅爾斯的理論才是真正的自由主義代表，那麼惠特曼的詩可比為人對於自由的真心嚮往。如草葉一般，人性也是脆弱的，不獨身體如此，情感亦然。我們不應把主觀的情感如噁心、羞恥、猥瑣、忿恨、厭惡、害怕等等加諸在他人身上，以致傷害了他人對自我的信念和肯定，也扼殺了人性溝通的管道，法律尤其不應推波助瀾、濫用公共理性。這是《逃避人性》這本書帶給我們關於法律倫理學的思考起點，誠如納思邦所言，但願我們的社會是一個人性的社會，多少的傷害、恐怖，原來都是「法律製造」、「社會製造」啊。

　　　　　　　　（本文作者為台灣大學法律與社會研究中心副教授）

目錄

噢！我的身體。如你之類，男男女女之中的，我不敢遺棄；如你部分的，我亦不敢遺棄。

我深信，如靈魂的，與他們生死與共，（他們就是靈魂）。

我深信，我的詩，與他們脣齒相依，他們就是我的詩。

——惠特曼，〈歌頌帶電的身體〉，9.129-131

人類並非天生的王公貴族或達官顯要，而是生下來就一絲不掛、一文不名。人類皆要臣服於生命的困苦，必須承受各式各樣的悲傷、疾病、需求與痛楚。最後，還要遭遇死亡⋯⋯正是這樣的弱點讓我們尋求社會結合，正是共同的困苦讓我們的心朝向人性。如果我們不是必然困苦的人類，我們就不需要人性。任何人間的連繫都顯示著人本身是不足的。如果我們每個人都不需要他人，那麼我們就不會想要與他人團結。因此，從我們的脆弱之處，誕生了我們脆弱的喜樂⋯⋯我無法想像一個不需要任何事物的人，他能夠喜愛任何事物。我也無法想像，一個不喜愛任何事物的人，他能夠獲得喜樂。

——盧梭，《愛彌兒》，第四卷

「平等的危機在於，既然我們都只是小孩，那問題來了：父親在哪裡？如果我們之中有人是父親，那我們就知道自己身在何處了。」

——唐納・溫尼科特的病人Ｂ，《抱持與詮釋》

序論

I. 羞恥與噁心：實踐與理論裡的混淆

　　某位加州法官命令一名犯竊盜罪的人穿上一件襯衫，上面寫著：「竊盜重罪，緩刑中。」在佛州，酒醉駕車被逮的人，必須在車子的保險桿貼上「酒駕犯」的標示。好幾個州也有這樣的規定，包括德州與愛荷華州。[1]像這樣以公開羞辱犯人的懲罰方式來取代罰金與徒刑，已經愈來愈常見。

　　傑米・貝魯伯一出生就患有唐氏症。根據身心障礙個體教育法，個體化的教育計畫讓他可以在正規公立學校的教室裡「回歸主流」（mainstreamed）（按：特教用語，指特殊班的學生在部分時間進入普通班參與非學科的活動），即使他必須有個輔導員。老師跟輔導員的任務是確保傑米不必活得像個羞愧而被污名化的人，他的身體狀況也不會成爲別人羞辱的對象。[2]史帝芬・卡爾，一個在阿帕拉契登山道附近遊蕩的流浪漢，當他看到兩名女同志在她們的營地裡做愛時，開槍射殺了她們，一人死亡，一人重傷。他被控一級謀殺罪，審判時，他請求減輕爲普通殺人罪，理由是他對女同志做愛的事感到噁心，而這股無法抵抗的噁心與反感導致他犯罪。[3]

　　一九七三年，一份至今對「猥褻罪」的定義仍然有效的判決意見書裡，首席大法官華倫・伯格（Warren Burger）寫道，

1　例子取自 Kahan (1996) 632，含註。
2　見 Bérubé (1996)，另見 Nussbaum (2000b) 的討論。
3　*Commonwealth v. Carr*, 580 A.2d 1362, 1363-65 (Pa. Super. Ct. 1990)。大致見 Brenner (1995)，另見 Kahan and Nussbaum (1996) 的討論。

猥褻的定義必須與噁心及反感有關聯，而所謂噁心與反感，即系爭行為將在「適用當代社會標準的平均人（average man）」身上引發者。為了使猥褻與噁心的關聯更清楚，華倫做了一個很學術性的註腳，說明猥褻的拉丁文語源 caenum（穢物），並引用數個辭典中以噁心來定義猥褻的解釋（我們將在第三章詳細討論）。4

　　羞恥與噁心在法律裡相當顯眼，正如它們在我們日常生活裡的地位。它們如何及是否應該出現在立法與執法的過程裡？即使在少數的案件採樣裡，這兩種情感的角色似乎也很複雜而難以確定。羞恥罰（shaming penalty）鼓勵了對於罪犯的污名化，要我們視罪犯為可恥的。同時，現今對於殘障人士的待遇，如傑米・貝魯伯的典型例子，則以人類尊嚴和個體性為名，阻卻積習已久的污名化與羞辱。其他先前遭到排斥的群體，如男同志與女同志，在反抗社會污名化的戰爭裡也已經有些許成果。

　　當然，在上述兩種趨勢之間並沒有顯著的矛盾，因為認為殘障並不是他們的錯所以他們不應該被羞辱，和主張罪犯應該受到羞辱，這兩者是一致的。同樣地，認為合意（互相同意）的性行為再怎麼有爭議性也不應該被污名化，和認為傷害他人的人是可恥的，這兩個觀點也沒有什麼矛盾。不過，在支持羞辱式懲罰與關切人類尊嚴（尤其是使邊緣化的群體不再受到污

4　*Miller v. California*, 413 U.S. 15, 93 S. Ct. 2607 (1973).

名化）之間，有著更深層的緊張關係。總而言之，這是在「法律應該羞辱罪人」與「法律應該保護公民的尊嚴免於羞恥」兩個觀點之間的緊張關係。

　　噁心的作用方式也非常複雜。它有時是使某些行為違法的主因，甚至是唯一的理由。依據現行的猥褻法，讀者或觀者是否覺得噁心是定義猥褻時的主要考量。相似的論證也用來支持成人之間合意的同性戀關係是違法的：因為「平均人」一想到他們，就覺得噁心，所以他們是違法的。同樣的理由也用來證成戀屍癖的入罪化；也有人以這樣的理由來反對複製人。在某些已經因為其他理由而違法的行為上，噁心也成為加重罪責的要素：法官或陪審團對謀殺案感到噁心，可能會導致他們把被告列為惡行重大的罪犯。另一方面，噁心也可能扮演減輕罪責的角色。儘管史帝芬・卡爾沒有基於自己的噁心而成功獲得罪責的減輕，還是被判一級謀殺罪，但仍有不少其他罪犯因為類似的辯護而得以減輕罪責。[5]

　　同樣地，這裡似乎也沒有任何矛盾，因為觀者的噁心顯然不同於罪犯的噁心。主張法律應該保護公民遠離讓他們感到噁心的事物，以及主張在暴力行為中無法抵抗的噁心可以成為減輕罪責的要素，這兩者似乎是一致的。然而，這些案例還是給我們留下了不少疑惑，到底噁心的真正角色為何？為什麼它又應該扮演那樣的角色？

5　Mison (1992)。第三章會有更多討論。

　　查閱理論文獻，我們的疑惑只會更多，因爲對於羞恥與噁心應否扮演它們現在的角色，有著許多爭議。甚至，這些角色的支持者與反對者舉著各式各樣不同的論證，而這些論證之間不見得總是互相一致。譬如，某些政治理論家經常爲羞恥罰辯護，認爲它是社會規範的重要表現。這些政治理論家的立場通常被稱爲社群主義者（communitarian），他們在公共政策上支持強勢且相對同質的社會規範。這類懲罰方式的主要代言人丹・卡恩（Dan M. Kahan）以及社會評論家克里斯多福・勒敘（Christopher Lasch）與阿米代・艾齊優尼（Amitai Etzioni）都支持羞恥感的重建，因爲他們認爲社會對於惡習失去了共同的羞恥心，因而也失去了社群的依託。他們辯稱，羞恥罰可以重建我們社群的共同道德感。艾齊優尼有個非常經典的主張說，如果年輕毒販第一次被抓到時，我們就「剃他光頭，讓他沒穿褲子回家」，那麼我們的社會就會變好。[6]同樣的想法甚至不限於犯罪，小威廉・巴克萊（William F. Buckley, Jr.）在一九八六年提出，應該在有愛滋病的男同志屁股上刺青。[7]另一方面，對於公開羞辱，一位有影響力的支持者約翰・布雷斯威特（John Braithwaite）則強調，這類懲罰的目的不應該是爲了污名化與羞辱，應該是爲了幫助罪犯社會復歸。布雷斯威特到底是對同

6　Etzioni (2001, 37).
7　轉引自 Sanders (1989, 183)，他引用的是一九八六年四月十九號《哈特福新聞》（*Hartford Courant*）C6版的一篇文章。不論該文的意圖是要污名化，還是警告愛滋病患者可能的性伴侶，它確實是有污名化的效果。因爲 Buckley 並不主張有愛滋病或其他傳染病的女人、小孩、異性戀男人也應該接受刺青。

一件事採取不同的觀點，還是在談另一套相當不同的法律活動？

　　而反對羞恥罰的人們對於什麼是最好的反對理由也莫衷一是。有些人主張，因爲羞恥罰傷害了人類尊嚴，因此是不適當的。[8] 有些人則主張這類懲罰的問題在於它們構成了暴民正義，因此本質上是不可靠也無法控制的。[9]

　　在目前保護公民免於羞恥的各式各樣的法律活動裡，例如保護隱私權的法律、促進身心障礙兒童的尊嚴的教育法規，當我們思考其理論基礎時，上述關於羞恥罰的爭論就更加難以理解了。一般而言，支持那些法律活動的理由都是自由主義的，他們訴諸典型的古典自由主義理念：在考慮他人的合理要求下，每位公民個體都應該享有盡可能的尊嚴與自尊。[10] 這些理念是否如某些論者所相信的，與羞恥罰是矛盾的？抑或，羞辱與古典自由主義規範之間的緊張只是假象？[11]

　　噁心在理論上也相當令人困惑。在法律裡訴諸噁心，最有名的辯護者就是德弗林勛爵（Lord Devlin）及其保守主義名著《道德的實施》（*The Enforcement of Morals*）。德弗林勛爵主張，平均的社會成員（普通理智之路人〔man on the Clapham omnibus〕）所感受到的噁心，讓我們有強烈的理由將某個行爲

8　　Massaro (1991, 1997), Markel (2001).
9　　E. Posner (2000), Whitman (1998).
10　　Rawls (1971), Bérubé (1996).
11　　譬如 Whitman (1998) 就主張，自由主義傳統並沒有給我們良好的理由支持不應以羞辱來懲罰。另外，Kahan (1996, 1998, 1999) 則相當不同，否認羞恥罰是非自由主義的。

認定爲違法，即使該行爲並沒有對他人造成傷害。他表示，社
會如果不立法來回應其成員的噁心反應，則社會無法保護自
己；每個社會都有權利這麼做以保存其自身（我將在第二章詳
述其觀點）。近來，法理論家威廉・米勒（William Miller）雖
然在各種具體的政策問題上與德弗林勛爵不合，卻支持他的大
致主張。米勒認爲，一個社會對於惡行及不當行爲的憎惡必然
涉及噁心，而且缺乏噁心將無法維持。[12] 噁心的另一個重要角
色則受到另一種觀點支持，這種觀點儘管其實是屬於社群主
義，卻自稱爲「進步主義」。丹・卡恩在他的〈噁心的進步式
應用〉一文中說道，如果自由社會想要根除殘酷的行爲，就需
要建構以噁心爲基礎的法律。卡恩聲稱他的目標是「使珍惜平
等、團結及其他進步價值的人，再度重視噁心」。[13] 儘管「噁
心」的主要支持者常常拿它來捍衛一些就自由主義者看來似乎
很反動的主張，但是我們不能因此就將「這種情感強大的說服
力量拱手讓給政治上的反動者」。

II. 法律無關情感？

　　面對這種混亂的局勢，可能會產生一種反應，認爲反正情
感是非理性的，在建立法律規則時，若太過考慮情感，則一定

12　Devlin (1965), Miller (1987)。米勒或許並不贊同德弗林最著名的主張，亦即禁止同性間合意
　　的性行爲。大致上，他自陳自己反對基於性別或性取向而來的歧視，即使在這方面他少有具
　　體的法律判斷。

13　Kahan (1999).

是錯誤的。這種「法律基於理性而非情感」的老生常談很受歡迎，在電影《金髮尤物》虛構的哈佛法學院裡，還聲稱是出自亞里斯多德。這類的老生常談一直受到自由主義法律思想家的支持，用以回應前面討論到的訴諸情感的想法。[14] 讓我們稱之爲「不要情感」的提議吧。如果我們採取這樣的一般性立場，似乎就克服了上述的理論與實踐的爭論，即使這樣做對於許多根深柢固的社會習俗很難說會有什麼影響。

　　然而，這條捷徑是個錯誤。第一，我們很難想像不訴諸任何情感的法律。第一章會說明，法律無處不考慮人類的情感狀態。犯罪人的心神狀態是刑法絕大部分內容的重要元素。（性侵害、恐嚇勒索等等）被害人的心神狀態常常攸關犯罪的成立，以及如果成立的話，又到什麼程度。甚至，除非我們將情感納入考慮，否則很難理解許多法律活動的理據。對於什麼樣的侵犯是令人髮指的、什麼樣的損害會造成椎心之痛、什麼是脆弱的人類有理由恐懼的等等，如果缺乏大致上共享的觀念，則很難理解爲什麼我們要在乎法律裡某些傷害與損害的類型。

14　像這類法律無關情感的想法似乎是 Dworkin(1977) 所採取的立場，用以反對 Devlin。Dworkin 主張 Devlin 的「道德立場」概念必須接受檢驗。他說，我們只會接受「能夠給出理由的判斷」才是法律的良好基礎，而在這個過程裡，我們會明確地區分理由與情感。「如果我對同性戀的觀點是基於個人的情感反應……你也會拒絕這樣的理由……。其實，正是這樣的立場——對於個人無法理解的事實或狀況產生強烈的情感反應——我們會傾向將之描述爲恐懼或著迷。」（250頁）現在，Dworkin 的確同意，如果一個人能夠爲他的情感反應給出理由，則這樣的理由是可以允許的；但是他主張理由跟情感反應本身是可以區別的。他所稱的「單純情感反應」（250頁），其本身並不爲任何事提供理由。稍後，他重複同樣的論點：「我不可能只是靠單純地表達我的感覺，就能解決任何議題。」（252頁）他總結道，Devlin 的錯誤，就是以爲單純的情感反應足以支持一個道德立場。我很欣賞 Dworkin 的論證，但是他以爲所有的情感只是「單純的情感」，否認情感本身也可能包含良好的理由（包括道德的理由），而將太多東西一併排除了。

亞里斯多德曾說，如果希臘諸神眞如神話所描繪的是全知全能的，不需要食物，也不會受傷，則我們可以想見法律在他們的生活裡毫無立足之地。祂們還需要訂契約、交易等等的嗎？我們也可以說，祂們不需要訂定禁止謀殺、傷害、強暴的法律了。我們人類需要法律就是因爲我們容易遭受各式各樣的傷害與損害。

　而脆弱與情感有密切的聯繫。[15] 情感是對於這些脆弱的範圍的回應，在情感的回應裡，我們記錄了已經受到的、可能受到的、僥倖沒有受到的傷害。爲了明白這點，讓我們想像自給自足、完全不會受到任何傷害及困苦的人。（奧林帕斯諸神還沒到這種地步，因爲祂們愛惜自己在凡間的子女，在神明之間也有爭吵與猜忌，導致各種心靈與身體上的痛苦。）這樣的人毫無理由恐懼，因爲沒有任何發生在他們身上的事眞的是壞事。他們也沒有理由憤怒，因爲沒有任何人會造成他們刻骨銘心的重大傷害。他們也沒有理由悲傷，因爲他們能夠自給自足，所以不會愛自己以外的任何事物，至少沒有人類那種會帶來深刻失落與沮喪的愛。猜忌與嫉妒當然也不會出現在他們的生命裡。

　希臘羅馬的斯多噶學派對這樣的理念多所著墨，要求我們盡可能變成自給自足的人，把所有的情感都消滅殆盡。他們主

15　這些想法在 Nussbaum (2001a) 書中有較詳細的發展，系統性地闡釋情感與信念、情感與價值之間的關係。此處有許多部分必然與該書相關，讀者如果想知道此處提及的諸多問題的詳細哲學論證，務請閱讀該書相關的討論。

張，只要人類拒絕追求掌控之外的事物，即可達成這種不會受傷的想像狀態——而人類所能掌控的就是自己的意志與道德選擇的能力。[16] 只要轉移對於世界的執著和我們認爲有價值的東西，我們也能把自己容易經驗到的情感給轉移掉。儘管很少人會全盤接受斯多噶學派的想法，捨棄自己對世界的執著，但該學派的想法還是可以用來衡量對於世界種種不安定的面向的執著在我們情感生活裡的地位，包括對他人、對物質需求、對社會政治條件的執著。同樣地，它也可以幫助我們衡量諸如恐懼、悲傷、憤怒等情感在我們人生軌道上的地位；我們是脆弱的動物，生存在一個我們無法全然掌控其變化的世界裡。如果我們摒棄所有將我們與世界（斯多噶學派稱之爲外在善）相繫的情感反應，則我們就摒棄了人性的絕大部分，也摒棄了據以解釋我們民、刑法之所以存在及其型態如何的要素。（換言之，了解到對情感的否定如何隱含著對脆弱性的否定，就可以了解脆弱性爲何與如何導出情感。）

正如本書一開始的引文，盧梭在《愛彌兒》中主張，我們的不安感與我們的社交性密不可分，而兩者都源自情感執著的根本傾向。如果我們自以爲是自給自足的神，則我們就無法了解使人類團結在一起的紐帶。缺乏這種理解並非全然無害，而是會產生傷害性的顛倒妄想，正如那些自信超越人世榮枯盛衰的人們，他們會透過階級制度將苦難強加到他人頭上，而他自己卻可惡地無法了解苦難。盧梭曾問：「爲何國王對臣民毫不

16　Nussbaum (1994, chaps. 10-12; 200la, chap. 1) .

憐憫？因爲他們自認不是人類，永遠不會是。」在前述的意義下，憐憫、悲傷、恐懼、憤怒等情感，是提醒我們擁有共同人性的必要寶物。

這樣的情感在法律中扮演兩個既有區別卻又彼此相關的角色。一方面，如果那些情感被想像爲群眾的情感，那麼它們可能證成對於某些行爲的違法認定。因此，在解釋對人與對財產的侵犯爲何普世皆受法律規範時，好的解釋大多會訴諸於公民對這些侵犯的合理恐懼、理性人對它們的憤怒，抑或對於別人遭受侵犯時感到的同情。（其典型可見彌爾〔J.S. Mill〕在《功利主義》〔Utilitarianism〕第五章對法律約束之根據的解釋，他認爲「正義感」的源頭是「自衛的衝動與同情心」。）

另一方面，在解釋罪犯的心神狀態是否具有法律上的重要性時，這類的情感也會出現。當然，罪犯的心神狀態還有很多非情感的要素，如過失、預謀、意圖。在這裡有一種顯著的使用方式，也是我很關心的，將在第一章討論憤怒與恐懼以及之後討論噁心時提及，就是將情感當作減輕罪責的要素：如果犯罪是在「情感境況」下構成的，那麼該犯罪就會被認定爲沒那麼嚴重，甚至一點都不會構成犯罪。譬如，如果一個殺人犯的憤怒被認定爲「理性人」遇到嚴重挑釁時都會有的憤怒，那麼他的可責性可能就會降低。顯而易見，情感在法律裡的這種角色，緊密聯繫到我剛才提及的將法規範正當化的一般性角色。正因爲我們認爲，對某些侵犯行爲的憤怒是合理的，所以我們有法律去規範這些侵犯行爲，而且當有人受到它們的刺激而犯

罪時，他的可責性就會獲得減輕。正因為法律的一個重點就是保護人類免於死亡與傷害（因為對它們感到恐懼是合理的），所以因正當防衛而殺人，在合理恐懼的情境下並不構成犯罪；在強制或脅迫下犯罪，可減輕責任。噁心也同樣具有這種兩面功能：作為公眾的情感，噁心可以正當化某些行為的違法性；作為罪犯的情感，卻可以減輕罪責。在這裡，這兩種角色一樣有緊密的聯繫：正因為我們認為某些噁心是非常合理的，才足以支持某些行為的入罪化，而在罪犯的腦裡如果出現這類噁心時，他的責任則可能會減輕。

　　在功利主義的傳統裡，有些學者勇於主張法律的去情感化。他們的確想像過一種完全不摻雜情感的法體系，只考慮威嚇力量（deterrence），而不考慮罪犯的心神狀態。譬如，在對凶殺案科刑時，我們只需要想：刑罰對該案罪犯及其他潛在罪犯的未來行為，可能會有什麼樣的影響？[17] 我們既不考慮罪犯的心神狀態（包括他的情感），也不考慮心神狀態是否可能減輕可責性。這種觀點（注意，它不只是摒棄訴諸情感而已，因為它連意圖及其他心神狀態都排除了）似乎有很多方面的問題，不只基於公平性而言。一個因為自己的小孩剛剛被殺而殺人的婦女，完全不同於一個預謀殺人者：前者的行為具有相當不同的內在性質。單純的威嚇觀點似乎沒有掌握到這種內在的差異，不論它是否對前者的行為得出與現行法學相同的結論

17　這種取徑的首要例子是 Posner (1990, chap. 5)。他將這種觀點追溯到 Holmes，見他對 Holmes 的選集 (1992, 160-77, 237-64)。

（重刑無法威嚇在衝動下的殺人行為）。同樣地，如果認為在區分不注意與故意、或在區分過失與完全預謀的行為之間，只有威嚇是唯一相關的考慮，這在公平性的基礎上看來就很有問題，即使它所提出的結果可能在表面上（與現行法學）沒什麼重大差異。

　　然而，這種觀點還有更大的麻煩，就是無法履行其承諾。他們一方面排除情感，不想考慮罪犯的心神狀態，卻把它留在另一個更基本的地方，用以解釋為何刑事制裁會存在。（因此像彌爾，儘管他屬於功利主義，卻覺得需要以情感來解釋法律的根基。）如果不解釋為何某些行為是壞的，則無法解釋刑罰的威嚇性角色。而那樣的解釋必然涉及人類的脆弱性以及我們生存發展的權利。但是如此我們就是談到了情感並且給予評價。如果某個犯罪嚴重侵犯了人類的生存及發展，那麼這樣的判斷就蘊含著我們恐懼它，而它也是憤怒的適當標靶。正如我將在第一章深入論證的，這類情感的內容包含了這樣的價值判斷；反過來，一個人也不可能擁有這樣的價值判斷；卻沒有相對應的情感。（一個人可以判斷說死亡對人而言是壞極的事，卻一點也不害怕死亡嗎？我相信不可能，不論一個人如何自認超越恐懼。）因此，功利主義和威嚇論的反情感觀點並沒有完全排除情感的訴求，他們只是反對在罪犯心神狀態的範圍裡訴諸情感而已。而這種反對又顯得奇怪且不公平：如果我們認為恐懼死亡是合理的，因此用以正當化不可殺人的法律，那麼，為什麼恐懼的合理性不應該被用以評估一個人所做的犯罪行

為？

　　如此的考量暗示著，如果一個法體系沒有給某些情感以及在情感上具有合理性的規則提供重要的規範性角色，則這種法體系是殊難想像的，至少完全不會像我們目前所知的任何法體系。這就是反情感論點的第一個困難。其次，這種主張認為所有的情感都是「非理性的」，這種說法本身不但不清楚，也不具有說服力。「非理性」是一個不明確的字眼。它可能意味著「沒有思考」，就像我們說一條魚或嬰兒是「非理性的」（事實上可能是錯的）。就這種意義而言，正如我會在第一章主張的，說所有的情感都是「非理性的」，這話相當沒有說服力。事實上，情感與思考的聯繫非常緊密，包括思考世界上哪些事對我們是最重要的。假設真有一種毫無思考的生物，譬如貝類，我們也不可能可信地說牠具有悲傷、恐懼、憤怒這樣的情感。對於我們所在意的人事物，我們的情感與思考其實是揉合在一起的，有時相當複雜。[18] 舉例來說，悲傷不只是肝腸寸斷，如果我們不去思考那個曾經活靈活現在我們生命中的人已經消失在世界上等等事變，則悲傷折磨人的特質就難以獲得解釋。同樣地，法律中最常訴諸的情感，如憤怒與恐懼，很明顯是充滿思考的。如果我出於恐懼對勒索的人屈服，這種恐懼絕非僅僅是穿過我身上的電流衝動：它之所以令人痛苦，是來自我可能受到傷害的思考，這種思考含於恐懼中。同樣地，如果

18　見 Nussbaum (200la)。同樣的狀況對動物而言也是事實，儘管複雜與精密的程度有異。

我攻擊一個剛剛強暴我小孩的人，我的憤怒並不只是盲目的衝動。我在思考我的小孩剛剛受到令人髮指的傷害，我也思考罪犯的行為罪大惡極。因此，如果德沃金（Ronald Dworkin）的主張是「忽略情感吧，因為情感只是不思考的衝動」，則此說法相當不可信。

　　不過，就某種規範性的意義來說，「非理性」也可以從思考的角度定義為「壞的思考」。因此，如果一個人說二加二等於五，甚至教了很多遍還是這麼說，則他是非理性的，因為他的思考不好。同樣地，我們通常也會說種族主義是非理性的，因為它根植於虛假的、沒有根據的信念。或許，我們可以將德沃金的主張重述為：情感總是非理性的，因為它們包含有缺陷的思考，一些絕對不能在重要事物上引導我們的思考。

　　古希臘斯多噶學派就持這種觀點。因為他們認為：所有的情感涉及對無法完全控制之世界的過度重視，而這種過度重視永遠只是種偏執，因此情感在規範上都是非理性的。而一個思考良好的人是不會有任何情感的。不過正如我所說過的，很少人會認為這樣的觀點是可信的。在此處更重要的是，法體系也不可能建立在這樣的觀點上。在重要的脆弱性領域裡，法律有保護我們的功能。如果接受嚴格的斯多噶學派要求我們相信的，視強暴、謀殺、綁架與財產犯罪為無物，則這樣的刑法毫無意義。因此，想要維護現今已知之法體系的思想家，都不會接受斯多噶學派所稱「所有情感都是非理性」的說法。像神一樣的斯多噶學派，其心目中的法律到底如何，這是一些理論興

趣的問題，然而，對於當代現實社會的民、刑法而言，他們的觀點是不相干的。

　　再者，我們也可以思考我們的法體系通常認為合理的一些情感案例，來談談同樣的問題。不論暴力犯罪的受害人是自己或家人，對於暴行的憤怒，一向被認為是「理性人」都會感受到的典型情感。同樣地，一個人由於生命、聲譽、健康受威脅而感受到的恐懼，也是典型。我將在第一章深入探討這些內在於刑法的原理。從全世界的觀點而言，刑法的整體結構可能投射出我們有理由感到憤怒或恐懼的事物圖像。不可殺人的法律可能傳達出理性公民對殺人案件的憤慨，正如性侵害法律呼應了對強暴案件的恐懼與憤慨。法律的真相即是：這些情感態度是相當合理的。

　　當然，在規範性的意義下，許多憤怒或恐懼的例子是相當非理性的。它們可能基於錯誤的訊息，譬如一個人誤信某甲傷害了他的小孩，但是事實上並沒有發生這樣的犯罪（或者犯案者另有其人）。它們也可能基於錯誤的價值，譬如對於輕微的侮辱怒不可遏（亞里斯多德的例子是對於忘了自己姓名的人大為憤怒）。法律必須採取立場，認定什麼是重要的損害、什麼是一個理性人會或不會感到憤怒的。正如我們將會看到的，法律在很多方面這麼做，不過這樣的判斷通常是排除性的。他們不會說「所有的憤怒與恐懼都是非理性的」，而會說「本案的憤怒不是一個理性人會有的憤怒」、「本案的恐懼是沒有良好根據的」。因此，產生這些判斷的背景是社會共享的判斷，即

就規範性的意義而言，情感有時是合理的。換言之，把這些情感合理化的是個案事實，參照的背景則是何事具有重要性的合理性觀點。正如我將會主張的，法律中的合理性判斷是運用假設的「理性人」形象而達成的規範性判斷。這些形象回應了既存的社會規範，一點都不令人意外。不過，它們也可能扮演更積極主動的角色，不是支持搖搖欲墜的社會規範，就是激起對於這些社會規範的爭議。因此，法律並非只是描述既存的情感規範，而是其本身就具有規範性，會擔任主動及教育的角色。

然而，如果我們無法想像不常訴諸情感的法體系，也無法想像不至少視某些情感為合理的法體系，則我們似乎又回到原點了。既然我們不能只是光拋棄所有以情感為基礎的法理分析，就想解決圍繞在羞恥與噁心上的混淆，那麼到目前為止，我們還沒有辦法釐清此處理論與實踐上的爭論。

III. 兩種麻煩的情感

繼續探究下去的有效辦法，也是本書所採取的方式，就是仔細觀察爭議中的情感，詢問它的結構、思維內涵，以及它調節人類生活的可能角色。這也是法官與陪審團用來處理憤怒與恐懼的一貫方式，儘管並未明言。他們對於憤怒的隱然圖像，是將憤怒視為對於損害的反應，而恐懼則是對於想像中之壞事的反應；然後他們就用這樣的圖像去評估自己面前的特定個案。我們可以這麼想：如果將這些圖像描繪地更清晰，使公眾

更清楚察覺到問題出在哪裡，則至少有助於釐清一些困難。舉
例來說，傳統的正當防衛法律受到受虐婦女的嚴重質疑，她們
清楚訴說自身的恐懼，並主張：即使在當下沒有受到致命的威
脅（例如施虐者當時在睡覺），一個人還是可能出於正當防衛
而行動。

　　同樣地，仔細觀察噁心與羞恥，對它們的思維內涵、起
源，以及它們在我們社會生活裡的多樣化角色提出更清晰的分
析，非常有助於釐清其法律角色之爭議，讓我們得以決定應該
提出什麼樣的想法；這就是本書將著手的任務。在過去五十年
來，針對這兩種情感，優秀的作品汗牛充棟，不只哲學，在經
驗層面，也有認知心理學與根基於臨床治療的精神分析學作
品。（我將大略地把實驗心理學與臨床精神分析研究融合在一
起，並仰賴符合其他經驗資料且能提供有價值之洞察的精神分
析研究。）我的分析會利用新近的科學與人文作品，不過最終
當然是提出我自己的哲學分析，而且是與經驗資料有強烈聯繫
的哲學分析。

　　我的普遍命題是，羞恥和噁心不同於憤怒與恐懼，它們很
容易有規範上的偏見，因而不足以作為社會習俗的可靠指引，
而主因出於它們特殊的內在結構。在一個有理由很在意他人所
造成的損害的世界裡，憤怒是一個理性的**情感類型**。在任何憤
怒的案例中，問題必然只剩下「事實是否正確」以及「相關價
值是否經過衡量」。反之，一個人可以主張，猜忌永遠是可疑
的，以其作為公共政策的基礎在規範上永遠都有問題（然而它

在生活裡可能是無法避免的，有時甚至是適當的），因爲猜忌的基礎是認爲一個人有資格控制另一個人的行動——這種想法受到數百年來視女人爲男人財產的想法所強化。猜忌的一般性認知內涵與其在西方社會中的歷史，使它在正當化刑事立法（如通姦）與減輕刑事責任（如殺死配偶的情人）的問題上都成爲具爭議的情感。關於噁心，我也會做類似的證明，關於羞恥也是如此，但在論證中加入限定。

我將主張，噁心與憤怒相當不同，因爲它的思維內涵通常是非理性的，體現了巫術裡關於不淨的觀念，以及對純潔、不朽、擺脫動物性的無謂渴望，而與我們所知的人類生活不一致。這裡不是說噁心對於我們的發展毫無價值可言；它很可能有所貢獻。也不是說它在我們的日常生活裡沒有發揮任何有用的功能；它也許很有用。或許，即使就逃避人性中有問題的層面而言，它是有用的；或許，我們就是無法一邊輕鬆地活著，一邊又太清楚地察覺到我們是溼軟黏稠而且很快就要腐朽衰敗的物質所構成的。然而，我將主張，一旦我們對噁心的思維內涵有了清楚的了解，我們將懷疑它應否成爲法律的基礎。當我們看到在整個歷史中，噁心如何被用來排除與邊緣化個人或群體，只因爲這些個人或群體體現了主流團體對自身之動物性及必死性的恐懼與嫌惡時，我們的懷疑就會更加強烈。

最終，我將採取強烈反對噁心的立場，主張它絕對不能成爲使某些行爲入罪化的首要根據，也不能在刑法領域成爲它現在所扮演的加重或減輕罪責的角色。我認爲，噁心在法律裡扮

演有價值的角色，應僅限於像公害法（nuisance law）與區域劃分法的領域，因爲這些領域似乎承認反感（不只傷害）的正當性。

　　相對來說，羞恥就顯得複雜許多，原因有兩個：第一，它在人類生活裡較早出現。針對噁心做實證研究相對而言較爲簡單，因爲小孩必須至少發展出一些語言能力後，才能得到這種情感。羞恥感可能較早出現，因此爲了研究它，描述它與罪惡感等相關現象的關係，我們必須對於尚未能使用語言的嬰兒的精神生活做些假設。幸運的是，我們不必憑空想像。到目前爲止，有很多關於嬰兒期的研究文獻，而且它們都呼應了成人及孩童的臨床精神分析學。這些研究能夠幫助我們，從嬰兒想要控制他的世界的欲望出發，描述出複雜而可信的羞恥發展史。

　　羞恥在另一方面也比噁心複雜：在追求有價值的理想與渴望上，它對人格發展與社會生活有其正面的意義。因此，我對羞恥的闡述非常複雜，必須區分各種不同的羞恥，有些較可靠，有些則否。我將主張，我所謂的「原始羞恥」（primitive shame）與嬰兒想要成爲全能而不願接受貧弱的需求有密切關聯，這種羞恥如同噁心，都是逃避人性的方式。在規範的意義上，它是非理性的，因爲它體現了想成爲自己所不是者的願望；而在實踐的意義上，它是不可靠的，因爲它通常與自戀、不肯承認他人的權利和需求緊密相連。即使這種羞恥感可以用各種方式加以超越，但是這樣的好事並不常發生。甚至，即使人類能夠用某些方式超越了原始羞恥，他們還是可能擁有大量

的原始羞恥。基於此以及其他我將提出的理由，羞恥在公共生活裡是不可靠的，不論它有什麼潛在好處。我將主張，一個自由社會有特別的理由禁止羞辱，並保護公民免於羞恥。

於此，雖然本書只關切兩種情感以及它們在法律裡，尤其在刑法裡的地位，但本書的最終關切與目的是更廣的。我所批評的是廣為散布在社會裡的態度，它們在許多時空中具有影響力。現今，在當代美國文化裡，這些態度正受到新一波的寵幸。我的論點是，它們對於一個自由主義的政治文化而言，是能影響其存續與穩定的深度威脅。藉由批判它們，我也希望能對維繫自由主義的主張做一些解釋。

因此，本書最終的目的是研究自由主義的心理基礎，以及維繫自由主義對人類平等之尊重的制度與發展條件。這樣的研究是受到盧梭深刻的理論所啟發：政治上的平等必須得到情感的發展支持，而這樣的情感必須了解人性乃是我們共有的不完整性。不過，比起接近盧梭，本書的自由主義最終比較接近彌爾，不但重視所有人的自由，也重視他們的平等，不但重視創造力的空間，也重視他們能適當生活的物質條件。

盧梭與彌爾都了解，制度必須得到公民的心理支持，始能穩定。因此兩人都強調教育，以營造重視平等的端正社會。我很關心這樣的教育計畫，本書的分析也提出不少建議，建議自由社會的公共教育應如何處理我所提出的問題。[19] 但是個體與

19　關於這些論證，就高等教育的說明，同樣見Nussbaum (1997)。

制度是互相支持的；制度必須由公民的善良意志加以維繫，制度也體現並教導「何爲良善與理性之公民」的規範。它們是由人的心理所支持的，但是它們也藉著理性公民的規範與法律的適當角色，體現、教導、傳達一種政治心理。本書的論證，儘管充滿對於平等尊重議題之教育面的建議，但首要關切還是法律與制度面：什麼樣的公民與法律文化可以體現適合自由主義政體的「政治心理」？在情感中，什麼樣的理性規範是正確的，應當納入法律，而能傳達並滋養公民的妥當情感？

彌爾對這些問題都有答案，但是正如本書第七章將主張的，對於多元社會而言，他的答案並不十分正確；它們太過強調出色個體的創意貢獻，太少強調去除污名與階級制度的重要性。因此，他對刑法之道德根據的解釋，儘管我認爲大體上正確，在理據上卻是有瑕疵的。我希望至少爲彌爾的「傷害原則」（harm principle）之類的東西提供一些較佳的理據，同時對自由社會的一些潛在危險提供心理學與哲學上的分析。我也希望同樣的分析能夠爲傳統上受到污名化與邊緣化的團體提供一般性公共政策的可靠理據。因此，本書對性取向與身心障礙的議題處理，將超出刑法而延伸到更廣的反歧視與教育法的領域。

事實上，我所盼望的是我不認爲我們能夠完全達成的：一個承認我們的人性，既不逃避也不遮掩人性的社會；一個其公民皆承認自身的貧困與脆弱，拋棄對於全能與完整性的浮誇需求的社會，因爲這樣的需求於公於私皆造成許多人類的悲慘。就此而言，本書的精神較不接近彌爾，而較接近惠特曼：它營

造了一個人性平等的公共神話，以取代長久以來指導我們的諸多有害的神話。這樣的社會仍然是曖昧難明、難以期待的，因為不完整性是嚇人的，而浮誇的虛相卻讓人安心。正如唐納・溫尼科特（Donald Winnicott）的病人對他說的（這個案例我將在第四章詳細分析）：「平等的危機在於，既然我們都只是小孩，那問題來了：父親在哪裡？如果我們之中有人是父親，那我們就知道自己身在何處了。」[20]甚至，這樣的社會之所以無法達成，是因為人類無法忍受一邊活著，一邊還持續意識到自己必死的命運以及脆弱的動物身體。為了渡過一個浮雲朝露般與死亡相繫且大多數重要事物皆半點不由人的生命，我們需要一些自欺。因此，我所訴求的是這些自欺的虛相皆不能主宰法律的社會，而在這種社會裡，至少在形成我們公共生活的制度設計上，我們承認我們都只是小孩，無法控制世界的許多方面。

　　對我而言，這似乎是延續自由社會的良好方式，而我所謂的自由社會，必須承認每個個體的平等尊嚴與內在於共同人性裡的脆弱性。如果我們無法完全達成這樣的社會，至少我們可以把它視為典範，確保我們的法律就是這個社會的法律，而不是其他的。[21]

20　Winnicott (1986)。第四章加以討論。
21　當然，我這裡是用了柏拉圖在《理想國》第九卷討論其極不自由之國度的說話方式。

第一章

情感與法律

　　沒有被告可以僅僅因為事實上他的情感被激起了，即自行設立行
為標準，正當化自己或獲得赦免，除非陪審團相信那樣的事實與環境
足以激起普通理性人的相同情感。
　　　　　　　　　　　— *People v. Logan*, 164 P. 1121, 1122 (Cal. 1917)

　　另一方面，在任何案件裡，不可僅因激動之狀態乃隨挑釁而來，
就必然認為挑釁即是充分或合理的。否則一旦習慣性與長久地放縱邪
惡之激情，惡人反而能取得較好之人並無機會取得的減輕罪責事由；
況且內心之邪惡本身即於道德與法律上均構成加重事由。
　　　　　　　　　　　— *Maher v. People*, 10 Mich.212, 81 Am. Dec. 781 (1862)

I. 訴諸情感

　　法蘭克・史莫與雅各比在酒店裡發生口角。雅各比偕同妻
子步出酒店，往街上走去，這時史莫冷不防靠近雅各比，將手
槍頂在他頭上並且開槍。兩天後，雅各比不治身亡。史莫試圖
將謀殺罪減輕成普通殺人罪，他主張自己是受到劇烈的怒火驅
使才殺了人，而且這股怒氣從吵架開始一直持續到致命的攻擊
結束。史莫被判一級謀殺罪，上訴時他主張初審法院犯有錯
誤，未能向陪審團諭示，「比起其他人，有些人在口角之後較
易快速冷靜下來。」賓夕法尼亞州最高法院駁回這樣的主張，
說道：「假設我們認許如此的證言，承認被告是性急易怒、暴
力傾向、有怨必報的人，那又如何？這些是脫罪或減責的藉口
嗎？顯然不是，因為它們導因於自律的缺乏與教養的忽視，而
這些問題是難以原諒的。」[1]

　　茱蒂・諾曼長年受到丈夫的身心虐待。她丈夫強迫她賣淫，並時常恐嚇要殺了她。某天傍晚，丈夫痛毆她一頓，還罵她賤貨，並且要她躺在地板上，而他則舒服地睡到床上。之後諾曼把小孩帶回娘家，並帶著一把槍回來。她趁丈夫還在睡覺時，開槍斃了他。審判時，一位辯方專家作證道，諾曼之所以殺人是害怕如果她不這麼做，「她的一生將面臨最糟的折磨與虐待」，而且「逃跑是完全不可能的」。北卡羅萊納州最高法院認同初審法院的裁定，亦即拒絕就正當防衛之爭點諭示陪審團。多數意見認為，證據「無法據以認定被告是出於對迫切的死亡或嚴重身體傷害的合理恐懼，而殺害她的丈夫」。不同意見則認為，她丈夫「野蠻的行為將被告的生活品質降到了暗無天日的程度……陪審團可能會認定她是有正當理由……為了挽救她悲劇般的生命，而這麼做的」。[2]

　　一九七六年，美國聯邦最高法院宣告北卡羅萊納州的死刑法律違憲，因為它沒有給被告機會在量刑階段訴說自己的生命故事以博取陪審團的憐憫。最高法院寫道，憐憫的可能性是正當科刑程序的重要部分：

　　　　對於個別犯罪者之人格或紀錄，或者對於特定犯罪之環境，若未賦予重要性於其相關層面上，則如此之程序將於死刑科處之考慮範圍排除憐憫或減輕要素之可能性，而該等要素乃

1　*Small v. Commonwealth*, 91 Pa. 304, 306, 308 (1879).

2　*State v. Norman*, 378 S.E.2d 8, 9, 11, 13 (N.C. 1989); id. at 17, 21 (Martin, J., dissenting).

出自人類多樣之脆弱性。如此一來，則視所有犯罪者非爲獨特
個別之人，僅爲無面目、無差異之群氓之一，即將臣服於死刑
盲目之降臨。[3]

　　一九八六年聯邦最高法院在某個加州案件裡引用這個判
例，討論加州陪審諭知的某條文內容，該條文告誡陪審員「不
可受到單純的情緒、臆測、同情、激動、偏見、輿論與大眾觀
感所支配」。[4]他們同意，唯有將該條文解釋成是要求陪審員忽
視「毫無所繫」（untethered）的同情時，方屬合憲。所謂毫無
所繫的同情，是指「非植基於量刑階段加重與減輕刑責之證據
上的同情」。[5]如果解釋成是要求陪審員忽視**所有**的憐憫情感的
話，則它顯然是違憲的。[6]

　　在法律裡，訴諸情感是相當顯著的。此外，一般都同意我們
不僅可評價情感的強弱，也可評價其合理程度，亦即這些情感符
合假設的「理性人」之規範的程度。如同我所舉的案例所顯示
的，這種規範是有爭議的。史莫試圖讓他異常暴躁易怒的人格得
到法官的認可，但這種認可傳統上只授予「普通理性」的公民。
諾曼的恐懼在她的辯護人與持不同意見的法官眼裡是完全合理
的，然而檢察官與多數意見卻認爲不合理而加以抨擊。聯邦最高

3　　*Woodson v. North Carolina*, 428 U.S. 280, 303 (1976).
4　　*California v. Brown*, 479 U.S. (1986), 538 ff.
5　　ibid., 538.
6　　多數意見主張陪審員很容易可以了解這個區分，但不同意見主張檢察官很可能會試圖混淆陪
　　審員，暗示陪審員事實上他們是被要求去忽視所有的同情。他們並引證不少這類出自檢方的
　　混淆行爲。

法院承認某些憐憫是合理的，然而判決意見裡卻也說到檢方時常誤導陪審團，暗示只有不帶情感的立場是合理的。

　　相當有趣的是，各方似乎都同意情感的合理性與適當性是可以加以評價的，而且合理與適當的情感是一個人會用心培養的人格特質。史莫的上訴法官寫道：他的行為表現了「教養的缺乏，而這是難以原諒的」。諾曼的辯護人極力強調她的生活樣貌導致她對日漸敗壞的生命及死亡有完全合理的恐懼；控方則主張這些因素不足以使她基於「對迫切的死亡或嚴重身體傷害的合理恐懼」而行動。正當防衛的傳統定義與合理恐懼的概念有關，在這種傳統下，各方都沒有興趣去探討恐懼的其他可能性，譬如認為恐懼不過是一種衝動，而無法可信地評價為合理或不合理。聯邦最高法院似乎預設憐憫與思考有密切的關係：憐憫是基於證據的，而「有所繫」（tethered）可以將憐憫的範圍限定在量刑階段所提出來的證據上。

　　由於本書的整體計畫是對兩種情感類型加以詳細地批判與評價，所以首先我們必須了解英美法傳統對於情感的普遍態度，以及支撐起這個態度的情感觀。我們將會看見，這個傳統將情感與重要利益及傷害的想法緊密聯繫在一起，因此也當然與決定什麼是重要利害的主流社會規範聯繫在一起。我相信這種情感觀基本上是正確的，所以我將提出一些有利於它的論證，以及它為社會情感與道德教育所提供的好處。

　　在證明傳統情感觀的優點後，我將仔細檢視三個法律領域，因為情感在其中扮演了有趣的角色。這三個領域分別是：

「合理之挑釁」（reasonable provocation）、正當防衛、量刑時訴諸憐憫。這些探討只是例證，用以表現對於情感的評價通常如何發生作用。當然，還有其他民刑事的領域可以選來做相同的分析。[7]

我對情感的闡述涉及到社會規範，所以自然會產生一個問題：在評價情感與情感所體現的規範時，社會應該堅守多元主義到什麼程度？本章在結論時將簡短地闡述政治自由主義的觀念以及我所贊同的法律之正當化基礎，然後我將主張，在如此的政治自由主義底下，對於情感的評價扮演著有限但仍然重要的角色。

當我們提到情感時，我們到底是在談論什麼？儘管關於如何分析情感有許多不同的意見，但是對於這個範疇包含哪些內容則大抵沒有歧見。西方長久的哲學與通俗的傳統都同意，眾人稱之為情感（emotion）或（更早期的）激情（passion）的這些人類經驗可以被歸在一起，因為它們具有許多相同的特徵。[8] 在哲學傳統與相關的通俗及文學思想裡，主要的情感通常包括快樂、悲傷、恐懼、憤怒、憎恨、同情或憐憫、嫉妒、猜忌、希望、罪疚、感激、羞恥、噁心、愛。[9] 非西方的傳統對於人類經驗的分類似乎大體上也相同。[10] 最近，演化生物學與認知心

---

7   關於義憤（outrage）與懲罰性賠償的關係，見 Sunstein, Kahnemann, and Schkade (1998) 以及 Sunstein 等 (2002)。

8   今日，「激情」通常是指異常強烈的次級情感，然而過去它卻是個較一般性的用語，如同法語的 passions。儘管它的古希臘語源 pathē 原本的意義極廣，泛指一切受到外物影響的狀態，但後來也窄化了，用以指稱情緒經驗。後續的思想家基本上也追隨這個傳統，不論他們用什麼詞彙。

9   在這方面，哲學傳統通常很注意口語與文學。古希臘斯多噶學派尤其如此，這種方法論因而遭到其同時代人士的強烈批評，見 Nussbaum (1994, chap. 10)。

10   印度與中國的理論傳統，以及來自各種文化的人類學資料，見 Nussbaum (2001a)。

理學對情感的研究，也提出了與此非常相似的清單。

　　這種編組的重點是為了與身體的慾求區別，如飢餓與渴，其次是為了與無對象的心情區別，如苦惱（irritation）與某些型態的憂鬱。這個標準清單裡的情感似乎互相有許多重疊之處，而它們的結構則與慾求和心情截然有別，詳情我稍後將加以說明。當然，情感範疇裡的成員之間還有許多區別，而目前某些分類還有爭議。然而，相當引人矚目的是這個家族的核心成員經過時空與文化的差異，仍然具有一致性。[11]

　　我曾經說過情感是「人類的經驗」，當然它們的確是。不過大多數當代學者與許多古代的思想家認為，有些非人類的動物也擁有情感，至少某種型態的情感。[12] 顯然，物種之間認知能力的差異相應地會導致牠們情感生活上的差異，而比起其他情感，有些情感類型經證明比較容易出現在非人類的動物身上。許多動物或許擁有恐懼，少數可能擁有憤怒與悲傷，更少數似乎擁有憐憫之心。因為憐憫這種情感通常需要觀點思考（perspectival thinking）的能力，亦即能在心智上同理他人或其他生物之立場的能力，所以很少出現在動物身上。[13] 即使在不使用語言的動物身上我們很難描述牠具有某種情感，但任何研究情感的理論都不該忽視這些問題。有大量的證據顯示，在解

11　譬如，驚訝或「吃驚」有時被列入情感，有時則否；好奇、疑惑、尊敬也一樣。「愛」同時是情感，也是一種複雜的關係，而愛的各個面向如何連結則有差異。

12　詳細說明見 Nussbaum (2001a, chap. 2)。

13　同前註。憤怒需要因果的思考：某生物必須相信牠「受到」其他生物的傷害。此處我之所以對觀點思考的能力寫下「通常」，乃因我在 Nussbaum (2001a)中主張，關於憐憫，這個能力並非絕對必要；我們無法以任何適當的方式想像動物受到苦難的感覺，但是我們還是可以為牠感到憐憫。

釋動物行為時情感具有關鍵性的地位。不過現在我應該把這個
議題放在一邊，集中精神在人類情感上；這可說是法律的標準
內涵。

II. 情感與信念，情感與價值

　　一想到情感，我們經常會以為它們是外來的力量，好像與
我們的思考、評價、計畫關係甚微。如果我們要捍衛傳統的情
感圖像，亦即根植於古希臘情感觀（包括情感對良善人格的貢
獻）之上的情感圖像，那麼我們必須了解，將情感視為不思考
的力量是不妥當的，不管直覺上這個說法有多可信。

　　讓我們想想諾曼的恐懼。它很可能至少伴隨著一些強烈的
感覺與身體上的改變，然而，是什麼讓我們認為她的情感不只
包含這些？

　　首先，她的恐懼有一個「對象」。它針對某件事，亦即，
可能被丈夫殺死的預期（即使不被殺死，也會面臨毆打及生活
品質下降）。它是「對於」這些可怕的可能性的恐懼。如果我
們把這種對於未來之惡事的注意拿掉，則她的感覺就會變成別
的——不是恐懼，只是單純的痛苦或顫慄。事實上，我們並不
知道，或許也不很在意她身體的感覺如何。（她有發抖嗎？她
胃痛嗎？她心悸嗎？還是都有，只是發生的時間不同？）我們
在意的，讓我們相信她真的感到恐懼的，是我們想像的她對於
那些可能性的注意。

　　其次，她的情感對象，哲學家通常稱之爲「意向對象」（intentional object）：它在情感裡的地位，取決於情感擁有者對它的觀看與解釋的方式。先讓我們用爭議較少的案例探討這點，然後再回到諾曼。舉例來說，一位母親聽說她的獨生子剛死了，她立即產生強烈的悲傷。重點在於，她的悲傷是立足於「她看待」自己處境的方式，亦即，她視自己是一位剛剛失去愛子的女人。她對於自己處境的看法，事實上可能是正確的，也可能是錯誤的，譬如她的小孩可能活得好好的，告訴她錯誤消息的人可能是搞錯了，也可能是說謊。在這種情況下，她的悲傷是根據假的信念，但那還是悲傷，因爲她就是那樣看待自己的處境。

　　另一個議題是關於合理性。假設她相信她的孩子的確死了，因爲她很信賴報信的人，也相信他有很好的立場知道她的小孩發生了什麼事。在這種情況下，她相信自己的孩子已經死了的信念可能還是假的，但卻是合理的。反之，如果她只是從一個非常不值得信任的人身上聽到一個謠言，就相信自己的小孩已經死了，那麼她的信念就是不合理的，不論它是否碰巧爲眞。因此，合理性的議題獨立於眞理的議題：合理性涉及證據與可靠性的問題，但眞理不是如此。

　　現在，讓我們回到諾曼的案例。她的恐懼是立足於她看待自己處境的方式，在這個處境裡，她的生命安全受到丈夫威脅。她相信丈夫將對她造成嚴重的身體傷害，而本案兩造是就其信念的合理性發生爭執。他們並未提出眞理的爭點，想必是

因為她的信念乃是關於未來的，所以無法確定其真實性。他們要問的是：基於她過去的經驗與可取得的證據，她是否合理地相信她的生命與身體安全受到威脅。

這裡的討論已經引出情感的第三個特徵，這個特徵使得情感不同於不思考的感覺與身體性的力量。亦即，情感涉及對於對象的信念，而且有時是極為複雜的信念。亞里斯多德在《修辭學》（*Rhetoric*）中給予年輕的演說家忠告，談到如何為聽眾營造情感時，曾極力強調這一點。[14] 他主張，演說家透過使群眾相信某些關於其處境的事物，而能夠營造或消除情感。他說，假設我想要讓聽眾感到恐懼，那麼我必須說服他們，在遠方海面上有嚴重的壞事即將來臨，會威脅到他們或他們所愛的人，而他們能否避開這些壞事還完全一片茫然。[15] 如果我要讓他們對某人感到憤怒，譬如對波斯人好了，我必須說服他們，波斯人嚴重地損害了他們（或者他們所愛的人，或者盟邦）的福祉，而且這些損害非但不是不經意的，還是故意與不正當的。[16]

在複雜的信念群裡面改變任何一個元素，就會改變聽眾的情感。假設演說家現在想要消除恐懼，他可以試圖說服聽眾，他們所恐懼的損害並不是真的很嚴重（我們並不害怕失去小東西，譬如文件夾跟牙刷）。或者他也可以說服聽眾，發生壞事

14　*Rhetoric* II.1-11.
15　Ibid., II.5
16　Ibid., II.2-3.

的可能性不大（通常我們並不害怕火星人入侵）。或者他也可以說服聽眾，即使壞事眞的發生了，他們也絕對有辦法避開它，也有辦法防止任何嚴重的損害（我們並不害怕死於蛀牙，即使我們知道不管它的話，發炎的問題可以直達腦部，但我們還是不害怕，因爲我們確定在眞正的壞事發生之前，我們都能夠採取有效的措施）。同樣地，他可以改變相關信念群裡的任何部分，而達到消除憤怒的目的：他可以說服他們，損害是西徐亞人做的，不是波斯人做的。他也可以說服他們，損害很小並不嚴重，或者根本沒有發生。或者他也可以說服他們，波斯人只是意外造成損害，並不是以該受譴責的方式做的。

　　亞里斯多德的說法很有說服力：信念乃是情感的重要根本。每種型態的情感都與特定的信念群組合在一起，如果一個人沒有或不再有某個相關的信念群，則他也不會有或不再有某個情感。這就是爲何政治修辭在情感上總是相當有力的原因。顯然，政客無法直接影響聽眾的身體狀況與感覺，他們只能影響聽眾對於處境的信念；而信念對於諸如恐懼與憤怒之類的情感是必要的。在許多情況下，信念也顯得很充分：只要讓某人相信他面臨危險的可能性，就足以引起他的恐懼。信念本身或許也足以引發身體的改變與感覺。（基本上，爲了適當地解釋人類兒童與非人動物的情感，或許我們應該將「信念」理解爲最廣泛、最有彈性的意義，如同任何視X爲Y的認知狀態。）

　　亞里斯多德和許多哲學家非常強調的另一個重點就是「信念與情感的聯繫相當深密」：它們似乎是情感的一部分。換言

之，如果我們試圖定義像憤怒這樣的情感，在定義中我們會提到憤怒之本質以及能夠使憤怒與其他痛苦情感區別的事物；而在這個定義過程裡，亞里斯多德說，如果我們只談到憤怒「感覺起來」如何，那麼我們將發現自己無法完成這個定義。許多負面情感都有非常相似的痛苦感覺：恐懼、同情、嫉妒、猜忌、憤怒，如果只是把它們與特定的感覺聯繫起來，我們就能夠可靠地區分它們嗎？為了區分它們，我們似乎也需要引進信念，讓它們與特定的信念群產生聯繫。恐懼所涉及的信念是未來發生壞事的可能性；憤怒涉及的是不正當傷害的信念；同情必須有關於他人受苦的信念；諸如此類。所謂正面情感也是一樣：它們可能都跟愉悅的感覺有關，但是只提及這些良好的感覺，而不提及特定的信念群，則很難甚至不可能區分愛、快樂、感激及希望。

事實上，我們可以比亞里斯多德更進一步指出，在定義情感的問題上，感覺並不能給我們多少幫助，因為感覺與每一種情感型態的聯繫方式差異很大，不僅人與人不同，同一個人在不同時間中也不盡相同。[17] 再想想諾曼的恐懼。在恐懼喪命的時候，她可能有千變萬化的感覺，甚至是我們難以想像的。有時候她可能發抖、心悸，其他時候她可能麻木或疲憊。如果較簡單的恐懼已經是如此，那麼經驗到悲傷與憤怒的人更是如此。人與人之間也有差異：一個人憤怒時可能有沸騰的感覺，

---

17   這部分我在 Nussbaum (200la, chap. 1) 談得更多。

另一個人卻可能是隱隱作痛。那愛呢？愛一個人，不論是朋友、孩子或伴侶，都一定有豐富的感覺，如果說愛一定含有某種感覺，那就太狹隘了。

甚至，有時情感的出現並不伴隨任何特定的感覺。不需要詳細說明冷靜無情（情感退卻）的狀態我們就能理解有許多信念是操作性的、能驅動我們的行為，而我們並不總是清楚意識到它們。落體必下墜至地面、講臺是一種我的手無法穿越的固體、我必須抬它或推它才能使它移動等等，這些和其他數不清的信念在我講課的時候都會影響我的行動，即使我並沒有意識到它們。情感也是一樣。對死去長輩的悲傷、對自己死亡的恐懼、對自己小孩的愛，都在我的生命裡持續存在，能夠解釋各種不同的行為，即使我並不總是意識到它們，因而也不總是意識到任何相應的感覺。

話說回來，我們不能把情感的思考面當成只是伴隨情感之物或是因果上的前提要件。如果為了確定、定義、區分情感，思維內涵是必要的，這意味著它們正是情感所「是」的一部分，構成了情感的個性。甚至，比起變動不居的感覺成分，它們顯得較穩定，適於分析。因此我們可以說，亞里斯多德與法律傳統強調情感的思考面以及此思考的合理性是正確的。

如果對於對象的觀感與思考是情感經驗的必要成分，那麼這些思考必須是什麼樣的呢？我說過，大多數情感涉及複雜的思維群（thoughts）（譯按：在傳統知識論，信念是思維的起點）。但是如果我們回頭察看前面的案例，我們會發現這些思

維群之間有著有趣的重疊。所有的情感都會涉及對於對象的評價，而且將其評價為事關重大，而非瑣碎小事。我們並不害怕微小的損失，我們也不對輕微的怠慢感到憤怒（如果我們會的話，只是我們認為它比實際上重要而已），我們也不會為完全不重要的損失傷心。事實上，情感經驗有時會顯示出價值的圖譜，而我們在情感出現之前並沒有意識到它。對於友人之死的反應，可能提醒一個人那個朋友在他生命中的實際重要性。對於外貌的侮辱感到憤怒，可能顯現出她較重視外表，而並不那麼重視自己的其他價值。

　　從對象身上看到的價值屬於特定的類別：它似乎聯繫到當事人的福祉，或者是當事人認為自己所歸屬之群體的福祉。人類並不會恐懼世界上所有的災變，他們只恐懼對他們有重大影響的事。他們不會為所有的死亡感到悲傷，而只對在他們生命裡扮演核心角色者的死亡感到悲傷。這些事實不表示所有的情感都是自私的：因為人類能夠、也的確重視他們之外的人事物，而在這個範圍裡，他們也會為降臨到這些人事物上的事情感到恐懼、憤怒與悲傷。不過，重點在於，我們只會對自己因各種目的而重視的人事物有感情。

　　現在，我們可以了解，把慾求跟無對象的心情和情感做區分為何重要了。情感不同於諸如飢餓與渴的慾求，因為信念在情感裡有很大的重要性：情感涉及許多對於對象的思考。飢餓與渴源自先行的身體狀況，通常會持續直到滿足，論證與信念的改變幾乎不會影響它們。正如塞克斯都・恩披里柯（Sextus

Empiricus）所言：「你無法藉由論證讓一個飢餓的人相信他並不餓。」因此，亞當・斯密（Adam Smith）也指出，我們設身處地為他人著想，就會感到悲傷或憤怒，但我們無法光靠想像他人的飢餓，自己就會感到飢餓。承擔他人的信念是不夠的，因為飢餓需要身體的狀況，而我們並沒有這種狀況。[18] 想必亞里斯多德會欣然同意斯密的觀點：有設計用來激起憤怒與恐懼的政治演說，但設計用來激起飢餓的，沒有。

　　我們不應該否認，信念與規範可以用某些方式去影響慾求，因此，對於某些特定食物感到飢餓，可能是社會教化的產物。比起飢餓與渴，性的慾求更是深深受到社會學習的影響。甚至，在身體有某種程度的飢餓或性需求時，相關的言語修辭更可以大幅增強它。在這個程度上，性慾比食慾更像情感，有較多的觀念構成性（ideational），因而性的色情有較廣的相應空間，而食的色情相對而言空間較小。色情遊走於慾求與情感的界線上，開發著慾求的觀念構成性與像情感的面向（色情也能夠透過自慰給慾求帶來滿足，這是食的色情並不在大多數人的生活裡占有重要地位的另一個原因）。因此，慾求與情感之間的界線不應該劃分得太過粗暴，而否定上述的各種可能性。不過這個界線仍然需要加以標明。

　　關於難過、苦惱、內因性憂鬱這類的心情，問題更加微妙。我們想要區分針對意向對象與非針對意向對象的兩種狀

18　Smith, *The Theory of Moral Sentiments*, Section II, chap. 1.

態，但是在任何實際案例中，我們很難明確區分這兩者。有些純正的情感可能擁有極為模糊的對象：一個人可能對其未來有概括性的恐懼，另一個人可能對生活的前途有概括性的憂鬱。這些都是情感，而不是單純的心情，因為它們有對象，而在這個程度上，我們可以想像如何藉改變其信念以改變其狀態。但是在特定案例裡，我們無法輕易地分辨它是沒有對象，還是有模糊、不特定的對象。如果我們承認，人類經常無法確定其情感的對象，那問題就會變得更嚴重。我可能以為，我是在對剛才對我不禮貌的人生氣，但是憤怒的強度可能會欺騙我，假如我系統性地分析自己的反應，可能會發現，事實上我是在氣自己的工作、婚姻或者很久以前遭受到的惡劣對待。[19] 我可能喜歡或嫉妒現在的某個人，然而事實上這種感覺主要卻是來自過去某個我喜歡或嫉妒的人。這些現象會導致許多情感與心情之間的混淆。如果我覺得憂鬱，它可能是內因性的，或許源頭主要是生理化學的，也可能它有一個過去或現在我無法輕易理解的對象，但是我很難區別這兩者。由信念所引發的憂鬱，當然也會伴隨有化學變化，因此更增加區分的難度。通常分辨的方法是看什麼治療有效，但是這也不能解決問題，因為舒緩症狀的治療可能會效果太好，而讓人忽視背後的原因。[20] 然而，至少我們所要的概念上區分已經清楚了：情感涉及對於意向對象

19　相關的現象譬如回應一連串接續的苦惱而生的憤怒，該憤怒在此是跨越非憤怒與憤怒之界線的臨門一腳。

20　詳細的討論見 Graham (1990)。對於這些區分的詳細討論則見 Nussbaum (200la, chap. 2)。

的注意，以及對於該對象的評價信念。

III. 情感，評價，道德教育

我們曾經說過，情感涉及評價，現在我們可以知道其方式有二：第一，情感本身包含對於對象的評價。諾曼的恐懼，將可能降臨在她身上的死亡評價爲嚴重的壞事。喪親之人的悲傷，將所愛者的死去評價爲可怕的失去。雅典人對於波斯人的憤怒，將波斯人對他們的所作所爲評價爲重要而且可怕的損害。

但是正如我曾經談到的，這意味著情感本身也是可以被評價的。我們可以指出，某人的情感所根據的信念是眞是假，以及（另一個獨立的爭點）合理不合理。再者，現在我們也了解，這種判斷不只可以針對情感信念的事實成分，也可以針對它的價值成分。以喪親之人的悲傷爲例，爲了評價它，我當然可以問，他所愛的人是不是「眞的」死了，以及（另一個獨立的爭點）他相信所愛之人已經死去這個信念「合不合理」，亦即，是否基於良好的證據或來源。不過我還會再問另一個問題：所愛之人死去，爲這件事感到痛苦，是否合理？他認爲所愛之人的死是嚴重且可怕的失去，這種看法是否合理？我們大多數人會毫不猶豫地回答：「是的，當然。」古希臘斯多噶學派卻會回答：「不。爲任何超出我們控制的事情感到痛苦，是不正確的。」簡言之，對於悲傷的評價，取決於一般而言我們

認為正確的規範與價值。我們大都認為，高度重視所愛之人、認為他們的死是可怕的，這些想法是正確的。斯多噶學派之所以不同，乃因他們有完全不同的一套規範，依照這種規範，對於超出我們控制的人事物產生依附就是軟弱又有缺陷的。

　　或者以雅典人對波斯人的憤怒為例。我們會問：波斯人到底做了什麼？雅典人是否正確了解事實？雅典人的情感可能會遭致批評，說他們認錯了事實，或者太快下結論，沒有細心考察證據。不過，我們再度要問一個不同的問題：波斯人做的真的是壞事，因而雅典人的痛苦是正確的嗎？或許他們所損害的不過是雅典人某個殖民地的收成。那麼，我們就要問了，這種事到底有多壞？他們應該要多痛苦？這種事真的需要加以大做文章嗎？在此，或許雅典人的某位領袖會說出以下這種聽起來有點冒犯的話：呃，我們必須問問自己，這種事有多重要，是否是一個理性的人會銘記在心、感到憤怒，甚至會為它開戰的。

　　人類關心各式各樣的事，也會持續評價自己所關心的事。譬如，我們會認為，如果一個人被插隊，他卻非常非常怒不可遏，這是不合理的。我們可能會跟這個人說：「冷靜一點，這又沒什麼大不了。」塞涅卡（Seneca）在《論憤怒》（On Anger）一書談到，在晚宴裡，如果主人讓他坐在不是最尊榮的位置上，他就會非常憤怒。[21] 他說，他知道自己這樣的反應是不合

21　*On Anger* III.36 ff.

理的：這不是一個理性的人應該感到憤怒的事。對於恐懼也有
相似的判斷。亞里斯多德說過，害怕吱吱叫的老鼠是相當不合
理的，然而當時與現在，很多人都很害怕老鼠。[22] 我們或許不
會花太多時間評論朋友對老鼠的恐懼，但是不適當的恐懼在社
會上常有其重要性。假設我的某個同事每次在海德公園散步
時，一看到黑人男性靠近他就會很恐懼，那麼我就會勸他，害
怕某個種族的所有人是不合理的。首先，我會說，他的恐懼可
能反映了混淆的事實信念，或許他誤以為「出現在海德公園的
犯罪案件中，有很高的比例是黑人男性所為」等於「出現在海
德公園的黑人男性有很高的犯罪比例」。其次，我會說，他的
情感或許也反映出一些更深的、非理性的（就我在序論所談過
的規範性意義而言）種族信念：黑人對社區總會造成威脅，甚
至他們的犯罪傾向是有種族遺傳的。我們把這些信念稱為「非
理性的」、「不合理的」，意思是它們沒有根據，根植於錯誤的
思考，只要經過嚴格與精密的檢驗，就可以暴露出它的缺陷。

　　目前為止，我都太簡化問題了。為了評價情感，我們最終
還必須區分真理與合理性，如同我們對事實信念所做的。[23] 譬
如，一個人可能擁有為真但是不合理（非理性）的評價觀點；
也就是說，如果就什麼事具有重要性的問題，他所得到的觀點
是真的，但是卻太急切、不仔細，推理過程有瑕疵。反之，一

22　*Nicomachean Ethics* VII.5, 1149a8。他說這種人「懦弱如禽獸」，對比的例子是一個害怕黃鼠狼
　　的人，因為他怕得到傳染病；這個人的恐懼顯然是合理的。我對黃鼠狼的知識有限，無法深
　　入評論這個對比。
23　不能接受價值判斷有真假的人士，可以用較弱的正確性或適當性概念取而代之。

個人也可能擁有為假但卻合理的觀點；假如他形成這個錯誤觀點的基礎是有良好理由去相信的證據。後面這一類，在思考規範的變遷時是很重要的。因為我們通常都認為，如果人們接受社會的標準規範，那麼他們是合理的。我們經常將「理性人」等同於「平均人」或「普通人」（一般人），至少法律通常是這麼設想的。而我們都知道，這種規範可能是錯誤的（假的）。在某些時代裡，人們可能會認為，女人和異族人士不完全是人類。今天我們或許還是持有跟他們一樣錯誤的觀點，但是我們很難知道這些錯誤的觀點是哪些。而且，假如我們總是有點寬以待己，我們就會說：如果我們已經真誠地努力成為一個理性、獨立、批判的思考者，則我們持有這樣錯誤的規範信念，並不會不合理。因此，如果一個古雅典的男人相信女人是劣等的，我們可能會判斷他的觀點是錯誤但合理的，或至少不會不合理，儘管這種信念在今天的美國是錯誤又不合理的。

對於價值信念的這些評價，與情感在法律裡的角色有重大關係。如果我們觀察它們如何根深柢固於孩童的道德教育裡，我們就可以更了解它們的運作方式。如果情感跟信念沒有關係，如果情感只是如電流一般無知的波動，那麼父母或老師只要透過行為的制約，就能夠影響孩子的情感，正如我們教老鼠走迷宮那般。只要對出於情感的行為施加賞罰獎懲，我們就能鼓勵適當的情感、防止不適當的情感。

然而，真實的父母與老師當然不是這麼做的，至少在孩子成長到一定年紀後。就像亞里斯多德的演說家那樣，父母與老

師藉由影響孩童的信念而改變他們的情感，但他們對孩童有更深的了解。如果一個小孩因為其他小孩搶了他的玩具而生氣，我們會鼓勵這樣的憤怒到某種程度。我們會告訴孩子，這是一件不公平的事，生氣是正確的，或許不用**太**生氣，但總該有點生氣。反之，如果他是因為其他小孩要求輪流使用一件屬於學校的玩具而生氣，我們會告訴他這種生氣是不正確的：別的小朋友有權輪流玩，那玩具不是你的，是要放在那裡給所有小朋友共享的。

隨著小孩長大，我們會教他們對情感處境使用更複雜的評價方式。我們會教小孩，有些處境看起來一點也不危險，但感到恐懼是正確的，譬如微笑的陌生人想要開車載他們一程。我們也會教他們，看起來危險的事物，事實上不見得就危險，譬如在成長到一定年紀後還會怕黑，這是愚蠢的，黑暗並沒有任何不好。孩童對於膚色與自己不同的人，並沒有天生的恐懼。事實上，他們很少注意到人的膚色，除非大人教他們注意。[24]但是如果他們無論如何就是有了黑皮膚的人是令人恐懼的觀點，那麼父母或老師就會和他們談談，向他們表示，這種信念是沒有根據的。

---

24 當我女兒四年級時（她就讀麻州劍橋一所政治正確的學校），有天她回到家，抱怨起一個叫做強納森的男生，說他曾經以某種方式欺負她。我問：「誰是強納森？」她做了很多描述：他很吵、跑得很快、高大、喜歡欺負女生等等。在討論很久之後，我才發現強納森是她班上唯一的黑人，而如果是我，這種特徵我應該會先提到。Kahan也談過，他兒子就讀伊利諾州辛斯黛的一所幼稚園，在他班上有一種遊戲，被唱到身體（不是衣服）上有某種顏色的人，要站出來。孩子們相當遵守字面的意義，沒有人認為「白色」是他們身體上的顏色之一。許多小孩都說自己身上有「桃色」，而一位黑人女孩看著自己的手，也是如此回應。

　　事實上，想想我們如何對抗種族主義與性別歧視的經驗，就可以幫助我們更深入了解之所以採用亞里斯多德情感觀的理由。因為我們並不真的認為種族的恐懼與憎恨只是非理性的衝動，只要壓抑即可處理。我們認為它們是有理由、可規勸的：只要拋棄——最好從來沒有——據以形成憎恨的那些錯誤的事實信念與價值信念，人的情感就會改變。

　　不要以為這樣的改變很簡單。早年得到的信念會變成深刻的習性，要拋棄它們，需要持續而有耐心的警示與自我轉化。每當我們發現自己以陳腐、有缺陷的方式看待對象時，我們就需要努力改變知覺，採用不同的觀看方式。[25] 這個過程會不會成功並無保證，尤其大多數人並無持久的耐心與決心。有些不合理的情感型態還有更深的根源。卡爾（序論提到的殺人犯，他槍殺了兩名女同志）不斷辯稱，他對女同志的憎恨是源自於童年時期，他母親成為女同志而拋棄他。不論這個故事是真是假，有時真的會發生這種事，即使對於最有決心的道德實踐家（卡爾肯定不是）而言，也無疑使自我改善之路困難重重，顛簸不斷。[26] 因此，主張情感的改變相應於信念的改變，並不表示我們支持其改變是輕易且迅速的這種荒謬說法。[27]

　　甚至，我們可能會發現，人類的典型生活結構，自然會造成一些朝向不合理情感的傾向。換言之，對所有人而言，在通

25　這種道德轉變的過程，Iris Murdoch 將它描寫得相當美妙，見 Murdoch (1970)。
26　對本故事的懷疑見 Pohlmann (1999)。他的分析將在第三章深入討論。
27　見 Sherman (1999)，就此有良好的說明。

往合理性的路上，有某些結構性的障礙，使得達成適當情感的掙扎變成一場艱鉅的戰鬥；我將會在論噁心與羞恥的章節中證明這點。人類的歷史是奇特的，我們的幼年期是在無力的身體中度過，實在無法與其他動物相比，而就不需他人幫助就能獨立滿足身體需求的能力而言，之後的生命仍然相對無力。在幼年期與童年期，透過心智與感性去了解世界的能力相對成熟，然而為自己爭取資源的身體能力卻不相稱；我們的生命有很長一段時間是極度依賴他人的。而且，比起其他動物，我們非常了解自己的限制。在一定年齡後，我們了解到死亡。我們恐懼死亡，思索死亡，希望自己不必死。於是，我們的生命史充滿衝突與矛盾。因此，難怪我們會設想許多否定自己必死性與動物性的方式，也難怪我們的情感會反映這些掙扎。

　　儘管法律傾向以「理性人」不多不少就等同於「平均人」這個假設來做論據，我還是主張法律學者必須走到這個假設背後去質疑它，這是很重要的事。平均人也是人類，會表現出許多緊張、矛盾，以及規範上的不合理性。如果我們能證明，某些情感特別可能含有這些不合理性，我們就可以擁有一些特別的理由，站在特別的懷疑論上，審視它們的法律地位。

　　簡言之，我所辯護的亞里斯多德情感觀，也就是普通法傳統的重要核心觀點，不必然與亞里斯多德另一個樂觀的假設相連，即只要人類接受基本上良善的教育，則大多數人都可以變成完全具有美德與理性的人。我所擁護的主張和一個豐富許多也更精確的幼年及童年期的觀點相連，它能夠公正地看待人類

發展過程裡必然興起的複雜矛盾與緊張。亞里斯多德和他同時代的人一樣，對兒童沒有太大的興趣，或許從來也沒有仔細看過他們。[28] 一旦我們這麼做了，就可以學習到我們情感的起源，而能領導我們批判太過順從主流情感規範的法律實踐，至少是某些領域上的。

IV. 情感與理性人：殺人與正當防衛

　　我已經主張過，在大多數情形下，我們的法律傳統所採的情感觀點，是認為情感相當可信，也是有力的直覺力量。[29] 據此，情感並非無知的波動，而是有知（理智）的反應，與世界上發生的事、個人的重要價值和目的相應。[30] 情感不僅包含對事物的評價，也邀請他人的評價。現在，該探討這些理念如何形塑法律原則的各個領域了。

　　在本節裡，我把焦點放在罪犯的情感上，但我們不應該忘記「理性人」的情感在正當化刑法的價值體系時所扮演的角色。在我曾經提出的情感圖像裡，相信「殺人、強暴等等對人

28　真奇怪，他可是投注了高度的熱情與精力在非人類的動物身上，其志業的大部分都在研究動物的解剖學與行為。

29　不完全一致的觀點：視情感為較接近機制性衝動的觀念及證據，見 Kahan and Nussbaum (1996)。

30　見心理學家 Lazarus 的主張（Lazarus, 1991）：「當我們起情感反應時……這個反應告訴了我們，有重要的價值或目的正遭到傷害、面臨危險或獲得增進。我們可以從一個人的情感反應裡學到，他在接觸環境或渡過人生時，認為事關重大的事情是什麼，他如何解釋自己與世界，又如何處理傷害、威脅與挑戰。在揭露一個人如何將自己聯繫於生命以及自然、社會環境的相關方面上，心理學沒有其他比情感反應更豐富的概念了。」（頁6-7）

類而言是嚴重之傷害」的信念，與下述的理念之間有緊密的邏輯關聯：亦即認爲當這種傷害來臨時，恐懼是合理的；當它們發生時，憤怒是合理的；當它們發生在別人身上時，憐憫是合理的。因此，如果沒有給這些合理的情感一個角色（不論是否強調之），則很難解釋爲何那些侵害應該加以立法規範。

　　故意殺人罪的標準法律原則是，被控謀殺罪的被告只要能夠證明：該殺人案件是爲回應受害者的挑釁，而且該挑釁是「適足的」（adequate）、被告的憤怒是「理性人」會有的、該案是在「激情的熱度」中又沒有足夠的「冷靜時間」而犯下的，那麼他就可能獲得減輕，降爲普通殺人罪。本原則只供減輕罪責，而不是讓被告完全無罪。故意殺人與正當防衛之間的差異，最可信的理由是：在普通殺人罪的案例中，罪犯本身的生命並未受到威脅，因此他能夠也應該尋求法律的支援。不過，本原則又說，罪犯處境裡的某些事以及他的情感，導致該殺人案件沒有像謀殺罪那麼壞。是什麼造成這樣的差異？

　　我們說，被告必須證明，他的暴力犯罪是對方挑釁的結果，而且該挑釁行爲合乎法律的適足性標準。其次，他必須是受到被害人挑釁。如果A是受到B挑釁，結果殺了C，那麼依照本原則，A是無法減輕罪責的。[31] 常見的情況是B對A做了嚴重的傷害行爲，而A以暴力回應。早期的法律判例已經將「適足的」挑釁定義爲法律問題。適足的與不適足的挑釁，兩

31　例外見 Kahan and Nussbaum (1996)。

者之間的界線通常十分生硬。譬如，一拳打到人家臉上，是適足的挑釁，但是打人家的耳朵不算。[32] 與別人的妻子通姦，是適足的挑釁，但是與別人的女朋友上床，不算。[33]

　　當代判例則傾向放棄這種固定的定義方式，而將適足性的決定交給法官或陪審團。根據一份有影響力的判決，如此改變的理由是，適足之挑釁的分析「必須倚賴並順應幾近變化無窮之案件事實。正義之法律不可依照昔日之決定，而將本應據以判斷挑釁之合理性或適足性者之多變事實與組成事實強加分類。」[34] 目前這種立場還有爭議，許多法院還是偏好固定的分類，理由是為避免嚴重的偏見。雖然允許法官與陪審團來評價事實，看起來顯然很合理，但此利益必須與對於法官與陪審團不公或偏頗的憂心取得衡平。

　　即使法院開放許多空間讓法官與陪審團對挑釁的適足性加入個人的分析，但還是有一些挑釁向來是會被判定為不適足的。這就是當卡爾試圖讓法官認許他看到女同志做愛的嚴重噁心感時，賓州法官的判決所依：「（法律）不承認同性之間的性行為是一種法律上的挑釁，足以減輕違法的殺害行為……由謀殺減為故意殺人。」法官結論道：「一位理性人僅會停止觀看並離開現場；他不會殺害一對戀人。」[35] 顯然，在法官的論述裡，她們根本沒有做任何挑釁卡爾的事，除了以女同志之姿

32　比較 Sir Michael Foster, Crown Cases 292 (1898)（毆打耳朵）與 *Stewart v. State*, 78 Ala. 436, 440 (1885)（毆打臉）。

33　比較 *Regina v. Mawgridge*, 84 Eng. Rep. 1107, 1115 (1707)；*Rex v. Palmer*, 2 K. B. 29, 30-31 (1913)。

34　*Maher v. People*, 10 Mich. 212, 221-22 (1862).

35　*Commonwealth v. Carr*, 580 A.2d 1862, 1363-65 (Pa. Super. Ct. 1990).

出現在他面前之外。她們並沒有傷害他，也沒有任何侵犯他的行為；而為了適用合理（適足）之挑釁的原則，如此的侵犯行為是必要條件。

因此，儘管法律不會要求被告證明，他們的情感「實際上」就是理性人的情感（這種調查無疑是主觀而不確定的），法律還是會要求被告證明他們的處境就是會激起理性人極度強烈之憤怒或相關情感的那種處境。（其次，法律還是要求證明被告的確處於「某些」強烈情感下。）為了證明合理之挑釁，總是必須證明被害人的確對被告做了侵犯或傷害的行為，而且該行為達到某種程度的嚴重性。推測起來，真相可能是這樣：我們不想鼓勵放肆殺人的社會規範。一般而言，我們不想寬恕非出於正當防衛的殺人行為。我們認為，理性人在碰到挑釁的處境時，永遠不會自行執法。但是我們也想要社會及法律承認一個事實，亦即理性人仍會受到某些種類的損害激怒，不論發生在自己或親愛的人身上。因此，我們為在這種情況下做出暴力行為的人，建立了法律上減輕罪責的原則。殺人行為並沒有獲得正當化，但是部分獲得赦免，因為刑罰較少。理由不只是因為他的情感是可理解的，還因為那個情感本身是適當的（而不是那個受到情感影響所做出來的行為）。[36]

注意，卡爾的法官並沒有說「卡爾並不覺得噁心」、「他

---

36 因此，在我看來，Dressler (2002)似乎把議題搞錯方向了。他說我們必須在全有與全無之間選擇，視提出這樣的辯護是要正當化犯罪行為，或僅是請求赦免，二擇一。對他而言，如果行為沒有獲得正當化，則情感也是不正當的。但是我們可以區分：情感本身（極度憤怒）已經受到處境的正當化，儘管犯罪行為本身僅僅（部分）獲得赦免，因為一個完全的「理性人」會用其他方式處理自己的極端情感。

的噁心並不極度強烈」或者「他的噁心並未引發殺人」，而是說「這些並不是理性人會有的反應」。一個理性人，不論是否感到噁心，都不會被情感淹沒而做出暴力犯罪。法律在這方面有一個模組，規範什麼能夠激起理性人的情感，什麼不能。正如本章開頭所引 *People v. Logan* 判決的重點：「沒有被告可以僅僅因為事實上他的情感被激起了，即自行設立行為標準，正當化自己或獲得赦免，除非陪審團相信那樣的事實與環境足以激起普通理性人的相同情感。」

　　本章一開始所提到的史莫案也是如此。史莫堅稱自己的憤怒非常強烈，因為他是一個比大多數人還暴躁的傢伙。法官並不質疑這個主張，而是說法律並不會獎賞允許自己陷入這種情況的人。法官表示，史莫的極端情感「導因於自律的缺乏與教養的忽視，而這些問題是難以原諒的」。[37] 允許自己受到輕微的怠慢所激的人，我們不會獎賞他。[38]

　　那麼，殺人必須在「激情的熱度」中又沒有足夠的「冷靜時間」才犯下，這個原則要件又如何呢？這些原則可能被拿來證明說，法律認為情感是衝動，只會短暫地遮蔽理性。然而，如此理解它們是不正確的。卡爾與史莫的情感可能非常強烈，

37　*Small v. Commonwealth*, 91 Pa. 308 (1879).
38　模範刑法典（Model Penal Code）為另一種做法背書，廢除對於被告之侵犯行為的要件，只要有「極度情感不安」即可。有一個典型案件（*State v. Elliott*, 411 A.2d 5 [Conn. 1979]）適用了這個原則，被告因為「小孩的監護權問題、無力維持剛買的房屋、對兄長的極度恐懼」而過度激動，所以追蹤並在沒有受到挑釁的情況下射殺了他的兄長。最後因為他的「不安」，獲得減輕為普通殺人罪。對這種做法的批判以及相類似的案件，見 Kahan and Nussbaum (1996, 322-23)。

但是他們卻沒有得到減輕罪責。甚至，被告為了獲得罪責的減輕，也不必證明案發當時的確有極端情感存在。重要的似乎是當時的處境，必須是理性人在其中也會產生極端情感的處境。但是接著，如果由於被害人的錯誤行為，而使得被告受到適足的挑釁，而且他的憤怒也是假設中的理性人會有的，那麼當他在很長時間過去後才殺死被害人，為什麼他不應該得到減輕？他對於發生在自己身上的壞事的憤怒，當然不會因為時間的流逝而變成不適當的。讓我們設想某人謀殺了Ｇ的小孩，Ｇ在得知犯罪後馬上找上他，射殺了他。Ｇ非常可能依照本原則而獲得減輕罪責。然而，如果Ｇ等了三個禮拜後才追蹤他，射殺他，那麼Ｇ不能得到減輕。為什麼不能？一個理性人當然也會持續對這樣的謀殺感到極度憤怒，或許一生都如此。

　　為了解開這樣的謎題，我們不能只思考情感，而要思考情感與其他考慮的關係。我已經說過本原則是減輕，而非完全無罪，因為自行執法永遠是不正確的。在這種意義下，Ｇ的「憤怒」是理性人的，但他並非在各方面都符合理性人。理性人還會有其他的思考與情感：對法律的尊重、預見到殺人是犯罪、對懲罰的恐懼。在多數情況下，這些其他的思考與情感都會進來，阻止Ｇ殺害那個謀殺犯。他可能會叫警察。在發現謀殺案的當下，迷惑與衝突的時刻，我們原諒他沒有做有優先性的事，我們原諒他沒有注意到必須約束自己的理由。然而，我們預期人類在事後一段時間可以看到事情的全貌，不再沉陷於單一的情感裡，而忘記他們應該交給社會的。我認為如此解釋這

個原則才是最正確的。[39]

　　正當防衛則不同。在這裡我們不認為殺人是錯的，因為對生命的威脅（或者嚴重身體傷害的威脅）讓人取得殺人的權利；因此正當防衛可以完全無罪。但是同樣地，本原則也是謹慎地界定其適用的範圍，亦即理性人身在其中會為自己的生命或安全感到恐懼的情況。正如布萊克史東（Blackstone）所言：「正當防衛的法則即是必要性的法則。」這種權利只有在必要性出現時，才能發生，而且只能延伸到必要性的程度內。以下引用對於本原則的現代摘要：

　　　　對於防衛者，須有行使致命武力之威脅存在，不論實際或表面。該威脅必須不正且迫切。防衛者必須相信自身面臨迫切之死亡或嚴重身體傷害之危險，且其回應須是拯救自身所必要者。此等信念不僅須由防衛者誠心持有，另須依周遭情境而判為客觀合理者。此等要素須同時齊備，缺一不可，事屬當然。[40]

39　基於這些事實，完全廢除挑釁的辯護是否較令人滿意呢？Stephen Morse即主張：「無論多麼受刺激，理性人都不會殺人……正如事實上因為我們都曾經被激怒，所以每個人都知道，即使一個人被激怒了，選擇不殺人還是很容易的。」見Morse (1984) 33-34。然而，如我所描述的案例，即發現自己小孩被殺的父母，還是相當特殊的案例。（即使對Morse而言也是如此，他極力主張這種殺人犯可以依照能力減低獲得完全的辯護。）如果不把同情延伸到在這種情況下殺人的人，那我們的社會是相當奇怪的。一個理性人在這種情況下也「有可能」喪失平日的自制，而魯莽行事。女性主義也曾對本原則加以抨擊，提出了某種擔憂：它所赦免的行為，是男性社會化的一部分；見Dressler (2002)與Nourse (1997)。的確，這也是限制這種辯護方式以及譬如不要把丈夫殺害妻子情夫的案例當成典範的理由之一。Nourse主張，這種辯護方式應該限於挑釁本身屬於一種刑事犯罪的場合；這主張很有趣，儘管在我國的性別法律下，她的說法並不十分符合她所支持的區別。

40　*U.S. v. Peterson*, 483 F.2d 1222 (1973).

本原則自從發展的早期，即已強調這些界限的重要性：

自然防衛之權利並非導向攻擊之權利，因為，與其因過去或臨近之傷害而攻擊他人，一個人只需求助適當之法院。因此，運用本防衛權不可能合法，除非面臨突發且暴力之狀態，亦即，若等待法律之援助，則某種立即之痛苦將成其後果者。是故，訴諸正當防衛而求免殺人之罪者，須有殺人者無其他可能之手段以逃避攻擊者之情勢。[41]

有些這類的討論（譬如前面提到的諾曼案）談到被告對於死亡或傷害的合理「恐懼」，有些則僅僅談到她或他可能面臨死亡或嚴重身體傷害的合理「信念」。[42] 我們之前的分析已經顯示，會有這種替換並不令人意外，因為信念即是恐懼的元素，也是法律議論最適切的元素。（在這種案件裡，作為恐懼之另一個元素的信念，即「一個人的生命乃是極端重要的」，始終被認為事屬當然，而且它的合理性也是整個原則的基礎。）

本原則的一般意義是，為個人的生命或身體安全感到強烈恐懼並不足以正當化致命武力的使用。我們進一步要求恐懼必須是合理的，亦即，必須立足於對處境的合理信念。在這裡，我們很容易就可以看出合理性才是相關的範疇，而非真理。如

41　Blackstone, *Commentaries* IV, chap. 14。另見III, chap. 1：「反抗必須未超出純粹防衛及預防之界線，否則防衛者本身將成攻擊者。」

42　Blackstone 已經同時從信念與情感的角度分析過正當防衛，見 *Commentaries* III, chap. 1。

果一個侵入者用槍威脅我，通常我就可以合理地相信，槍是真槍，而且裝了真正的子彈，即使最後可能發現槍不過是把玩具槍，或者根本沒有裝子彈。我還是可以主張正當防衛，即使我的信念其實是錯誤的。

關於合理性的標準應該如何定義，還有許多問題。譬如，信念應該是對任何人都是合理的，還是應該對當事人的特定歷史與經驗而言是合理的？這個議題在伯納德・柯慈（Bernard Goetz）案中即生爭議。被告在紐約地下鐵蓄意謀殺四名年輕人，只因他們之中有幾個人接近他，向他要五塊美元。[43] 柯慈堅稱，依照他受過攻擊的特殊歷史，他相信自己的生命正處於危險，這是合理的信念。紐約州上訴法院駁回了這種主張，認為合理性的標準是客觀的，而非主觀的，而基於先前歷史的誠心信念，並不必然足以達到合理性的標準。[44] 從不同的法源而來對本標準的不同表述，也造成許多問題。譬如，模範刑法典（Model Penal Code）刪去了重要的「合理」一詞，重新表述本標準，使得如果被告的信念形成是有過失時，則只能以較輕的過失致死罪定罪。紐約州儘管大抵採取模範刑法典的做法，卻也是將「合理」重新填回相關法令的州之一。透過某種方式，傳統還是保留了下來，必須對被告的恐懼與作為其基礎的信念加以合理性的評價。

43　*People v. Goetz*, 68 N.Y.2d 96, 497 N.E.2d 41 (1986).
44　然而，法官的確認為，在適用合理性檢驗時，應該考慮被告所面臨的所有情況，包括他的身體特性、某些先前的經驗等等可能會為他的信念提供合理基礎者。

我已經說過，本原則預設了一個人生命的重要性，以及極度想保護生命的正當性。但是這裡面所涉及的評價，事實上複雜許多。因爲不只對生命的威脅可能導致正當防衛主張成功，正如我們所見，嚴重身體傷害通常也包括在裡面。但是還有其他重要的東西，可能允許被告爲了保護它而使用暴力。在某些司法轄區，如果一個人爲了避免被強暴，甚至爲了避免被搶劫而使用致命武力，他也是能夠主張正當防衛。[45] 這類的法令隱然將身體的完整性與財產評價爲重要的利益，重要到爲它們而戰鬥也是合理的。同樣地，儘管有些司法轄區課予在回頭戰鬥前有逃跑或撤退的義務，但有些司法轄區並沒有。不肯明訂這樣的要件，乃是根源於十九世紀的榮譽觀念，要求「一位眞正的男人……逃離以暴力或突襲而惡意殺人或嚴重傷害人的攻擊者」是可恥的。[46] 這種對於榮譽的高度評價已經受到批評，但是許多司法轄區仍然允許在這種情況下，對於恥辱的恐懼應當獲得正面的評價。[47] 關於榮譽與個性的類似思考也顯露了一種主流的想法，亦即在一個人家中發生的攻擊，屋主不需要逃跑：如果一個人被迫「變成逃離自己家裡的亡命之徒」，那可是尊嚴掃地、顏面盡失的。[48] 最後，如果我的介入是爲了防止

45　N. H. Rev. Stat. Ann. Para. 627.4 (II) (b) (c) (1986); N.Y. Penal Law para. 35.15 (McKinney 1987); Tex. Penal Code Ann. Para. 9.32 (West 1994).

46　*Beard v. U.S.*, 158 U.S. 550, 561 (1895) (Harlan, J.) (引用 *Erwin v. State*, 29 Ohio St. 186, 193, 199) (1876)。Harlan 大法官把英國的態度拿來與美國的主流態度比較，英國的態度是在使用致命武力之前，先「退到無路可退」的地步。

47　早期的批評見 Beale (1903)。他說，「一個眞正光榮的人，擁有精緻教養與崇高心態的人」會悔恨自己懦弱地撤退，但是會更悔恨「自己手上沾有別人的血」。

48　*People v. Tomlins*, 107 N.E. 496, 497 (N. Y. 1914) (Cardozo, J.).

他人的死亡或傷害，我也可以主張正當防衛——但是替別人正
當防衛的人必須持有怎樣的信念，才能獲得無罪判決，在學說
上卻有分歧。有些人主張，如果被告合理地相信，他必須攻擊
才能拯救他合理地視為被害者的人，那麼他可以無罪。有些人
則加了更嚴格的要件，主張必須被告所幫助的那個人本身事實
上有權利使用致命武力。[49] 這些原則也涉及一些社會規範，即
我們與他人之間的關係、潛在的救援者必須做什麼樣的警告。

　　現在讓我們回到諾曼的案例。受虐婦女偶爾會將殺害施虐
丈夫的行為描述成正當防衛。難處在於，這種行為至少有時是
在被害人暫時沒有對婦女的生命直接施加威脅的時候所犯下
的。我必須指出這並不是典型的案例，如果眾人會以為是那也
是媒體造成的。根據對這種案例的最新調查，百分之八十的受
虐婦女是在直接衝突中殺死了配偶。[50] 因此，傳統的正當防衛
原則在處理大多數這種案例時是適當的。然而，剩餘的案例也
構成了重要的少數，近來的法學思想在與這個原則搏鬥，以求
適當地處理這些少數案例。顯然，活在恐懼中的婦女通常在身
體上比施虐者弱了許多，也相信只有在施虐者睡覺或不注意的
時候，她們才能有效地防衛自己。這類的信念似乎相當合理，
然而，「趁一個人睡夢中殺死他是正當防衛」的這個想法，實
在很難符合本原則的傳統狹隘範圍。另一個爭點是關於逃跑：
如果事實上施虐者當時在睡覺，受虐者只需走出家門即可，但

49　摘要見 Kadish and Schulhofer (1989), 874-75。
50　Maguigan (1991).

她卻說她無法逃跑，這在法律上看來實在相當奇怪。諾曼的確走出了家門，並將她的小孩寄託在別的地方，然後才又回家殺了她丈夫。

基於這些理由，法官向來很不願意允許受虐婦女主張正當防衛。在諾曼之前不久還有一個相似的案件，堪薩斯州最高法院認為，在這種被告趁施虐者睡夢中加以殺害的案件裡，若給予陪審團正當防衛的諭知，是錯誤的：

為就正當防衛諭示陪審團，須證明些許源自攻擊者蓄意行為而來之迫切威脅或衝突情狀。於被告承受長期家暴而被害者即施虐者之場合，本要件亦無例外。於此等案件，爭點並非被告是否相信凶殺乃解決過去或將來受虐問題之手段，而是周遭環境情狀是否足使被告合理相信使用致命武力乃有其必要……於本案此情此景，任何受虐婦女均無法合理恐懼來自沉睡配偶之迫切生命威脅。[51]

同樣地，對法官而言，諾曼的行為也不是因為她合理地相信她的生命處於迫切的危險中；她能夠，而且也的確離開了家裡，而當她下手攻擊時，她丈夫正在睡覺。

這些案例顯示，本原則主要是設計來處理男人面臨另一個男人暴力相向的情況，而無法良好地處理受虐婦女的情況與環

51　*State v. Stewart*, 763 P.2d 572 (1988).

境。事實上，她無法合理地希望一個脫離丈夫的生活。如果她
離開，他很可能追蹤她，而且無論如何，通常她一旦離開他，
生計即成問題。如果她離開，她可能也會擔心孩子的安全。受
虐婦女的專家也曾經為她們的情感狀況作出心理分析，在持續
受虐的關係裡，她們的情感變得空虛與無助。[52] 在一九八〇年
的一個案件裡，檢方成功地排除了受虐婦女的心理專家證言，
但紐澤西州最高法院則駁回了被告的謀殺罪判決，認為該證言
是適當而相關的，足以建立被告相信其生命處於危險之信念的
客觀合理性。[53] 然而，這個法律領域還有很多爭議。諾曼案正
顯示出，在這種情況下，應如何理解合理性的標準，爭議甚
大。同時，在這種案件裡，陪審團愈來愈傾向將被告無罪開
釋，即使本原則的形式要件並未完全符合。[54]

V. 情感與社會規範之變化

　　皮考克某天傍晚不期然回家，撞見自己的妻子正在跟一個
男人做愛。幾個小時後，他開槍殺了她。皮考克認了故意殺人
罪，法官羅伯‧凱希爾（Robert Cahill）判他十八個月有期徒刑
的工作復歸計畫（work release program）[譯①]。法官明白對皮考克

52　這個領域最有影響力的作品見 Walker (1980)。
53　*State v. Kelly*, 478 A.2d 364 (1984).
54　見 Kahan and Nussbaum (1996, 349-50))的討論。也請比較柯慈案，柯慈只被判較輕的持械罪。
譯①屬於矯治／社會復歸處遇的一環，對象是即將服完刑期或符合某些條件的罪犯，在假釋或
　　釋放的地方提供工作機會，讓他們在受監督的情況下漸漸重新回歸社會。

表示同情，說他無法想像還有什麼事「能夠激起比這個更大的暴怒：當你快快樂樂結婚，出外工作養活配偶時，私生活卻遭到背叛」。[55] 凱希爾繼續說：「我強烈懷疑有多少結了四、五年婚的男人，會堅強地離去，而不施加一些肉體懲罰的。」[56]

這個故事唯一引人注目的地方，就是每個人都認為它引人注目。幾個世紀以來，通姦都被視為是適足的挑釁，能將謀殺減輕成故意殺人，不論殺的是情夫還是不忠的配偶；幾個世紀以來，犯了這種罪的男人都得到寬大為懷的原諒。但是凱希爾法官的量刑與聲明卻引發軒然大波。報紙發社論強烈抨擊，反對者到法院示威，要凱希爾下台，正式的懲戒程序也開始了。[57]

曾經在法律裡成定論的「婚姻不忠足以激起理性人的暴怒殺意」，如今卻成重大爭議。一九七三年以前，一個殺了妻子情夫的男人，可以依具體的法律規定獲得完全的辯護。[58] 但時值廢除之際，這個規定已被視為「陳腐舊物，不合時宜的邊緣思想」，而且使「國家多了個法律笑柄」。[59] 其他透過減輕而非完全無罪來表現寬容的州也做了某些轉變，如同那些對於凱希爾法官的輿論批評。

遭到背叛的丈夫，其暴怒是真實而強烈的，想必公眾並不

55　Sheridan Lyons, "Court Panel to Probe Judge in Sentencing," *Baltimore Sun*, 20 October 1994, 1B.

56　"She Strays, He Shoots, Judge Winks," *New York Times*, 22 October 1994, A22.

57　諸多文件見 Kahan and Nussbaum (1996, 346-47)。

58　Texas Penal Code art. 1220 (1973年廢)。

59　Albert Alschuler 給 Kahan 的信件（一九九五年五月，由 *Columbia Law Review* 收藏）。Alschuler 是委員會的官方書記之一，該委員會推動德州刑法典的大規模修正，其中之一即是要廢除「情夫條款」。

懷疑。不過，人們反對的是這個判斷：這種情感是合理的，是
理性人會有的情感。因為情感涉及評價，對於這些情感的評價
將會反映出社會的規範。當一個社會問：應該將什麼樣的恐懼
與憤怒視為合理的？也就是假設的理性人在同種情況下也會有
的情感？這就是隱然在問：對什麼加以高度的評價是合理的？
而答案通常是依照主流的社會規範標準來回答的。於是，這類
的規範性評價可能隨著社會規範的變化而變化。即使婚姻不忠
繼續被視為嚴重的道德錯誤，對它憤怒是正確的，今天也很少
人會如傳統那樣主張通姦乃是「對一個男人的財產最嚴重的侵
犯」[60]。（注意，這種轉變可能與另一種轉變密切相關，即將
通姦視為刑事犯罪是否適當。[61]）現今的觀點是：關心配偶及
其忠貞是合理的，不過不應該採用那種殺人犯的方式；憤怒是
合理的，不過不應該是導致殺人的那種憤怒。該罪犯看待他的
妻子如同財產的一部分，是控制的對象，而不是一個做了自由
抉擇的人，儘管這個自由抉擇從他的觀點來看是不幸的。

　　在充滿猜忌之丈夫的案例裡，婚姻的新式理解改變了父權
及支配的規範（這種社會規範向來隱藏在合理性標準的舊式適
用法背後）。家暴的領域也正在發生同樣的轉變。正如我們已
經知道的，正當防衛原則是設計來處理男人經常遭遇的處境：
他們的生命受到對手或入侵者的迫切威脅。當然，女人有時也

60　*Regina v. Mawgridge*, 84 Eng. Rep. 1107, 1115 (1707).
61　因此，挑釁行為無須一定要是刑事犯罪，刑事犯罪也不全是合理之挑釁的基礎，但是「犯罪」
　　這種特性無疑會促成這樣的想法：理性人應該會受犯罪所激。

會遇到同樣的危險，但是參考文獻多提到「真正的男人」與男人作為屋主及家長的想法，正表明受威脅的男人才是標準的案例。在這種劇本的典範裡，當然有良好理由堅持對於生命的威脅必須是迫切的。法律不想鼓勵人們在好幾個小時後追蹤對手並將他殺害，還相信自己會完全無罪。這種殺人犯可能會被減輕為故意殺人，但是絕不可能可以主張正當防衛。這看起來很合邏輯。

然而，現在我們比前幾個世代更了解家暴了，我們決定將它視為重大的社會問題。對家暴問題的研究顯示，一個女人可能合理地相信她無處可逃，而且她除了使用致命武力外別無他法，即使她的丈夫當時在睡覺，或者沒有用武器威脅她。這種信念的合理性可以受到證據支持，亦即，即使配偶逃離，施虐者通常也會追蹤她，然後加以嚴重的攻擊。這個議題還有很多爭論；譬如，有人可能主張，像諾曼這樣的女人理應減輕為故意殺人，因為她所受的虐待是適足的挑釁，但是她不應基於正當防衛而完全無罪。這種困難的議題需要更多時間來解決，但是家暴對於生命、身體完整性、尊嚴的威脅已經相當顯而易見，而作為一個社會，我們現在比過去更重視這樣的議題。我們已經更了解家暴帶來的創傷，不再傾向將婦女視為男人的部屬。這種社會規範的變化，改變了我們對於受虐婦女的憤怒與恐懼的評價。

VI. 合理的同情：科刑中的憐憫

　　目前我們只注意刑事被告的情感。我已經證明憤怒與恐懼在評價犯罪行為的過程裡扮演重要的角色。儘管這類的情感不可能完全沒有錯誤，儘管法律原則堅持認為它們在很多時候都不適當，但法律原則也認為它們有時是「合理的」，亦即根植於對事實的正確評價以及對重要價值的合理評價。一旦如此，暴力犯罪可能減輕罪責，或者在正當防衛的場合可以完全無罪。這些情感在刑事審判裡扮演如此之角色的理由，乃因它們回應了重要的傷害與損害，而且一般共識認為這些傷害與損害是立法加以規範的適當領域。正如我所談過的，這些判斷緊密聯繫到另一組關於全體公眾情感的判斷：公民對於某些種類的損害感到恐懼與憤怒，一般而言是合理的。這些思想深埋在刑法的正當化過程裡。

　　然而，現在讓我們轉到引人注目的情感上，譬如憐憫在量刑過程裡的角色。顯然，憐憫的確「能夠」在量刑程序發揮作用。這個時候來考慮被告的一生是很自然的；如果我們認為具體的歷史，譬如童年遭受性虐待，使得被告的人格趨於不穩定，使他的犯罪行為變得較可理解，故而在這個程度上不再那麼凶惡時，即使依照現今嚴格的精神失常（insanity）判準不足以提出成功的能力減低（diminished capacity）譯②辯護，那麼我們退而求其次，去調整被告的刑度，也是很自然的。這樣的判斷其實是司空見慣的例行公事，不論是出現在公眾對高度曝

光之案件的非正式評價，還是在法官或陪審團的實際審議裡。譬如，溺死兩名親生幼子的蘇姍・史密斯（Susan Smith），本人曾經遭受長期的兒童性虐待，當她被控一級謀殺罪時，陪審團最後卻裁決無期徒刑，而不是死刑。這樣的判決反映了廣為流傳的公眾情感，由於她的歷史，而使陪審團在量刑時表現了某種程度的寬恕。[62]

　　然而，我們需要強調的問題是，憐憫的這種角色是否被法律傳統視為合理的與良好的。任何人都能夠想像一些論證來反對它扮演這樣的角色，譬如人們的同情是不可預測的、無常的，他們可能有一些預設的偏見，將影響他們聽取被告之歷史的方式，而導致他們傾向反對某些種類的被告而偏袒其他的。不過，儘管有這些危險，長遠的英美刑事法傳統仍然堅持在量刑階段給憐憫留下地位，類比於合理之憤怒與合理之恐懼的法律概念，憐憫則有它的「有所繫」概念或合理之憐憫。

　　不過，在我們檢驗這個傳統之前，我們必須先談談這個情感本身。[63] 正如我們討論過的其他情感，憐憫也包含思考。從亞里斯多德以降，對於這個情感的標準分析，都強調它需要「他人正在承受嚴重之惡事」的思考。因此，在這個情感裡，

譯②insanity是指行為人辨別是非對錯的能力或依其價值判斷而行的能力完全喪失，酌譯為「精神失常」，類似我國刑法修正前的「心神喪失」（日本刑法的「心神喪失」）；diminished capacity則是指行為人的前述能力減弱，但未到完全喪失的地步，酌譯為「能力減低」，類似我國刑法修正前的「精神耗弱」（日本刑法的「心神耗弱」）。然而向請讀者注意，英美法這兩個範疇在其法律上的地位或作用與我國的前述概念仍有差異。

62　見 Kahan and Nussbaum (1995)。

63　此處是跟隨 Nussbaum (2001a, chaps. 6-8) 較詳細的分析。

我們將他人的處境評價為嚴重的，套句亞里斯多德的話，好像有「尺寸」（size）。我們對這個「尺寸」的評價可能會附和受苦之人自己的評價，但並不總是如此。受苦之人可能沒有意識到他的處境，或者心智能力已經受損，因而無法理解他的損失有多麼嚴重，但我們還是會給他極大的憐憫。如果我們認為他只是被「寵壞」了，為一點不怎麼壞的小事無病呻吟、小題大作，則我們也會克制自己對他的憐憫。因此，在對他人表示憐憫時，我們早就已經預設「明智觀察者」（judicious spectator）的立場，會盡我們所能去評價受苦之人的不幸。當然，我們的評價可能太過急促或犯了錯，而無法完全達到亞當·斯密所設想的「明智觀察者」，但是憐憫的觀察性質已經至少含有反思評價的面向。

　　憐憫通常含有的第二個思考，是在亞里斯多德把憐憫與悲劇相連時談到的：對於困境，他或她並不完全可歸責。[64] 他們可能有些責任，但就我們感到憐憫而言，我們判斷他們所承受的困境與其應得之責罰不成比例。

　　這個傳統還強調，憐憫涉及到一個思考：我們也是同樣脆弱的。因此，這個思考將受苦之人與同情者的可能性及脆弱性相連。這種脆弱共同體的產生，包含幫助他人的動機，均屬於憐憫的力量。不過如此的現象也可用來解釋，當人以為自己的

64　亞里斯多德的 *eleos* 通常是被譯為「可憐」（pity），但是基於 Nussbaum (2001a, chap. 6) 所提出的理由，我較喜歡「憐憫」（compassion），這個詞如同其古希臘語源，不包含任何優越感或紆尊降貴的暗示，但「可憐」卻有時會如此。

可能性完全、徹底超越他人時，他就無法對他人的困境產生憐憫。盧梭談到，法國的王公貴族之所以對下層階級缺乏憐憫，乃因他們「自認不是人類，永遠不會是」，因而也不會臣服於生命的無常。通常，人與人之間這種相似性的思考，還會得到移情想像的強化，亦即為他人設身處地著想。

　　不過我將主張，相似的可能性的判斷，或者移情想像，都不是憐憫的必要條件。我們也能夠憐憫動物的苦難，但是不必思考牠們的可能性與我們的相似，也不必想像我們就是牠們，儘管我們當然要對其困境有些許的了解。我們也能想像，全能的神也會為人類的苦難感到憐憫，不論神的可能性是否與我們的完全不同。許多宗教傳統認為，想像力需要有身體才能運作，因而限制了神想像人類苦難的方式，譬如，根據阿奎那（Aquinas）所言，神（天父）能夠形成概念，但無法想像特殊事物。無論如何，我們當然能夠同意，相似性的承認與移情想像都是強大的心靈能力，有助於有缺陷的人類憐憫他人。貝臣（C. Daniel Batson）對於這種情感的實驗性研究清楚顯示，對於受苦之人的遭遇的生動描述，在產生憐憫心與幫助行為上有極大的力量。65

　　我相信，如果要產生憐憫情感，還有另一個必須談到的思考，亦即我所說的「幸福判斷」（Eudaimonistic judgment）。這種判斷的意思是，我所憐憫的人對我而言是重要的。我們的情

65　Batson (1991).

感與我們立場相同，採取我們最關切的觀點。我們為自己所關心的人悲傷，不為自己所不在乎的人悲傷。我們恐懼可能降臨我們或我們所關心之人身上的災難，但是不恐懼遠方的災難，除非我們能夠使之成為我們所關切的一環。即使憐憫有將我們與大範圍人類群體聯繫起來的能力，但是至少還需要道德成就，讓我們能夠視受苦之人為我們的重要目的，是我們關切的一環。這種重視可能同時發生：因此貝臣表示，對於陌生人的遭遇的生動描述，可能引發活絡的關心，並導致憐憫情感與幫助行為。然而，這種重視可能也是不穩定的，亞當・斯密曾經諷刺道：為中國大地震的受害人感到憐憫的人，只要自己的小指發痛，憐憫馬上就會徹底消失了。憐憫的不穩定性與觀點性，造成道德教育與倫理學很多麻煩。[66]

　　既然我們已經列出上述四個判斷，那我們就能夠檢討憐憫如何以及為何可能犯錯了。首先可能是將處境的嚴重性弄錯，不論是因為對於事實的訊息錯誤，或是因為混淆了壞事的嚴重性。社會學家坎迪士・克拉克（Candace Clark）研究發現，多數美國人將塞車列為值得憐憫的重要例子，與生病和臨死並列。[67] 其次則是歸責的錯誤，為並非由他人自己招致的事情譴責他，或者無法讓做了錯事的人負責；克拉克表示，美國人有譴責窮人的強烈傾向，認為貧窮是窮人自己的問題，卻無視於這樣的判斷很難有可信的理由支持。最後，則是關切的人類

66　Nussbaum (2003b).
67　Clark (1997).

（其實也要包括其他生物）太少，這也是犯了錯的憐憫。

什麼樣的憐憫是合理與適當的？大多數社會對此都有嚴重的爭議。窮人應該因為自己的貧窮而被譴責嗎？失業是多嚴重的困境？一個人要多關心外國人的福祉？我們可以預期到諸如此類的爭議將會繼續下去，而對這類問題提出明確的答案，並依此建立法律規範，將是不智的。不過，另一方面，有些核心的憐憫型態顯然大家都同意是合理的，而且其中至少有些在量刑時占有一席之地。譬如，某些童年時期受虐的案例，大家都認為是嚴重的壞事，而小孩子沒有任何錯誤。如果在法律程序裡，法官或陪審員注意到這種人的命運，我們就可以想見憐憫是最終的結果，而且一般而言大家都同意這是合理的憐憫。

現在讓我們想想量刑程序，焦點放在 *California v. Brown* 一案。問題出現在某條州的陪審諭知規定，其內容要求陪審員「不可受到單純的情緒、臆測、同情、激動、偏見、輿論與大眾觀感支配」。爭點在於這種諭知是否違憲，因為它要求陪審員忽視「其憲法義務，亦即為決定被告適當之刑度，考慮『任何被告（值得同情）之人格或紀錄之面向』，不論其是否與審判中之犯罪相關」。[68] 注意，一開始眾人都同意，在量刑階段，被告有提出證據以博取憐憫的憲法權利，如果剝奪被告的這個權利，就是違憲的（違反第八增修條款「反對殘忍及異常刑罰」的保障）。因此，沒有人會質疑，如果死刑量刑要合

---

[68]　*California v. Brown*, 479 U.S. 540 (1987)，引自加州最高法院的判決，不過該判決又引用較早的 *Woodson v. North Carolina*, 428 U.S. 280 (1976)。後者明白肯定憲法的這種要求。

憲，必須讓基於證據的某種憐憫成爲量刑階段的一部分。

　　亞伯・布朗（Albert Brown）因爲姦殺了一個十五歲的女孩而被判有罪。在量刑階段，檢方提出了他的前科作爲證據，辯方則提出家族成員的證言，證明他的個性向來溫和，另外還提出一名心理學家的證言，他說布朗「因爲性無能的羞恥與恐懼而殺了被害人」。布朗自己則作證說他爲自己的行爲感到羞愧，希望陪審團原諒他。[69] 對於這些試圖將死刑減輕爲無期徒刑的證言，本案並沒有就其適切性發生爭執；同樣地，每一方都承認，「這一類」證言是適切的，陪審團應該考慮它而後作決定。

　　發生爭議的是陪審諭知是否會誤導陪審員，阻止他們適當地考慮上述證據以達成憲法賦予他們的任務。多數意見認爲，諭知裡「單純的」一語，修飾了所有跟隨其後的字眼，而不是只修飾「情緒」，因此陪審團是被要求忽視「單純的同情」，也就是指「毫無所繫的同情」，換言之是指並非基於量刑階段中實際提出之證據而來的同情。多數意見還主張，一般的陪審員就能理解這條諭知的意旨，而不會被誤導。「我們認爲，理性的陪審員不會以違憲的方式解釋本諭知的內容。」[70] 不同意見主張（我認爲較可信），這條諭知字面上就很令人困惑：陪審員可能很輕易就認爲「單純的」只修飾「情緒」，所以他們是被要求忽視所有的同情。（這種混淆可能還被另一件事所助

69　*California v. Brown*, 538.
70　Ibid., 541-42.

長，亦即沒有能夠良好地與「單純的偏見」對比的偏見形式。）
其次，這種文義的混淆還會因為檢方的特性而更嚴重；透過令
人困惑的宣讀方式，檢方得以恫嚇陪審員忽視博取憐憫的證
言。於是，在典型的案例裡，檢察官說：「如同法官將諭示你
們的，你們千萬不要被同情支配。」[71] 另一位檢察官則說：
「同情是一件有趣的事，因為即使你試著不要考慮它，你即將
要下的決定還是有情感的弦外之音。要過濾掉你所有的情感，
基於理性下決定是很難的。不過諭知說，你們要試著做到這件
事。」[72] 不同意見同意多數意見的部分是，被告有提出博取憐
憫之證據以供陪審團善加考慮的憲法權利，如此一來就有可能
引發憐憫、導致寬恕；但是不同意見的結論認為，陪審諭知違
背了布朗的憲法權利，因為它很可能使陪審員忽視了自己的憲
法義務。

　　其次，所有人都同意，「有所繫」或「合理的」憐憫是量
刑程序的一部分。這種憐憫是立足於量刑階段所提出的證據，
而不是根據無關的特徵，而且根植於理性陪審員對於證據的評
價。譬如，在布朗案，一位理性的陪審員在聽完所有的證據
後，可能並不想憐憫被告，因為就任何減輕罪責的意義而言，
性無能並不嚴重到足以解釋高度的殺意憤怒。陪審員這麼想是
完全合理的。假如布朗童年遭受嚴重的性虐待，那麼引發憐憫
的可能性就大多了。在任何案件裡，提出「可能」引發憐憫之

71　Ibid., 553.
72　Ibid., 555.

證據的機會，是每位被告的權利，正如伍德森判決（*Woodson*）在一九七六年主張的，這個機會是視被告爲「獨特個別之人」的程序之一。

關於「有所繫的憐憫」的角色，還有一些嚴重的問題懸而未決。譬如，如果它是憲法所要求的，而且如果，同時有其他證據顯示，任何死刑裁量程序都有可能被種族偏見所污染，這種情況不會導出「沒有執行死刑的合憲方式」嗎？我相信這個問題的答案是「會」，而且我相信，在認爲死刑違憲的好幾個理由之中，對於那些較直接的道德論證無法說服的死刑支持者，這是可能說服他們的一個論證。

另一個我們必須面對的問題是對於受害者的憐憫在量刑中的適當地位。有個強烈的趨勢主張要在量刑階段提出「受害衝擊陳述」（victim-impact statements），有些爲憐憫辯護的法學家辯稱，任何支持伍德森判決的人，基於完全的一致性，也必須支持受害衝擊陳述。[73] 換言之，如果被告有機會向陪審團博取同情，則受害倖存者也應該有同樣的機會。不過另一方面，我認爲較可信的是，一個人可以主張，量刑階段是爲了被告（而他已經被定罪），而且關係到這個人的生死。關於被告所犯之罪之程度的任何證據，都已經在主要的審判程序裡呈現。受害者親友所受之衝擊的額外證據，並沒有明確的相關性，反之，被告成長過程的嚴重傷害，卻是有明顯相關性而且會得到認許

73　見 Bandes (1999) 對爭論的摘要以及他對這個立場的有力抨擊。

的證據。甚至，受害衝擊陳述可能會破壞「幸福判斷」的正確形成，亦即給予被告正當的關切。因為受害者比起被告，通常比較像陪審員，所以陪審員很容易就為受害者感到憐憫，但是這樣的聯盟卻離間了陪審團與被告。[74] 最後，受害衝擊陳述偏袒了受害者，因為有倖存之親友的人，他被呈現的形象不同於孤立無援的人（被告）。基於這些理由，支持伍德森判決的傳統，給被告「有所繫的憐憫」，但是對受害衝擊陳述繼續存疑，仍然是完全一致的。

　　無論如何，再度強調，這是一個關於「何謂」合理之憐憫及其應有之角色的爭論，而非「是否」有合理之憐憫的爭論，也不是用以博取這種情感的事物是否為量刑程序之重要部分的爭論。

　　憐憫在公共生活裡有許多可能的角色。它可能是社會福利政策、海外救援、實現全球正義的重要支柱，也可能是社會改革、處理弱勢團體受壓迫及不平等待遇之問題的重要根源。我在這裡只是聚焦於它在刑法上的重要功能而已，僅僅是其眾多角色的一小部分。我的目標是顯示，即使最謹慎的法學家也同意憐憫是量刑程序的一部分，任何排除它的嘗試都會違背基本人權。不過我將主張，噁心與羞恥卻不是這麼一回事。

74　Bandes (1997).

VII. 情感與政治自由主義

當我們評價人類的情感，判斷有些情感比起其他情感，更是基於重要價值的合理評價時，有一種擔憂就會自然而然產生。這種擔憂是認為隨之而來的法律觀念將是非自由主義的，將一些人的價值觀強加於其他人頭上。當我們承認，在典型案例裡，法律所尊重的觀點乃是大多數人的觀點時，這種擔憂就更加強烈。我們說，少數人的價值比起多數人的價值，較不正當、不重要，這難道不是在請多數欺壓少數嗎？

這種擔憂並不會困擾到基本上屬於社群主義的政治思想家。社群主義的立場（譬如，其典型可見艾齊優尼的「社群主義宣言」及其他作品）通常讚揚價值的均同性是一種非常重要的社會善。[75] 為了追求這樣的善，社群主義通常願意犧牲差異性與某種程度的自由。至於法律，艾齊優尼則明白稱讚其優點，因為法律能夠削減差異性，甚至禁止某些人的自由，同時又增進價值的均同性。這就是他所設想的「單色社會」（他最新的書名）：在這種社會裡，我們認同我們所共有的，而不認同我們有所差異的。這種思想還要面臨許多問題，譬如以共同價值為名，自由應該被削減到什麼程度等等，不過透過法律將共同規範強加推廣的一般性事業，則似乎一點困擾也沒有。

自由主義的立場則不相同。通常，自由主義者跟隨彌爾，

75　最新的表述見 Etzioni (2001)。

認為個體的抉擇與表現自由、依據自己所抉擇之規範而生活的自由，是極端重要的社會善。有些自由主義者跟著彌爾強調，尊重個體自由還能產生其他善。譬如，彌爾主張，保護不受歡迎之意見的表現自由，我們才比較有可能得到真理，因為只有在自由辯論的氣氛裡，我們才可能清楚地看見每種立場的是非功過（我將在第七章討論這個立場）。其他自由主義者則聚焦在個體抉擇的內在重要性，認為個體抉擇乃是個體成為自身的重要成分，因而將尊重自由聯繫到更普遍的「尊重個體（位格）」的規範。一個社會如果在重要事物上告訴它的成員應該要想什麼、說什麼，則是對於個體追尋生命意義之核心缺乏尊重。[76] 不過，兩種自由主義都會對一個想法感到相當緊張，亦即：法律應該選邊站，採取一些規範而反對其他的，主張這些是值得支持的好規範（也是情感的好根據），那些不是。

本書並不是要為某個政治立場辯護，至少不是直接或系統性的辯護，不過本書的觀點倒是自由主義的，認為對個體的尊重是需要對其人生價值觀的充分尊重與尊敬。跟隨著彌爾與約翰．羅爾斯（John Rawls），我在其他地方主張過，多數對少數的暴政，就是政治生活的主要危險；而古典自由主義傳統的重要優點之一，就是對於自由領域的尊重，在其中個體可以抉擇自己認為最重要的目的。[77] 因此，關於情感在法律裡的角色，我的情感論述必須處理自由主義的可能反對。

76　這個立場見 Rawls (1971, 1996)。
77　我對這種政治生活觀點的辯護見 Nussbaum (1999a, 2000, 2002)。

　　爲了回應反對，我們可以說，法律無法避免對犯罪者與受害者的情感及其內在評價作審理，然後判斷其中一些比另一些適當。然而，並不是只要把訴諸情感給排除，可能的反對者就會善罷干休；他們無疑會反對針對一切心神狀態的價值判斷，尤其反對那些天生具有意圖性與價值內涵的心神狀態。因此，不只憤怒與恐懼，還包括意圖、動機等其他非情感的心神狀態，也會遭到反對。替代方案（如此一來在刑法裡要注意的）就變成要爲一切的犯罪行爲提供嚴格的歸責標準，而這就意味著現有的社會規範將面臨劇烈而且無法想像的改變。換言之，我們將會說，殺人就是殺人，不論伴隨身體行爲的心神狀態是什麼。我們會依法看待正當防衛而殺人的如同凶惡的預謀殺人，兩者沒什麼差別。這種立場將會造成刑法徹底的變化。當我們思考謀殺與強暴，還有詐欺、竊盜、恐嚇取財時，我們一直都在做價值判斷：依照犯罪的嚴重性將犯罪的層級分類，就同一種犯罪，對不同的犯罪者提出不同層級的刑罰。通常，這些評價涉及對於情感與心神狀態的評價。事實上，缺乏評價的話，則我們甚至不知道要如何描述犯罪。「謀殺」、「強暴」、「恐嚇取財」已經涉及對心神狀態的評價，如果我們要完全避免這些判斷，那我們就需要新的語言來描述這些行爲。因此，我們可以說，看來自由主義者已經活在這樣的法律體制裡，在其中價值判斷是針對情感，而且沒有現實可行的替代方案。[78]甚至，就憐憫而言，這樣的法律體制也是憲法所要求的。

---

[78]　這是在 Kahan and Nussbaum (1996) 中所做的回應。

我們能否想像一種反對者，他允許法律談到並評價諸如意圖、動機、過失、預謀的心神狀態，但只反對對於情感及其內在評價的價值判斷？當然，刑法在很多領域的確是這麼運作的，然而問題在於，如果在所有的領域，包括我們剛才討論的，都採用這種立場的話，我們是否能夠支持它？雖然凡事皆有可能，但是我們很難理解如此區分的理據何在。（這種立場並沒有消除評價的麻煩問題，尤其那些指向天生具有意圖性與價值內涵的心神狀態的評價，更沒有消除。）正如我在序論談到的，今天最常見的反情感立場就是功利主義的立場，他們否定一切訴諸心神狀態的做法。然而，如果我們遇到這種立場的人，我們還是能夠說：這種立場會改變刑法的許多原則，不只預謀、正當防衛的原則以及量刑時訴諸情感的活動，還有我在這裡並未討論的問題，譬如脅迫的原則。如此一來，責任就移轉到反對者那方，他們必須給缺乏這些現有原則的刑法一個融貫的說明。

其次，正如我在序論強調過的，這種反對評價罪犯情感狀態的立場，通常又會給情感及其內在評價更重要的適當角色，亦即作為刑法的正當化基礎。因此，即使我們廢除了刑事被告的恐懼與憤怒在評價時的角色，我們還是在描述法體系以及正當化不可偷竊、不可攻擊、不可謀殺等等的法律時，留下了合理之恐懼與合理之憤怒的概念，而這些正是更重要的角色。如果反對者要排除這些解釋，那他就必須下更大的工夫說明為何這些犯罪是惡的，而不能提到人類對這些損害會有的情感態

度。而且，這會是個艱鉅的工作，必須大量修改傳統的想法。我個人相信，爲何謀殺、攻擊之類的行爲是惡的，任何融貫的解釋都「必須」至少談到「公民對這些犯罪合理地感到恐懼」、「當這些犯罪發生時他們合理地感到憤怒」，不論是否強調這些必備的內容。然而，在評價罪犯的心神狀態時，如果不提到這些關於「理性人」的事實，不會有點奇怪嗎？

這種奠基於傳統想法的答案，在本書的計畫裡顯然是無法令人滿意的，因爲我將對現有的法律規範提出一些重要的變革。但如果我一方面提出這些建議，另一方面又退縮到現有的規範方式（只要它們適合我的目的時），那還是不一致的；儘管我所提議的變革與去除情感評價所必要的劇烈變化，相較之下只是細微的，而如果要從刑法及其正當化基礎徹底地排除對於情感的評價，如此所帶來的改變是相當劇烈的。不過，幸運的是，我們另外還能夠對自由主義觀點而來的反對提出更有力的回應。

自由主義視抉擇自由爲非常重要的善，但是卻不致力於價值的中立與不可知論。甚至，自由主義視抉擇自由爲最大善的事實，顯示它並不價值中立。一般而言，自由主義的政治文化並不能免於價值判斷。我們最好視自由主義爲部分的道德觀念，道德在其中並非完全沒地位。

爲了把這個想法講得更清楚，讓我們考慮自由主義最新也最強的形式：查爾斯・拉莫爾（Charles Larmore）[79] 與約翰・羅爾斯的「政治自由主義」。[80] 政治自由主義的基本規範是尊

重個體，亦即要求尊重每個人差異的人生價值觀。目睹現代社會有許多宗教與世俗觀點提出不同的生存之道，而且眼看這些不同意見似乎不會消失，政治自由主義者主張「合理紛歧」（reasonable disagreement）的標準，以衡量人們對終極價值（與事物，譬如靈魂不死、特殊內涵的私人美德）的差異。政治自由主義並非懷疑論：他們並不是主張「沒有任何立場會比其他的任何立場更好」。他們只是主張，許多意見不合只是理性人類之間的合理紛歧。就此而言，一個政治社會尊重這些差異是正確的，這也是尊重個體所要求的。然而，對於差異的尊重並不導致政治自由主義相信「政治生活應該無關價值」。反而，尊重個體就是最基本的「價值」，政治自由主義一點也不中立。而這點蘊涵了政治社會許多其他方面的建設。

　　譬如，如果我們尊重個體，也尊重眾人都有平等的價值（這是政治自由主義通常主張的互相尊重），我們就會支持一種政治社會，在其中每個人都擁有某些基本的宗教、政治、公民自由。我們都希望這些自由盡可能廣泛與（就某種意義而言）平等：羅爾斯即掌握到此點，他說，我們都會選擇最廣泛的自由，亦即達到與所有人的同種自由相容的程度。我們也都想讓所有的公民得到其他的「基本善」（primary goods），亦即發展任何人生計畫所需的必要前提。因此，我們要求所得、財富、

79　「合理紛歧」是 Larmore 的用語；Rawls 傾向使用「合理多元主義」。
80　Rawls (1996), Larmore (1987, 1996)。儘管這個觀點最常與 Rawls 的同名書籍相連，實際上「政治自由主義」的用語與其核心觀念是由 Larmore 率先提出的；Rawls 也承認了他的啟發性。

機會的分配，以允許所有的公民追求他們的人生計畫。羅爾斯的主張是有爭議的，而且我們在這裡也不用關切。我們應該要注意的是這樣的想法，亦即全體公民將被要求支持社會的安排，不論關於自由或其他基本善的安排，並且支持這些安排就是**善**，而不只是暫訂協議（modus vivendi），一種爲了和平共存不得不忍受的東西。因此，公民其實是被要求接受一種部分的價值觀。

　　有人可能會問，這種想法如何與自由主義相容呢？答案是，自由主義一向主張個體及其自由的平等價值，而且要求人們支持這個主張。羅爾斯說，複雜的現代社會裡並存的不同觀點，譬如像美國的情況，並沒有差異到連他所說的基本領域都無法得到共同的核心規範。他認爲，不同的宗教與其他人生觀，仍然都可以支持自由與機會的政治價值，而「視之爲他們整體人生觀的一部分」。他運用了一個引人注目的形象：政治文化的價值是一種組件，可以組合到天主教、新教、猶太教、佛教、無神論等等信仰裡。因爲它並沒有在頗有爭議的宗教問題（譬如靈魂之本質）上採取立場，所以它可以如此組合進去。其次，這些不同觀點的人也會以這種方式將它組合進去，因爲他們將發現它不但尊重了他們，並且良好地回答了他們與其他人基於自由與互相尊重而共存的希望。如此一來，羅爾斯設想了「交疊共識」（overlapping consensus）的實現，能夠兼容多元社會裡盛行的各種重要價值觀。

　　可能有些觀點會拒絕加入這樣的共識。譬如鼓吹不寬容的

宗教，或者主張黑人與女人不應該擁有平等的參政權與公民權的觀點。持這些看法的人都不會受到迫害，因為言論自由的有力規範適用在所有的公民身上，不過他們會被正當地視為是「非理性的」，違背基本的社會共識。他們的主張，就違反社會共識而言，不可能被明白提出來進行多數決：社會共識的基本自由與權利根深柢固於憲法原則，而憲法原則將防止（正如它們現在所做）美國國會討論甚至表決恢復奴隸制或剝奪女人權利的議案。

我已經稍微說明了政治自由主義的想法，既然如此，我們就能輕易地了解，這裡所討論的情感與價值的評價，不必然與政治自由主義有任何的衝突。政治自由主義要求我們重視全體公民的某些基本權與自由，也要求我們重視作為美好生活必要前提的某些「基本善」。[81] 因此，顯而易見，這種自由主義會對保護這些權利與自由以及其他基本善（如財產）的法律有強烈興趣。[82] 禁止殺人、強暴、偷竊的法律即是交疊共識的自然表現，區分故意與不注意或單純過失之判斷亦同。事實上，尊重個體也導出必須保護他們的權利不受侵害。不論我們認為刑法的目的是應報、威嚇或是價值宣示，將犯罪加以等級的標準區分都是相當合理的。

我們的刑法裡有三個領域相當合乎這樣的自由主義路線。

---

81 我曾經主張過，設想基本善之清單的最佳方式，就是設定某些重要功能或活動的「能力」或機會。我的「核心能力」清單包括了生命、健康、身體完整性、財產權，這些在刑法裡顯然有核心地位。
82 類似的想法見 Mill (1861, chap. 5)。

基於「合理之挑釁」原則而獲得減輕的人，即是重視自己或所愛之人的生命、身體完整性，而這樣的善當時受到被害者的錯誤行為所威脅。珍惜這些善，正是上述的政治觀念。因為被害者侵害了被告的權利，這些權利是我們同意由全體公民享有的，因而被告的暴力犯行有資格獲得減輕。因正當防衛而殺人的，則是為了捍衛核心的善——生命或身體安全——而殺害他人，這些善同樣對上述的政治觀念而言也是核心的。換言之，這兩種案例裡發生危險的善，在自由主義與社群主義之間是共同的，因此在這個程度上，兩者在支持傳統的法律原則時，不會有什麼不同。至於憐憫，我在《思想之劇變》（*Upheavals of Thought*）裡主張過，一個自由社會可能會給憐憫甚多不同的角色，以支持某些基本的權利。[83] 至於現在，我們了解到憐憫在量刑程序裡的可能角色，屬於憲法第八增修條款所要求，源於反對殘忍及異常刑罰之保障。

然而，在目前我們對於這些法律原則的思考上，自由主義可能會在某些方面與傳統有些不同。我們很容易看到，故意殺人的原則若基於妻子乃丈夫之財產的想法，則政治自由主義者將會拒絕這個想法，因為全體公民的平等乃是這種政治觀念的關鍵成分。殺夫的受虐婦女請求減輕或無罪，自由主義者會比某些社群主義者更支持她，如果法律這麼改變更能保障婦女作為公民的平等權時。傳統上影響正當防衛某些方面的男性榮譽

---

83   Nussbaum (2001a, chap. 8).

規範，自由主義者可能會有些存疑。我們真的要把這種榮譽觀，亦即授權我們對另一個人實施暴力行為的規範，當成政治生活裡應該支持的核心價值之一嗎？許多公民持有的價值觀，的確支持男性榮譽的想法。我們需要問的是，這種想法是否與我們政治社群的平等觀相容良好？即使是，它們是否足夠重要，應該被納入上述政治觀念的「組件」之一，而不僅是公民可以不同意的選項之一？事實上，這個原則的歷史顯示，理性公民「的確」非常不同意榮譽規範的價值，因此自由主義者可能傾向從本原則裡將它剔除。

一般而言，自由主義會要我們質疑，爭議中的評價是否位於他們政治觀念的核心（請每個公民都支持的），亦或在核心之外（可以合理紛歧的）？對於自由主義者而言，這是個基本區分，但社群主義者則非如此。自由主義者認為，在核心外，如果去提升或強制價值的均同性，是不正當的；然而社群主義通常認為，價值全面均同則是一件好事。譬如，許多涉及榮譽與地位的評價，似乎不屬於美國或任何政治文化的政治觀念核心，不過它們可能很有影響力，如同正當防衛原則的歷史所顯示的。面對這些評價，法律的角色為何，自由主義與社群主義就會有所不同。

另一種對於自由主義政治觀念的支持，會以更一般性的方式影響一個人對於情感的法律角色所做的判斷。自由主義者儘管不會直接訴諸彌爾的「傷害原則」，也還是對其抱持高度同情的態度。彌爾認為，法律禁止行為的必要條件，就是該行為

會對不同意的他人造成傷害時。[84] 若行為只是對行為人，或者
對自由同意加入的他人有傷害的可能性，則法律並不能加以禁
止。儘管彌爾是在捍衛賭徒與性工作者的自由，然而面對一些
被認為有間接傷害的案例時，他卻顯得矛盾。彌爾試圖擴張他
的原則，允許對於皮條客與賭場老闆施加懲罰，因為他們通常
是利用他人的弱點而剝削他人，故最終造成了傷害（賭徒傷害
他的家人，因為他把應當屬於他們的錢揮霍掉；皮條客則是傷
害他所僱用的女人，剝削了她們）。因此，傷害原則的範圍一
直有爭議，當代的政治自由主義仍在爭執這些案例。他們也爭
論一些案例，其中的自由似乎微不足道：於是，許多政治自由
主義者並不介意法律規定繫安全帶與騎腳踏車載安全帽的問
題，因為這樣的自由被侵入，並沒有觸犯到重要的自由，而且
可以節省社會不少醫療支出。[85]

　　然而，一般而言，政治自由主義者可能會同情彌爾的理
念，因為他們通常認為，自由是非常重要的善，人們有資格得
到最廣泛的自由，亦即達到與他人的同種自由相容的程度。傷
害他人的自由，則顯然限制了受害者的自由。它也會導致自由
的不平等，因為武力與詐欺的能力就是不平等的。因此，允許
強暴與竊盜，不只限制了自由，還是以不平等的方式限制了自
由。甚至，某些基本權利與自由即是開展有意義之生活的必要

84　Mill (1859).
85　將自由分級的議題，見 Nussbaum (2003a)。我的想法是，涉及「核心能力」的核心自由，必須有特別程度的保護。

前提，而傷害行為侵害了這些權利。即使強暴是平等地限制了全體公民的自由，仍然是傷害了所有人發展自己人生的能力。因此，自由主義者能夠輕易地正當化對於傷害行為的禁止。若是對於他人毫無傷害的行為加以禁止，則依照自由主義的標準，很難得到正當化。

　　要精確地了解彌爾的原則，通常有許多困難。傷害必須有多迫切或者有多可能？什麼情形算是傷害？傷害與冒犯之間是否有明顯的區分？彌爾相信，要依照他的原則，傷害必須是迫切又很有可能的，而且傷害的對象必須是某些先行劃定的基本的「構成性權利」（constituted rights）。[86] 因此，對彌爾而言，傷害的概念清楚地與單純的冒犯有所不同，而且傷害是相當狹窄的範疇，是以他的政治觀念而言的基本權利清單來定義的。[87] 其《自由論》（*On Liberty*）整體計畫的基本重點是保護無神論者、賭徒、妓女，因為他們的行為對大多數人而言顯然是嚴重的冒犯，但是以彌爾對於傷害的限縮性意義而言，他們並沒有造成任何傷害；亦即，他們並沒有觸犯偷竊、強盜、攻擊、強暴等等的罪。

86　Mill (1859)。這裡簡略提及的權利應該是指《功利主義》第五章討論到的那些權利，見Mill (1861)。這些是維護個體及財產安全的基本權利。我所談到的所有困難，在Nussbaum (2002a)有更深入的討論。

87　這種語句是我原先用來描述政治自由主義的，但這裡這麼寫不意味著我暗示彌爾是個政治自由主義者。通常他是被理解為「全涵式自由主義者」，因為他似乎相信，自主性乃是國家有資格全面推廣的價值，即使會貶損某些宗教傳統。彌爾對於某些形式的宗教並不是相當尊重，從《自由論》第三章對喀爾文教派的詆毀可以看得很清楚。但是他會給所有的思想、表現、「涉己」行為非常強烈的保護，就此而言，我並不認為他的觀點真的非常不同於政治自由主義。如果有任何不同的話，可能是在公共教育的安排方式，以及公務員在公職上有權利表達的價值上。

　　想要對抗情感在法律中的角色的自由主義者，必須在某種程度上採用彌爾的傷害原則。他會完全支持傷害原則嗎？如果是，他是恰好與彌爾的解釋方式相同？亦或承認較寬的傷害範疇？如果是，他又如何定義這個較寬的類型？從他的觀點而言，傷害原則所保護的自由裡，何者是重要的自由？有沒有其他不那麼基本的自由，我們比較願意讓相關的涉己行為（self-regarding conduct）受到規制？

　　我將從一個基本上是彌爾式的起點開始申論，我也會以彌爾的方式解釋傷害原則，以有限的權利清單定義相關的傷害，而這個權利清單就是自由主義政治觀念的核心權利。不過在第三章我將主張，一種直接冒犯身體的有限類型，足以類似傷害而受到立法規制。我不會全面地為彌爾辯護，在第七章我將批判彌爾證立其原則的主要論證，不過我也會從各種不同的觀點說明，對於視自由為善的人而言，為何他的立場是個很吸引人的起點。

　　彌爾對於刑法之基礎的觀念引起很多爭議，美國的法律傳統從來沒有完全支持過他。[88] 對於不同意的他人毫無傷害的行為加以限制，從來沒有在我們法體系的最高層級裡被駁回。儘管州法院與上訴法院都曾經在同性性行為與裸體跳舞等領域使用彌爾的理據，做了彌爾式的判斷，聯邦最高法院還是繼續支

88　這些問題的深入討論，見 Nussbaum (2002)。出類拔萃的彌爾式國家就是肯塔基州，這個州在十九世紀末期完全接受了彌爾的傷害原則，用以判斷違憲（「州」憲）的禁酒法令。最近，肯塔基州最高法院以這些判決為先例，宣告肯塔基州的非常態性行為法無效。

持對這些領域施加禁令的合憲性。第七巡迴上訴法院曾經將印地安那州一份禁止裸舞的法令宣告違憲，然而聯邦最高法院將之駁回。首席大法官蘭奎斯特（William Rehnquist）在意見書裡主張空洞的「道德上不贊同」是完全適當的法律依據。[89]在一份辛辣的協同意見書裡，史蓋利亞（Antonin Scalia）大法官寫道：我國從來不認為彌爾的原則（不過他以為是出自梭羅）是思考法律之界限的適當依據（就歷史敘述而言，他是正確的）：

　　不同意見自信地認為，禁止於公共場合裸露，一般而言目的在於保護不同意之第三者免於侵犯。他們並主張，既然僅有同意並付費入場之顧客得見諸位被告跳舞，則前述目的並不適用於此，其餘目的必須考慮該表演之溝通元素。或許不同意見相信「對於他人之侵犯」應是禁止公開裸露之唯一理由，但認為我國社會已接受梭羅式之完美理想「只要不傷害他人，你都可以做自己喜歡的事」，則是毫無根據，更不必說憲法已有明文肯定之。我認為，假如六萬名完全同意之成人擠進巨蛋球場互相暴露生殖器，即使當中並無任何感覺受到侵犯之無辜人士，印地安那州裸露法之目的亦會受到違背。我們的法律以及所有人類社會的法律之所以禁止某些行為，並非因為它們傷害

---

[89] *Barnes v. Glen Theatre, Inc.*, 501 U.S. 560 (1991)。儘管Rehnquist是法院主筆，但是本案並無多數意見，因為有兩份協同意見書。（譯按：協同意見書是贊成判決的結論，但反對或不完全贊成判決的理由。）

他人，而是因爲它們從傳統而言被認爲「違反善良風俗」
（contra bonos mores），亦即，是不道德的。印州該法之目的乃
強化傳統之道德信念，亦即人們不應任意暴露私處，不顧是否
有損觀者之教養。既然如此，不同意見毫無理由斷定，當僅有
教養完好之成人在場時，該法之目的只剩下對於溝通之壓抑。

　　我對噁心與羞恥的一些說明，在法律界限的問題上，將會
預設彌爾式的一般見解。另一方面，我不能、也不應該預設我
的讀者都接受這個觀點。因此，我會盡可能說清楚，我的哪些
論證是立足於彌爾的思想，哪些不是。不過我也希望給懷疑彌
爾的讀者更多理由，讓他們用以支持彌爾的想法。當我們更深
入了解爲何人們很想把一些無害行爲入罪化的理由，當我們了
解某些廣爲流行的社會態度全部都被體現在這類法律裡時，我
們就會有理由懷疑部分非彌爾式的法律，即使我們並不先行接
受彌爾的原則。因此，我將主張，對於噁心在法律裡的角色，
原本贊同德弗林勛爵的人（序論已提及，將在下一章詳細討
論），一旦更完全地反省噁心的認知內涵以及噁心在社會生活
裡的典型角色時，他就會重新考慮原本的忠誠。

VIII. 如何評價情感

　　根據我論述並建構的圖像，對涉及情感的規範加以評價，
必然有許多不同的層面需要考量。爲了明白這點，讓我們想想

一個憤怒的案例：自己的小孩子被殺的父母即刻（或者沒有多少遲延）就殺了加害人。我們的問題是，他的憤怒是否是「理性人」也會有的情感？因此，我們是否應該給他減輕，從謀殺罪降為普通殺人罪？

　　第一，我們必須問這個行為的特性以及它的環境情況。關於小孩被殺的事實，那個父母的了解是否正確？如果不是，他相信被害人就是殺人犯的信念，是否真誠，或者不只真誠、誠實，而且還是合理的？其次，他認為自己小孩被謀殺是適足的挑釁，應該實施某種報復行動，這種想法是否合理？小孩被謀殺是否有足夠的重要性？這種案件是否是傳統法律原則通常承認的？如果不是，那這種案件是否是我們相信相關的社會規範已經演進，而應該被納入的？我們必須先回答這些問題，之後才能說這種憤怒是否屬於合理之挑釁所要求的合理憤怒。

　　如果我們是這種案件的陪審團，我們就會問這些問題；因為有這個原則存在，而我們的工作就是適用它。我們的確負有建構者的角色，因為被視為「適足」的挑釁者，在法律裡並沒有固定的內容，而我們的工作之一，就是決定眼前的案件是否符合它的一般性標準。在這個過程裡，我們可能會去注意社會規範的變化，因為它們可能影響合理性與適足之挑釁的客觀判斷。

　　然而，如果我們從一個更超然的觀點來看這種案件，我們必須問更多問題。第一，我們會懷疑：激起殺人行為的情感如何會是「合理的」？「理性人」會殺人嗎？我們都知道，控制

殺人報復的衝動是可能的。這不是理性人才應該做的嗎？這整個原則對於先進的心靈而言，不是過時的古物嗎？換言之，我們會評價在這種案件裡出現的「憤怒類型」，以及那種憤怒讓被告獲得減輕的「角色」。

往更一般性的層面來看，我們會懷疑：憤怒常常是合理的情感嗎？在這裡我們必須試圖給憤怒一個大致的解釋，而我們或許會談到亞里斯多德的解釋之類，在其中憤怒涉及信念，亦即一個人由於他人的錯誤行為，受到有點嚴重的傷害或損害，而且那個錯誤行為是故意的，並非不小心。假設說這是我們較喜歡的解釋。看著這個解釋，我們會問，如果傷害及其嚴重性的事實都是正確的，憤怒的情感是否合理？同意古希臘斯多噶學派的人或許會說，憤怒永遠是不合理的，因為他人能夠加以傷害的事物，對人生而言都沒有真正的重要性。只有一個人的美德是真正重要的，而美德永遠不可能受到他人的傷害。然而，我們大多數人會判斷，憤怒常常是合理的，因為任何人的人生都有很多重要的事情會受到他人的傷害。

最後，我們必須問，就形成我們政治與法律原則的核心觀念而言，憤怒是否經常是合理的情感？如果我們從羅爾斯式政治自由主義觀點看這個問題，我們會回答：憤怒的確經常是合理的，因為政治自由主義承認某些權利、自由、機會以及其他基本善是非常重要的，而且它們顯然會受到他人錯誤行為的傷害。不論我們是否同意彌爾，認為對於這類「構成性權利」的傷害才是立法加以規制的必要條件，我們或許仍會認為，這種

傷害通常已是立法規制的充分條件。亦即，不論我們認爲國家應該做什麼其他的事，我們都認爲國家應該保護某些核心領域的權利。

通常在法律問題上，我們的問題相對而言會較具體，因爲很明顯地，如果事實都是正確的，情感在法律上就是有相關性的。譬如，憤怒與恐懼似乎就屬於這種範疇：其實問題不在於「理性人」在具有法律重要性的領域裡「是否」會被它們所驅動，而是在各種特定的法律領域裡，我們想要承認「什麼種類的」憤怒與恐懼是合理的。

然而，有時我們可能對整個情感的範疇感到懷疑。不論正確或錯誤，猜忌有時被認爲是基於想要不當地占有他人。猜忌的人不只恐懼可能失去愛，還認爲排除對手的威脅、控制所愛之人的行動是好的。人們可能認爲，一個擁有愛的平衡觀點的人，不會有那些占有性的想法，因此，猜忌不是「理性人」的情感。我們還可能加上一點，這些占有性的想法尤其是出自男女關係的陰暗面，屬於視女人爲男人之財產的觀念之一。當然，這些並不意味著猜忌在人類生活裡不普遍，但是如果一個人認爲猜忌的確透露了對於他人的不當態度，那麼他就有理由懷疑它形塑法律與公共政策的角色。譬如，他非常可能反對讓一個殺死對手或不忠之配偶的人，依據「合理之挑釁」而獲得減輕。

我對噁心及羞恥（在有限的程度上）所將提出的論證，很像這種對猜忌的假設性論證。我將主張，噁心的認知內涵相當

有問題，而羞恥至少在某種基本型態（我所謂的「原始羞恥」）
上也是一樣。我不會主張噁心與羞恥能夠、甚至應該從人類生
活裡消除。如同猜忌，噁心與原始羞恥在人類生活結構裡根深
柢固，或許也不可能連根刨除。我將主張，之所以如此，是因
爲作爲人類的我們，生命裡存在著高度的熱望與嚴苛的限制之
間的深度緊張，而這兩種情感乃是調和這些緊張的方式。但是
它們的認知內涵是有問題的，而且其社會運作將會對一個正義
社會帶來危險。

第二章

噁心與我們的動物身體

　　婦產科教授一開始上課就說：紳士們，女人是一種動物，她一天排尿一次，一星期排便一次，一個月月經一次，一年分娩一次，但逮到機會就交配。

　　我認為這是相當中肯的描述。

　　　　　　　　　　　　──毛姆，《作家筆記》（*A Writer's Notebook*）

　　尤其在文化生活裡，有任何骯髒或放蕩的形式是不牽涉到猶太人的嗎？如果你小心地切開膿瘡，你就會發現像腐屍裡的蛆一樣被光照到就到處扭動的──猶太豬！

　　　　　　　　　　　　──希特勒，《我的奮鬥》（*Mein Kampf*）[1]

　　如果在妳年輕又談戀愛的時候，有一個男人能跟妳說：「如果妳那兒會拉屎拉尿的，我會很高興。我可不要一個不會拉屎拉尿的女人。」妳一定會覺得很窩心的。

　　　　　　　　　　　　──勞倫斯寫給歐特琳・莫瑞爾，引自《查泰萊夫人的情人》

I. 噁心與法律

　　在大多數人類的生活裡，噁心是一種有力的情感。[2] 它形成了我們的私密性，並為日常行為提供了大致的架構，譬如洗澡、找掩蔽好大小便、用牙刷與漱口水消除惱人的氣味、當沒有人在看的時候聞自己的腋下、照鏡子看看鼻毛上有沒有殘留醒目的鼻涕等等。同樣地，噁心以及千方百計要避免噁心也以

1　我採用 Dworkin (1987) 的翻譯，通常這本書的攻擊性都被軟化，她則是精確地將攻擊性的涵意翻譯出來。
2　本議題的優秀論述見 Miller (1997)，之後我將常常引用他。

多種方式形塑了我們的社交關係。對於令人厭惡的動物性事物，諸如排泄物、屍體、腐肉等等，處理它們的各種方式乃是社會風俗的普遍源頭。而且，大多數社會也教導我們要遠離身體令人噁心的人，並視他們為污染的載體（媒介），是健康的社會必須加以隔離的。

　　噁心在法律裡也占有重要的地位。第一，它構成使某些行為違法化的首要、甚至是唯一的正當化基礎。因此，為非常態性行為法（sodomy laws）辯護的理由通常只有一個，就是思想正常的人想到不正常的性行為時，都會覺得噁心。王爾德（Oscar Wilde）第二場刑事審判的法官說，他不願意描述「任何有榮譽感的人一旦聽到這兩場可怕審判的細節時，胸口將升起什麼樣的感覺」，但是他對被告充滿敵意的判決則清楚顯示了他的噁心。[3] 德弗林勛爵主張這種社會的噁心是禁止某些行為的強大理由，即使這種行為對不同意的他人沒有任何傷害；他也明白地將這個主張適用在禁止同性間的合意性行為上。[4] 法理論家威廉・米勒在其談噁心的著作裡，儘管不支持德弗林的具體政策建議，卻還是支持了他的一般標準。他主張社會的文明程度，可見於社會防堵噁心的能力。[5] 在這種觀點下，法

3　Mr. Justice Wills, Sentence，引自 Hyde (1956)。
4　Devlin (1965, 17)。Devlin 對於同性性行為的立場是相當複雜的：他支持維持較嚴重的「雞姦」（非常態性行為）罪，卻極力主張廢除較輕的「嚴重猥褻」與「強制猥褻」罪，除非它們是針對「青少年」犯下的。他的推理是：如此一來，只有「明顯而惡名昭彰之事」才會被起訴。他還說，僅就雞姦而言，他也不主張重刑。（v-vi）但是他對同性性行為的態度顯然是嚴厲的，他說同意這種性行為的成人「有癖」，還表示：「有人寫過或說過，同性戀是一種可悲的生活方式，而社會如果可以的話，有拯救年輕人誤入同性戀歧途的責任。我很同意他們的想法。」（v）深入的討論見本章第二節。

律障壁很容易被視為文明進程的使者。最近，布希總統任命一個委員會探討幹細胞研究的相關道德議題，領軍的保守派生物倫理學家李昂‧卡斯（Leon Kass）主張，一般而言，社會在探索新的醫學可能性時，最好是信任「反感的智慧」（the wisdom of repugnance）。在一篇支持禁止複製人的論文裡，他表示噁心「可能是最後唯一起而捍衛核心人性的聲音」。6

在現行的猥褻法裡，對於噁心的判斷的確占有核心地位：適用當代社會標準來衡量的社會平均成員的噁心，向來都是猥褻定義的重要元素。聯邦最高法院曾表示，「猥褻」的語源含有拉丁文的「穢物」（caenum）一詞，且有兩本著名的辭典在定義猥褻時，都把「噁心」包含進去。7

社會的噁心也出現在已經因為其他根據而違法之行為的法律論證中。在殺人案裡，罪犯對於同志被害人的噁心可能成為減輕罪責的要素。8 在評價殺人案件時，若潛在的加重要素在考慮之列，法官與陪審團的噁心通常也被視為是相關的。

從這些事實來看，噁心情感似乎和法律是高度相關的，而且也是法律程序中有價值的成分。對德弗林而言，社會如果不立法來回應其成員的噁心，則社會無法保護自己；而每個社會

5　Miller (1997, chap. 7).
6　Kass (1998, 19).
7　*Miller v. California*, 413 U.S. 15, 93 S. Ct. 2607 (1973), n. 2，首席大法官 Burger 所寫的多數意見書。本判決修正了 *Roth v. U.S.*, 354 U.S. 15 487, S. Ct. at 1310 (1957)的猥褻定義，該判決只提到訴諸「淫亂之興趣」。法院說，這種定義「並未反映『猥褻』在傳統英語裡的精確意義」。至於辭典的定義將在第三章詳細討論。
8　Mison (1992).

都有保存自身的權利。[9] 因此，每個社會都有資格將其成員的
噁心反應轉譯成法律。對卡斯而言，噁心體現了一種深度的智
慧，它「警告我們莫侵越不可言詮的深處」。[10] 如果忽視這個
智慧，我們的人性就岌岌可危。對米勒而言，一個社會對於惡
行及不當行為的憎惡必然涉及噁心，而且缺乏噁心將無法維
持。噁心「制定了我們所不能妥協的道德事物」。[11] 米勒認為
噁心在刑法裡有正當的地位，或許在其他法律領域亦同，但他
並沒有對這些蘊涵多做討論。

　　所有這些支持噁心的論證都是保守主義的。但是（社群主
義的）丹·卡恩近來主張，對於進步的法律思想而言，噁心也
具有重要性，應該被允許在刑法裡扮演比目前更大的角色，超
越現今大多數法理論家想要的範圍。噁心有「堅決與不容妥協
的斷定性」[12]，甚至「對於理解及譴責殘酷而言是必要的」[13]。

　　這些論點都是可信的，不應輕易忽視。同樣地，我在第一
章申論過，當法理論家在討論訴諸同情、憤慨、極度的恐懼
時，我們常聽到反對在法律裡訴諸任何情感的想法，或者說情
感與理性是截然對比的誤導性想法；我們不應該因為這些想法
而忽視前述論點。如果所有的情感都涉及複雜的評價性認知

9　　Devlin (1965, 13, 16).

10　Kass (1998, 19).

11　Miller (1997, 194)。從其論證還很難看清楚，為何單單噁心就足以扮演如他所說的角色，而
　　不是憤慨、恐懼或悲劇感。

12　Kahan (1998, 1624)。他還同意 Miller 的主張，並說道：「現代自由主義的道德風格缺乏堅決
　　與不容妥協的斷定性。」唯有自由主義重視寬容與相互尊重的主張才能支持這個奇怪的結
　　論；不過這些主張本身不就是明確的道德判斷，跟任何其他的道德判斷一樣不容妥協嗎？

13　Kahan (1998, 1648).

（而這似乎是可信的），那它們就不可以被當成是「非理性的」。反而，我們必須評價它們所體現的認知內涵，譬如對於其中各種類型的信念，我們要問它們被賦予特定對象與典型形成過程的可靠性如何。我們似乎沒有理由認為涉及情感的認知完全都是不可靠的。

我已經說過，對於情感的評價通常必須視具體的案件，質問當事人對於處境及相關價值的評價。憤怒既非可靠亦非不可靠的，既非合理的亦非不合理的。只有特定個人針對特定對象所具有的特定憤怒，才能被融貫地視為不合理的。然而，我也主張過，有時我們也可以判斷某種情感類型總是可疑或有問題的，需要特別檢驗其可能的病因、特殊的認知內涵及其調節人類生活的角色。我在第一章主張過，針對猜忌我們可以提出這些問題來加以檢驗。本章我也將對噁心做出同樣的論證。我將主張，噁心的特殊認知內涵，導致它的可靠性在社會生活裡是有問題的，尤其是在法律生活中。因為噁心體現了對於污穢的逃避，而這種逃避出自人類想擺脫動物性的希望，所以噁心通常與各種陰暗的社會習俗相連，在其中，感受到自己有動物身體的人們，就將其不舒服向外投射到弱勢的他人與團體身上。這些反應就規範意義而言是非理性的，因為它們體現了人想成為自己所不是者的熱望，而在追求這個熱望的過程裡，人們會以他人為施加嚴重傷害的目標。

就法律而言，多元民主社會必須保護自身免於這類的投射反應，這是非常重要的，因為這樣的投射反應已經成為整個歷

史中的重大邪惡根源，著名的例子包括憎恨女人、反猶太人、嫌惡同性戀者。因此，儘管法律可能正確地承認憤慨的相關性、承認它是基於可公開共享的理由、是良好公民的適當道德反應，但最好還是將噁心丟進垃圾堆，否則噁心將把我們之中許多人丟進去。

尤其，我將（在第三章）主張：第一、被告對於被害人的噁心，在刑事審判裡永遠不會是相關的證據。第二、在色情法的領域裡，噁心全然只是轉移焦點而已，阻擋了顯著的傷害議題，甚至造成了永久性的傷害。第三、噁心永遠不是讓一個行為（譬如非常態性行為）違法化的良好理由。第四、即使某凶殺案因為異常噁心而顯得比其他案件凶惡，我們也不應該信任這種噁心的反應，因為我們只是利用噁心來否認自己也有邪惡的能力罷了。

II. 支持噁心的論證：德弗林、卡斯、米勒、卡恩

我們必須再深入理解支持噁心的立場。因為事實上這並不是單一的立場，而是一系列的立場，對於他們所提出來支持噁心在法律上扮演豐富角色的主要論證，我們必須逐一檢驗。

支持噁心的論證中，最有影響力的莫過於德弗林勛爵著名的演說「道德的實施」（1959）。德弗林是一位法官，曾對一九五七年「沃芬頓報告書」（Wolfenden Report）提出他的反駁。

該報告書建議將成人間合意的同性性行為除罪化，並反對將當時並不違法的賣淫入罪化。為了支持這樣的主張，委員會採取較一般性的論點，反對規制「私人敗德」的立法。基本上，他們採取彌爾的標準：社會無權透過法律禁止對他人毫無傷害的私人行為。德弗林的反對論證則較複雜，他同意委員會所主張，一般而言私人的自由應該盡可能廣泛：「必須承認合乎社會的完整性下，最大的個體自由。」[14] 然而他又繼續說，如果社會放棄支持廣泛共享的「既存道德」，則社會將無法長存。雖然德弗林並沒有主張這個道德永遠不可改變，[15] 但他的確主張，「當缺乏共同道德時，（社會）瓦解就會產生。歷史顯示，道德束縛的鬆弛通常就是瓦解的第一步。因此，社會為了保存其道德法典，而採取一如保存政府及其他重要制度的相同手段，是正當的。」[16]

　　彌爾（與「沃芬頓報告書」）的支持者發言回應：當然，社會需要有共同道德，但是這個共同道德可以在定義公民基本憲法權利與資格的核心政治價值裡找到，也可以在保護公民那些「構成性權利」（採用彌爾的用語）免於傷害的任何必要原則裡找到。[17] 因此，自由主義者不需要也不應該主張社會可以缺乏共同道德；他們只需要說，這個共同道德必須是政治自由主義的道德，這種道德會將共同的政治與憲法價值和全涵式至

14　Devlin (1965, 16).
15　見 Devlin (1965) 第十三頁註一對於 Hart (1963) 的回應。
16　Devlin (1965, 13).
17　相關的回應見 Hart (1963)。

善人生觀念的其他面向區分開來。後者這些其他面向可能包涵宗教、性行為與慾望之事物，姑且先不論對不同意之他人造成的傷害。自由主義者可能會再補充說道，將自由之保障賦予極度私人隱私之領域，此事本身即是一個道德規範與共同價值，也是許多社會最重視的價值之一。因此，德弗林一開始就走錯了方向，以為我們只有兩個選項：若不是藉法律強制個人的性道德與其他私德行為的領域，就是完全放棄透過法律來實施道德規範的計畫。其實，我們還有一個選項：我們可以使用法律來實施自由社會所有的核心價值（也僅限於這些價值），而這些價值顯然包含人身自由領域的保護。

因此，德弗林必須向自由主義者證明，核心的自由主義價值不足以使社會保持完整，除非保護更多的價值——某些方面直接違反核心的自由主義價值——才不會使社會瓦解。德弗林的確使用社會瓦解的具體圖像來支持他的論證。在他的論文與相關文章中，他都把焦點放在特定的私人敗德類型：不標準的性行為、酗酒、藥物濫用。藉著這些例子，德弗林描繪了這些「惡行」擴散後對社會造成的危險；亦即，因為人們被這些「惡行」給蠱惑了，以至於重要的社會活動都無法執行。不標準的性行為在他的論證裡是一種癮（他稱同性戀事實上是「有癮之人」），會導致那樣的人格無法從事日常事務。因此，他寫道：「酗酒、嗑藥、縱慾者不可能是社會的有用之才。」[18] 更

18　Devlin (1965, 106)，論彌爾的文章。

強烈的是，他主張：「一個縱慾的國家無法在一九四○年充分地回應邱吉爾鮮血、苦功、汗水、眼淚的呼籲。」[19] 因此，他試圖說服彌爾論者，不道德會對社會造成嚴重的傷害，會腐蝕平均公民的自制與合乎目的的行為，而那些自制與行為是社會要實行重大活動所需的。

　　基於這種理由，至少酒精濫用與藥物濫用還是可以討論的，儘管這些物質的合法性是否造成德弗林所想的那種社會危險（因為濫用行為的「傳染」而導致大規模的社會腐壞）還非常難說。然而，就同性戀而言，他的論證似乎屬於「道德恐慌」的類型，這點我們將在第五章加以探討。[20] 認為公開寬容同性戀，將會以某種模糊的方式腐蝕社會組織，這種想法並不新鮮，但也不古老。二○○一年九一一事件後不久，牧師傑瑞・法瓦（Jerry Falwell）發表了一份告美國國民書，將紐約世貿中心被炸毀的責任歸咎於「男同性戀與女同性戀」──想必他是遵循德弗林的思考方式，認為同志的出現在某種程度上削弱了美國。[21] 這種主張令人憤慨又完全難以置信，但仍在耳邊迴繞。我們應該將德弗林論證的這種特徵銘記在心，因為他的說法大多基於有關同性性行為及其對人格之影響的錯誤事實預設。他並沒有將異性戀描繪成「有癮之人」，也不說他們的性

19　Ibid., 111.
20　很諷刺地，Devlin 這些主張是以演說的形式，首度在芝加哥大學法學院的 Ernst Freund 講座發表的。Freund 為所有的異議分子爭取法律權利，是一名勇氣可嘉的代言人。他本人也是美國第一個猶太人法學教授，最著名的作為是在戰時為政治異議分子（尤其 Eugene Debs）爭取言論自由。
21　Falwell 還表示，上帝對於我們的放任感到震怒，因此將保護撤回了。

喜好會成癮而耗盡社會的活力。[22]

　　根據德弗林的主張，假若承認人身自由的重要性，則並非所有對社會道德規範的威脅都嚴重到需要以法律來干涉。因此，德弗林提出一個判定標準，以決定何時達到社會不應再忍受敗德行為的臨界點。為了找到適當的標準，德弗林轉向廣為人知的法律所假設的「理性人」，並將它描述成「普通理智之路人」。[23] 當這個人對他人的涉己行為感到非常強烈的不贊同時，則可以用法律禁止該行為。德弗林把這種強烈的情感稱為「無法忍受、憤慨、噁心」。他說，這些「就是道德律背後的力量」；缺乏它們，則社會沒有權利剝奪個體的選擇自由。[24]雖然德弗林列了三種相當不同的情感，但從我的分析來看，他的論證似乎都集中在噁心上。憤慨，正如我將主張的，通常是對於錯誤的傷害或損害的回應；但是德弗林並不堅持這種傷害必須當下存在，而他的整個論證也反對彌爾的傷害原則，彌爾認為唯有這種傷害才足以正當化法律的規制。他接下來的論證只談到噁心，說關於同性戀只有一個問題：「當我們平靜而不帶感情地看它時，我們是否認為它是可厭的惡行，只要一出現就是侵犯。」[25] 因此他主張兩階段的檢驗，儘管不甚明確：第一，「理性人」對同性戀行為感到噁心；第二，退一步平靜地

22　他對賣淫的一些談論的確顯示出這種想法，但是並沒有繼續發展，更違論用到異性戀的非商
　　業性行為上。

23　Devlin (1965, 15).

24　Ibid., 17.

25　Ibid.

自問，他的感覺是否眞的正確。

　　爲何德弗林認爲噁心是立法的可靠基礎？即使我們同意他所言，有些惡行如果廣爲散播就會腐蝕社會的功能，但爲何我們應該認爲噁心是這種行爲的可靠指標？異族通婚向來是廣泛噁心的對象，但是樂見任何異性戀婚姻的德弗林，想必也不會主張這種噁心是追溯社會危險的可靠途徑。身心障礙者出現在我們的社會裡，對公眾的眼睛而言通常也會引發噁心；但是我們很難主張他們對社會組織造成危險。反之，有不少行爲對社會組織顯然造成危險，但是它們並不會引起噁心，因爲它們廣爲流傳，甚至受到大眾喜愛。種族主義與性別歧視在許多社會裡都有這種地位；貪婪與狡猾的商業行爲甚至還會得到讚揚。因而，在這個論證的關鍵之處，我們就碰到問題；就噁心的內涵與可能的對象，德弗林並沒有提供更多的分析好讓我們進一步評估他的立場。因此，現在我們必須離開德弗林，轉向其他可能對這些問題提供答案的作者。

　　李昂・卡斯的立場相當接近德弗林，但是對噁心及其社會角色的談論更多一點。卡斯並未提出立法規制的一般理論，但說他是一位非彌爾論者卻是無庸置疑。社會當然可以禁止一種行爲，無需確定它是否是彌爾所說的「涉他行爲」（other-regarding），亦即是否會對不同意之他人的「構成性權利」造成負面影響。但是就噁心爲何重要而言，卡斯對社會危險的觀點與德弗林不同。困擾卡斯的危險並不是社會瓦解，不是社會的能力與計畫可能會被廣爲散播的「縱慾」所危害。他擔心的

是，核心的人類價值可能會被一個較不易察覺的方式腐蝕，亦即大眾愈來愈接受這些待人如工具的活動。他所恐懼的世界是：「任何事皆可為，只要是自由的。我們既有的人性不再獲得尊重。」[26] 到目前為止，卡斯似乎公正地遵循自由主義的傳統：因為對於人類尊嚴的尊重，當然屬於任何可行的政治自由主義的核心政治價值。（然而，「既有的人性」這個字眼暗示了某種形上學或宗教的人性觀，超出了政治上的人類尊嚴內涵。）自由主義者當然都同意，自由社會所必須要防制的主要危險之一，就是將人性當成是工具，而不是目的。如果能讓我們相信噁心與人類尊嚴的違背之間有可靠的關聯，那我們至少就可以視噁心為立法規制的相關要素。[27]

　　根據卡斯，在我們的「反感」中有一種「智慧」，而且是隱含在所有理性論證後面的智慧。當我們思索某些可能性時，我們之所以覺得噁心，「是因為我們不透過任何論證，直接就直覺與感覺到我們所正當珍愛的事物被侵犯了。」反感，「反抗人類的任性妄為與不知節制，警告我們莫侵越不可言詮的深處。」[28] 卡斯承認「反感不是論證」，但他認為反感讓我們通達品格的某種層級，而在某些方面比論證更深刻、更可靠。「在重要案例中……反感是深度智慧的情感表達。」[29]

26　Kass (1998, 19).
27　Kass接著說的話更加有爭議性。他說有一種危險，亦即我們視「自己的身體」僅僅為「自主理性意志的工具」。這種論點暗示了身體其實有一個超越人類的目的。不過，讓我們先不論這個有問題的論點，而將注意力集中在噁心的論證上。
28　Kass (1998, 19).
29　Ibid., 18.

　　接著卡斯列出六種據說我們很反感的行為，他並主張說，
為反感所提出的任何論證都是可疑的，只是「找理由消除恐懼
的膚淺嘗試」。[30]這六種行為是：父女亂倫（即使同意）、人獸
交、分屍、吃人肉、強暴、謀殺。我們馬上感到困惑，因為這
其中大部分行為正好落入彌爾原則的範圍，亦即對不同意的他
人有所傷害。強暴與謀殺，當然；父女亂倫也是，因為小孩子
沒有同意的能力，特別當誘惑者是她的父親時；人獸交也是，
因為這種行為常對動物施加巨大的痛苦與屈辱，將動物視為人
類奇想的工具（彌爾一定會同意，因為他也是動物權的重要捍
衛者，還將遺產的大部分捐給保護動物協會）；吃人肉，除非
先將他人殺死，否則不會發生。如果我們想像一種情況，在其
中人因為自然因素而死亡，而沒有涉及任何強制，那麼吃人肉
就變成陰森的分屍行為而已。分屍的確會引發真正的道德問
題，亦即是否、以及在什麼基礎上應該將其禁止。第三章我將
會回來討論這些問題。不過一旦我們明白地說屍體不過是一堆
無生命的物質，而不是一個活人時，那這就變成一個複雜的議
題。卡斯對這個議題並沒有提出任何論證，而這個例子是他唯
一超出彌爾原則範圍的。我們應該反思和討論這個例子，而非
假設我們的反感含有超理性的智慧。

　　此外，卡斯所謂的不過是膚淺理由的論證的例子，正是最
不公平的：該論證說，亂倫之所以錯誤，只因為「近親繁殖的

30　Ibid., 18-19.

遺傳危險」。關心堂表兄弟姊妹亂倫、甚至成年兄弟姊妹亂倫之法律地位的人，才可能會提出這樣的論證。就父女亂倫而言，幾乎不可能自然而然先想到這個論證，而是將女兒所受的傷害視爲核心問題。其次，堂表兄弟姊妹之間、甚至兄弟姊妹之間的成年亂倫，通常也不會引起噁心。其實，我們最珍愛的一些浪漫愛情典範，如華格納《女武神》（*Die Walküre*）中齊格蒙對齊格琳的愛，即是立足於富有魅力的兄妹關係。這對情人並非不顧血緣關係而在一起，反而正是因爲如此，他們似乎在對方身上看到自己的臉龐、聽到自己的聲音。因此，如果我們要找理由讓成人之間合意的亂倫違法化，噁心並不能幫助我們，而有關健康問題的論證或許才正是我們所需要的。

　　到目前爲止，卡斯還沒能說服我們，噁心與對人權或人類尊嚴的嚴重違背有可靠的關聯性。他也根本沒有考慮到反感無法提供良好指引的案例。他談到：「一些昨日覺得反感的，今日卻平靜地接受了——不過，我們必須說，通常結果不是更好。」[31] 我們可以推測他是在說同性戀關係，而他對此有很強的負面觀感。因此在他的觀點裡，正如德弗林所言，我們以往對於同性戀的反感是良好的指標，而我們現在喪失了它們所提供的指引，這實在是太糟糕了。想必許多讀者會非常不同意這點。其他之前廣受反感的目標，譬如猶太人、異族通婚的夫妻或者喬埃思（James Joyce）與勞倫斯（D.H. Lawrence）的小說

31　Ibid., 18.

又如何呢？卡斯會不會說這些較早的噁心案例包含了智慧呢？即使是現在，當許多人看見出現在公共場合的精神障礙者、身體畸形或肥胖者所感受到的噁心，又怎麼說呢？卡斯面臨了兩難。他可能會說，所有這些案例裡的噁心，不論在過去與現在都提供了良好的指引，那麼他就會給大多數讀者留下荒謬與惡劣道德判斷的印象；或者他可能會說，有些案例裡的噁心的確提供了壞的指引，那麼他就要承認自己需要一個判準，用以區分好的噁心與壞的噁心。卡斯從未面對這個兩難，因此就如何分辨噁心何時是可靠的、可靠的程度又到哪裡，他並沒有給我們任何資訊。但他的論證卻又需要主張噁心具有高度的可靠性：因為他的重點是要說服我們將對於複製人的反感直接作為禁止這種行為的理由，而不必去深入反思或論證。

　　要相信噁心在法律領域有良好的指導性，而且比理性論證的指導性更深刻、更可靠，我們必須先相信什麼呢？捍衛這個主張的一種方式是德弗林式的，亦即噁心是文化產物，因此是全社會所關心之事的良好指標。然而，這不可能是卡斯的觀點，因為卡斯認為文化已經腐敗，而我們轉而求助於噁心的指引正是因為我們不相信文化。卡斯賦予噁心一個超越文化的權威性。但是根據在哪裡？如果他主張噁心是我們演化的遺產之一，則基於此而賦予它「道德」的權威性是令人難以信服的。由於卡斯的深厚宗教傾向，他也不可能下這一著棋。卡斯應該是認為，噁心有其神聖的起源，或者是幸運地受到某個有智慧的自然目的以某種方式注入的，藉以約束猶太基督教傳統總是

視同原罪的人類的「任性妄爲」。如果這是卡斯的觀點，那麼它是一種令人吃驚又奇怪的神學立場。不過在政治自由主義國家裡，這種立場輕如鴻毛，除非他可以將它轉譯成別的立場，讓不接受這種宗教目的論的人接受。但是我們在卡斯的論證裡看不到這種轉譯。

　　米勒對噁心的立場，比起德弗林與卡斯要複雜許多。不同於這兩人，米勒對噁心進行了廣泛的分析，而我後續的分析也會常引用到他。他相信噁心有一個明確的認知內涵，而噁心是透過這個內涵給出指引，不是透過論證之下或超越論證的隱密力量。雖然他認爲，對某些「原始對象」如排泄物、腐敗的食物、屍體的噁心的確有其演化上的源頭，而且相當普遍，但是他也認爲社會有不少空間使噁心從原始對象擴張到其他的對象。根據米勒（我也支持他），噁心的核心想法是污染（contamination）：當一個人提出噁心作爲禁止某種行爲的理由時，他是在試圖防止自己或社會受到那種行爲的污染。這種分析或許能與德弗林及卡斯的立場相容，但是卻具體許多。最後，米勒主張，在某種程度上，噁心與社會階級的傳統密切相關：就算不是全部，大多數社會都會建立階層，視某些階層是不潔而令人噁心的。通常處於下階層的是猶太人與女人。米勒傾向認爲階級制度的建立是噁心的本質：噁心認爲它的對象低下，從此建立起人與物的層級。[32]

32　Miller (1997, 9).

即使這種對於米勒論證的概觀，也已經顯示他清楚察覺到噁心的指導性是成問題的。（因為米勒對於由噁心感所建立起的階級有許多批判。）然而，為何他給噁心「合格」的背書？在米勒的書中，規範性的面向相當簡短與薄弱，而且幾乎沒有談到立法規制的問題，因此對於前述問題的回答必然有較多的臆測成分，不過他做了兩個關鍵主張。第一，他提出一般性的主張：噁心可以成為文明進步的指標，一個社會所認定的噁心事物愈多，表示文明愈進步。我將在本章稍後詳細討論這個主張。但是噁心如何聯繫到立法規制，在此並不清楚，所以我轉到第二個論點，卡恩稱之為米勒的「道德上不可或缺之命題」。[33] 這個主張就是，噁心對於反抗殘酷而言，有興起或強化的重要地位。如果我們不理會噁心，不允許噁心影響我們的立法，則我們無法「從惡行中突顯殘酷」。[34]

對於德弗林與卡斯所在意的那種立法規制，亦即規制彌爾原則之外的涉己行為，米勒的主張似乎沒有多大幫助。即使德弗林與卡斯也不相信同性戀是一種殘酷的形式──如果他們相信的話，他們當然不會花那麼多時間，想找到非彌爾論的方式去正當化同性性行為的違法性。米勒也沒有這麼主張；很明顯，他並不認為噁心總是指出了殘酷的存在，因而值得相信。據他自己的解釋，噁心通常指出了某種被視為污染物的對象，

33　Kahan (1999a, 64)。Kahan還提出另一個論點──「保存命題」：所有的社會總是藉由噁心來傳達高下的判斷，並改變他們所支持的行為或人的特定等級。我略過這個論點，因為它並沒有提供任何以噁心作為立法基礎的想法。
34　Miller (1997)，借用 Judith Shklar。

但是他也強調其中有許多是無害、不殘酷的污染物。（他舉出
男人的精液與女人的體液是兩種主要的噁心對象，他也強調歷
史證據顯示，噁心曾經被用來針對弱勢與無辜的人和團體。）
他也沒有提出任何論證來說明殘酷總是令人噁心。這樣的論證
很難提出，因為依照他自己所引用的證據，社會以對無力的人
和團體施加殘酷的從屬形式為樂。因此，他的論點不可能是
「噁心可靠地指出了殘酷的存在」，而必然是較間接的論點，譬
如，噁心是我們道德機能的一部分，若缺乏它，則我們不可能
適當地回應殘酷。但是這個論點，無論可信與否，絲毫並未支
持以噁心為立法規制的基礎。因為我們可以基於其他因素去做
立法規制，但永遠在人格裡保留噁心。

　　米勒對於噁心的論述因而是不完全的，他似乎對立法規制
的議題興趣缺缺，但立法議題正是我們所關切的。[35] 然而，卡
恩在討論米勒的書時，將他的論證延伸至法律問題上。[36] 卡恩
開頭就承認，保守派法理論家才會經常訴諸噁心以捍衛傳統價
值。但是他也論理明確地指出，不必然如此。米勒認為噁心的
對象會隨時間改變，因此，新社會秩序的支持者也可能訴諸噁
心，將他們認為低下的對象降級，然後建立非傳統的人群與價
值。因此，卡恩結論道，進步主義的法律思想家太過貿然就消

35　在那本書之後，他又寫了一篇文章，似乎放棄了與Kass採相同立場的道德論點，那論點是：
　　「作為人類，有一些重大的限制，而當我們以危險的方式壓迫這些限制時，某些情感就會警
　　告我們。這就是噁心、恐懼、不可思議感的部分工作。（Miller [1998, 87]）」
36　Kahan (1998)，對Miller的作品有詳細的評論。Kahan (1999a)是一篇較綜合性的文章，也討論
　　了米勒的想法。

除噁心了。噁心是普遍的道德情感，進步主義者也可以將它用於自己的目的。

有人可能會問，為何一開始就要訴諸噁心？既然依照卡恩的解釋（而他是跟隨米勒的），噁心與階級還有各種對人的不平等分級相連，為何我們在立法時要聽它的，而不是立足於其他不同的情感？卡恩的論證在這點上並不是很清楚。因為，不同於德弗林與卡斯，卡恩並不支持用噁心來讓「涉己行為」違法。但是他也不反對這種「道德律」，而且就我們所知，他可能支持以噁心為判準讓一些「涉己行為」受到立法規制，譬如嗑藥、性交易、賭博。然而，從他的例子判斷，他的論理集中在容易符合彌爾原則的犯罪上。其實，貫穿整部作品，他都聚焦在謀殺上，並接受彌爾的觀點，認為殘酷是邪惡的極致形式。但我們並不需要訴諸噁心才能知道謀殺與殘酷是壞事。

不過，卡恩的立場似乎是「有些謀殺比起其他謀殺來得更壞」，而相信我們的噁心，就是對謀殺（尤其是謀殺犯）加以分級的好方式。我們可以依靠噁心找出有法律上意義的加重特徵，或者判斷某些謀殺犯特別低劣、齷齪。因此，噁心在量刑時占有地位；噁心以這種方式強化了我們對於殘酷的譴責與反對（我將在第三章詳細檢驗這個主張）。雖然我不接受這個主張，它還是具有有限的可信度，因為卡恩允許噁心運作的場合，只限於已經因為其他（較屬彌爾論的）根據而違法的行為。

讓我們將所有主張放在一起。現在我們了解支持噁心的立

場事實上有好幾種。然而，對所有這些作者而言，噁心至少有時是有用的法律判準，在立法規制某些行爲時能夠提供我們一些相關資訊。我們可以強調一個重要的特點：這四個作者都不認爲噁心只是一種有限的傷害類型——通常即是公害法所處理的那種噁心。公害法處罰將特定痛苦施加到別人身上的人，而這種痛苦的入侵通常是以噁心的形式，譬如說一個人製造令人作嘔的氣味影響鄰居。這是噁心出現在法律裡的一種方式（將在第三章加以討論）。但是對於上述四位作者而言，噁心有著更寬廣、更基本的意義。他們每個人都認爲噁心本身不是應該被規制的傷害，而是一個判準，我們用它來辨識壞事，尤其是很壞的事，因而（他們主張）應該加以規制的事。我們以「理性人」的噁心來辨識可能或應該被立法規制的行爲，不論它們是否眞的對事發當時在場的任何人造成達到痛苦之妨害的噁心。注意，其實德弗林與卡斯所設想的案例，大多數並不會引發像公害法所涵蓋的那種噁心，因爲它們只是人們私底下做的。不喜歡它們的人，並沒有在附近而受到侵犯。然而，當我們質問一個行爲到底有多不道德時，我們還是將噁心當作道德要素與判準，而不道德的判斷（對上述四位作者而言也是社會危險的判斷）本身就是立法規制該行爲的相關要素。

　　除此之外，至於什麼是最緊迫的社會危險，噁心又如何幫助我們處理它們，這四位作者的看法就有所分歧。由於米勒沒有清楚的規範立場，所以我只處理其他三個作者。卡恩的觀點，至少就這些論噁心之作品的目的而言，似乎可以被視爲是

彌爾所支持的自由主義觀點，亦即對他人的傷害才是立法規制的首要條件。只有對於很有傷害性的行為，他才會訴諸噁心。然而，即使在這個脈絡裡，噁心也不是拿來衡量行為的傷害性程度，而是衡量罪犯本人有多低劣與醜穢。卡恩在這裡與彌爾分道揚鑣了，儘管比起德弗林與卡斯還是小巫見大巫。

對德弗林與卡斯而言，噁心有寬廣許多的射程範圍。雖然卡斯的噁心案例大部分也涉及對他人的傷害，不過他並不接受彌爾的限制性原則，他與德弗林一樣，準備立法規制無害的行為。但他用來支持立法的論證與德弗林的論證有很大的差異，並且用相當不同的圖像來闡述為何噁心應該被認為是可靠的。對德弗林而言，噁心是由社會產生的，而因為它可以告訴我們深刻存在的社會規範，所以是有價值的。對卡斯而言，噁心是先於社會或超越社會的，因為腐敗的社會已經遮掩了發生在人性上的危險，而噁心能警告我們這些危險，所以噁心是有價值的。無論如何，兩人都認為，噁心能夠給我們唯有它才能給的訊息。他們也都同意噁心在立法上是相關的，不論它是否經得起理性論證的檢驗。

正如我所揭露的，這些立場都有內在的問題。它們都有裂縫，也極少面對可能的反證。但是它們向來都有足夠大的影響力，也堅定不移，故它們引起的議題更值得深入的研究。而這樣的深入研究，需要我們盡己所能為噁心及其運作找到最好的解釋；對於噁心的可靠性及其社會角色等問題，只有這樣的解釋才能回答。

III. 噁心的認知內涵

　　噁心似乎是特別由衷（發自內心）的情感。噁心涉及對於刺激的強烈身體反應，而這種刺激通常來自某些身體上的特徵。噁心的典型表現是嘔吐，而典型的刺激來源是惡劣的味道及其他外表令人嫌惡的對象。[37] 然而，心理學家保羅・羅沁（Paul Rozin）所做的重要研究清楚顯示，噁心具有複雜的認知內涵，其重點在接觸到污染物的想法上。[38] 他對噁心的核心定義是：「由於預期到會與討厭的對象連結（口腔上的）而產生的反感；這個討厭的對象是污染物，即使它們只是短暫地接觸到一個可以接受的食物，那個食物馬上也會變得不可接受了。」同樣地，溫佛瑞・曼寧豪斯（Winfried Menninghaus）認為噁心是「須抗拒不可吸收、同化之他者的自我維護的危機」、拒絕「親近不想要的」，而噁心的對象「被評定為污染物，必須使它極度地遠離自我」。[39] 噁心的對象必然被視為是污染物，不只是不宜食用。因此，紙張、金盞花、砂石只是不宜食用，並不噁心。[40]

　　羅沁並不討論噁心有沒有演化上的根據；事實上他接受達爾文的論證，認為噁心最初是一種拒絕，主要是對於不想要的

37　使用「典型的」一詞，Rozin 與我都是意指：這些是噁心的普遍事例，也是核心的典範事例，亦即人們在解釋噁心以及特定事物為何令人噁心時都會引用的。

38　Rozin 對噁心的各面向發表了許多文章，但是他的整體觀點見 Rozin and Fallon (1987)。另見 Rozin, Haidt, and McCauley (2000)。較早有影響力的研究見 Angyal (1941)。

39　Menninghaus (1999, 7).

40　Rozin, Haidt, and McCauley (2000, 639).

食物而產生的感覺，與強烈的負面感官經驗有關。[41] 然而，他表示，噁心與厭惡（distaste）還有危險（感）不同；厭惡是知覺因素所驅動的負面反應，而危險（感）是預期到傷害的結果而生的拒絕。噁心不是單純的厭惡，因為極為相同的氣味也會依照受試者對於對象的觀念，而引發不同的噁心反應。[42] 他要受試者聞兩只不同瓶子裡的腐敗氣味，但兩只瓶子裡裝的其實是同樣的東西。不過他告訴受試者，一瓶裝著排泄物，一瓶裝著乳酪（真正的氣味是難以區分的）。認為自己在聞乳酪的人，通常都喜歡那個氣味，而認為自己在聞排泄物的人，則覺得排斥與不悅。「是人對於對象的觀念，而不是對象的知覺特質，決定了快樂的價值。」[43] 一般而言，噁心主要是受到觀念因素驅動，即事物的本性或來源，以及它的社會歷史（譬如，誰摸過它）。即使說服受試者，曝曬過的蟑螂乾吃起來像糖，他們還是不會想吃，或者說如果吃了的話一定會吐。

　　噁心也跟（預見到的）危險不同。危險的事物（譬如毒菇）是被容許在環境裡存在的，只要人們不要吃到它；噁心的事物

41　Darwin (1872).
42　這個對比可以撐得過 Korsmeyer (1999)的有力論證。他認為滋味（taste）並非全然「純樸的」，而是經常涉及認知因素的。
43　Rozin and Fallon (1987, 24 n. 1)。然而不幸地，Haidt, McCauley, and Rozin (1994)提出的「D量表」（噁心量表）並不總是遵守這些區分。於是，回答者如果對「我或許不會去自己最喜歡的餐廳，假如我發現那裡的廚師感冒了」這個問題回答「是」，他就得到噁心的點數，即使他可能只是正當地認為廚師的細菌有「危險」。有些問題也是有其他不同種類的混淆。對於「我認為，人類在動物身上取得性快感，是不道德的」，回答「是」的人，就可以取得一分，即使他的根據可能只是對於動物的傷害，而不是個人對那種行為的噁心。另外，對「在某些情況下，我可能願意吃猴子肉」回答「否」的人，也可以得到一分，即使他可能只是基於道德理由的素食者，因此拒絕猴子肉，也拒絕一切的肉類，並不是因為噁心。

卻不可容忍。當危險去除後，人們願意吃原本危險的事物：消毒後的毒菇是可接受的。然而，噁心的事物永遠是噁心的，即使所有的危險都消除了。人們不肯吃消毒過的蟑螂；即使把蟑螂裝在不能消化的膠囊裡吃下去，且排泄出來後膠囊仍舊完好如初，大多數人還是反對這麼做。

　　噁心和身體的界限有關：它在意有問題的事物可能侵入自我。對許多事物及許多人而言，嘴巴是尤其負有重責大任的邊關。[44] 令人噁心的東西必須被視為是異物（alien）：一個人身體的產物只要保持在他的身體裡，就不會是令人噁心的，儘管離開身體後它會是令人噁心的。大多數人認為，如果把自己的唾液吐在杯裡，再把杯子裡的東西喝下去，就會覺得噁心；但他們並不會意識到自己嘴裡的唾液。噁心的觀念內涵是，如果食用討厭的物質，則自我就會變得低下或受到污染。羅沁與其同事所做的許多實驗指出，噁心所涉及的想法是：「你就是你所吃的」，如果你吃了低劣的東西，它就會貶低你。[45]

　　噁心的對象相當廣泛，但主要在動物與由動物產生的東西。安吉亞（Angyal）更具體地說，噁心的中心是動物（包括人類）的排泄物，即我們認為低劣者。[46] 羅沁以實驗證明了我們對於動物性事物的在意，不過他又說，噁心可能會轉移到與動物或由動物產生的東西有所接觸的對象上——這是連結到

44　Rozin, Haidt, and McCauley (2000, 640).
45　同前書。他們注意到，儘管這種信念有時被認為是「傳統文化」的特性，不過也確實在常識裡根深柢固：如果結合兩件事物，則出來的產品就會像之前的兩者。
46　Angyal (1941)，參見 Rozin, Haidt, and McCauley (2000, 640)。

「不受喜歡、令人討厭的人」的主要源頭；之後我將討論這些延伸。羅沁也與米勒相同，主張除了排泄物，噁心也聚焦在腐敗上：因此屍體同樣也是噁心的核心。[47] 很難解釋為何植物產生的東西（除了腐敗與發霉的類型外）通常不會令人噁心，不過安吉亞、羅沁、米勒都認為：噁心的動機是為了保衛我們與非人動物或我們的動物性之間的界線。[48] 因此，眼淚是一種不會令人噁心的體液，想必因為我們認為眼淚是人性特有的，所以不會提醒我們與動物的共同之處。[49] 反之，排泄物、鼻涕、精液與其他動物性體液等等，就被視為污染：我們不想吃下它們，而經常接觸它們的人，我們則認為他們被污染了。（因此，在印度種姓制度下被稱為「不可碰觸者」的人，其日常職務就是清掃公共廁所；以口腔或肛門接受精液，在許多文化裡都被認為是污染，因而是地位低下、卑劣的標記。）不過我們吃肉並不覺得噁心，因為在這個範圍裡，我們掩飾了肉的動物

47　Miller (1997); Rozin, Haidt, and McCauley (2000).

48　有些人認為秋葵（okra）噁心，哲學家 Jeffrie Murphy 認為可能是因為它有「看起來像黏膜的東西」，所以給人像動物的印象。我想起小時候也有一次類似的反應，不過現在秋葵（印度料理的主要材料，經過熱炒之後就沒有黏性了）是我最愛吃與愛做的餐點之一。

49　Rozin and Fallon (1987, 28)，引述 Ortner (1973)。母乳是另一個有趣的案例，但我認為終究不是 Rozin 論點的反例。因為羅沁、米勒等人已經說明，即使排泄物也不全然令人噁心，只要我們是在處理自己小孩的排泄物時。而母乳，儘管母親可以接觸它而不覺得噁心，但是若母親被要求喝下它，則似乎會引起噁心。機場安檢官員曾經要求 Elizabeth McGarry 將放在自己行李的幾瓶母乳喝掉，她說：「很不舒服、很尷尬、很噁心。」（*U.S. News and World Report*, 19 August 2002, 4）更清楚的是，在非親屬之間，尤其男性之間，母乳會引起噁心與嚴重的焦慮──因此，禁止公開哺乳一直造成許多媽媽的生活困擾。這種禁止也不只是尷尬的問題而已。想想一部知名的電視影集《凡夫俗妻妙寶貝》（*Married with Children*），當中 Marcie 和她的女性主義朋友一道向 Al Bundy 主張在他的鞋店裡哺乳的權利。他的反應是找來「不要媽咪」團體裡的一個粗壯男人，向她們露出啤酒肚，似乎意謂（她們的）一種粗鄙又噁心的行為活該得到同樣的反制。

來源，將頭部與皮膚都去除，並將肉切成小片。[50]

安吉亞、羅沁、米勒都主張，我們與自己的動物性之間有著麻煩的關係，而噁心則與此麻煩相關。噁心的核心信念是，如果我們接受了動物的分泌物，則形同接受了當中的動物性，我們就會被貶低成動物。同樣地，如果我們吸收了腐敗，或與腐敗者來往，則我們就變得會死、腐敗。因此，噁心是爲了逃避動物性與必死性，而在我們對於自身動物性的反感中，必死性這個事實相當顯眼。的確，我們還需加上必死性這個限制條件，以說明爲何動物性的某些面向，如力量、敏捷等卻不會令人噁心。令人噁心的東西是與我們的脆弱性相關的，換言之我們的脆弱之處就是我們容易腐朽，甚至變成廢物。正如米勒所點明的：「噁心的最終根基其實是『我們』（us）——我們有生有死，而生死之間的過程相當混亂，不斷散發物質與氣味，導致我們自我懷疑並恐懼鄰人。」[51]

依照上述分析，我們並不意外，在所有已知的文化裡，人類尊嚴的基本標記就是清洗與處理排泄物的能力。羅沁指出，有關監獄或集中營的分析顯示，被禁止清理自己或使用廁所的人，很快就會被視爲劣等人種，因而要加以折磨或殺害就變成很輕鬆的事。[52] 他們已經淪爲禽獸。同樣的想法導致麻州地方法院在一九九五年認定布里奇華州立監獄（Bridgewater state

---

50　Rozin and Fallon (1987, 28), 引述自 Angyal (1941)。
51　Miller (1997, xiv).
52　Rozin and Fallon (1987), 引述自 T. Despres。

prison）的生活條件違反受刑人的憲法權利，亦即憲法第八增修條款免於「殘忍及異常刑罰」之權利。那些受刑人最主要的抱怨是馬桶經常滿溢，製造出噁心的景象與氣味，而他們沒有辦法躲避。[53]

　　這些對於噁心的研究是當代心理學的成果，但也與較早的思想渾然一致，主要包括佛洛伊德的經典作品《文明及其不滿》（*Civilization and Its Discontents*）與各種文章和信件。[54] 佛洛伊德認為，噁心的歷史必須與直立行走的歷史一起了解。對許多動物而言，嗅覺是特別敏銳的感覺，而且嗅覺緊密關聯到與其他動物的性互動，然而人類突破了這個由體液、氣味、性行為構成的動物世界，並將他的鼻子提到高處。從此，人類與陰部氣味的關係就發生問題：它們還是很有吸引力，但是必須加以壓抑，才能保持文明。因此，小孩子必須學習對它們感到噁心。之後我將回來談這個發展史，不過現在已經足以表明，佛洛伊德的精神分析學解釋與最近的認知心理學解釋，兩者之間有大量的相同之處。

　　佛洛伊德對於噁心的解釋，較少注意到必死性與腐朽的問題，而較注意我們的身體與「低等」動物的共同點。然而，精神分析學家恩尼斯特・貝克（Ernest Becker）很有說服力地主張，至少在某個年齡後，人類的噁心反應通常極為強烈地受到

53　*Masonoff v. DuBois*, 899 F. Supp. 782, D. Mass (1995).
54　Freud (1905, 1908, 1930, 1965)。佛洛伊德觀點的良好闡釋見 Miller (1997)，尤其可見 Menninghaus (1999)。

死亡與腐朽的意識所中介。在發展對於排泄物的噁心時，年輕
人同樣也是在反抗「所有身體的命運：腐朽與死亡」。[55] 討論
到強納森・綏夫特（Jonathan Swift）描寫噁心的詩，貝克富有
啓發性地說到：「排泄是一種預示了瘋狂的詛咒，因爲它顯示
了人類難堪的有限性、身體性、希望與夢想的虛幻可能性。」
[56] 因此，精神分析學對於噁心的解釋，又再度與最近的實驗心
理學的主張相合了。[57]

　　羅沁的研究有著廣泛的基礎，分別來自其他的實驗性研究
與獲得經驗調和的理論。他的噁心理論比另一個著名的理論更
可取，也就是瑪麗・道格拉斯（Mary Douglas）關於純潔與危險
的理論。[58] 道格拉斯認爲，噁心與不潔是社會脈絡性的觀念，
其主要想法是有關異常現象的。一個對象在某個脈絡下是純潔
的，在另一個脈絡下卻是不潔的：導致它不潔且令人噁心的緣
由是它違反了社會所訂下的界線。道格拉斯的理論做了很重要
的工作，它讓我們意識到圍繞在噁心周邊的社會因素，這點我
們稍後將深入討論。毫無疑問，驚慌也是支配噁心感的因素之
一。然而，這個理論有很多缺陷，使它不是個好的「噁心」解
釋，無論它對禁忌與禁制的運作多麼有見解。[59] 首先，他將純

55　Becker (1973, 31).
56　Becker (1973, 33)。亦可見 Menninghaus (1999, 7)：「談論噁心的書極少不是談到腐屍的書。」
　　儘管 Becker 傾向將死亡的恐懼歸諸於青少年，但我們並不需要這麼做，因爲我們可以解釋，
　　青少年的噁心導因於父母因恐懼而來的噁心。
57　比較 Rozin, Haidt, and McCauley (2000, 645)：「將自己與動物區分開的欲望，可能受我們對
　　於動物必死性的恐懼所驅使。」
58　Douglas (1966).
59　對 Douglas 的批判見 Kim (2001)，他的見識也惠我良多。另可見 Miller (1997, 47)。

潔與噁心這兩種非常不同的概念綁在一起。顯然,一個對象可以不潔,但並不令人噁心。第二,道格拉斯又傾向把噁心與危險同一:因此,巫術連同噁心的食物與液體,都被歸類爲對於社會界線的違反。第三,他的解釋「太過」脈絡性:因爲排泄物、屍體、大多數的體液都是噁心的普遍對象;社會有很大的空間決定污染的想法如何擴張到其他的對象,但似乎不太能夠使這些原始對象變得不噁心。第四,有關異常現象的想法太薄弱,不足以解釋爲何我們覺得有些東西令人噁心;排泄物與屍體很噁心,但一點也不異常。反之,像海豚這樣的生物很異常,居然是生活在海裡的哺乳類,可是沒有人認爲海豚噁心。噁心當中還有更多內容,不只是驚慌或背離社會規範。而羅沁的想法,亦即對於動物性的焦慮,則能可信地掌握到這些內容。

然而,羅沁的理論也有問題,必須加以檢驗。我相信這些問題可以治癒,而且方法與其理論的一般精神完全一致。第一,他僅注意到作爲邊關的嘴巴,似乎太過狹窄:與噁心相關的污染,也可以透過鼻子、皮膚、生殖器而發生。這就是一開始爲何我對他這部分想法輕描淡寫的原因。較爲可信,也能與羅沁的一般精神一致的是大衛‧金(David Kim)的想法,在他重要又論證良好的研究裡,他主張噁心的關鍵想法是「從外面的世界穿越界線侵入自我」。因此,噁心與哲學傳統視爲「接觸覺」的三種感覺緊密相連,而較無關有中介或有距離的感覺。換言之,噁心接近觸覺(摸或碰)、嗅覺、味覺,但遠

離視覺與聽覺。正如金所說，前面三種感覺都像觸覺：氣味之所以變得噁心，是因為想到臭味會循著某種路線到達鼻子。

「獸性提醒者」（animal-reminder）的想法也需要加以討論。我們並不排斥所有的動物，或排斥所有提醒我們自己有動物性的東西。正如我說過的，力量、速度以及在這些方面卓越的動物，離噁心很遠。因此，我們必須增加一點（這點是羅沁有時會提到但又與其理論不甚一致的主張）：我們所擔憂的是與其他動物共有的脆弱性、腐朽，以及自己就變成廢物的傾向。正如我們所見，貝克已經很清楚這點，而他的見解可以補充羅沁較為模糊的解釋。一旦我們堅守住這點，我們就可以回答其他兩個大衛‧金質問羅沁的問題。他問，為何昆蟲總是令人噁心？他認為「獸性提醒者」的理論並不能完全解釋這點。但無論如何，昆蟲特別可能聯繫到標示腐敗的噁心特質——黏性、黏液及其他動物之必死性與脆弱性的標記。

第二個，也是較難的問題是，為何人類常常對身心障礙人士覺得噁心或反感？在很大程度上，這種噁心是社會建構的，屬於稍後我們對於噁心的社會擴張的討論。但是它可能（儘管我們並不知道到底如何）是因為，當我們看到一個人用義肢而缺少真的肢體，或者他的臉與體態表現出發展遲緩的樣子時，有些原始噁心會連結到這個觀感上。當然，這些殘障的情況提醒了我們的脆弱性。除了有一個不會受傷的理性靈魂，我們還有一些可能停止運作的心智能力；即使還沒死之前，我們也可能失去部分的身體。[60] 我的結論是，羅沁的理論精神站得住

腳,但需要再做一些研究,才能為一些適當的問題提出好的解答。

　　因此,噁心是從一群核心對象開始的,它們被視為污染物,因為它們提醒了我們動物方面的必死性與脆弱性。我們會對這些對象感到噁心是受到概念所影響,因此可以說是學來的,不過這種噁心似乎普遍存在於所有的人類社會裡。然而,透過相當複雜的連結,噁心很快就會擴張到其他對象上。如同羅沁所研究的,這些擴張裡最醒目的特徵,就是「心理污染」的觀念。其基本想法是,無害的物質如果曾經與噁心的物質接觸,就會導致原本可接受的前者變成不可接受的。這種污染過程就是羅沁提出的「神祕同感」(sympathetic magic)律則。這些律則之一是「接觸傳染」:曾經互相接觸的東西,事後還會繼續有交互作用。[61] 因此,如果死蟑螂曾經掉進一杯果汁裡,則人們就拒絕再喝那杯果汁了。曾經被有傳染病的人穿過的衣服,就算洗得再乾淨,也會被拒絕,而許多人則很不喜歡二手衣物。[62] 正如羅沁與其他共同作者所言:「接觸傳染的律則有潛在的嚴重後果;任何我們可能吃到或摸到的東西,都可能已經被污染。」他們說,我們處理這種問題的辦法,就是適用一套複雜的儀式性禁令,定義污染可得認可的相關領域。[63]

60　另外兩個 Kim 所提起的問題似乎比較不重要:因為很差的身體衛生,正好符合羅沁的身體排泄物理論;對於「不自然」性行為的噁心,則高度受到社會教育所中介,顯然不屬於噁心的「原始」對象。

61　這種律則也有它的積極面向,譬如我們渴望擁有名流的財產,甚至觸摸也好,或者渴望睡在名流曾經睡過的地方等等。

62　Rozin, Haidt, and McCauley (1999, 435).

如此一來，我們就能將羅沁的核心分析與道格拉斯之社會分析的有用面向相結合。道格拉斯主張，我們的污染思想通常涉及邊界違反的想法，違背可被接受的範疇，或根本就是「不當事端」（matter out of place）。她的理論在噁心的核心觀念上是不適當的，[64] 噁心的核心或原始對象是動物脆弱性與終有一死的提醒者。但是透過接觸傳染的律則，其他各種對象都可能成為污染物。污染的擴張受到社會界線的劃定所影響，結果只有侵越這些界線的才是令人噁心的。[65]

噁心藉以擴張的第二個律則是「相似性」：如果兩件事物相像，則對於其中之一所做的事（譬如污染它），也會影響另一個。因此，如果一塊巧克力軟糖做成狗大便的樣子，人們也會拒絕，即使他們知道是真的巧克力。人們也不會想喝裝在（消毒過的）便盆裡的湯、用（消毒過的）蒼蠅拍攪過的湯、用全新的梳子攪過的飲料（即使是自己最喜歡的飲料）。[66] 因為相似性是一個相當有彈性的觀念，故本律則也是受到社會規範與界線的高度影響。

噁心似乎不會出現在三歲以前的嬰幼兒身上。嬰幼兒從出生就會拒絕苦味，出現張嘴的臉部表情，這也是日後噁心的特徵之一。但是在這個時候，噁心尚未突破單純的厭惡；危險感

63　Rozin, Haidt, and McCauley (2000, 640).
64　同前書，638頁。
65　Rozin, Haidt, and McCauley (2000)也強調以「框架」限制噁心擴張的重要性；我們學著不去想到某些事，譬如在餐廳廚房裡替我們準備食物的人。
66　Rozin and Fallon (1987), Rozin, Haidt, and McCauley (2000, 641).

亦未登上舞台。危險的範疇似乎在生命的頭幾年就會出現，而成熟的噁心感則出現在大約四歲以後。孩子的早年時期並不會拒絕排泄物或嘔吐，只會對自己的排泄物感到驚奇或受其吸引；而噁心則是一種後來學到的強烈社會力量，將吸引轉爲反感。[67] 同樣地，在三、四歲以前，也沒有任何證據顯示孩子會對氣味有拒絕的反應，除了一些的確有刺激性的氣味外。因此，噁心是父母與社會教的。這並不表示噁心沒有演化上的源頭；許多內在官能的特性需要時間才會成熟。但這倒是表示，噁心與語言一樣，內在官能的發展將採取什麼樣的形式，社會教育有重大的影響。

　　通常，這種教育始自如廁訓練。儘管精神分析學家對這個過程有很大的興趣，我們還是需要對它的運作有更精密的經驗研究。[68] 跨文化的研究尤其重要。大多數社會的父母顯然都會向小孩傳達一個有力的訊息，亦即對自己的排泄物要有噁心和厭惡的感覺，而這些訊息將把吸引轉爲反感，或至少對吸引力的來源產生強烈的壓抑。然而，從小孩成長到擁有成人的噁心感這個過程，我們還不是很清楚。羅沁表示，孩童不會很快就發展出對於排泄物的噁心感；反而是，爲了回應父母的暗示，先只是發展出厭惡的感覺。然而，經過父母與他人反覆地表現噁心後，他們最後終於發展出完整的噁心感。[69] 孩童的噁心程

67　Rozin, Haidt, and McCauley (2000); 比較 Freud (1910).
68　Rozin, Haidt, and McCauley (2000, 646).
69　同前書。

度與其父母的噁心程度強烈相關，而且羅沁的經驗調查顯示，
針對原始對象的噁心程度，在個人之間有很大的差異。[70]

　　有沒有可能把孩子養成不對身體排泄物感到噁心呢？顯
然，演化上的傾向會使這麼做變得很困難。這麼做也不是明智
的。噁心也會強化危險感，驅使人躲開許多真正危險的事物。
即使噁心無法精確地標定危險事物，但這些標定也為日常生活
的許多目的提供了夠好的指引，就算是今日，我們也不可能檢
測環境中的每件事物有無微生物與細菌。除了這些演化上的關
聯外，針對原始對象的噁心也表現在人類試圖躲避我們很難與
之共存的一堆問題，而且這會隨著個人愈來愈了解死亡與腐朽
而日趨明顯。要我們對死亡與圍繞在死亡周邊的腐朽感到輕
鬆，似乎不太可能。就噁心出自我們與腐朽和終有一死的不良
關係而言，似乎噁心遲早都會冒出來，而且為了活下去，噁心
也是必須的。

　　一個尚未得到回答的問題是，對於原始對象的噁心，在多
大的程度上是與該對象的吸引力相伴的？佛洛伊德表示，小孩
依附於他的排泄物，而且在噁心的壓抑後面繼續維持這個吸引
力。然而，這種維持下來的依附，可能在個人之間有很大的差
異，在社會之間也是。它可能受到如廁訓練的影響，父母通常

70　同前書，647頁。另見 Rozin, Fallon, and Mandell (1984)。Miller (1997) 說過一個關於自己孩子
　　的故事：「我女兒在如廁訓練後很快就對排泄物反感，而且很恐懼她的手會被污染，並拒絕
　　消除這種恐懼。而我三歲的兒子，即使上廁所時只有一滴尿溢出來，他也會把內外褲全部脫
　　掉。這表示一天要換好幾次衣服……我四歲的兒子路易，洗澡時讓人覺得他好像在大掃除一
　　般。反對我的讀者可能會發現，我們父子還真是一個模子刻出來的。」(13, 270 n. 46)

會稱讚排便的小孩，導致小孩把排出來的東西當成給父母的禮物。我們還需要多了解這些現象。對於其他原始對象，我們是否應該假定有任何初始的吸引力則還不甚清楚。嘔吐物、鼻涕、有黏液的動物、腐敗的物質、屍體：這些會吸引我們嗎？或者只是單純令我們感到噁心？如果它們有誘惑力與魅力，那是單純因爲它們是受到禁止的？還是在禁止之前它們本身就有吸引力？

　　這些問題或許沒有簡單或單一的答案。顯然，小孩很喜歡黏乎乎的東西，即使他們同時覺得這種東西很噁心。不過，有時小孩喜歡它們的程度，恰巧等於父母說它們噁心的程度。而儘管我們大多數人不覺得屍體有吸引力，它們有時還是成爲有吸引力的對象。因此，柏拉圖期待他的讀者了解列昂修斯（Leontius）的慾求是個重要的案例：他很想盯著暴露在光天化日下的士兵屍體看，儘管他知道自己不應該如此。[71] 大多數現代美國讀者覺得這段很令人困惑，如果柏拉圖想要表現慾求與道德憤慨之間的衝突，爲什麼不選一個我們都很熟悉的慾求呢？不過，因爲希臘傳統認爲屍體暴露在外乃是極度不名譽的事，所以柏拉圖才會以這個很愛看腐爛屍體的觀眾當例子。因此，在各種案例裡，噁心的活動其吸引人的程度因人和因社會而有很大的差異，尤其如果這種吸引力本身是由社會禁令所建構時。

　　無論針對原始對象的噁心其發展過程的眞相爲何，在成人

71　*Republic* IV.

的噁心經驗裡相當重要的間接及心理污染的想法，顯然是較晚才發生的，亦即當小孩能夠思考較複雜的因果關係時，譬如有關接觸傳染與相似性的思考。在這些發展過程裡，父母與社會的教導都有涉入。正如羅沁所言，噁心因而是社會教育的有力媒介。藉由教導噁心及其對象，社會有力地傳達了對於動物性、必死性、性別角色與性的相關層面的態度。雖然噁心的認知內涵與原因論顯示，原始對象（排泄物、體液、屍體）在所有的社會裡可能都是相對不變的，但是社會卻有很大的空間將噁心反應擴張到其他對象上，認定它們與原始對象有相似性。因此，主張說有一些噁心的「自然」對象存在，在某種意義上是對的，換言之，對於原始對象的噁心涉及某些廣泛共享而且根深柢固的人類思考。但是，也有不少東西之所以成為噁心的對象，是因為各式社會教育與傳統所致。不過，在所有的社會裡，噁心都表示拒絕接納，拒絕受到必死性與易腐朽之動物性的有力提醒者所污染。

正如我們將在本章第五節所見，在努力使自我更加遠離原始對象的污染時，這種拒絕有種緊急性，會導致焦慮地把噁心擴張到其他對象上。從某個時期開始（或許大約在七、八歲左右），當小孩學會廣為人知的「捕蝨夾」遊戲，假裝從不討人喜歡或和自己不同掛的孩子身上抓到骯髒的臭蟲時，他們已經在實踐基於噁心而做的社會從屬活動，而這是每個社會都了解的，亦即創造一群擁有噁心特質（骯髒、發臭、污染）的人類。這些從屬的人類，用俗話說，創造了一個「緩衝區」

（buffer zone），讓統治地位的人與他們覺得困擾的動物性區隔開來。

　　然而，在深入談噁心的社會擴張之前，我們必須先處理噁心與憤怒或憤慨之間的關係。唯有如此，我們才能深思在顯然道德化的脈絡下，噁心是如何被運用的，並剖析這種道德論與緩衝區的創造之間有何關係。

　　目前我只談到噁心有文化普遍性，而且心理研究指出噁心在跨文化之間有堅強的共同性，但根據我在《思想之劇變》中對情感所做的一般解釋，各個社會有所差異的地方，不只在於某個情感的適當對象為何，某種程度上，也在於他們對情感的精確了解以及它與其他情感的關係為何等問題。既然噁心也有認知內涵，則它也不會是本原則的例外。有一個例子足以拿來顯示，噁心並不是單一的，而是一群互有重疊的家族。在一份研究古羅馬情感 *fastidium*（噁心、反感、輕蔑、傲慢、挑剔、過分拘謹）的重要文獻裡，羅伯‧凱斯特（Robert Kaster）主張它與英語的噁心有很大的重疊，並且相當符合羅沁的分析。[72] 於是，人們對於相似於「原始對象」的範圍表達出 *fastidium* 的情感，並且把它擴張到被認為相似於原始對象的人身上。不過，有一個重要的不同：羅馬人有時也用 *fastidium* 指稱他們認為不同於噁心的經驗。這時它是指瞧不起他人的脆弱、與被視為低下的事物保持距離。這種 *fastidium* 與蔑視有密切的關聯，與貴

72　Kaster (2001).

族制度對於階級的正統觀感也有關。

　　凱斯特論證詳細地表示，一個用語可以指涉兩種被認為不同的經驗，與兩者的歷史不無關係：兩種經驗開始互相重疊，因此就 *fastidium* 的階級意義而言，被視為階級低下的人很容易就得到噁心的性質，而與噁心的性質有關聯的人，也會被歸入低下的階級，並遭到輕視。這種情況在英語的用語裡並不特別奇怪，因為噁心普遍地構成階級制度，然而貴族利用噁心來輕視並自高的做法，以及在兩者之間的來回，似乎特別是羅馬人所建構的，造成某些與其他社會有所差異的經驗與判斷。

　　如此佳作，尤其它的文化分析，可以告訴我們，對於噁心乃至於其他情感，在分析與批判的時候，必須從文化的細節開始，深入地挖掘到他們認為人是什麼，以及何謂卑劣的具體理解。無論如何，噁心似乎是在文化之間具有高度重疊性的情感；它也是在一個深具影響力的西方文化下形成的，因而確保了它跨越時空的高度相似性。因此，我們還是可以繼續把它視為單一的現象，同時也了解到上述的一般化論述是不夠完整的。

IV 噁心與憤慨

　　正如我們目前為止所見，噁心不只不同於對危險的恐懼，也不同於憤怒或憤慨。噁心的核心想法是對於自我的污染；這種情感所傳達的是拒絕可能的污染。噁心的核心對象是那些提

醒我們必死性與動物性之物，亦即被人類視爲污染源者。反之，憤慨主要針對錯誤與傷害。憤怒的標準哲學定義涉及錯誤行爲，不論受害的是憤怒者，還是憤怒者認爲重要的某人或某事。因此，塞涅卡在《論憤怒》所描述與討論的標準古希臘定義是：「想報復錯誤行爲的欲望」、「想懲罰他人的欲望，因爲某人相信他人對他犯了錯」、「想報復他人的欲望，因爲某人相信他人對他做了超出正當範圍的錯事」。[73]（亞里斯多德較早的解釋與此非常相似。）[74] 注意，（被相信的）錯誤是很重要的，所以最後一個斯多噶學派的定義做了雙重的強調，在「錯事」之外又加了一句「超出正當範圍」。後續的西方哲學傳統，在憤怒或憤慨的定義上，大多數都遵循這些先驅，[75] 心理學也採取相似的定義。[76]

　　因爲傷害或損害的觀念處於憤怒之認知內涵的核心，所以顯然憤怒的根據是可以公開表達與公共形成的推理。傷害與損害就是任何公共文化、法體系都必須處理的核心事務，因此也是公共說服與公共論辯的主榮。在哲學史裡面，這也是很常見

73　Seneca, *De Ira*, 1.3.3, 1.2.3b。第一句是Seneca的版本，他屬於亞里斯多德的觀點；第二句是Posidonius的版本；第三句是出自Diogenes Laertius與Stobaeus，見 *Stoicorum Veterum Fragmenta* III.395-97。

74　Aristotle, *Rhetoric* II.2.1378a31-33。他還說，這種欲望與痛苦相伴。其次，他所具體指明的錯誤行爲則是針對個人或其親友的怠慢。

75　因此Spinoza說：「憤慨是一種憎恨，針對傷害他人的人。」*Ethics* III, *Definition of the Emotions*, 20。

76　見Lazarus (1991, 217-34)。他支持並發展亞里斯多德對於憤怒的解釋，並表明最近的實驗性作品也支持亞里斯多德的立場。亦可見Ortony, Clore, and Collins (1988)，將憤怒定義爲：「對於某人值得譴責的行爲表示不贊同。」(148)；另見Averill (1982)，強調社會形成的規範在憤怒中的角色。

的。因此，正如我在第一章談過的，亞里斯多德的《修辭學》賜予雄心壯志的演說家一些精心設計的訣竅，藉以激起聽眾的憤慨，而方式就是為聲稱的錯誤提供一些聽眾可以共享的推理。他也賜予演說家一些消除憤慨的訣竅，亦即說服聽眾，事實上他們並沒有如自己所想的那樣受到傷害。[77]

正如第一章所主張的，一個人的憤怒（或不憤怒）其背後的理由可能是錯誤或沒有根據的，而方式有好幾種。或許傷害根本沒有發生；或許發生了，但是做的人不是現在憤怒者所以為的對象；或許發生了，也是那個人做的，但是那個行為並不像憤怒者所相信的那麼錯誤（譬如，該行為可能是正當防衛）；或許受傷或受到怠慢的對象並沒有憤怒者所相信的那麼重要。因此，亞里斯多德提到，有很多人因為別人忘了他的姓名而不悅，但是這種事並沒有他們所想的那麼重要。亦如我們曾經看過的，塞涅卡也說過如果主人給他的位置並不是晚宴裡最尊榮的，他就會感到憤怒，但是他也批評自己太過看重這種膚淺的榮譽表徵。更深入一點，大多數希臘與羅馬的哲學家認為，人類通常過分重視一些「外在善」，譬如榮譽與金錢（名與利）。許多人就是基於這種過度的評價而產生憤怒反應，因而在這種程度上，他們的憤怒不足以作為公共理由的可靠來源。他們也可能低估一些重要的事：亞里斯多德也談到，有些人在碰到親友被羞辱時，雖然他們應該憤怒，卻居然一點也不

77　*Rhetoric* II.3.

憤怒。我們還可以增加一點，對於距離很遠的人或與我們不同的人，如果他們受害了，我們通常也不憤怒。有時我們甚至不把錯誤當成錯誤。因此，大多數奴役他人的人似乎不認為奴役是錯的；好幾個世紀以來，強暴妻子都被認為不過是男人在行使他的財產權。

於是，在這些方式上，憤怒（或不憤怒）可能是受到誤導的，但是如果所有的相關思考能夠經得起檢驗，則我們就可以期待朋友與同胞共享這些推理，並共享我們的憤怒。如此一來，正如亞當‧斯密所指出的，憤慨相當不同於浪漫愛：「如果我們的朋友受害了，我們很容易就能夠同情他的憤怒，並對他的憤怒對象也產生憤怒……但是如果朋友在談戀愛，儘管我們認為他的熱情與其他的同類情感一樣合理，我們也絕不認為自己必然會對他所愛的人產生同樣的熱情。」[78] 因為愛的根基通常是不可言傳的特殊反應，比較不能與他人共享，所以我們不可能期待朋友跟我一樣愛——不過，斯密繼續說道，朋友當然能夠共享戀人對未來的焦慮與希望。[79] 因為主張明智觀察者能夠為他人而經驗到憤怒，但無法經驗到愛，所以斯密說，不像情慾之愛，憤怒很適合作為社會公共行動的根據，只要這個社會希望將判斷建立在公開的理由溝通及交換上。

噁心與憤怒有相當大的差異，重點來說，噁心比較接近情

---

78   Adam Smith, *The Theory of Moral Sentiments*, I.ii.2.1.
79   Smith 把這種有關戀愛的事實又聯繫到另一件事，亦即，大多數處理愛情的嚴肅文學都專注在戀人所處的困境，而不重視戀人被彼此的氣質所吸引，因而全神貫注於戀情的喜樂。他主張後者通常很滑稽。見 Nussbaum (1990) "Steerforth's Arm"。

慾之愛。儘管某些噁心反應有其演化上的根據，因而得到各種社會的廣泛共享，儘管某些較經過中介的噁心在一個社會裡也可能得到廣泛共享，但這些都不意味著噁心能夠提供感到噁心的人一組理由，並藉由它們進行公開說服的目的。透過父母的強烈反應，或其他各種形式的心理影響，你可以教導青少年對某種物質感到噁心。然而，想像一下，如何說服一個不覺得蝙蝠噁心的人相信蝙蝠真的很噁心。根本沒有任何可以清楚表達的理由，能夠使你們的對話像個說服過程。你只能描述蝙蝠的特性，試圖扯出某種關聯或某種回響，而這些是你覺得噁心的：潮溼、貪婪的嘴巴、像老鼠的身體。但是如果對方並不覺得這些東西噁心，那就白忙一場。[80]

　　再來，想像一下，如何說服一個不覺得男同志噁心的人相信男同志真的很噁心。你要怎麼做？如同科羅拉多州支持州憲第二增修條款的社會運動所示，你可以做兩件事。[81] 一，你可以試著把你的根據從噁心換成較有理由的情感，譬如恐懼（他們會誘拐你的小孩）或憤慨（他們要享受特權）；二，如果維持噁心作為根據，你就必須描述男同志那些據說令人噁心的特

---

[80] 有一天，在我位於麻州劍橋的家裡，一隻小蝙蝠的頭卡在廚房流理臺的排水口（不知何故牠飛進公寓裡，又躲進樓上浴室的排水管，最後順著水管跑到樓下來）。我覺得又恐怖又噁心，於是請清潔公寓的女僕來幫我。她也一樣覺得又恐怖又噁心。接著我們一起把牠弄到鍋子裡，蓋上蓋子，拿去屋外放生。正當我們把鍋子斜斜倒在草皮上，而牠慢慢爬出去時，一個在花園工作的鄰居突然大叫：「哎喲，好可愛的小東西！你們確定牠沒受傷吧？」之後我很想把那個鍋子丟掉，不過最後還是說服自己把它消毒以後繼續使用。我並沒有跟來家裡吃晚餐的客人提過這件事。

[81] 第二增修條款是對於州憲的修正條款，經過全州公投所支持。該條款否定了當地社群基於性取向制定反歧視之法律的權利。最後，聯邦最高法院宣告本條款違憲，見 *Romer v. Evans*, 116 S. Ct. 1620 (1996)。

性。事實上，那次公投的支持者互相流傳一些小冊子，裡面寫
男同志吃排泄物、喝人血。[82] 但是這樣子訴諸反感並非提出了
公共理由，法律上的差別待遇並不能合理地立足於其上。第二
增修條款的支持者似乎清楚了解這點，所以勉強回頭採用已經
用過的策略。他們的主證言集中在「特權」與對於社會的危
險；原告方在反詰問時才提出了該社會運動訴諸噁心的證據。

　　噁心有問題的地方，憤慨並沒有，而且理由不只一個。第
一，憤慨關切的是傷害或損害，這也是普遍接受的立法基礎。
噁心關切的卻是污染，這點要作為法律的來源還有很多爭議。
其次，憤慨通常基於日常的因果思考與評價，亦即是誰做的傷
害（因果），傷害又有多嚴重（評價）。反之，噁心通常基於巫
術的思考，而非基於真正的危險。正如羅沁所表示的，噁心對
於風險的訊息非常遲鈍，也與傷害的真正來源沒什麼良好關
聯。最後，憤慨的本質是回應下列事實：不僅我們本身脆弱、
容易受傷害，我們最珍愛的事物也可能被他人的錯誤行為損
傷。這些就是人類生命的事實，很少人會否定它們的真實性。[83]
反之，噁心圍繞在一種希望上，希望成為一個人所不是的存有
者，亦即不朽（不死）的非動物。其關於污染的思考，則是為
了滿足讓人成為非動物的野心，然而，這種野心無論多麼無所
不在，仍然是有問題、非理性的，是自欺與空洞的熱望。

82　一九九四年十月第二增修條款的訴訟，Will Perkins的證言，本人親耳聽聞。
83　極端斯多噶學派的人會否定它們，他們主張唯一有價值的是美德，而美德永遠在我們的掌握
　　之中。

　　儘管，所有已知的社會都藉由這種強烈的情感以防衛人類動物性的邊界；甚至，儘管在我們的演化史裡，時間證明這種防衛對於排除敵對群體、增進朋黨團結而言是有價值的；或許，即使今天的社會也需要這種防衛以求繁榮發展，因為人類無法忍受每天面對自己日漸腐朽的身體。但是，我們無法否認，這種防衛在社會擴張的運作方式上，是無法經得起公共理性檢驗的。噁心在原則上已出現問題，不只是在實踐上而已。

　　在這個節骨眼上必須記住，噁心作為判準與噁心作為傷害的區分是很重要的。有時，被迫面對嚴重侵犯人的物質，可能引發與傷害或損害非常相像的問題：令人作嘔的氣味或物質通常被視為「公害」；另外如同我所提過的，受刑人主張被迫與滿溢的馬桶共同生活構成了「殘忍及異常之刑罰」，其主張也受到法院肯認。[84] 這些噁心的案例是重要的，我將在第三章支持對這些領域的某些立法。

　　然而，關於噁心的論證，我們最主要處理的部分是另一種訴諸噁心的方式：以噁心作為判準，將某個行為納入立法規制，而不論它是否引起不同意之他人的任何反應，也不論他們是否意識到它的存在。這就是彌爾所謂「單純建構性的」傷害：出自一個人的想像，想像他面對該行為時會感受到的。[85]這種訴諸噁心的

84　亦可見 *LaReau v. MacDougall*, 473 F.2d 974, C.A. 2 (1972)。法院判定，強迫受刑人「與其排泄物一同監禁，一同生活、用餐、甚至睡覺」已經太過貶低、蔑視其人格，超出可容許的範圍。

85　*On Liberty*, chap. 4.

典型方式可見於德弗林與卡斯的論證。當然,對於某個行為的想像,的確可能造成真正的痛苦,不過我們必須仔細區分這種情況與一個人被迫面臨他覺得噁心的對象的情況。我會說,不是所有這類情況(一個人被迫面臨他覺得噁心的對象)都能提供立法規制的良好根據。然而,「單純建構性的」情況則完全有問題,或許永遠不應該成為立法規制的基礎。

噁心與憤慨的界線經常受到一個事實所模糊,亦即噁心可能被包裝成道德化的形式。正如我們將看到的,審判王爾德的法官聲稱自己是在傳達對於非常態性行為的道德感,因此他自認是在提出公共理由。羅沁與其他心理學家主張,「噁心」經常被用在道德現象上,與「可怕」、「可惡」等暗示損害的用語似乎可以互換。羅沁寫道,起初,他傾向以為這只是英語使用上的意外,不過是某種不小心的用法。[86] 然而,更深入的研究卻顯示,其他語言的使用者也有相同的擴張。那麼,要怎麼理解這種現象呢?在這些道德化的案例裡,憤慨與噁心之間還是存有界線嗎?

我想應該有幾種不同的情況。有些案例最好是解釋成不嚴謹或不小心的使用,或至少在某種程度上是英語缺乏表達憤怒的有力形容詞所致。(「真是可惡!」聽來相當拘謹而不夠刺激,因此有時會換成「有夠『噁心』!」)有些案例,譬如王爾德的案件,道德論似乎只是噁心的幌子,而這種噁心我們相當熟悉,它表達了污穢的生物出現在我們面前時所帶來的污

86　Rozin, Haidt, and McCauley (2000).

染，而這個生物來自人類所設立的緩衝區；我將在第五節討論
這個問題。有些案例，噁心的判斷聯結到真正的道德判斷：因
此，嚴重的謀殺案在損害的意義上會被認為是壞的，同時也因
為血腥而被認為是噁心的。我將在第三章討論這種案例。而在
有些案例裡，或許噁心有著真正的擴張，核心的想法仍然是讓
自我遠離污染物。因此，當人們說狡詐的政客「很噁心」時，
他們所表示的並不同於對同樣的人表達憤怒或義憤。[87] 他們並
不是說政客造成了什麼傷害，而是說政客對於社會而言是污染
物，像黏膩的鼻涕蟲，讓人一看到就想消滅。對於種族主義
者、性別歧視者之類的，我們也會表達相似的情感。

　　最後這一種噁心的型態引起了一些有趣的問題，需要加以
研究。由於在本章我對噁心抱持相當批判的態度，為求公平起
見，讓我引用一個相當感動我的噁心例子來說明這點，那就是
馬勒第二號交響曲第三樂章著名的「噁心之吶喊」（cry of
disgust）。文字很難完全掌握這種音樂體驗，但根據馬勒自己的
敘述，他的構想是看著「存在的喧囂」、社會的膚淺與一群畜
牲般的自私，直到「它們變得恐怖，如同你從外面的黑夜望著
亮麗舞廳裡那些搖曳的舞姿……生命對你而言毫無意義，像醜
惡的鬼魂。你可能會為此驚恐逃離，並發出噁心的吶喊。」[88]
我們可能會認為，對於社會互動的死寂，這種噁心是一種有價
值的道德反應，很接近憤慨的情感，針對虛偽、令人窒息的僵

---

[87] 同前書：這是擴張發生的典型案例。
[88] Mahler寫給Max Marschalk的信件，見Deryck Cooke, Gustav Mahler (Cambridge: Cambridge University Press, 1980)。

化禮教以及憐憫的缺乏對人類所造成的錯誤。在下一樂章，馬勒以隱然上承巴哈的民俗詩樂，表現出對於人類苦難的純真憐憫。[89] 這個例子不就表示，有種噁心能夠提供非常良好的公共理由，以批判某些社會習慣與制度嗎？

我認為不是。無論「噁心之吶喊」與憤慨多麼接近，它的內涵都是反社會的。它的內涵是，「我拒絕接受這個醜陋的世界，它不是我的一部分。這些愚蠢的制度讓我覺得想吐，我拒絕讓它們成為我（純真）存在的一部分。」但憤慨卻有建設性的功能，它說：「這些人受到錯誤的對待，而他們不應該受到錯誤的對待。」憤慨本身提供矯正這些錯誤的動機；的確，它的定義通常也涉及矯正錯誤的慾望。反之，逃離噁心世界的藝術家，在那個當下，根本不是一個政治存有者，而是一個浪漫的反社會存有者。

因此，馬勒在本交響曲的下一樂章轉向憐憫，但這並非直接從他的噁心產生；事實上，當他戲劇性地描述缺乏憐憫情感的少年腦海裡出現憐憫時，他必須先克服噁心。詩句一開始是這樣的：「噢！小紅玫瑰啊！人性空前危急！」細緻花朵的形象本身是先前噁心的解毒劑。現在我們視人性是細緻、脆弱的、如花朵般：我們克服了對人性的不完美想吐的短暫誘惑。因此，我會與馬勒爭論並主張，即使是道德化的噁心也是一種問題很大的情感。在通往真正有建設性的社會憐憫之前，噁心

---

89   我曾在 Nussbaum (2001a), chap. 14 討論過本樂章。

必須獲得控制，甚至必須被克服。

　　我自己的道德化噁心經驗則是如下的形式：當政治局勢顯得太惡劣與卑鄙時，我想像要搬去芬蘭，有時是很認真地考慮。我曾經有八個夏天在位於芬蘭的聯合國機構工作，所以對芬蘭有不少認識，但並不十分了解。我想像它是一塊乾淨的土地，有著淡藍色的湖泊與未受污染的森林，同時，也是一塊有著社會民主美德的土地，尚未受到貪婪、暴力、腐化所染指。簡言之，我的幻想是一個逃避的幻想，多半是由於對現狀的不滿而形成的，並非對芬蘭社會有積極的涉入。對於政客的憤怒，會傾向抗爭與積極涉入；然而對於政客的噁心，則會導致逃避與脫離。

　　有沒有一種針對自己或社會的噁心，是與正面的道德提昇有關的？[90] 預言式的修辭有時的確會引發我們對於當下的惡形惡狀感到噁心，同時會產生憤怒。而對當下自我使用噁心的意象，至少可能連結到遠離污濁自我的有益行動。不過我很懷疑，如果這種意象是令人噁心的，則產生的陳述將是「我是骯髒下流的」，這對自我而言是有益的態度嗎？它不就表示自我是無望的，只需加以遺棄，而缺乏透過贖罪去發展善的潛能這種建設性思想嗎？我懷疑，多數宗教與政治上的這種思想都是與自我憎惡和自我貶抑有關，而非關建設性的自我改善。甚至，伴隨這種思想所可能產生的自我超越之幻想，極可能只是對於

90　在這方面有益的討論，我要感謝 Talbot Brewer。

不可能的力量與純潔的幻想，缺乏身為人類的關鍵元素。[91]

　　但是，卡恩會說：為何不把噁心無可否認的力量利用在善的方面？[92] 如果所有的社會都含有噁心，而且在所有的社會裡它都是有力的道德情感，那為什麼不駕馭它，教導人們對種族主義、性別歧視以及其他真正的壞事感到噁心？這個主張的初步問題在於，噁心並不會只鎖定在某個行為上。對於惡行的憤怒，與希望罪犯改過遷善和尊重罪犯的人類尊嚴是可以相容的。但是噁心，由於它的核心思想是污染，基本上是要把對方逐出眼前。而我不認為應該對種族主義者和性別歧視者採取這種態度。我們應該仔細區分人與人的行為，譴責犯下壞事或傷害行為的人，但是持續將他們當成有能力成長與改變的人加以尊重。所以我認為，像「把這些噁心的鼠輩趕走吧！」這種反應，對於自由社會是沒有助益的，即使噁心是針對有惡劣動機與邪惡意圖的人亦同。

　　純潔的幻想，如同我的芬蘭夢，也沒有任何建設性。我們應該要求種族主義者與貪腐政客做的是善行，甚至能夠改革的話更好。當他們做了壞事時，他們應該受到懲罰。然而，把他們視為噁心之物有什麼幫助嗎？顯然，我們不會把他們流放，即使可以也不應該。因此，噁心不僅讓我們執迷於純潔社會的不實浪漫幻想，也讓我們的思考遠離務實的做法，不思如何改善族群關係與

91　Brewer 談到 Nietzsche 在 *Zarathustra* 裡面訴諸噁心，但是這種噁心還有後續的「超人」，亦即缺乏典型人類弱點的不可能形象，正是我所擔憂的危險。

92　見 Kahan (1999)。Kahan 論證的問題在於，他似乎假設任何社會都有固定數量的噁心，對象可能變換，但是它的強度與總量是不變的。他並沒有為這個主張提出任何證據。

政客的行為。將任何公民團體視如糞土，根本什麼都得不到，即使他們是不道德的。當然，正如下一節將主張的，透過傳染與相似性這種如巫術般的想法，很容易就將無害的人或團體犧牲掉。美國人應該覺得恐怖份子噁心嗎？我將主張不應該，不只因為它太容易擴散，導致我們認為必須把穆斯林與阿拉伯裔美國人全部關進拘留所，或者把他們全部驅逐出境。憤怒與改善現況的決心才是適當的情感，噁心則比較有問題。幻想一個純潔的國度，帶來的是具高度危險與攻擊性的仇外心理。

V. 投射式噁心與團體從屬

　　如果噁心在原則上就有問題，當我們觀察歷史發現社會向來利用噁心作為有力的武器以排除特定群體或個人時，我們就有更多的理由懷疑噁心這個情感。將我們與自己的動物性加以隔離的欲望實在太過強烈，以至於我們通常不屑排泄物、蟑螂與黏膩的動物。我們需要找一群人來隔離，讓他們成為真正的人類與低等動物之界線。一旦有這些準動物（quasi-animal）站在我們與我們的動物性之間，則我們離動物與終有一死的自我又遠一些了。因此，衡諸歷史，某些噁心的特質，如黏液、臭味、黏性、腐朽、骯髒，不斷被重複地連結（其實是投射）到一些群體身上，所根據的則是特權階級想定義其超人地位的方式。猶太人、女人、同性戀、不可接觸者、低下階級的人類等等，所有這些人都被認為受到了身體穢物的污染。

　　讓我們更仔細地觀察這些值得注意的建構方式。從中世紀起的反猶太宣傳裡，猶太人的常見形象就是軟弱、令人噁心、淫稠黏膩、如女人般貧弱。到了十九、二十世紀，這種形象更加廣爲流傳，而且被闡述得更詳盡，猶太人被視爲侵蝕乾淨的德國男性身體的低劣寄生蟲。特別有影響力的是奧托‧魏寧格（Otto Weininger）的《性與性格》（*Sex and Character*），他是一個憎恨自己的同性戀及猶太人，一九〇三年死於自殺。魏寧格主張猶太人本質上就是女人：「些許反省就可以導出這個驚人的結論，猶太文化已經受到女性特質的滲透，遭受正如我所表明的，與男性本質最強烈對反的那些性質所滲透。」在他所探討的猶太及女性（Jewish-feminine）特點之中，有一點就是無法了解「民族國家」這個男性所努力的目標。他主張，因此猶太人與女人都喜好馬克思主義。他們也無法了解階級區別，他們「處於與貴族相對那方的極點；對貴族而言，維持人與人之間的界限乃是最重要的思維」。[93]

　　這種想法在十九世紀末已經很有影響力，經過第一次世界大戰的戰火蹂躪後，變得更具影響力。毫無疑問，當時德國人受到死亡與社會解體的恐懼所驅使，將他們所恐懼與厭惡的噁心特質投射到猶太人與女人身上。眞正的德國男人（通常頌揚金屬、機械的形象）所具有的乾淨、穩健、堅硬，通常與女人、猶太、共產主義的不穩定、惡臭、髒亂的標準相對。[94] 克

93　Weininger (1906, 306-22).
94　Theweleit (1987; 1989, vol. 2, 160).

勞斯・瑟徽萊（Klaus Theweleit）研究了由德國菁英軍官組成的
自由軍團（Freikorps）所留下的信件與回憶錄，他描述道：
「鋼鐵男兒最危急的任務是追擊、阻撓、鎮壓任何威脅力量，
這股力量威脅將他變成可怕的瓦解狀態：由肉體、毛髮、皮
膚、骨頭、腸胃及感覺混成的一堆東西，而這堆東西卻自稱人
類──老舊過時的人類。」擺脫混亂、頑劣人性的熱望，在恩
斯特・雲格（Ernst Jünger）的小說《作爲內在經驗的戰鬥》
（*Kampf als inneres Erlebnis*）中描述得很好：

　　那些鋼鐵的身影，他們的凌屬鷹眼穿透煙霧，環顧多架渦
輪推進器。他們膽敢穿越咆哮怒號的坑洞地獄，置身於火車頭
引擎的混沌……他們是堅持不懈充滿戰魂的男人。他們這種男
人的急迫需求，即是專心致志於能量的釋放。

　　當我看他們默不作聲地以帶刺鐵絲網分割巷弄，穩紮腳步
向外攻擊，將夜光錶調爲同步，憑藉星辰尋找方位，如此的讚
賞即會閃現：這是新人類──暴風般的先鋒、中歐洲的選民。
這是一個嶄新的種族，聰明、意志堅強的人類……是敏捷的掠
食者，能量充沛而緊繃。他們是在斷垣殘壁上重建世界的建築
師。95

　　在這個迷人的段落裡，雲格將機械的形象與動物生命的形

95　同前書，160-62。

象揉合，藉以傳達新人類的形象，必須同時是有力的獸與神，同時具備掠奪與不會受傷害（刀槍不入）的特性；他唯一不能成爲的就是人類。他的陽性不是藉由需求與感受力加以定義，而是透過「專心致志於能量的釋放」。他不知恐懼，沒有悲傷。爲何新人類必須有這些特質？因爲世界的基礎已經被摧毀。雲格表示，受到死亡與毀滅所包圍的男人，唯一的選擇，不是臣服於巨大又無法逃避的悲傷，就是拋棄帶來惱人痛苦的人性。而對於猶太人與女人的噁心，則提供這樣的男人一種自我肯定的出口，斷定自己不同於單純的必死存有者。

正如我們所能看見的，噁心於是與脆弱性及羞恥的經驗緊緊相連。在這種對於鋼鐵與金屬形象的執迷背後，隱藏著這樣的想法：我們的必死性是羞恥的，必須加以逃避和掩蓋，最好是徹底地加以超越。第一次世界大戰的破壞釋放了這種複雜的情感，一點都不令人意外，不過，當然在許多不同的情況下，它們一樣有可能出現，因爲人類經常神往他們所不可能達成的強壯。在人類生命的循環裡，噁心因此回頭指向早年的無助經驗，包括對於無助感到羞恥的經驗。正如我將在第四章主張的，原始羞恥與隨之而來的攻擊反應在大多數人類歷史裡都是深刻又古老的，儘管有些文化與家族史導致它們採取較溫和與和諧的形式。瑟徹萊與其他相關的作品顯示，當代德國男性自我的社會與家族建構，與某種病態又自戀的羞恥有密切關聯，而正如我將主張的，這種羞恥預示了與他者的惡劣關係。[96]

96　譬如，見 Glover (2000), Adorno 等 (1950)。

　　一邊是令人噁心的女性化猶太人，陰暗又黏膩，另一邊是乾淨健康的德國男人身體，在這種對立命題之間，我們可以看到希特勒主張的來源，如本章的開頭引言，猶太人是潰爛膿瘡裡的蛆，躲藏在顯然乾淨與健康的國家身體裡。當時，猶太人噁心的形象非常普遍，甚至出現在兒童的童話故事裡，猶太人的代表通常是令人噁心的動物，擁有常見的噁心特質。[97] 在相關的發展裡，當時的醫學論述通常將猶太人（與共產主義者）去人性化，形容他們是癌細胞、腫瘤、細菌、「蕈狀瘤」。反之，在令人注目的某種說法裡，癌症也被形容成健康身體裡破壞社會的團體──甚至更精確地被稱為「布爾什維克份子」與「寄生蟲」（也是對猶太人的常見形容）。[98]

　　猶太人的例子告訴我們，針對群體的噁心通常要倚賴精心設計的社會工程。這種工程甚至不需倚賴廣泛共享的人性反應。儘管針對猶太人的噁心似乎在羞恥、恐懼、破壞的經驗裡有深刻的根源，但它特別針對猶太人的事實則是人造物（由於猶太人取得社會成功），並結合處心積慮想將他們拉下來的意識型態戰爭。貶低某個團體的方式，即是讓他們處於完全的人類與純動物之間的地位。這並不是因為在某種固有的面向上，猶太人的確「原始地」、「根本地」令人噁心，因而與噁心的典型事物相連。因果關係可能是完全反過來的：因為有某種需

97　這種童書的有力證據可於柏林的歷史博物館見到。同樣地，傳統印度種姓制度裡的不可碰觸者，則被視為準動物，受到他們上層階級的動物面向所玷污。
98　Proctor (1999, 46-48).

求，要將猶太人（或者是「一些」群體，只因爲各種理由，猶太人很容易就是第一順位）與動物的典型相連，說他們是令人噁心的，因而使他們遠離占優勢的群體。

　　無論這些因果鎖鏈如何運作，最後都讓社會廣泛相信，猶太人的身體的確與「正常人」的身體不同。[99] 十九世紀以降，汗牛充棟的僞科學作品描述了所謂猶太人的足部與鼻子的獨特性質、猶太人發病的皮膚、猶太病（譬如遺傳性梅毒）。[100] 猶太人的鼻子普遍連結到動物性（嗅覺一向被認爲是感官中最具動物性的）、女人的氣味與性、甚至月經。社會普遍相信猶太人會散發獨特又惱人的氣味，也通常被拿來與所謂經期中的女人味比較。[101]

　　其實，針對群體的投射式噁心，最經典的對象無非是女人的身體。幾乎在所有的社會裡，厭惡女性的投射式噁心都會規律地發生，而要解釋爲何如此，有一些經驗上的起點可以提供幫助。女人能夠生育，因此緊密聯繫到動物生命的延續性與身體的必死性。女人還接納精液：因此，如果（正如研究顯示）精液一旦脫離男人的身體，男人就覺得它令人噁心的話，男人很可能會認爲女人受到這種（對他而言）噁心的物質所污染，

99　Boyarin (1997)表示這種觀感裡有一個重要的事實核心，亦即猶太人不只重視久坐與學術的職業，也發展了一套相應的男性規範。至少在猶太傳統裡有些顯著又長久的部分，規範性的好猶太男人是溫柔、沉思、和善、風趣的紳士，非常不像「鋼鐵男兒」。他強調，這種陰性化的規範並不導致他們較支持女人的抱負，或使其宗教較其他的更不家父長制。

100　譬如，見 Gilman (1991)。

101　見 Geller (1992)。這種廣受歡迎的觀點，其支持與煽動的人不只是厭女者與反猶主義者，也包括領導的猶太知識份子，見 Geller 對 Freud-Fliess 書信集的討論。

而男人會認為自己是未受污染的，除非持續接觸她。由於這些事實，女人通常被想像成柔軟、黏膩、潮溼、有氣味的，她們的身體則是污染物的污穢領域。米勒主張，憎恨女人的現象與噁心的觀念核心相當密切。儘管除了猶太人之外，也有其他少數族群會被視為黏膩、有氣味的，不過社會幾乎普遍如此看待女人則是毫不令人意外的，因為男人受生育所困擾，尤其受到他們自己的性與體液所苦。米勒主張，男人覺得精液令人苦惱又非常噁心，因此，任何接納精液的人都會遭到污染。米勒跟隨佛洛伊德，他接著主張，男人永遠很難不去貶抑他的性對象，而且傾向找上已經被貶抑的對象，如此他們才能盡情放縱自己的慾望（慾望被理解為必定貶低接納那些液體的對象）而不會有貶低未經貶抑之人（處女）的罪惡感。米勒也主張，愛能夠緩和噁心，但只是短暫的，程度也有限。[102] 一般而言，因為女人接納男人的精液，她「即是她所吃的」（不論是透過口腔或陰道），所以她變成他黏膩又必死的那部分，他必須加以遠離。[103]

有人可能會懷疑，米勒所說的是否為普遍現象。當然，所謂精液乃是令人噁心的對象，這種想法並不是普遍同意的。不過就其一般論點而言，他的男性噁心解釋追溯了長久以來廣為

---

[102]　Miller (1997, 109-42).
[103]　異性戀男人普遍不想在射精於女人陰道後為女人口交，由此可見噁心的想法也是相當明顯。雖然這點很難找到私密的趣聞軼事以外的證據，其中的反感似乎連結到「變得像女人」的想法。讀到本文的男同志寫道：「有趣的是，根據我自己以及我同志朋友的經驗，我並不覺得精液讓我反感，不論是自己的或是別人的（除非有安全性行為與愛滋病毒傳染的合理顧慮）。」

流傳的厭女情結。在非常多的文化與時代裡，女人都被描述成骯髒穢物與污染物，是誘人的污染來源，因而也必須在某種程度上加以隔離與懲罰。[104] 在托爾斯泰的《克羅采奏鳴曲》（*Kreutzer Sonata*）裡，與托爾斯泰本人的性掙扎密切相關，當中殺妻犯訴說著性無可避免地與反感相連，首先是對激起慾望的女人感到厭惡，隨之而來是對自己屈服於慾望感到憤怒與憎惡。他將殺妻行為描述成性行為的必然結果，而拋棄性才是男女關係的唯一希望，這樣的關係才不會受到憎恨與噁心的玷污。叔本華的觀點也是非常相似，他認為女人體現了動物天性的力量，會奮力保存自我。對於男人的冥思與超脫計畫而言，女人的誘惑乃是首要的障礙，因而對女人的動物性的反感則緊密關聯到憤怒與憎惡。魏寧格將這些思想更加精心闡釋，主張女人不像男人，女人完全是性的（sex and sexual），她事實上是男人的動物性，而男人紛紛試圖遠離它，同時帶著噁心與罪惡感：「女人就是罪，而過錯在男人身上⋯⋯她只是男人的一部分，他的剩餘，他無法根治的下半身。」[105] 因為猶太人是女

---

104 對於噁心的這些面向，有價值的討論見 Dworkin (1987) 兩篇論文〈Repulsion〉與〈Dirt/Death〉；本章的前兩個開章引語就是取自其中。

105 Weininger (n.d., 300)。如同托爾斯泰的殺妻犯，Weininger 主張男人會努力克服性慾，並克服為延續人類種族而提出貢獻的整個想法。「任何繁殖的形式都是令人厭惡的⋯⋯人類的種族所堅持的，對於理性沒有任何好處；想要永遠保存人性的人，就會使麻煩與罪惡，那唯一的麻煩與唯一的罪惡變得永遠。（346）」他主張，唯有這樣的全面拋棄，才能解放女人，使女人不再只是性的代替品，而成為人類。在那樣的未來裡，「男人將必須克服對於男人婆的不悅，因為那樣的不悅只是單純出於自負。如果女人藉由邏輯化與道德化，因而變得像男人，那她們就不再是男人投射（不悅等情感）的良好對象。但是，將女人束縛在丈夫與小孩的需求上，以及禁止她從事男子氣概的某些活動，前述的一切並不構成這些現行做法的充分理由。（340）」

人，所以就像女人那樣令人噁心，而猶太女人則是加倍噁心，是操弄迷人誘惑的超級動物，必須加以閃避。[106]

　　就男人厭惡身體及其腐朽卻以女人為載體而言，有些人也許會主張這些命題在所有的社會裡多少都有些差異。圍繞在性、生育、月經上的禁忌──所有這些事都表達了躲避的欲望，想躲避太過身體性的、承擔太多身體分泌物的事物。想想在本章開頭毛姆描述的那位婦產科醫生所說的話：對他而言，女人象徵了所有的身體機能；事實上，她是男人的身體，而她接受性的性渴望，則是她許多噁心特徵的頂點。安妮‧霍蘭德（Anne Hollander）有關訂製服裝的詼諧歷史研究提出了一個犀利的描述：女人的裙子廣泛被認為是用來遮掩令人噁心的骯髒及污穢的區域，最好是用大量的布料做成寬鬆的裙襬，以保持安全距離。直到最近，女人才可以露出大腿，顯示她們與男人有相似的人體結構，而不是一個低劣的體液污水坑。[107]

　　最後，想想噁心出現在今日美國的主要場合：男人對於男同志的厭惡。女同志可能是恐懼、道德憤慨或一般性焦慮的對象，但是她們較不常成為噁心的對象。同樣地，異性戀女人可能對男同志有負面情感，如恐懼、道德憤慨、一般性焦慮，但是，她們很少感到噁心。引發噁心的通常是男人對於男同志的想法，想像他們的肛門是可以穿透的。想到精液與排泄物混合

---

106 見Rachel Nussbaum未發表的論文，該文奠基於一九二〇與三〇年代的反猶小說中猶太女人形象的研究。Weininger也有這樣的想法：如果猶太人是女人，則猶太女人依此類推是最感官、最肉體的「女奴」。對於黑人女性也有類似的形象。
107 Hollander (1994).

在一個男人的體內，這就是最噁心的情況了；對男人而言，不可穿透性乃是抵抗黏液、爛泥與死亡的神聖界線。男同志如果出現在一個人的附近，他就會產生自己可能因為接納那些動物的產物而失去乾淨與安全性的想法。因此，噁心最終是對於自己所想像的可穿透性感到噁心，而這就是為何男同志不僅令人噁心，也被視為令人恐懼的掠食者，會害其他人也變得令人噁心。這種男人的模樣就是有污染性的，這點可見於對軍中淋浴間的論戰。男同志的凝視是有污染性的，因為他告訴你：「你可以被穿透。」這點意味著你可能是排泄物、精液與血液所構成的，而不是乾淨的肉體。[108]（這也意味著：你很快就會死。）

憎恨女人與恐懼同性戀的噁心，都根深柢固於人類（尤其是男人）的矛盾心理，這種矛盾心理針對身體的產物及其與脆弱性和死亡的關聯而來。這些反應當然涉及學習與社會構成，不過它們可能是跨文化廣泛共享的，但對於猶太人的噁心就不是如此。在反猶噁心的例子裡，我們會意識到，族群的實際身體特性或多或少都與成為噁心對象的原因完全無關，但是對女人與同志的噁心就不是如此，而是出於對體液的共同焦慮，所以鎖定接納那些體液的人作為噁心的標靶。另一方面，這些例子中的噁心也與反猶噁心相同，含有精心思考建構的元素。擁有從屬的團體，讓他

---

108 因此，毫不令人意外，（對男人而言）同性性行為就是比生殖的性行為噁心許多，不論後者與必死性和世代交替有多強的關係。因為在異性性行為裡，是較次等的生物（被視為動物的女人）在接受體液的污染。但是在想到同性性行為時，他不由自主想像自己可能也會如此地污染。這點引起更強的畫清界線的需求。

們處於準動物的地位，好讓優勢團體更遠離自己的動物性，這樣的興趣（利益）也導致將更多的噁心特質歸咎於女人與男同志身上，藉此把他們建構爲令人噁心的。爲了政治目的，就將臭味、黏膩、吃排泄物等等投射到這些群體身上。

噁心的政治角色有個例證：二〇〇二年三月，在印度的古加拉特省（Gujarat），印度教徒曾將所有這些領域合併在一起，結合純潔國家的焦慮形象，訴諸噁心發動對穆斯林的暴力行動。[109] 印度教國族主義的說法通常利用噁心與污染的想法，將穆斯林形容成化外之人，玷污了國家的身體。純潔的概念向來採用身體的形式，譬如穆斯林男女被描述成超級的性動物，他們身體的繁殖力會威脅純潔印度教男人的掌控能力。[110] 在暴動中流動的小冊子刻意地營造了這種性的意象，並計畫以火和金屬物去傷害穆斯林男女的性器官（肛門與陰道），藉以報復他們不潔的身體。這樣子的凌虐的確在女人身上上演了：她們遭到輪姦，暴徒用大塊金屬塞進她們的陰道，然後將她們活活燒死。[111] 這種案例正如其他許多同類型的案例，清楚顯示出噁心與幻想要讓國家擺脫污染物而生的侵害行爲有關。

---

109 更多的論述見 Nussbaum (2003c)。
110 印度教國族主義的創建者 Golwalkar 欣賞並讚許德國的國家社會主義，因此他的意象與德國對猶太人的意象恰恰相同，一點都不令人意外，儘管很難說他是否受到納粹思想的影響，或者因爲有既存的相同性而被引向納粹思想。
111 Sarkar (2002).

VI. 噁心，排斥，文明

　　米勒跟隨社會學家諾伯特・艾里亞斯（Norbert Elias），主張一個社會認定爲噁心的東西愈多，它的文明就愈進步。[112] 米勒持這樣的論點，即使他同意羅沁對噁心與眞正危險的區分，也同意我剛才說的，噁心與憎恨成爲動物象徵的猶太人、女人、同性戀及其他群體有關。他也不像馬勒那樣將其論點限制在道德化的噁心；如果用人們對種族主義及其他社會不正義感到噁心的程度來衡量社會的進步，還比較說得過去。然而，米勒的焦點只在身體上。他的主張是，如果我們愈注意乾淨，愈不能容忍黏液、污穢與身體的排泄物，則我們愈文明。

　　這種主張一點說服力都沒有，在解釋上與歷史上都有問題。它之所以沒有說服力，乃因它假定了噁心的線性進步觀，忽視了時代更替裡社會對於身體排泄物及其他噁心物質所表現出的容忍度，其實是有變化的。由於只注意到歐洲史的某個狹窄時段，艾里亞斯與米勒都無法察覺到，古羅馬的公共衛生系統即使比不上現在，但在很多方面比直到不久前的英國系統還進步。駐守在英格蘭北方諾桑伯蘭（Northumberland，羅馬帝國最遠的前哨之一）的普通羅馬士兵就有馬桶座可用，而其下有水流可讓士兵丟棄擦過的海綿。大城市的羅馬人則有引水渠道提供源源不絕的水流，工程相當卓越，而且這種系統還區分

112　Miller (1997, chap. 7)。另見 Elias (1994)；論 Elias 的，見 Kim (2001, 158-65)。

了用來煮飯、飲用的水與用來沖洗馬桶的水。[113] 不論在家鄉
或在外地，各種公共澡堂都很常見，根據文獻與考古證據來判
斷，羅馬人身體的平均乾淨程度可能非常高。反之，在伊麗莎
白時代的英國，朝臣會在宮殿的角落大小便，直到臭到必須暫
時換地方。而所有階級的英國人大多只知道一個禮拜洗一次
澡，直到最近才有所改變。

　　一般而言，關於乾淨的習慣在今日的世界各地也是有許多
差異的。美國人對於英國人的習慣感到驚訝：英國人把已經洗
過碗盤的泡沫髒水再拿來洗碗盤，用已經洗過澡的同一缸水再
拿來洗澡。所有階級的印度人在排便後都會用肥皂與水清洗，
他們認為歐美的衛生紙是不夠的。（同樣地，芬蘭的廁所隔間
都有小水槽及灑水噴嘴，讓人更方便清洗。）因此，我們似乎
並沒有發現對體液愈來愈敏感的一致傾向。

　　就規範上來說，米勒所注意的噁心敏感度，似乎很難與任
何真正的社會進步有關。較可信的是，隨著社會進步，社會就
會認定愈多的事物對身體是有危險的，藉此強化自身的保護以
對抗微生物與細菌，儘管有人可能會認為這種政策並不總是聰
明的，因為過度消毒，經實驗顯示似乎與氣喘及其他免疫力不
足所致的疾病有關。（因此，兒童不將髒東西視為是噁心的，
這可能對健康有益。）然而，米勒的規範性主張並不是關於危
險的。他是主張，噁心本身的巫術般的思考特性，就是社會進

---

113 見Bruun (1993)。Bruun指出，即使今天我們也不這麼區分，結果浪費大量優質的水在沖馬
　　桶。

步的指標。

　　要讓人接受這種全涵式的論點，比較令人信服的說法是一個社會的道德進步程度，可以用它「區分」噁心與危險和憤慨的程度來衡量，亦即以實質的危險和傷害，而非以一個對象承擔動物性與必死性焦慮的象徵關係，來作為法律與社會規範之基礎。因此，印度種姓制度比甘地的行為不文明，甘地親自打掃公廁，向世人表明我們享有共同的人類尊嚴，不會因為從事這些低賤的工作而被污染。[114] 同樣地，勞倫斯書中角色梅樂思對查泰萊夫人的行為，比起查泰萊夫人周圍所有的上流社會男士的行為，要來得文明。他們對她的身體及分泌物表示噁心；梅樂思卻對她說，他不會喜歡一個不會拉屎拉尿的女人。勞倫斯也向歐特琳・莫瑞爾夫人表示，這種態度「讓人窩心」：它可以讓男女關係有更深刻的對等與文明程度，而不是開始於自我厭惡，終致貶抑女性。

　　我們還可以跟惠特曼一起走得更遠：真正文明的國家，必須下極大的工夫反制噁心的力量，阻止它妨礙我們達成全體公民的完全平等與相互尊重。[115] 這需要我們再造自己與身體的全新關係。對於身體及其產物的噁心，維持了有害的社會階級。因此，民主的健全仰賴於對這種社會構成的批判與破壞。

---

114 甘地還指出，就真正的危險而言，種姓制度的上層階級比下層階級不乾淨。在霍亂爆發大流行的時候，甘地四處調查自己區裡各種居民的如廁習慣，發現不可碰觸者做得很好，因為他們在野地排便，離住人的地方很遠。然而上層階級卻將夜壺裡的東西倒在住宅邊的水溝裡，反而有感染的高危險性。見他的 *Autobiography*。

115 Nussbaum (200la, chap. 15).

民主詩人的工作也因此變成歌頌「帶電的身體」，肯認普通人類的需求與渴望所在基本上是可接受並令人愉悅的——甚至，它們就是靈魂，是個體獨特性與自尊的所在。奴隸的身體、女人的身體、男人的身體，全部都有平等的尊嚴與美麗：

> 男人不多不少是靈魂，也已適得其位，
> ……
> 男人的身體是神聖的，女人的身體是神聖的。
> 無論它是誰，它都是神聖的——勞工的身體是最低劣的嗎？
> ……
> 男女與富人相同，也與你相同，屬於這裡，屬於任何地方。
> 每個男女在行列裡都有他或她的地位。
>
> 　　　　　　　（〈歌頌帶電的身體〉，6. 75, 83-84, 87-88）

　　惠特曼知道，要實現這種理想，必須費心解開我們對於通常認為是麻煩的肢體所感到的噁心：因而，在這首詩長得令人注目的結論裡，他從頭到腳、從外到內列舉身體的部分，形容它們都是靈魂的部分，潔淨又美麗，並遇上「以手感覺裸體時所感覺到的那奇妙的憐憫」。奇妙的憐憫取代了噁心，在身體上的游移也光榮地結束了：

> 噢！我會說，這些不僅是身體的，也是靈魂的部分及詩句。

噢！我會說，現在，這些就是靈魂！

（〈歌頌帶電的身體〉，9. 164-65）

　　惠特曼很清楚，身體的復興與女性的政治平等有密切關係。因為厭女現象通常視女人的身體為噁心之地，所以為身體（尤其性的方面）去除污染性，就是破壞基於性而來的不平等（以及緊密相關的男同志不平等）的根本之道。在惠特曼的詩出版後，從世人的反應就可以看出問題的嚴重性。在當時美國清教主義的典型風氣下，評論者無法不認為這首詩的性焦點是令人噁心的。因此，支持者為了反抗這種「不潔」的指控，只好否認這首詩有任何性的涵義：「我從這些草葉裡提煉不出任何毒物，」芬妮・鳳（Fanny Fern）寫道，她將惠特曼的詩與坊間廣受歡迎的言情小說做比較，並說後者：「在華麗辭藻的包裝下暗藏著肉慾橫流。」愛德華・埃佛瑞・赫勒（Edward Everett Hale）稱讚此書的「清新與簡樸」，並強調，「書裡沒有任何一個字是要用下流來吸引讀者。」[116] 所有這些評論引人注目的地方在於，他們皆以噁心來描述性的渴望。

　　惠特曼終其一生的回應是主張性的感受與「陰性」面向是既喜樂又美麗的，並指出在當代的美國，這種喜樂只能在幻想中實現。因此在《自我之歌》（Song of Myself）的第十一節，他提出了他所謂的「譬喻」。在描述奴隸的身體之後，他馬上接

116　Reynolds (1995, 346 ff).

著這個譬喻，邀請我們深思它與政治平等的關係：

二十八個年輕男子在岸邊沐浴，
二十八個都很友善的年輕男子；
二十八載婦女的生活，總是寂寞。

她在岸邊高地上有棟美屋，
她端莊健美，穿著華麗地躲在窗簾背後。

這些年輕男子之中她最愛誰呢？
啊！最樸實的對她而言也美麗。

女士，妳要往何處去？因為我看妳，
妳在那兒戲水，但仍舊駐留在妳房裡。

第二十九個沐浴者來了，沿著岸邊舞著、笑著。
其他人並沒有看見她，但她看著，愛著他們。

年輕男子的鬍鬚浸水而發亮，水珠順著長髮流下，
小小溪流流遍了他們全身。

無形的手也流遍了他們全身。
它顫抖著從他們的太陽穴與肋骨摸下來。

年輕男子仰身浮著，雪白肚皮凸向太陽，不知有誰緊握著他們。

他們也不知有誰垂手屈身喘息起伏。

他們也不知噴起的水花濡溼了誰。

（《自我之歌》，11. 199-216）

這些辭句首先描寫了女人的性渴望，其次則描寫道德與風俗不但剝奪女人獲得完全性滿足的機會，也未公開承認女人是一種性（慾）的存有者。這樣的安排也要我們將女人看成被排除的黑人男性，他必須在白色世界裡掩藏他的慾望，他也冒著被當成性侵害隱喻的風險。另外還有一個被排斥的個體也躲在簾後。在那個女人想像的性行為的描述裡，可以看出連結著口腔接受的意象，其他詩作描寫男人肉體的誘惑時也有相同的意象；在此惠特曼也指涉對於男同志的排斥，使得他們對於年輕男體的慾望必須比女人的慾望更加隱藏。這些年輕男子的舒適快樂，有賴於他們不知道有人懷著性渴望在看他們；男同志在社會裡的情況也是一樣，至少與黑人男性好色地看著白人女性，或者女人好色地看著男人的情況一樣。正如他在《菖蒲集》（*Calamus*）〈這是我最脆弱的草葉〉（Here the Frailest Leaves of Me）所說：「這裡，我遮蔽掩藏我的思想，我自己不揭露它，然而它揭露了我……」（2-3）那個女人也是詩人本身，在想像中愛撫著真實生活中躲避其凝視的身體。

　　那個女人的凝視，如同詩人在較早章節裡的想像凝視，是溫柔色慾的；它愛撫身體的方式則揭露他們赤裸裸的脆弱性，他們向著太陽的柔軟肚皮。同時她也愛撫著其他東西。二十八的數字指涉陰曆一個月的天數，也是女性的月經週期。惠特曼在女性身體的韻律中看出了自然本身的韻律，而女性身體沉浸在有限性與時間性裡的狀態，有時會讓男人於身於心都感到畏縮（赫芙洛克・艾里斯〔Havelock Ellis〕對這一段有優異的評論，並引用老普萊尼〔the elder Pliny〕的話：「自然之中，沒有比女人的經血更令人噁心、更駭人聽聞的了。」）117 在愛撫那二十八個男人時，那個女人是在擁抱自己的時間性與必死性；她同時在他們身上看到了它，她在他們身上接近它、與它做愛，而非覺得噁心而轉身離開它與他們。

　　惠特曼表示，願意被慾望的眼光觀看，也隱含願意承認自己的必死性與時間性，願意成爲自我更新、不舍晝夜向前奔馳的自然之流的一部分。這是因爲慾望在我們的必死性中觸動了我們，告訴我們性是深刻的，也是偉大美麗的源頭。在《草葉集》裡的最後一首詩，他想像擁抱一位男性伙伴，並說：「死亡喚我向前。」對惠特曼而言，當時美國最嚴重的缺陷就在憎恨與排斥的腦裡，亦即對於自己的柔軟與必死性，以及對曝曬在太陽下的肚皮感到噁心；慾望的凝視則觸摸那種柔軟，因而

---

117 Ellis (1890), in the Norton Critical Edition of Whitman, (812)。這裡Ellis比較Whitman與Swift兩人對身體的態度，認爲Swift「或多或少較現實、較誠實地表現了大多數人的意見，即使今日亦然」。

必須被排斥，被視為污染的來源。在這種缺陷的美國之上，惠特曼創建了詩人所想像的美國，當中噁心的自我逃避獲得治癒，因此能夠真正地追求自由與平等。

惠特曼的美國是個虛構。沒有任何真實的社會像這裡所描述的那樣全面擊潰了噁心。我們也不應該太快下結論，說這樣（擊敗噁心）的社會是理想的範本，我們應該加以支持。人類真的應該盡其所能，讓生活的每一個層面都擺脫噁心嗎？有好幾個考慮會顯示，這可能不是個好主意。

首先，正如我們曾經提過的，噁心很可能在我們的演化傳承裡占有重要地位，帶領我們遠離真正的危險。即使它無法完美地追溯真正的危險，它也的確強調了危險感，所以當危險很難確定的時候，我們可能會想依靠它。因此，想把所有的食物都吃下去，即使是那些一開始就令人噁心的食物也照吃不誤，很可能是個錯誤。教導孩子對於排泄物與屍體感到噁心可能是好的，讓他們可以在還沒有能力計算危險的年紀裡，利用噁心遠離真正的危險。譬如，大人也不見得都很會洗手，因為這是件需要仔細做的事，所以如果洗手是由於排泄物很噁心，這個噁心將是個良好又可靠的動機。

第二，我們有理由相信，至少在多數時代的多數文化裡，或者至少對各種文化下的多數人而言，令人噁心的事物與吸引人的事物是以複雜的方式交織在一起。缺乏任何噁心感的性是可能的嗎？是可以想像的嗎？即使對許多人而言是，也不可能對所有人而言都是。惠特曼的身體衛生保健圖似乎不是很性

感：因此我們必須問，消除噁心的態度是否消除了太多？

這點帶領我們到第三點，也是最重要的一點。最終，惠特曼要求我們的是，與自己的必死性和它在身體上的實現保有一種單純的關係。我們需要擁抱生命的腐朽與短暫，無須恐懼與反感。但是要求人類不要對腐朽有任何畏懼，也不要對死亡有任何反感，則形同要他們做人類以外的東西，甚至可能是比人類要少的東西。人類的生命是個奇異的奧祕，合併著熱望與限制、力量與可怕的脆弱。如果成為一種不認為這些事實有任何奧祕、奇妙、驚人之處的存有者，則無疑是成為某種次人或非人的存有者，而且非常可能喪失人類生命裡的某些價值與美麗。至少我們很難確定那麼做不會有這些結果。無論如何，如果我們現在與必死性的複雜掙扎，噁心是它的必然結果，那我們就不應該想把噁心從我們的生活裡完全消除。

基於這些理由，在支持惠特曼的全面噁心滅絕計畫之前，我們必須嚴肅地思考過。然而，說某種動機或許應該保留在人類的生活裡，不表示說這種動機能夠在政治與法律目的上提供良好的指引。我已經說過，基於好幾個理由，噁心只能提供壞的指引：因為它無法良好地追溯真正的危險；因為它與非理性的巫術般思考緊緊綁在一起；最重要的，因為它在社會上具有很強的延展性，經常被用來針對弱勢的人與團體。

請注意，當對不同意的他人造成身體上的實際侵犯時，我們可以檢驗侵犯是如何發生的，又有多惡劣，這個時候這些論證並不能提供強有力的理由，要我們絕對不能把法律建基在噁

心上。換言之，在公害法的領域使用噁心，可以經得起我曾經
提出的批判，在第三章我們將看到它通過檢驗的程度。在我的
批判中，啓人疑竇的想法不外是德弗林與卡斯的模糊與全涵式
論證，他們主張噁心是根植在我們人格（或用德弗林的話說，
根植在社會秩序）裡的情感性判準，它能夠給我們可靠的指
引，幫我們辨識出超越限度而必須被禁止的種種行爲，儘管那
些行爲對不同意的他人並無任何傷害。噁心看起來一點也不可
靠，因爲它將某些群體建構成動物的代表，讓他們代表社群裡
的優勢成員所不想面對的己身事物。

當然，正如我在第一章所曾經主張的，沒有一個情感光靠
本身就足以成爲可靠的法律基礎。憤怒所體現的傷害判斷，也
可能是被誤導的：譬如，這種判斷讓妻子出軌的丈夫以爲「不
忠是足以正當化殺人的傷害」。不過，憤怒至少做了一個切題
的主張：這是非常嚴重的、錯誤的傷害。當我們在思考對行爲
的立法規制時，這顯然是切題的主張類型。如果它經得起檢
驗，我們就可以預期法律應該嚴肅地思考它。

而噁心做了什麼主張？在我們所考慮的案例裡，噁心是用
來禁止無害行爲的判準，所以它的主張似乎是：「這個行爲
（或這個人——通常不可分，也更常取代行爲）是污染物，它
（或他、她）污染了我們的社群。如果這種污染離我們遠遠
的，我們就會過得更好。」但是，正如我們所見，這種主張是
很模糊的。如果它的意思是字面所說的，譬如如果它是說：有
人做了實際上的污染，對鄰居的水塔加了有害的物質，那問題

就直接進入傷害的領域，如同我將在下一章主張的。然而，如果我們只是說：「這些在自己臥室裡做愛的男人，對我們的社群就是污染，即使我沒看見他們，或者沒撞見他們的行為。」或者說：「這些在我們城市街道流竄的猶太人實在有如病蟲害般的污染，即使他們並沒有對我們做任何傷害的行為。」在這些案例裡，關於玷污與污染的想法就極為模糊，此即彌爾所謂「單純建構性的」。

　　我們到底在說什麼？這種人與他們的行為若出現在我們的社群裡，就會導致社群毀滅？為何我們要這麼想？因為我們不喜歡他們？這不是充足的立法理由。如果我們揭露並表明背後的原因其實是，「我們選了這些人當動物的代表，好讓我們自己遠離驚恐膽寒的動物性與必死性面向。」這樣的理由一旦被攤開，就絕對不可能成為立法規制的根據。反之，它會引起更多的問題：「為何我們不批評自己竟然公開歧視一群人？」簡言之，真正的內容將會引發批判，而對象則是感到噁心的人，並不是那些被建構成噁心之原因的對象。

　　現在，讓我們轉向具體的法律議題，看看我們是否能先找出問題，看看我們的批判態度能否提供有用的法律指引。

第三章

噁心與法律

　　（法律）不承認同性之間的性行為是一種法律上的挑釁，足以減
輕違法的殺害行為……由謀殺減為故意殺人……一位理性人僅會停止
觀看而離開現場；他不會殺害一對戀人。

—— Commonwealth v. Carr, Pennsylvania, 1990

　　一個人可以去做自己想做的事，如此的一般命題是毫無疑問的，
但是這種權利又從屬於另一種權利，其老生常談的表達形式如下述的
法諺：Sic utere tuo ut alienum non laedas.（以不損害任何他人之方式使
用汝之財產。）自亞卓德案判決（Aldred's Case）以來……我國與英
國都確定了如此的法則：如果由於噁心的氣味、巨大或不尋常的噪
音、濃煙、有毒氣體、機械軋軋作響、不合法的蠅蟲聚集，導致鄰近
土地的住戶感到危險、無法忍受甚至不適，則一個人沒有權利在其土
地上維持這樣的建築物。造成這種公害的任何人，都不能以私有財產
神聖性為由獲得庇護。

—— Camfield v. U.S., 1897

　　「一堆愚蠢的下流話……」

——對惠特曼《草葉集》的早期評論

I. 噁心作為侵害，噁心作為判準

　　我們已經有幾個理由不去信任噁心作為立法規制的指引，
即使它顯然是個非常強烈的情感。卡斯主張它含有能在道德事
物上可靠地領導我們的智慧，但是經過我們對噁心的認知內涵
與社會歷史加以分析後，這個論點就得不到支持了。事實上，
噁心所隱含的巫術般思考傾向，以及其與團體偏見和排斥的關

聯，導致它看起來就特別不可靠。到目前爲止，德弗林的立場
較少受我們的分析所傷，因爲他承認噁心立足於社會規範。他
並不主張噁心含有超越或低於現行社會判斷的道德智慧。但即
使是這樣的立場也是有問題的，因爲證據顯示了社會噁心的純
然非理性，以及它強加於他人身上的無端傷害。至於米勒與卡
恩的主張，認爲噁心能夠幫我們對抗殘酷，但我們已經了解
到，即使是這種道德化的噁心，仍舊含有免於污染、保有純潔
的渴求，這種渴求很少與具體的錯誤行爲有關，反而非常容易
導致對不受歡迎的人與群體加以貶抑；然而，唯有就錯誤行爲
我們才能提出證據加以檢驗。

　　當我們懷著這些思想轉向特定的法律領域時，我們應該記
住第二章所做的區分，亦即噁心作爲實際的侵害，一種損害或
傷害；以及噁心作爲判準，藉以辨識應該加以立法規制的行
爲，不論該行爲對不同意的他人有無任何傷害。這個區分並不
總是容易的。有時候人們覺得受害，只因爲對某種行爲有某種
觀感，譬如一個人可能一受到同性的誘惑就覺得受到傷害，因
爲他的信念與禁止非常態性行爲的法律背後的信念是一樣的。
同樣地，即使猥褻法是運用平均人或理性人的假設性標準來衡
量問題題材的侵害性，但人們只要閱讀到冒犯人的內容通常就
會覺得有實際的侵害。公然裸露是特別困難的案例；至少對兒
童而言，我們可能可以說它是有傷害的，然而似乎也可以說，
人們覺得受傷害只是因爲他們自己的想像。（由於這個案例比
較屬於羞恥的領域，所以我將在之後的章節討論。）

　　然而，這種區分的兩方還是有清楚的案例。我在本章開頭引言第二項所列的公害案例，恰好清楚地落在噁心作為傷害的範疇裡。在第五節，我將討論這種案例裡噁心與傷害的關係，以及噁心與危險的關聯。而在光譜的另一端，用噁心來支持禁止私底下同性間合意性行為的法律，顯然是「單純建構性的」或假設性的類型。如果真的有侵害，或者經常發生侵害，其實只是出於「想像」，想像發生了什麼事，或者想到法律居然容許這種事發生，而非出於對不同意的他人有任何直接的侵害。我將主張，「噁心作為判準」一點也沒有法律上的價值；最好是用其他的概念來取代訴諸噁心，尤其是用損害或傷害的概念，還有對這類傷害的證據調查。對於「噁心作為侵害」，我的立場較為複雜。我將主張，許多這類的案例，法律加以規制的確是正確的，而英美公害法大體上提供了立法規制的可靠判準。然而，有時認定某種人或其行為是對於社群的公害或對個人的挑釁，這種主張則是立足於我在第二章所分析過的團體非理性偏見。因此，在訴諸直接噁心的案例，我們也應該限縮範圍，限於噁心與強烈的厭惡與／或危險非常接近的案例。

II. 噁心與罪犯：「同性戀是一種挑釁」的抗辯

　　當暴力犯罪發生時，罪犯的噁心反應是否應該成為他的理由？正如我們在第一章所見，「合理之挑釁」的抗辯訴諸於罪

犯的情感，以求將謀殺減輕爲故意殺人。[1] 然而，常被引證的情感狀態是憤怒，而且必須是很特定的憤怒，有關被害人對被告所做的嚴重錯誤或侵犯行爲。爲了減輕罪責，被告必須證明，在犯罪被害人的挑釁後，他是在「激情的熱度」中犯了罪，而且該挑釁是「適足的」、他所表現的情感是「理性人的」。單單是被告的情感激動強度並不足以減輕罪責，否則形同獎勵「邪惡之激情」。[2]「殘忍、惡意、好鬥之人將緊抓最微不足道之挑釁以形成殺人之圖謀，並滿足其不受節制之激情。」[3]

　　因此，如我們所見，除非挑釁符合合理性的標準法律定義，否則被告的情感狀態通常不會被認許爲證據。我們了解，什麼才能夠引發「理性人」的暴力行爲，這個解釋會隨著時間變化，不過總是涉及被害人對被告所做的嚴重侵犯與傷害：身體攻擊、與被告妻子通姦、家暴，這三項是主要的案例。雖然合理地相信有這樣的傷害發生即可能滿足前述的一般法律標準，但要達到減輕罪責的結果，通常必須證明系爭的傷害確實發生。這種抗辯方式的理念就是，如果憤怒的理由良好，足以贏得廣泛的公眾同意，則犯罪等級的減輕就能獲得保證。

　　早期我們將什麼是適足之挑釁定義爲法律問題。某些特定類型的侵犯會被定義成法律上適足的或不適足的。近來，陪審員有一些自由度可以自己判斷這些侵犯，但法院有時還是會定

1　這個議題的廣泛討論見Kahan and Nussbaum (1996, 306-23)。

2　*Maher v. People*, 10 Michap. 212, 220 (1862).

3　*Rivers v. State*, 78 So. 343, 345 (Fla. 1918).

義某些挑釁的類型是不適足的，因而拒絕讓陪審團聽取這類情感的證據。[4] 現在，在我們面前的問題必然是：被告對被害人的強烈噁心，是否可能符合挑釁抗辯的法律要件。

　　就這個問題，雙方可能都有理由。一方面，噁心是很強烈的反應，某些情況下，造成別人的噁心可能構成類似攻擊或侵犯的傷害。令人噁心的物質會讓一個人覺得身體被侵入或污染。因此，以公害法的領域來看，正如我們稍後會詳細看到的，在他人的道路上散布噁心的氣味，因為破壞了他人享用財產的權利，所以構成一種傷害，因而也是可加以控訴的侵犯。之前談過，要受刑人面對發臭與滿溢的馬桶，就是用噁心的環境嚴重地傷害他們，這樣的刑罰也違背了憲法第八增修條款禁止殘忍及異常刑罰的保障。殘忍及異常之刑罰當然對一個人構成了傷害或侵犯。

　　另一方面，噁心與憤怒不同的意思是說：噁心是針對一個人的存在或特徵而有的一般反應，並不是針對侵犯或錯誤行為本身。當被害人先用嚴重的傷害或侵犯挑釁被告，不論針對的是被告或被告所愛的人，這種情況下我們認為減輕罪責是有良好理由的；但如果一個人單純地出現在附近，沒有對被告做出任何侵犯或錯誤的事，儘管他可能令人噁心因而使被告傷害他，但我們實在看不出任何應該給被告減輕罪責的理由。一看就令人噁心，不等於邀請你暴力相向。甚至，第二章已經表示過，噁心通常是社會學習與偏見的結果，因此如果以噁心作為

4　見第一章與 Kahan and Nussbaum (1996)。

減輕罪責的根據，等於是減少「憎恨犯罪」（hate crime）的抑制因素。

　　為了適當地回應這個兩難，我們必須做好幾項區分。第一個重要的區分是，區別針對「原始對象」的感官噁心與經過社會中介的噁心，前者與厭惡和危險相當接近，後者則常常是針對不受歡迎的群體，如猶太人、女人、少數族群與同性戀。我們可以想像，世界上沒有一套教育或社會化過程會認為發臭與滿溢的馬桶不噁心。即使對於排泄物的噁心是需要學習的，它還是所有社會的共同性質，對於排泄物造成的感官不悅或危險，噁心也是合理的反應。反之，對不受歡迎的群體感到噁心，則是受污染與純潔的巫術般思考所中介，而且如我們所見，它也涉及對問題群體的投射，將一些其他人並沒有較少的特質投射到他們身上。不受歡迎的人成為污染的載體，而這些污染實際上我們也有。甚至，這種投射不僅是非理性的，還是應該加以抵抗的，因為它們也是體系性從屬的一部分。因此，我們可以認為，法律應該較同情針對原始對象的噁心，而較不同情投射式噁心。

　　第二個適當的區分是區別侵犯與單純地存在。挑釁抗辯之所以有意義，在於我們認為被害人對被告做了暴力的事（通常是犯罪），而這種事在熱切的當下（尚未想到召喚法律介入之前）似乎可以正當化相似的暴力反應。但是一個人存在於附近的單純事實，並不是侵犯的行為。於是，若認為被告在激情的熱度中無法想到其他的選項，只能以暴力相向，這一看就不太

可信。被告才是先動手的侵犯者，而且一般而言，立場薄弱。
（試比較正義戰爭的理論，其中正當化基礎必須來自敵對國家
的先行侵略。）

　　如果第一個區分讓我們思考，對於主張受到原始對象之噁
心所傷害的人，法律應該更加仁慈，則第二個區分就讓我們思
考，即使是這種原始噁心，在缺乏被害人所做的侵犯行為時，
也不足以支持挑釁的抗辯。

　　最後，第三種適切的區分：其一是一個人能夠離開而躲避
這種不悅的場合，其二是一個人難以躲避而被強加的場合。標
準的挑釁抗辯都涉及強加於被告身上的敵意與侵犯行為；他無
法躲避這些行為，因為事發突然，譬如一個人在酒吧裡一言不
合動手揍了另一個人，或者因為系爭關係的本質導致侵犯行為
是當事人生命裡必然、無疑的一部分，譬如一個人強暴了被告
的小孩。（試比較正當防衛裡「無可避免」的這個要件的地
位：在還有撤退的可能性時，當事人有撤退的義務，顯著的例
外則是一個人的家，如我們在第一章所見。）因此，即使一個
人真的具有讓人感到厭惡的特質，譬如沾染尿液與穢物的人，
通常我們還是能夠離開他的周邊。

　　知道了這三種區分，讓我們先從一個領域開始（其中有些
案件的確考慮了噁心作為挑釁抗辯的基礎），然後再試圖達成
較一般性的表述。一個人對於同性戀的單純出現感到噁心，這
種噁心是否滿足挑釁抗辯的法律判準？如果我上述的推理是正
確的，則答案應該是否。同性戀的單純存在，並沒有對感到冒

犯的人做出任何侵犯或傷害的行爲。如果一個人的心理認爲，
單純與同性戀有身體上的接近就像受到攻擊的話，「理性人」
（如果眞的有！）的解決辦法就是離開那個區域，而不是殺害
那個同性戀。如果某人射殺某人，是因爲他不喜歡他的臉、種
族、膚色、身體缺陷等等所有可能引起某些人噁心的性質，這
種暴力行爲已經不再是可原諒的了。況且，按照公害法的狹義
概念，同性戀並沒有構成公害的實際身體性質，他或她的出現
也不構成侵犯。

　　讀者會想到史帝芬・卡爾，一個在阿帕拉契登山道附近遊
蕩的流浪漢，當他看見兩個女同志在她們的營地裡做愛時，他
開槍射殺她們，其中一個死亡。審判時他主張依合理之挑釁減
輕爲普通殺人罪，他辯稱當他目睹女同志做愛時感到噁心，因
而有所反應。他提出精神醫學證據，藉由他的童年歷史試圖解
釋他異常強烈的噁心反應。法官正確地駁回了這些證據，不加
以認許：「（法律）不承認同性之間的性行爲是一種法律上的
挑釁，足以減輕違法的殺害行爲……由謀殺減爲故意殺人……
一位理性人僅會停止觀看而離開現場；他不會殺害一對戀
人。」[5] 卡爾的噁心感之所以不能獲得認許，是因爲它並沒有
滿足傷害與侵犯行爲的法律要件。

　　回到我們的三個區分，我們注意到卡爾的噁心就是單純建
構性的類型：在本案裡，沒有出現任何屬於原始對象之噁心的
厭惡性質。至於侵犯和單純在場的區分，她們兩人根本就沒發
現卡爾在附近，遑論對他有任何侵犯行爲。而第三個區分也對

卡爾的主張不利：正如法官所說，他隨時都可以離開。

　　卡爾的案件非常清楚，因為那兩個女人沒有做任何跟他有關的事，也不知道他在附近。[6] 在法律上比較成問題的是其他的一些案例，由於被害人向被告（同性）求愛而導致後續的暴力行為，被告並據此主張減輕罪責。雖然法官有時拒絕認許這樣的挑釁證據，但還是有相當多的被告能夠提出這種抗辯，並且被減輕為故意殺人，或仍成立謀殺罪，但刑度很輕。[7] 這種求愛方式能夠正當化罪責的減輕嗎？法律是否應該接受這種想法，亦即「理性人」會對這種求愛暴力相向？

　　這類抗辯的初步問題是，事實通常很難證明。身體攻擊或家暴的證人可能很多，但被告所稱的同性求愛通常發生在沒有證人的情況下，而且更有可能是被告為了減輕罪責，就利用被害人的性取向，辯稱有求愛的事實發生。然而，讓我們姑且同

5　*Commonwealth v. Carr*, 580 A.2d 1362, 1363-65 (Pa. Super. Ct. 1990)。大致見 Brenner (1995)。本案的法律面向，大致見 Pohlman (1999)。Spicer 法官是個令人印象深刻的人物，博學又深思熟慮。本案最終是以協商解決，卡爾放棄陪審團審判的權利以交換免於死刑。經法官審判後，他獲判無期徒刑，至今仍在監獄裡。Pohlman 指出，挑釁的抗辯是辯律師想出來的詭計，有一部分是迎合賓州亞當斯郡高度保守且厭惡同性戀的輿論氣候。辯護律師還表示，本案比較屬於階級犯罪，而較不屬於憎恨犯罪：他是個可憐的孤獨者與流浪漢，而她們卻是富裕的中產階級婦女，在案發當天稍早遇到他的時候曾對他表現出輕蔑的態度。Pohlman 在訪問過獄中的卡爾後還說道，本案也是一場性犯罪：卡爾承認他想強暴那兩個女人；當天稍早，她們一絲不掛在營地周圍玩耍，沒有意識到有人在一旁時，卡爾正一邊偷窺她們一邊自慰。然後他說自己放棄了強暴的念頭，也害怕以任何其他方式接近她們。Pohlman 相信，這些性動機迷惑並激怒了這位精神上非常奇怪的怪人。（辯護律師研究了能力減低的抗辯，但是精神醫學證據似乎不足以支持它。）

6　之前我談過一個一般性的主張，說男人的噁心比較是針對男同性戀，而較不針對女同性戀，卡爾是個例外。事實上，男人通常覺得女人之間的做愛相當催情，而這也是針對男人的色情商品的重點。據說卡爾的母親是個女同志，而他的心理歷史包括被女人拒絕、童年被男同志性騷擾，想必可以解釋他這個異例。不過如果正如 Pohlman 表示的，這整個故事都是辯方所捏造，則我們並不需要解釋它。

7　Mison (1992).

意被告所述的所有事實都是真的，只考慮沒有強制也沒有脅迫的性接近。對於同性戀的誘惑感到噁心，這件事足以在法律上提供減輕罪責的適足根據嗎？

　　傑瑞・弗克與他的朋友約翰・漢彌爾頓到達明尼亞波里市時身無分文，也無處棲身。[8] 於是他們計畫假扮同性戀男妓，挑一個男同志，把他洗劫一空。他們挑上了崔鐸先生，幾個小時後他被發現在自家的公寓裡遭到槍殺，手腳都被膠帶綑綁。地上有一瓶破掉的伏特加酒瓶，上頭發現弗克的拇指紋。弗克承認自己當時在現場，也承認是凶殺案共犯（不過到底是誰開槍殺了崔鐸，弗克與漢彌爾頓則有不同意見）。弗克說，當崔鐸向他求愛時，他覺得「很反感」，所以才會動手殺人。漢彌爾頓也說弗克「覺得相當噁心」。上訴時，弗克主張原審法院拒絕就激情之熱度的殺人抗辯諭示陪審團，這是不適當的。

　　上訴法院駁回了他的請求。「縱使該等情狀為真，亦無適足之挑釁而引發激情之熱度。擁有平常自制能力之人，於同等情狀下，僅會遠離當場。」換言之，只要沒有恐嚇或脅迫，誘惑並不是攻擊，也不是嚴重的傷害。如果求愛讓人感到噁心，你只需離開，不需要殺害誘惑你的人。

　　再度想想那三個區分，這下子我們又發現，這裡的噁心也是建構性的：它只是出於同性性行為的單純想像，事實上並沒有任何事發生在被告身上。（而且，由於被告假扮男妓，主動

8　*State v. Volk*, 421 N.W. 2d 360 (Minn. 1988).

誘惑同性者的求愛，反而讓他們所主張的噁心難以自圓其
說。）而比起卡爾的案件，侵犯和單純在場的區分在此案較難
以適用，因為崔鐸的確對弗克做了一件事，亦即邀他一起上
床；不過他根本沒有以強制、暴力或騷擾的方式進行。無論如
何，那只是誘惑或挑逗——他們假扮同性戀男妓所要引誘的就
是這樣的行為。因此，在適當的意義上看來，那比較像單純在
場，不像侵犯。[9] 最後，這種令人不悅的情況並非無法躲避
的，正如法官所言，他們可以離開現場。

　　本案中，法官裁定那種噁心無關法律問題，但其他案件卻
不是這樣。譬如 *Schick v. State* 案。[10] 一個年輕人與朋友在外喝
酒，後來搭被害人的便車回家，路上他們四處找女人上床。不
一會兒，那個年輕人問說：「哪裡可以找人幫我吹？」被害人
回答：「我可以。」他們又開了一會兒，最後跑到當地學校的
棒球場。被害人把褲子脫下來，但那個年輕人重重踹了他幾
下，搶走他的錢，讓他死在棒球場上。[11] 在離開現場之前，他
還細心擦拭了被害人的車，把自己的指紋消除掉。審判時，辯
方主張同性求愛是殺人行為的適足挑釁，檢方並沒有異議，法
官也允許了這樣的抗辯（竊盜與擦拭指紋只被解釋成是事後的
附帶行為）。陪審團後來判決這個年輕人故意殺人罪。[12]

9　如同 Dressler (1995)主張的，Mison (1992)所討論的案件裡有些比較不確定：未受誘惑的 A 摸
　　了 B 的鼠蹊部或抱住 B。在這些案件裡，侵犯與非侵犯的界線並不容易劃分，儘管這兩種情
　　況或許應該歸類為非脅迫的。更難的是，有些案件是誘惑後導致扭打，雙方互毆，最後殺死
　　人的情形。
10　570 N.E.2d 918 (Ind. App. 1991)。見 Mison (1992)的討論。
11　想必他認為對方想要口交可能是要他提供某種性的互動，至少是有興趣看他的裸體。

本案與前述 *State v. Volk* 相同，同性的求愛都是由被告主動鼓勵對方的，而且也沒有強制或騷擾。被害人只做了一件事，就是脫下自己的褲子，等另一個男人也脫下自己的褲子。就算那樣子的「求愛」令人噁心，被告的噁心也是單純建構性的，與原始噁心對象的感官性質並無關聯。最後，被告隨時都可以走人。我們還可以說，他在一開始不但沒有表現出反感，反而似乎同意性行為；他非但沒有因激情而失去控制，反而在犯罪之後做了冷靜思考的行為。在這些情況下，挑釁的抗辯居然還能成功，正好表現出當代美國社會許多人想像同性性行為時所感覺到的噁心，其非理性程度有多高。

故意殺人的傳統原則基本上是理性而一致的，儘管最近的某些適用情況不是如此。本原則提供了非常清楚的理由，說明為何有些情感在減輕罪責上是相關的，而其他情感則否。當情感是「理性人」的情感時，這種抗辯提供的不是正當化，而僅是部分赦免。[13] 在某些情況下憤慨與減輕罪責相關，只要它是針對適足之挑釁的合理反應。[14] 但噁心完全是不相關的，因為覺得受到某人污染或「令人作嘔」，絕對不是那種可以為暴力相向脫罪的「理性人的」情感。（如果噁心是做某件事的理

12　見Mison (1992, 134-35)。另見Comstock (1981)，不過「同性求愛」的抗辯應該與「同性戀恐慌」的抗辯有所區別，後者是能力減低抗辯，不是激情之熱度的抗辯，而且涉及一種想法，認為暴力是潛在同性戀的精神疾病反應。

13　請再參照第一章。我們必須區分情感以及隨之而來的行為：情感是適當的，所以我們可以稱之為經過挑釁「正當化的」。然而，暴力行為並沒有獲得正當化。我們也期待憤怒的人召喚法律介入。因此，就行為而言，這種抗辯僅僅提供（部分的）赦免。

14　見第一章。因為這種抗辯有強化男人好鬥性格的危險，故我們可以思考依此而限制或限縮這種抗辯，見Dressler (2002)與Nourse (1997)。

由，那麼這件事就是離開。）在我對這兩種情感的闡述裡，以下這事實本當如此：社會很有智慧地承認了，在大多數情況下，人們的噁心完全與暴力行爲的正當化無關。正如羅伯‧米森（Robert Mison）所做的結論：「針對男同志的殘殺反應，應該認爲是被告的非理性及個人人格特質，不應該用以支持被告行爲的合理性。」[15] 因爲「理性人」不只是平均人，還是規範性的社會典範，我們不應該承認攻擊男同志的噁心屬於這種假設性人格的情感。

當我們思考針對猶太人、女人、黑人或身心障礙人士的噁心時，我們就了解上述判斷的智慧何在。在今天的美國，如果有人認爲這些群體的成員以及他們的浪漫求愛很噁心，我們就無法同意他可以享有激情之熱度的抗辯。但在其他時代與其他地區裡，就不是如此了。事實上，我們很容易想像猶太人的求愛也會被視爲是噁心的，並被利用爲脫罪藉口，就如同弗克利用崔鐸的方式一般。[16] 我們的社會面臨加諸同性戀身上的噁心議題，此事就顯示出這個群體目前是我們想要隔離的目標，我

15　Mison (1992, 177).
16　即使是近幾年，在南方各州，黑人男性對白人女性的凝視有時也被認定是刑事犯罪：見 Nussbaum (2001a, chap. 15)。一九五一年，在北卡羅萊納州的楊西維爾（Yanceyville），一位名爲 Mark Ingraham 的黑人男性遭起訴，罪名是意圖強姦的暴行罪，因爲他以挑逗的方式看著一名十七歲的白人女孩。檢方主張，他「用眼睛剝光了這位可愛的小淑女」。（該案判決後來遭到駁回，因爲陪審團裡的黑人都被剔除光了。）一九五三年，在阿拉巴馬州的阿特莫（Atmore），一位名爲 McQuirter 的黑人也被判同樣的罪，只因爲他在路上與白人女性走得太近。州上訴法院認爲，在評估被告的心神狀態時，種族因素可以納入考慮，見 *McQuirter v. State*, 63 So. 2d 388。儘管這些案例並沒有直接牽涉到噁心，它們還是顯示了，要認定什麼是威脅性或污染性的行爲，與當時的社會偏見有很深的關聯。這些案例的確很可能涉及污染的思考，因爲它們太常發生在種族混合的情形下。（在我成長的家庭裡，黑人僕役禁止使用我們專用的馬桶。）

們渴望把自己和這些黏膩又太像動物的東西給區隔開來。因此，我主張這就是讓我們對那些情感保持懷疑，並拒絕它們作為法律問題之證據的強烈理由。

III. 噁心與「平均人」：猥褻

噁心應該是使某個行為違法化的核心要素嗎？這時我們正好在德弗林和卡斯的領域裡。噁心並未被視為是法律會提供救濟的那種犯罪。（如果讀者覺得一本書很噁心，猥褻法並沒有規定提起損害賠償訴訟的依據。）相反的，噁心是一個判準：質問一位「理性」或「平均」人是否覺得系爭對象令人噁心，就是在問它有多壞，故而讓可能喜歡上它的人遠離它有多重要。通常這個過程都是純粹假設性的：「普通理智之路人」被想像成絕對不是那種會去看色情電影的人，也絕對不會去做非常態的性行為，也絕對沒有戀屍癖。但是他那可敬的反應，比起那些真的可能會去找上述題材或做上述行為的人，卻被視為可靠的指引，能告訴我們什麼是法律上應該允許的。

我們可以從猥褻法開始思考，它讓某些顯著的議題特別清楚。法律對猥褻的解釋通常會指向系爭作品令人噁心的性質，同時關聯到假設的「平均人」的情感。一九七三年，*Miller v. California* 判決所建立的法律標準認定：「當該作品之整體訴諸性淫亂之興趣；且當其以明顯冒犯之方式描述性行為，而該性行為符合可適用之州法之定義；且當其整體並無嚴肅文學、藝術、政

治或科學價值時，」則這樣的作品要受到州立法的規範。[17]這種判斷必須從「適用當代社會標準的平均人」的觀點出發。噁心以兩種方式進入這個圖像：用以闡述「明顯冒犯」的概念，以及藉以思考何謂「淫亂之興趣」。所謂「淫亂之興趣」是指：「對於裸露、性、體液之羞恥或病態的興趣。」[18]

　　為了把這些關聯談得更清楚，最高法院做了一個饒富興味又意義重大的註腳來分析猥褻的概念。最高法院批評較早的判決沒有提供精確的猥褻定義，隨即討論起「猥褻」的拉丁文語源 *caenum*（穢物）。[19] 接著，伯格大法官引用《新韋氏國際英語辭典第三版》（*Webster's Third New International Dictionary*）的「猥褻」定義：「對感官而言令人噁心……極度牴觸一般接受之適當性觀念……冒犯的或反感的。」還有《牛津英語辭典》（*Oxford English Dictionary*）的「猥褻」定義：「令感官討厭，對品味或教養而言，令人噁心、反感、骯髒污穢、下流齷齪、令人厭惡、卑劣不堪。」[20]

　　然而，這樣還沒結束。這個註腳繼續說，本案所討論的題材「更精確之定義」即為「色情」與「色情題材」。換言之，「猥褻」的概念現在透過「色情」的概念而得到更精緻的提煉與分析。[21] 接著討論的是「色情」的語源，來自希臘文的「娼妓」或「淫婦」，而韋氏字典將「色情」定義為：「放蕩或下

17　413 U.S. 15, 93 S. Ct. 2607 (1973).
18　*Miller* n. 1，引自加州刑法典。
19　*Miller* n. 2; *Roth v. U.S.*判決所下的定義只有訴諸「淫亂之興趣」，「並未反映『猥褻』在傳統英語裡的精確意義」。
20　Note 2.

流之描述：為引起性興奮而為之性愛描寫。」

　　這裡的解釋中，觀念混雜的程度相當讓人嘆為觀止。為了給 *Roth* 判決中「淫亂之興趣」的概念「精確的」解釋，最高法院將噁心的概念引進，做法一如猥褻在辭典上的定義。接著，猥褻這個概念又「更精確地」獲得解釋，方式就是指涉到妓女的概念與相關的想法：為引起性興奮而為之性愛描寫。換言之，訴諸淫亂之興趣者，就是令人噁心的，而（至少在性的領域）令人噁心的就是會引起性興奮的（方式是藉由展示女人的性）。色情即噁心的亞種（subclass），而這類亞種就是以刺激的方式料理女人的性。但是為何這麼連結？噁心與性的激發不是不同的事嗎？

　　這種連結事實上導致了一些法律難題。一九八七年，第四巡迴上訴法院受理了一件有關人獸交影片的案件，辯方主張系爭題材並不猥褻，因為它們根本不會激起「平均人」的性慾；事實上，「平均人」會認為《靈蛇入洞》（*Snake Fuckers*）、《馬力十足》（*Horsepower*）、《色慾薰豬》（*Horny Boar*）這樣的影片相當令人反感。[22] 三位法官的合議庭無懼於這樣的困難，一致同意認為：猥褻「就是」令人噁心的，而且，如果認定較溫和

21　嚴格而言，Burger 大法官將「色情」的概念闡述為「猥褻」的次級範疇：色情是與性有關的猥褻題材。因此，他容許猥褻還有其他的類型（或許與其他令人噁心的東西有關？譬如血腥？），而那些與目前系爭的法律原則沒有關係。

22　*U. S. v. Guglielmi*, 819 F.2d 451 (1987)。辯方還提出另一個論證，即使這個標準遇到動物戀者可能要打折扣，我們也不能下結論說系爭題材對於「平均動物戀者」而言是會激起性慾的，因為根本沒有這種人。他們針對動物戀者提出了專家證言，證明動物戀者對不同的動物有不同的偏好，而且絕大多數有自己偏好的動物。因此，系爭題材作為一個群體，根本沒有「平均」的動物戀者認為它們會激起性慾。

的題材是猥褻的，因為它們激起了平均人的性慾，但是卻放過
更嚴重令人反感的題材，只因為它們讓平均人感到噁心，這麼
做當然與法律的精神不一致：

　　無論多少人認為該等題材令人反感與噁心，本案情形已超
越*Miller*準則所要求之冒犯性要件的最低限度。Guglielmi 誠然
正確，大多數人士對該等影片確實感到拒絕與噁心，並非感到
性慾之刺激，然而此事並不能導出如下之結論，亦即，極度冒
犯之題材竟能獲得憲法之庇護，而較不冒犯之題材卻不能。23

　　換言之，當平均刺激性慾與平均令人噁心的事物指向不同
的方向時，在解釋 *Miller* 一案的準則時，噁心就取得優先地
位：因為較壞的當然不可以比較不壞的得到更多保護，而令人
噁心的當然比單純激起性慾的更壞。

　　Miller 判決所提出的兩個標準並不總是清楚地指向同一個
方向，給法官留下了很多解釋上的問題。不過我們也許會問，
為什麼會有人認為這些想法應該是在一起的？令人噁心的事物
哪裡性感？娼妓的活動哪裡令人噁心？現在諸君應該知道答案
實在很明顯。在這種混淆的概念叢結裡，我們看出了一些確立
已久的古老觀點：性本身有一些噁心之處，有一些見不得人與
自我污染的地方，尤其是挑起慾望的娼妓身體（無數男人精液

23　Ibid., 454.

的貯藏室）。伯格大法官所引用且支持的一些相關概念，就是
我在第二章談過的厭女與厭世（人）傳統，而作家威廉・米勒
與安卓亞・德沃京（Andrea Dworkin）對這個古老的傳統有著
精湛的描述。24 女人的身體被視爲黏膩、黏液、污染的骯髒領
域——男人覺得噁心，因爲她就是男人自己的化身，是動物性
與必死性的證據。對於本身獸性的噁心被投射到「娼妓」身
上，而對伯格大法官來說，她們的活動象徵了性慾的激起，因
而是令人噁心的。套句亞當・斯密的話：「當我們用餐時，我
們才下令把蓋子拿掉。」如果這些提醒我們（指男人）有性慾
的東西在社群裡晃來晃去，搞得我們心神不寧，則我們一定會
覺得她們很噁心。

　　在後維多利亞時代裡，在攻擊有關性的藝術作品時，這種
概念叢結十分普遍。下面這篇對於喬伊思《尤里西斯》（*Ulysses*）
的早期評論就很典型：

　　我把這書讀完了，而我要說它眞是一本最無恥的猥褻書
籍，不論於古於今。拉伯雷的猥褻言語和它的瘋癲與猥瑣一
比，簡直小巫見大巫。在它不可想像的思想、意象與色情的言
語之流裡，所有隱密之惡行的陰溝奔流不止。而且它不潔的瘋
癲還穿插著極其低劣與令人反感的褻瀆言語，反對基督宗教與
神聖的基督之名。而那些瀆神的話，迄今都與最低級的撒旦崇

24　Miller (1997); Dworkin, "Repulsion" and "Dirt/Death" in Dworkin (1987).

拜和黑彌撒的放蕩活動有關。25

　　對於這本小說的攻擊集中在莫莉‧布魯姆（Molly Bloom）
的獨白上。她的獨白誠實地描寫了一個女人的婚外性慾，而且
混合了經期的沉思、想到陰莖時的緊縮感、愛的記憶等等——這
對身陷我所說的厭女噁心情結的人而言，是何等令人震驚！26
其實，在這個聲稱讀完這本書的讀者（他幾乎不是特例）身
上，我們從他奇怪的反應就可以看出厭女噁心的運作。

　　喬伊思相信，對於身體功能的噁心正是許多社會邪惡的根
源，包括國族主義、狂信行為（宗教狂熱）、厭女情結。與勞
倫斯一樣，他主張健康的社會必定會接受必死性的身體本性，
而不是在噁心中逃避它。誠然，喬伊思的小說對於以小說本身
所要求的方式閱讀它的人而言，絕對不噁心。如同勞倫斯的
《查泰萊夫人的情人》，喬伊思所表現的身體有許多情感——慾
望、幽默、溫柔的愛與平靜的接受。但是兩位作者（以及他們
對讀者的邀請中）顯然拒斥的一種情感，就是噁心。喬伊思與
勞倫斯的小說之所以被說噁心，正是因為社會太過深陷於厭惡
自身動物性的想法裡，以至於根本無法閱讀他們的作品。希望
拒斥噁心並表現出身體的作品都會遇到這類的反應。27 正因為
他們要求讀者正視身體，所以他們都被認為是具有威脅性的。

25　James Douglas, *Sunday Express*.
26　另一個備受批評的部分是：Gertie McDowell對著正在自慰的Leopold Bloom暴露她的身體。
　　同樣地，刺激性地表現出女人在婚外的性，也是這裡受到批評的焦點。
27　對於Walt Whitman詩作的反應，見Nussbaum (2001a, chap. 15)。

讀者對於身體（尤其女人身體）的既存噁心，這會兒又投射在這些作品上，好抵擋這些作品所帶來的挑戰。

於是，我們有很好的理由懷疑，在藝術的領域裡，「平均人」的噁心能否成為法律規制的可靠標準。如果噁心的確是源於面對裸體的恐懼，特別是當身體是以不噁心的方式表現時，那麼我們就有理由去擔憂人們對於性與動物性的厭惡，將使許多有關藝術作品的判斷變得不可靠。任何追求性平等的社會都應該高度懷疑這個概念叢結，並捍衛致力於將激起性慾與噁心加以區別的作品。（也應該捍衛當代批判這個概念叢結的表演藝術，譬如凱倫‧芬莉〔Karen Finley〕的作品。）如果「平均人」真的覺得這些作品令人噁心，那麼致力於平等的社會應該擔心的是「平均人」本身以及他的教育，而不是擔心這些作品。

簡言之：猥褻的法律定義和憎恨女人的行為高度相關，體現了厭女現象的基礎概念。

我認為凱瑟琳‧麥金儂（Catherine MacKinnon）與安卓亞‧德沃京的論證是完全正確的，她們主張色情題材所引起的嚴重道德問題，並不在於性的大膽露骨及其所謂令人噁心的刺激性。[28] 即使在一個自由社會裡，仍然有些公民繼續認為性是令人噁心的，但是大膽露骨的性題材比起捍衛不同宗教（與他

28　見 MacKinnon (1987, chaps. 11-16), MacKinnon (1989, chap. 11), and Dworkin (1989)。MacKinnon的確說，色情根本不是「道德」問題，因為她是以道德律的傳統方式來理解聲稱色情是「道德」問題的主張，並以她的「從屬」分析來比較這個「道德」分析。一般而言，MacKinnon跟隨馬克思，將道德性的問題跟平等與從屬的政治議題分開。我看不出有任何理由讓我們應該說平等不是個道德問題，反而有很多理由應該說是。因此，在這個意義上，我將她的立場描述成道德立場。

們的信仰有差異的宗教）的文章，若兩者都出現在社會裡，前者對他們所造成的傷害並不會比後者大。他們只需要避開那些題材，充其量要求不可以讓兒童輕易接觸到它們，或者不可以向不願意看的人公開展示即可。（同樣地，父母也可以合理地要求，兒童不需要學習與他們的信仰不同之宗教的改宗課程，而公共教育也不可以教派忠誠的題材招引他們。）

　　一個致力於女性公民平等的社會應該嚴肅地看待從屬（subordination）、屈辱以及相關傷害的問題。正是色情的這些面向威脅了自由社會的核心要素，而這些核心要素，即使屬於不同宗教或有不同的全涵式人生觀的公民也都能同意。眾所周知，大部分的色情作品描寫性的方式，都是在強化憎恨女人的刻板典型，將女人描繪成低下而活該受虐的，好像渴望、請求虐待，是男人施加屈辱與虐待之慾望的出口。這個才是我們應該嚴肅以對的，應該將之視爲嚴重牴觸女性平等的道德陳述。在這個意義上，色情與反猶或種族主義文類相似：它的陳述直接反對了平等價值與平等保護的理念，而這些理念是自由主義社會秩序的根本。不過，這種女性主義的「色情即從屬」的概念當然與猥褻的法律概念極度不一致。它不只重新定位了「我們」的思想，也隱然透露了「我們」先前思想固有的厭女成分。

　　這種重新定位對法律造成的確切影響是什麼還有爭議。藉著思考反猶文類的類似案例，我們可以看到，自由社會對於是否要將保護延伸到這類的言論與表現，有許多歧異的立場。德

國認為最好是禁止這類的作品，並將先前時代出版的作品全部沒收，隔離在特別的檔案館裡，也無法複印。美國則保障這類的言論與表現，除非有迫切的公眾失序危險。約翰‧羅爾斯主張這樣的保護必須延伸得更廣：「不合理的」言論（支持與自由社會之憲法不一致的人生觀者）也應受到保障，除非有嚴重的憲法危機，亦即憲法秩序本身的穩定性發生危險時。[29] 另一方面，美國傳統向來被認為給予政治言論較強的保障，對於其他形式的表現則保障較弱。[30] 如果我們接受這樣的方向，那麼我們就必須問，有暴力從屬性的色情是否構成政治言論，如果不是，它又應該享有多大程度的保障。憑藉麥金儂和德沃京的分析，我們歸類色情的方式應該與歸類反猶及種族主義言論的方式相同，而這麼做初步看來似乎是可信的，儘管我們可能必須充分考慮達成不同結論的論證。然後，我們必須問，在每個案例裡，有從屬性的言論是否構成政治言論，如果不是，我們就必須問它應該享有多大程度的保障。

　　從上述分析應該可以清楚得出一些理由，基於這些理由，少數美國女性主義者支持對從屬性的色情加以徹底的審檢制度（censorship），但是必須再三強調的是（因為這件事老是受到許多誤解），麥金儂與德沃京並不支持審檢制度。她們所支持的是一種法規，這種法規能夠賦予個別的女性提起民事損害賠償訴訟的事由；如果她們能證明自己受到男人的傷害，而其傷害

29　Rawls (1996, 340-48).
30　例證見 Sunstein (1993)。

的方式與色情有重大關聯性時。[31] 她們設想了兩種原告：一是
在製造色情商品過程中遭受虐待的女演員與模特兒，二是受到
色情商品激發或模仿其中情節的男人所虐待的女人。當然，這
類的女人已經能夠對虐待者提起刑事控訴，不過麥金儂和德沃
京的法規還允許她們對色情題材的製造商與發行商提出損害賠
償訴訟，而且還可獲得禁止令。禁止令會導致對某些色情題材
的壓制：這就是看起來像審檢制度的地方。然而，分析重點在
於，色情是危險而導致傷害的商品，而個別原告永遠必須證明
傷害的存在。他們的法規仿效禁酒令之前通過的法律，那些法
律允許女人對酒的製造商與銷售商提起損害賠償訴訟（如果她
們能證明自己受到男人的虐待，而且當中酒精是重要的媒介
時），所以又與最近一些針對菸草及軍火工業等危險商品的損
害賠償訴訟有很強的相似性。麥金儂與德沃京詳細地證明了在
許多案件裡，相關的傷害的確能可信地歸咎於色情。[32] 批評者
也不應該對系爭的因果關係要求不合理的證明程度：當我們要
其他的危險物品為損害負責時，我們通常不會要求證明必然性
或充分性。[33]

　　我們可能還是會爭執這種法規是否有效或聰明。法院是否
會良好地解釋它？或者法院可能會利用它來打擊不受歡迎的題
材，譬如有關女同志與男同志的作品？它對於色情的解釋是否

31　有關這類法規在Minneapolis與Indianapolis的聽證會，見MacKinnon and Dworkin (1997)。
32　Ibid.
33　有關因果關係的相關問題，優秀的哲學研究見Eaton（手稿）。

太廣，以至於最後弄錯了對象？[34] 如果一個作品的製造者與發行者要為模仿其內容的人負責，這不會表示描述謀殺或自殺的作者也要為模仿其作品的謀殺案或自殺行為負法律責任嗎？（聲譽卓著的作家，如歌德與杜斯妥也夫斯基，一定會遇到這種問題。）麥金儂與德沃京也意識到這些問題並做出令人信服的回應，不過並不是我這裡所要評估的。我的重點只有：儘管我們承認她們以極度有益的方式重新定位了道德與政治的議題，從所謂的對於性（與女人）的固有噁心移轉到平等、從屬以及相關傷害的議題，但我們仍然可以不同意該法規的具體方面，甚至不同意它的原則性智慧。

　　無論如何，支持噁心的進步主義立場現在該出場了。丹‧卡恩的立場當然是：即使在這個修正過的女性主義監督計畫裡，噁心仍然有其價值。讓我們思考一個案例，當中系爭的色情題材明顯冒犯女性主義者，也攻擊了女人的平等地位。我們可能稱之為「噁心的」，用我們在第二章談過的較豐富的道德意義來看這個詞，卡恩會主張這種較豐富的道德噁心是進步而有建設性的，但是即使在這些色情的案例裡，我還是主張，噁心的情感通常會混淆必須嚴肅思考的道德問題，並分散我們的

34　將色情的法律定義適用到文本時所會遇到的困難，見 Lindgren (1993)。譬如性露骨的女性主義小說，當中將虐待女人表現為壞事，但是如果我們只看獨立抽出的章節，則很難把它跟暴力性別歧視的色情商品區別。Mackinnon 與 Dworkin 的定義在這個區別上做得比其他人好一點，但這或許只是因為 Lindgren 從 Dworkin 的小說裡選用了非典型的段落，當中女人在性遭遇裡掌控全局。譬如，像 *Mercy* 中的許多段落，如果從較大的脈絡中獨立出來，依據 Mackinnon 和 Dworkin 的定義幾乎可以算是色情，但是她們仍堅稱訴諸作品整體意義的主張應該加以拒絕。毫無疑問，她們是擔心色情業者將暴力性別歧視的色情埋在無害或振奮人心的架構裡，以規避該法的目的。她們的定義見 MacKinnon (1987, 262)。

注意力。一九八四年，《好色客》（*Hustler*）雜誌因爲刊登一些
貶損安卓亞‧德沃京的稿子而被告上法院：

　　二月號的特稿是一幅漫畫，如原告訴狀所述，「描繪兩個
女人在互相口交，標題是：『艾德娜，妳讓我想起安卓亞‧德
沃京。這眞是狗咬狗的世界。』」三月號的特稿是長達十頁的
畫報，包含多張女人性交與自慰的照片。某些照片顯然是經過
設計的舞台場景，包含裝腔作勢的暴力行爲與假血。其中一張
照片，推測是猶太男人，標題是：「當我在教這個小賤胚意第
緒語的樂趣時，安卓亞‧德沃京的粉絲後援會就開始盛大吹簫
起來。那麼，伙伴們，要放棄這片未經發酵的純潔聖餅嗎？」
十二月號的特稿則是包含在雜誌的「往春情事」部分。當中表
現一個男人一邊自慰，一邊替另一個極度肥胖的女人口交；標
題的一部分說：「我們一點都不相信，不過編輯之一發誓這個
正在欲仙欲屄（原文如此）的女人，就是基進女性主義者安卓
亞‧德沃京的老媽。」[35]

　　我在這裡不會評論本案的核心法律爭點，亦即誹謗罪中公
眾人物的概念定義，以及事實陳述與享有免責權之意見陳述的
區分。我有興趣的是法院思考猥褻議題的枝節論證。法院的結
論是，系爭題材涉及政治言論，因此基於 *Miller* 準則不會是猥

35　*Dworkin v. Hustler Magazine*, Inc., 867 F.2d 1188 (9th Cir. 1989).

藝的：「由於該特稿傳達之意見有關公眾所關切之事務，故並
不缺乏『嚴肅文學、藝術、政治或科學價值』，因而也不猥
藝。」同樣地，為了我這裡的論證，我還是把這個所謂有政治
價值的主張是否可信的問題放在一邊。

　　讓我感興趣的是，在通往其結論的路上，緊接在描述攻擊
德沃京的稿子之前，霍爾法官（Judge Hall）覺得她有必要對本
案的題材與該期刊的整體表達噁心。「《好色客》雜誌是一本
色情期刊，它的內容大部分是我們之前描述的『令人噁心與品
味極差的虐待』。」因此，攻擊德沃京的特稿是「令人噁心
的」，所以如果沒有政治言論的爭點半路殺出，它們就可能構
成猥藝。問題在於，這個噁心跟什麼有關？噁心又與本案的重
要爭點有何關係？

　　依照某種理解——我們可以稱之為卡恩式理解——法官對
《好色客》與德沃京文稿所感到的噁心，是一種強烈、不容妥
協的道德情感，應該被尊為與表現自由的立法規制高度相關的
要素，即使在本案裡有其他的論證半路阻礙它支配這樣的結
果。依照卡恩的整體觀點，我相信這個立場就是他邏輯一貫的
結果。但是我很不以為然。對我而言，本案顯著的道德爭點應
該是有關傷害、屈辱與從屬的。本案裡男性的羞辱與統治的幻
想視德沃京為玩物；為了報復她對男人的女性主義批判，《好
色客》將她描繪成噁心與可鄙的，並以此為樂。德沃京所主張
的只是：這種表現傷害了她。對於這種傷害的適當反應，應該
是義憤與憤慨，而非噁心。我們並不會對從屬與不平等感到嘔

吐，而是生氣、抓狂。這裡與其他場合一樣，噁心所傳達的想法是：對象是污染的，必須遠離。這個噁心並沒有適當地指出傷害已經發生的事實。簡言之，噁心不是十分相關的情感。它並不回應證據所支持與斷定的傷害。

　　除了全然不相干的污染議題之外，還有另一個議題：這個噁心到底跟什麼有關？更精確地說，它到底傳達了什麼情感？霍爾法官所認為噁心的，似乎是裡面所描述的粗鄙的身體——男人的粗鄙行為以及（我不由自主想到的）德沃京的母親粗鄙的形象。簡言之，《好色客》之所以令人噁心，是因為裡面描繪肥胖的人在性交，而肥胖引起我們的噁心。這裡的噁心反應不是針對《好色客》的反感，反而是這本期刊想要誘發與強化的：將德沃京的母親表現為肥胖的，然後對她的身體傳達男性的噁心。這些稿子的中心思想，就是以非常傳統的厭女思考為軸，暗示德沃京母親的身體（毫無疑問，延伸指涉德沃京本人的身體）是令人噁心的，藉以屈辱女性主義與女性主義者。於是，當法官說「噁心」時，她至少有一部分已經與這本雜誌同仇敵愾。如果是面對《花花公子》那種型態的苗條模特兒，很難相信她也會說同樣的話。就她的確嫌惡這本雜誌而言，她的行為表達了一種以階級為本的鄙視，對《好色客》所描繪的下層階級男性表示輕蔑：她覺得他們的長相與行為都很噁心。而這點與這本雜誌的商業企圖不謀而合：因為該雜誌一向驕傲地自我標榜是一本為「普通傢伙」服務的性雜誌，而這些讀者總是被高級色情書刊如《花花公子》的讀者所鄙視並覺得噁心

的。就本案真正發生的事情而言，她的噁心無論在什麼情況下都不是與之相關的道德情感。最糟糕的是，她還加入了羞辱德沃京的行列。充其量最好的情況是，她只是對下層階級的男性表達了一些鄙視的評論，但是這些都與在她面前的法律爭點完全沒有關係。

簡言之，即使噁心有時似乎支持我們所重視的價值，我們還是應該非常仔細地檢驗它。在性別歧視的猥褻案件裡，通常我們遇到的顯著爭點是有關傷害的，然而噁心的核心焦點卻在污染，與傷害並沒有關係，也不適當。而且噁心與傳統厭女意識的強烈連結，導致它是一把靠不住的雙面刃，顯然不能藉以表達女性主義的觀點。

儘管噁心在英美法的色情分析裡還是占有核心地位，有趣的是，德國最近採取了與我所支持的方式非常相像的做法，焦點集中在尊嚴、從屬、（傷害）客觀化的議題上。首先，刑法典的相關章節，以前稱為「違反道德之犯罪」（*Straftaten wider die Sittlichkeit*）的，現在改稱為「妨害性自主之犯罪」，分析的重點也相應地改變了，從關切社群道德改成關切個體尊嚴受到侵害的問題。[36] 這種改變產生了許多有趣的結果，尤其在強暴、賣淫、虐待兒童等領域裡。不過讓我們注意最接近的問題，一九七三年的修正使成人之間的色情題材散布合法化，但禁止散布給兒童，也不許在色情題材裡使用兒童。（譬如，德

36　Hornle (2000).

國對於在網際網路上散布兒童色情的行為有嚴厲的規範。）

　　然而，問題並不會就此結束。因為德國法仍舊關切成年女人在色情題材裡的（傷害）客觀化問題。儘管基於既存的理由，這個議題不會受到刑法規範，一九八一年德國聯邦行政法院還是做了一個極為有趣的判決，這個判決維持了行政機關拒發營業執照的行政處分，對象是一家經營偷窺秀的俱樂部，女侍會為顧客進行裸體表演。[37] 法院把重點放在人類尊嚴的問題上，亦即德國基本法（憲法）第一條第一項所保障的，主張偷窺秀確實侵犯了表演者的尊嚴。[38] 特別引人注目的是，法院區分了傳統的脫衣舞與偷窺秀。法院主張，脫衣舞屬於情色表演的長遠傳統，表演的女性可以四處走動、看著觀眾、與整個團體建立關係，而且眾人可以從許多不同的角度欣賞她，這些事實讓她能夠維持是一個活生生的人類：她的尊嚴因而能夠「無受損傷」。[39] 反之，在偷窺秀裡她已經變成一個物品、一個機械對象、一個單純的商品，受到單一的買家使用。由於女演員與包廂內的欣賞者都是與外界隔絕的，他們下結論道：女性在這裡已經從活生生的表演者變成單純的「激發與滿足性慾之對象」（*Anregungsobjekt zur Befriedigung sexueller Interessen*）；因此，

37　「根據工商管理條例33a，經營所謂偷窺秀之行業所必要之許可，必須拒絕之。」BVerwGE 64, 274 Peep-Show (1981)，重印於 Casebook Verfassungs 82 (1991)。關於本案的有趣討論見 Kadidal (1996)。

38　「基本法第一條第一項保障人類個體之內在固有價值。當一個人被貶抑成物時，則其人類尊嚴已受傷害。」

39　「因為僅是單純的裸體表演，人類尊嚴無論如何並未受到損傷。」（[W]eil das blosse Zurschaustellen des nackten Körpers die menschliche Würde jedenfalls dann unberührt lasse.）

她的尊嚴已經受到傷害。法院拒絕女性自願參與這種表演的論
證:他們主張,因為尊嚴乃是客觀而非主觀事物,所以不能憑
意志加以讓渡。40

我不是要為這個判決裡的每件事辯護,尤其我相信法院在
脫衣舞與偷窺秀之間劃的界線實在太快,關於自由社會應該容
許人民選擇可能貶抑自己的活動到什麼程度也沒有可信的反
思。我傾向認為,模特兒的抉擇應該免於懲罰,不論這個抉擇
是否交出了人類尊嚴。(雖然,當我們只討論發照而不討論刑
罰的問題時,我不確定彌爾的論證會有多少重要性。)41 不
過,我要說的是,德國法院的分析方向是正確的:他們發現了
道德上的重要問題,亦即涉及人類尊嚴、客觀化與從屬的問
題。噁心與它們都沒有關係。

對任何追求全體公民平等的自由社會而言,色情引發了重
要的問題:平等、從屬與屈辱。它還引發了個人道德的問題,
並依公民所屬的道德與宗教觀點而對個體公民或公民群體有不
同的重要程度。但是,反對一本書或一部電影的道德內容的公
民,不論是因為它在性方面太過露骨,或是因為宗教或政治的
原則,他們都能夠避開爭議中的作品,並且確保這些作品不會
公開面對公民,不會在易受影響的年輕人面前公開展示,這樣
就足以處理它引起的問題。對於像喬伊思與勞倫斯的小說所引

---

40 「人類尊嚴乃客觀而不可處分之價值。」(Die Würde des Menschen ist ein objektiver,
unverfügbarer Wert.)
41 然而,我不相信公民應該有選擇被公共氣氛羞辱的抉擇自由,見 Nussbaum (2000a, chap. 1)。

發的道德歧異問題，這似乎是多元民主社會所應採取的處理方式。從屬的問題就不一樣了，因為它碰觸到多元社會的核心價值，亦即牴觸了作為社會的基本原則之基礎的政治共識。有些國家，譬如德國，對於反猶言論這種道德歧異是採全面禁止的方式。美國的道路則不同，對於政治上凶惡的言論也加以保護。麥金儂和德沃京的取徑並不直接挑戰這個原則，而是試圖為個別受到系爭言論傷害的原告尋找救濟的方式。不論我們認為這種救濟手段是否適當或聰明，我們都應該承認，在今天進步的自由民主體制下，它完全屬於這種體制向來討論及實施的救濟方式。

　　對於暴力性別歧視的色情所造成的兩難，無論我們較喜歡採用何種法律回應，我們都應該承認它所引起的問題不只是大膽露骨的性而已，也不只是所謂噁心的刺激性而已。其實，噁心似乎與這裡的問題無關。針對公民平等權受到侵害一事，適當的反應是憤怒而不是噁心。卡恩支持噁心的進步主義式論證主張，這種憤怒若缺乏噁心，則非常脆弱，不易生存。[42] 但我相信，受到這種立場打動的人們更應該努力思考噁心的兩個問題，一是它的含糊性，二是它傾向強化憤怒所正好反對的傷害。

42　見第二章的討論。

IV. 噁心作為違法性之理由：非常態性行為、戀屍癖

　　然而，卡斯與德弗林有沒有正確的時候？「理性人」對於特定活動的噁心，是否有時足以成為使它違法的理由？在初次印象（prima facie）上，我們可能認為噁心既然涉及污染的思考，則能夠提供良好的理由，使感到噁心的人避開爭議中的活動或人物，正如對於特定食物或動物的噁心，能夠提供我們良好的理由避開它或牠。其次，當人們對特定食物或動物感到噁心時，這種噁心能夠提供理由讓我們禁止有問題的食物，或者撲殺、隔離特定的動物，沒有比這更明白無疑的概約理由（prima facie reason）以對爭議中的活動或人物採取反制行動了。

　　這時，德弗林可能回應說，此處我們並不是在討論任何或每一種噁心，而是在討論一種「理性人」身上的強烈噁心，而我們想像理性人既是平均的，又是在某種規範意義上正常的，作為社會有用（有生產力）之才而經營其日常業務的人（「普通理智之路人」）。他主張，這種人身上的強烈噁心能夠提供我們良好的立法理由，因為這種噁心指明了某個活動對社會組織是有破壞性的：它不只污染了個體的生活，還經由這個人的示範作用，污染了整個社群；它向我們表示，如果我們要讓社群存活下去，就必須驅除它。

　　我曾經說過，引起噁心的行為到底如何威脅社群，這點實

在很難確定地加以評估。德弗林主張，「理性人」認為噁心的事物與某種過分的「縱慾」有強烈的關聯，而後者指出了作為公民而提供服務的能力喪失了。但是這項辯解並沒有論證加以支持，更不用說是否有證據。猶太人、女人、異族聯姻者、同性戀：所有這些人向來都是極度負責任的公民，然而卻比腐敗、貪婪、自我中心的人更常被當成噁心的目標。對於任何民主社會的組織而言，腐敗、貪婪、自我中心的人或許才真的構成重大的威脅。

　　卡斯的論證比較難以批判，因為他並沒有告訴我們誰的噁心算數，理由又為何。對卡斯而言，噁心是一個指標，指出與「人性」有關的道德規範正受到違犯。但是條件為何（在何種情況下確是如此）？這種噁心必須要有多廣泛，才足以扮演證據性的角色？對於異族通婚的噁心必然相當廣泛，而且無疑被當成固有的道德規範遭受違犯的指標。審理理查與米爾卓德這對跨種族黑白夫妻之案件的初審法官，即為維吉尼亞州的反異族聯姻法辯護，他所訴諸的理由恰好就是這種所謂的前文化規範：「全能的上帝創造了白種人、黑種人、黃種人、馬來人、紅種人這些種族，並把他們放在不同的大陸上。若不是人類干擾上帝的安排，就不會發生這種婚姻。祂將種族區隔開來的事實，證明祂不希望種族混合。」[43] 這似乎不太可能是卡斯所要支持的道德規範，但是他也沒有提供我們區分的方法，以區別

43　*Loving v. Virginia*, 388 U.S. 1 (1967) 3，引自初審法院。

隱藏在反異族聯姻法背後的噁心與他所支持的作爲良好法律判準的噁心，亦即對於生物複製與對於同性性關係的噁心。

於是，我們所能做的，只有仔細地研究一些案例，當中噁心一直作爲使某些行爲違法化的首要判準，然後我們要質問這些禁令背後的推理是否健全，這些例證至少又能支持德弗林和卡斯的立場多少。

首先，讓我們思考非常態性行爲法。美國法維繫了非常多反對各種合意性關係的法律，這些合意性關係包括通姦、婚前性行爲以及同性性行爲。[44] 非常態性行爲的定義有時指涉它「同性的」性質，但是有時指涉某種型態的性行爲，通常包含所有的口腔對生殖器或生殖器對肛門的性行爲。這第二種定義方式的非常態性行爲法表面上是中立的，好像一體適用於異性與同性的性行爲。然而，在 *Bowers v. Hardwick* 判決裡，原先加入這場訴訟的一對異性戀夫妻被法院宣告沒有挑戰該州法的適格性，因爲他們並沒有被起訴的危險。[45] 因此，至少就某種可信的觀點來看，無論這類法律的用語爲何，它們迄今仍然只可能被用來壓制同性性行爲。一直到二○○三年六月二十六日，在很多州的法典裡還是可以看到這類法律，它們也是一些控訴活動的目標。

相對而言，要舉證反對這類法律則相當容易。即使強烈反

44　舊時代的完整目錄見Posner and Silbaugh (1996)。不過，隨著許多州漸漸廢除非常態性行爲法，這種法律的狀況也迅速改變了。

45　487 U.S. 186 (1986).

對同性性行爲的許多人也反對非常態性行爲法，理由是它們很少被實施，而只要一實施就是獨斷與恣意的；它們只是爲警察的騷擾行爲敞開方便大門。其他人則採用更接近彌爾的立場：如果只是在隱蔽之下進行的行爲，沒有強加在不願意的人身上，也沒有傷害到不同意的他人，對這種行爲僅有道德上的不贊同，這並不構成禁止它的充分理由。（另外兩種有時會以彌爾原則加以討論的案例是公然裸露與公然性行爲，我將在第五章討論它們，因爲它們比較不是引起噁心的問題，而是羞恥的問題。）

　　我說過，對於蔑視彌爾原則的法律，我在論證加以反對時會試著不要預設彌爾原則。因此，我不能只是停在前述的那種回應上。不過，公平的做法似乎是：問問非常態性行爲法的支持者，他們是否也會支持所有禁止不受歡迎的性行爲，包括婚前性行爲與通姦等等的各種民主立法，如果不是的話，同性性行爲長久以來的違法性的眞正根據又在哪裡，尤其在一個多元與宗教多樣化的社會裡，有些團體與宗教支持這種行爲，有些則非如此，他們眞的可以用來辯護的根據何在？涉及對個人有深刻意義的行爲，不論是性或宗教方面，大多數美國人都很謹愼，對單純訴諸多數人情感的論調小心翼翼。因此，蒐集一些票數就想禁止這種行爲似乎是不充分的。我們必須有更強的論證，闡明什麼才是眞的有傷害性的壞事。

　　要證明非常態性行爲有多壞，才是有說服力的呢？德弗林所訴諸的需求是：我們需要一個能作戰的國家。但是，到目前

為止，我們都清楚知道男同志與女同志在世界上各種軍隊裡都是傑出的戰士。其他人則試圖找出同性性行為裡類似傷害的性質。每當禁止同性性行為的想法出現時，就可以看見精采的證人大遊行，他們一貫地站出來為所謂的同性性行為所造成的傷害作證。在科羅拉多州州憲第二增修條款的訴訟裡，[46] 州政府提出了許多心理學上自我傷害、虐待兒童、各種所謂公民社會毀壞的證言——全都是為了證明：防止同性戀享有反歧視法的保障，州政府就可能保有「重大迫切之利益」。[47] 同樣地，在 *Baehr v. Lewin* 一案裡則有一個不成功的嘗試，想要證明男同志戀人對兒童造成了心理上的創傷，以支持重大迫切之政府利益的主張，並否定男同志結婚的權利。[48] 在這兩個案件裡，政府提出來的證言都被對方的專家可信地駁斥了，承審法官也認為這些專家較為可敬與可靠。所謂危險的主張顯得相當虛弱無力，而爭點逐轉變成噁心。其實，在訴訟裡有件事逐漸顯露：第二增修條款的勝選，背後是由噁心在支撐的。正如我們在第二章所見，支持者在宣誓之下勉為其難地承認了，他們之間流傳著一些聲稱男同志吃排泄物、喝人血的說法——與中世紀以來的反猶宣傳極為相似。[49]

46　嚴格而言，第二增修條款並沒有禁止同性性行為，但是它的確讓地方社群不可能通過法令保護男同志與女同志免於居住、就業等等的歧視，而且這次行動也是訴諸同性性行為的敗德性質。

47　在訴訟的那個階段，州政府受到指示要證明「重大迫切之利益」，不過後來當本案在聯邦最高法院面前審理時，第二增修條款被認為缺乏合理基礎（較低的審查標準），而聯邦最高法院最後也同意此點。見 *Romer v. Evans*, 116 S. Ct. 1620 (1996)。

48　852 P.2d 44 (Hawaii 1993).

　　當限制同性戀的支持者提出實際傷害的證言時，他們也不
是承認彌爾原則的價值，因為他們所聲稱的一些傷害通常是對
自我的傷害，所以這類的爭議並非乞靈於彌爾。其實，君父思
想（保護人民免於傷害他們自己的利益）是其一，純粹的噁心
則是其二。第二增修條款的支持者甚至根本無法提出可信的證
據證明自我傷害的存在，而彌爾認為這種傷害是君父思想的，
並不是立法規則的適當根據。精神科專業很早就同意同性戀並
不是一種精神疾病，而且提出來的證據也無法證明任何其他種
類的自我傷害。[50] 第二增修條款的支持者所提出來的似乎只有
噁心，而他們不願以噁心作為辯論的基礎，則暗示他們自己也
承認噁心是虛弱的理由，作為立法規制的根據太過牽強。如果
實際的動機是噁心，則「某種」嚴重傷害的展示就成為必要
的，必須上演一場秀，讓人相信理由其實是別的。

　　現在讓我們回到王爾德的第三場審判，因為它也以精采的
方式表現了這一點。威爾斯大法官（Mr. Justice Wills）在量刑
時說了這麼一段著名的話：

49　一九九四年十月 Will Perkins 的證言，本人親耳聽聞。至於美國人對同性戀的偏見與中世紀反
　　猶思想的相似處，論述見 Posner (1992, 346) 與 Boswell (1989, 205-8)。
50　在這類的關切裡，最精采的莫過於第二增修條款的法官審判中由 Harvey Mansfield 所做的庭
　　外採證筆錄（Deposition 8 October 1993, Civil Action 92 CV 7223）。Mansfield 不斷主張男同志
　　與女同志比起社會上其他群體而言較不快樂，而且訴諸西方哲學的許多「偉大經典」作為權
　　威。在比較過男女同志以及黑人和女人（並表示男同志較不快樂）後，他被問到關於「黑人
　　女性」又如何的問題，當時他就不再訴諸偉大經典作為自己論述的根據了，而是訴諸自己身
　　為哈佛教授的個人經驗，說自己曾經看過快樂的黑人女性在校園裡走來走去。這時原告律師
　　問他如何得知這些快樂的黑人女性不是同志。（問：那麼，如果你在哈佛看見快樂的黑人
　　女性，你並沒有辦法知道她是不是同性戀，對吧？答：如果是那樣的話，我的確無法知道。
　　除非她的快樂是明顯來自與男人在一起的時候。）沒有人解釋為何不快樂會是那個「不快樂
　　的人」本身有問題的指標，而不是歧視他們的社會環境有問題的指標。

王爾德與泰勒，你們所犯的罪極其惡劣，足以讓人必須嚴肅自我克制，以免說出本人所不願出口之言語，以描述任何有榮譽感的人一旦聽到這兩場可怕審判的細節時，胸口將升起什麼感覺。……認為法官在風化與道德案件裡應該疏離淡漠、不得讓偏見涉入審判的人，無論如何，本人希望他們能了解，對於你們的清楚指控，其內容可怕到引人憤慨，而前述的公正性至少與憤慨最廣泛的意義一致。

尊稱你們是沒有用的。能夠做出這些事的人一定毫無羞恥心、恬不知恥，別人不必希望能對他們發生任何影響。這是我所審理過最邪惡的案件……

在這種情況下，人民期待我應該判處法律所允許的最重刑罰。但依我個人判斷，那對於本案這種案件而言根本是不適當的。本庭宣判，科處你們每一個人有期徒刑兩年，同時要服苦役。[51]

威爾斯大法官說，禮儀阻止他去描述自己真正的感覺，而任何「有榮譽感的人」也會有這種感覺；對於這種感覺的描述將需要使用「本人所不願出口之言語」。因此，他強烈地暗示這種情感就是強烈的噁心，只有卑鄙的語言才是適當的表達方式，就像在宣判時忍不住要嘔吐一樣。[52] 他將階下囚視為噁心

51　Hyde (1956, 339).
52　同樣地，Queensbury侯爵不斷用噁心的語言指涉王爾德跟他兒子Bosie以及其他男孩之間的行為：他使用的是「令人噁心的行徑」、「令人噁心的信件」（王爾德寫給Bosie的），見Ellman (1987, 447)。在第二場刑事審判結束時，他寫了一封信給媒體，裡面說應該把王爾德視為「一個心智全然腐敗的性變態，而不是當作神智清醒的正常罪犯」來加以對待；於是使王爾德更加徹底遠離正常的人類社群。（Ellman, 478）

的對象、骯髒的污染物，而不是真正的人，因而也不必像人一樣加以尊稱。（在他宣判結束時，王爾德大叫：「那我呢？我可以說一些些話嗎？閣下？」然而這位貴族悶不吭聲，毫無回應，只比了手勢叫法警把囚犯帶下去。）然而同時，威爾斯大法官也主張自己已經融合了司法公正性與「憤慨最廣泛的意義」，想藉此訴諸公共理由。這位大法官試圖援引憤慨的道德力量，然而他的宣判卻清楚顯示這不過是給噁心戴上了公眾的面具。

　　現在我們可能會問：憤慨應該建立在什麼上頭才是可信的？王爾德獲判的罪名是「嚴重猥褻」（gross indecency）[53]；他與不少勞動階級的年輕人口交，而他們的年紀都大於能夠有效同意的法定年齡（最年輕的是十八歲，大部分都在二十歲以上）。這些人都想跟他有關係，通常是為了提升自己在文學與戲劇上的事業；他慷慨地對待他們，帶他們去旅行，買昂貴的禮物送他們。[54] 如果這位大法官試圖證明人人皆可共享的憤慨理由，則他很難指出王爾德的那些行為有什麼錯誤之處，更別說可以證明「這是我所審理過最邪惡的案件」了。噁心隱藏在憤慨的簾後，主導定罪科刑的顯然是噁心，而不是對於傷害的憤慨。

---

[53] 「嚴重猥褻」的法律不同於非常態性行為法，只適用於肛門對生殖器的性交行為。
[54] 這些人通常不是男妓，他們的職業包括車夫、售報員、辦公室小弟、簿記員、男僕與編輯；其中好幾個人有文學或戲劇上的抱負。王爾德送給他們的禮物包括華麗的衣裳、銀製菸盒、手杖、戲票以及他第一版的書籍。Taylor 介紹給王爾德的 Parker 兄弟才比較像一對男妓。Charles Parker 是一位失業的男僕，也是用以反對王爾德的主要證人之一。當他與 Taylor 的關係結束之後，他就去從軍了。

其次，檢方強烈地把兩種噁心連結起來，一是對於同性性行為的噁心，一是基於階級而來的噁心：檢方經常提到那些年輕人的下層階級出身作為證據，用以證明系爭關係乃是不當且令人噁心的。有一次問答是這樣的：「你知道派克兄弟倆一個是僕人，而另一位是車夫嗎？」「我不知道。即使我知道，我也不會在乎。我一點也不在乎他們的地位是什麼，我喜歡他們。我懷有讓社會更文明的熱情。」如此一來，對於同性性行為的噁心就連結到對於某種族群混合的噁心：性不應該發生在上層階級與下層階級之間。

簡言之，法官對王爾德與泰勒所表達的情感，既無關對他人造成的傷害，甚至也不是任何關切自我傷害的君父思想。真正傳達出來的訊息是：「這些人是黏膩的污穢物，我們應該把他們的典型代表壓碎，以免他們滲透到我們體內。」

因此，非常態性行為法，這個傳統上以噁心為基礎的立法，經不起嚴格的檢驗。通常，即使這種法律的支持者也認為噁心是薄弱的基礎，因而試圖提出其他較可信、以傷害為根據的基礎。然而，當這些基礎倒塌而赤裸裸的噁心暴露出來時，這種情感顯得特別任性，所連結的都是有關性別角色、階級等等的迷信，而不是較可被公眾接受的其他事物。訴諸噁心似乎只是說：「我不喜歡。」然後就用腳殘暴地踐踏下去。關於這種法律，沒有人提出任何理由來讓爭議變得真的有一絲絲公共說服的味道。

最近聯邦最高法院的 *Lawrence v. Texas* 判決是個重要的里程

碑，它以令人讚賞的清晰程度處理了這些問題。最高法院批判了 *Bowers* 判決裡的歷史與現代社會分析，主張這種成人之間私密的、合意的性關係「屬於個體抉擇且不受刑事懲罰的自由」。「若無對個體之傷害或侵害法律所保障之基本原則」，政府不得加以規制。但是本案並不涉及未成年人，也不涉及強制的情形，甚至不涉及「可能難以拒絕同意的場合」。在引用歐洲人權法院的判決以及後續歐洲各國的判決後，最高法院認定有日漸浮現的共識，主張從事合意性關係的權利是「人類自由不可或缺的一部分」，沒有理由認為在美國有特別強烈或急迫的政府利益，必須透過規制這樣的性關係來達成。

特別值得注意的是，最高法院承認了以自己所要的方式從事私密性行為的自由與尊嚴和尊重是相關的。他們了解非常態性行為法，無論有無實施，都會影響到工作僱用、兒童監護，以及其他廣泛的社會議題。將人們選擇的性行為模式入罪化，即是「貶抑」這些人。「上訴人有權利要求他人尊重其私生活。政府不能將他們的私密性行為變成犯罪，藉此貶抑他們的存在，控制他們的命運。」

最高法院理解道德與法律之關係的方式，高度遵循約翰‧羅爾斯的政治自由主義，這也是我所支持的立場。最高法院承認，對於同性戀的宗教譴責是許多公民「深刻且深遠的信念，也被他們接受為嚮往的並藉以決定生命軌道的倫理及道德原則，並非僅是微不足道的關懷」，所以他們區分了這些「善的全涵式觀念」（套用羅爾斯的用語）與可允許作為多元社會之

法律基礎的政治原則：「問題在於，多數可否利用政府的權力，透過刑法的運作，將這些觀點強加到整個社會上頭。『我們的義務是定義所有人的自由，不是委派我們自己的道德律典』。」因而，反德弗林式觀點就此立足於這兩個雙生原則：尊重個體的尊嚴與自由；承認社會多元性及其對刑法的限制。

非常態性行為法現在已經是過去的陳跡，至少在美國是如此。然而，尚有其他訴諸噁心而遭到禁止的行為。我們必須看得更遠，因為或許不是所有的論點都跟我們剛才檢驗的一樣虛弱。尤其是，還有一種性行為明顯不會造成任何傷害——當然不是彌爾式的傷害——不過似乎很噁心而可怕，大多數人一定會馬上覺得應該是違法的，即使我們只能說它令人噁心。這個行為就是戀屍癖——用某位法官的話來說，這是「吾人所能想像最令人憎惡、最低劣、最污穢的性行為」。[55]

第一個必須問的問題是，戀屍癖是否真的應該是違法的？關於戀屍癖的法律史相當參差不齊。根據理察·波斯納（Richard Posner）與凱薩林·希爾堡（Katharine Silbaugh）在一九九六年所作的性法律目錄，三十六個州都沒有禁止戀屍癖的立法，而大多數這類的立法是最近才出現的。[56] 大多數州立有

55　*Locke v. State*, 501 S.W. 2d 826, 829 (Tenn. Ct. App. 1973)（不同意見書）。（本案所關切的問題是，某條州法令所規範的「違反自然之罪」是否包括舔女人陰唇的行為；這份不同意見書反對認為「是」的多數結論，並且舉出事實說，在田納西州，即使戀屍癖也從來不是違法的，雖然它很噁心。一九八九年，田納西州的反戀屍癖法就公布了。）見 Ochoa and Jones (1997)。

56　Posner and Silbaugh (1996, 213-16)。訂有這類法律的州，附上公布的年分有：阿拉巴馬（1980）、阿拉斯加（1978）、康乃狄克（1975）、喬治亞（1977）、印地安納（1993）、明尼蘇達（1967）、內華達（1983）、新墨西哥（1973）、紐約（1965）、北達科他（1973）、俄亥俄（1978）、奧瑞崗（1993）、賓夕法尼亞（1972）、田納西（1989）、猶他（1973）、威斯康辛（1987）。

禁止褻瀆屍體的一些法律，但是性的褻瀆，儘管被視爲特別噁心，卻通常不會被獨立出來加以特別嚴厲的懲罰。甚至，某些禁止褻瀆屍體的法令可能根本不會涵蓋這種行爲；加州法的用語是「蓄意使之殘缺」，而這種用語是否適用於性交時對屍體造成的傷害，則不甚清楚。[57] 同時，強暴（性侵害）法通常被解釋成必須針對活著的受害人，除了被告誤信受害人在強暴當時活著的案件。甚至在重罪謀殺[譯①]的案件，當謀殺只是意圖姦屍的前行爲時，法院通常認爲被告只可能構成強暴未遂，而不是強暴。[58] 如果戀屍癖的行爲人與被害人的死亡毫無關係時，則許多司法轄區似乎都沒有提供法律上的處理方式；有時人們支持這種事物狀態的理由之一就是：戀屍癖是缺乏被害人的犯罪。[59]

　　這裡，卡恩想必已經準備好要插一腳了。當然，我的立場既然是反對噁心在法律上的相關性，那就是要求大家認定戀屍

57　見 *People v. Stanworth*, 11 Cal. 3d 588, 604 n. 15, 114 Cal. Rptr. 250, 262 n. 15, 522 P. 2d 1058, 1070 n. 15 (1974)。（主張強暴罪必須針對活著的被害人，不過屍體則受到 Health and Safety Code 的「殘缺」條款保護。）然而，其他的案例法則定義「使之殘缺」必須是切斷肢體或者其他身體上的重要部位。見 Ochoa and Jones (1997, 544)。Posner 和 Silbaugh 因而不認爲加州擁有反戀屍癖法。

譯①重罪謀殺（felony murder），又稱 constructive murder，指犯重罪的過程中發生的殺人情節，這些重罪通常包括謀殺、強暴、縱火、搶劫等。有所謂 felony-murder rule，亦即只要是前述重罪導致他人死亡，即屬謀殺。而原註五十八所談的特別加重事由（special circumstance），指的是謀殺過程中觸犯的某些重罪或情節，通常包括多重謀殺、謀殺警員、謀財害命、（強暴）姦殺、縱火或搶劫而謀殺等等，會使得謀殺罪的量刑加重。

58　*People v. Kelly*, 1 Cal. 4th 495, 3 Cal. Rptr. 677, 822 P.2d 385 (1992)。法院主張，強暴罪的基本要件：「『在於強暴被害人對加害人的義憤與感覺』……屍體並無義憤的感覺。」然而，法院認定被告構成重罪謀殺罪：「一個人意圖強暴活著的被害人，在著手的過程中殺死了被害人，然後與被害人的屍體性交，僅僅觸犯強暴未遂，並非眞正的強暴，但仍構成重罪謀殺罪，符合強暴的特別加重事由。」

59　見 Ochoa and Jones (1997, 549 n. 63)，引用與一位加州檢察官的訪談。

癖不應該是犯罪，但是我們的道德能力當然也告訴我們相反的
結論。於是，對於這種情況的噁心，可能與戀屍癖是否應該違
法化的決定有高度相關性。

為了回答這個問題，我們必須討論較一般性的毀損屍體的
問題。我們之所以視這種錯誤行為是嚴重的，主要是由於它對
我們已故之親人或所愛之人的傷害。屍體通常屬於遺族。它是
特別有價值、特別私密的所有物，像是珍貴的情感物品或宗教
物品。任何毀損它的行為都是可憎的，而性的毀損可能對遺族
而言是特別令人痛苦的行為，因為它造成一種印象：行為人以
冷酷無情的漠視，甚至是放肆的殘酷來對待往生者。即使往生
者沒有親朋好友，我們還是認為戀屍癖是對往生者的生命所施
加的侮辱，也是對於宗教或個體意義的攻擊，因而國家透過將
這樣的屍體視為國有，承擔起保護其免於褻瀆的責任。

我們不需要採取與屍體和位格（人）相關的形上學立場，
即可得到上述的判斷；爭議中的戀屍癖行為侵犯了人們的宗教
信念以及其他根深柢固的倫理與情感信念，而人們也有權利依
照屍體歸他們所有的事實來提起訴訟，這些認定對我們而言已
經足夠。[60] 從這個意義上看，禁止毀損屍體與禁止褻瀆教堂與
宗教物品的法律有密切關係：它們不只是財產犯罪，而且是特
別嚴重的財產犯罪，因為它們漠視了我們社會所保護的宗教意

---

60 因此我們不需要與Whitman站在同一陣線，他寫道：「而至於你，屍骸，我認為你是良好的
肥料──這件事並不冒犯我。」（*Song of Myself* 49.1291）另可見52.1339：「我將自己留給塵
土，好在我所愛的草葉裡發育／如果你想再找到我，就在你靴底的泥土上看看。」

義。即使那些事物沒有這種宗教意義，它們還是可能具有對遺族而言特別重要的情感意義。戀屍癖對許多人而言特別可怕且引人義憤，因為我們覺得將這些有宗教意義的對象利用在性的目的上，就是對它們的宗教或情感意義犯了特別嚴重的褻瀆（類似對宗教殿堂的褻瀆）。

　　另一個相關的議題是同意。不論我們的形上學或宗教信念為何，我們通常都認為剛死不久的屍體與往生者（的位格）有特別密切的關聯。因此，正如我們厭惡強暴，包括厭惡對睡夢中或昏迷中的人加以強暴，我們也厭惡對於屍體的性侵害。（這還可能包括與往生者生前沒有性關係的親屬對於往生者的性侵害，因此也禁止合法保管屍體的人對屍體從事戀屍癖的行為。）威斯康辛州明白採取這種標準，相關的法令規定：「所有性侵害犯罪，不論被害人於性接觸或性交當時是生或死，均適用之。」[61]

　　這樣是正確的嗎？這似乎是說，死後的強暴侮辱了往生者，但是這種判斷引起了嚴重的問題：「在他死後發生的事情，何時（如果有的話）可以說是對他的傷害？」[62] 如果末期昏迷與死亡之間的區分真的那麼重要的話，那一個強暴屍體的人就很難說是做了犯罪行為。這種行為當然表現了他非常令人不悅的性幻想，但是對我而言，這種行為是否應該納入犯罪則不甚清楚。

61　　Wis. Stat. Ann. 940.225 (1987). Posner and Silbaugh (1996, 216).
62　　相關哲學論述的檢討，見 Nussbaum (1994, chap. 6)。

如果犯人既是屍體的合法保管人，又是往生者生前的性伴侶，譬如活著的配偶，那又如何呢？在這裡，違反同意的方式與前述的並不完全相同，但是，正如我們認定婚姻中的強暴還是強暴，我們也認為對不能回應的對象做這種行為與強暴類似。同樣地，不論這種行為是否應該是違法的，它還是表現了行為人非常令人不悅的意義。（威斯康辛州的強暴法與反戀屍癖法是一致的，明示規定：「不應該因為被告與被害人的婚姻關係，而推定被告不可能違反任何性侵害法律。」[63]）

對我而言，上述考慮似乎是和戀屍癖的法律最相關的因素。在屍體像所有物受到侵害的案例，這些因素可能足以正當化這種情況下的一些刑事處罰，包括將戀屍癖定義得比其他的褻瀆屍體或破壞墳墓行為更嚴重，給予更重的處罰。在其他案例，同意的不存在則造成許多困擾，不過這是否足以正當化將戀屍癖入罪化，則還不是很清楚。無論如何，戀屍癖與所有藉由噁心而加以禁止的合意性行為完全不同。非常態性行為法之所以錯誤，乃因它在法律裡加入了鄰人對於某些人合意之行為的噁心，而他們的生活根本不干鄰人任何事。對於戀屍癖的處罰，就其現在的程度而言是正確的，因為對於保有屍體如其財產的人而言，無論是國家或是私人，管理屍體都是他完全正當的關切。在沒有個人的所有者，或者所有者就是侵害者（活著的配偶）的案例，我們可能會懷疑法律到底應該說些什麼，然

63　Wis. Stat. Ann. 940.225 (1987). Posner and Silbaugh (1996, 43).

而不論我們最終是否要將戀屍癖入罪化，我們當然可以說這種行爲在道德上是很讓人不舒服的。

　　經過這樣的分析，更能顯示噁心本身並不是這類法律是否正當的背後驅力。四種現存的法令的確談到噁心，使用了德弗林式的語言諸如：「以普通人情感上覺得冒犯、反感之方式錯誤地對待屍骸。」[64] 然而，在思考這個議題時，噁心的想法似乎是不必要的，也可能讓我們從必須考慮的嚴重問題上分心。我們所討論過的問題，包括讓人義憤的對於遺族或往生者的傷害、財產犯罪，以及類似強暴的行爲。當宗教殿堂受到侵犯時，我們感到義憤，因爲保護宗教是一種價值，是我們作爲一個社會所深刻堅持的價值。同樣地，當有人取走我們所愛之人的屍骨而且傷害它時，我們感到憤怒，因爲這是一種特別嚴重的傷害，不論我們是否也視之如同強暴。當活著的配偶與屍體做愛，我們可能感到同情，但是我們也會感到義憤，因爲他幾乎不關心是否有一個活生生、能夠同意的存有者在。在所有這些案例裡，我們可能也會感到噁心，但是任何我們想要思考的立法規制，其完善良好的理由都已經包含在我們的義憤反應裡。是對於人所犯下的錯誤，而不是我們感到被污穢的性活動所污染，才解釋了某些刑罰的正當性。甚至，對戀屍癖立即的噁心反應反而容易模糊問題，讓我們在面對有重大差異的各種

64　田納西州；類似的語言可見於阿拉巴馬州（「冒犯普通家人之情感者」）、俄亥俄州（「明知會冒犯理性社群之情感者」）、賓夕法尼亞州（「明知會冒犯理性家人之情感者」）。所有這些法令都談到「家人之情感」。

案例時，以為所有的案例都是類似的。在這個特別困難的領域裡，聚焦在錯誤上似乎比聚焦在噁心上來得切題與可靠，也有較佳的指導性。

V. 噁心與公害法

現在我們可以轉到另一個領域，在這裡訴諸噁心似乎是最直截了當的：這就是公害法。正如我所說過的，在這裡法律介入以保護人們免於真正的噁心經驗，因為噁心干涉了他們使用與享受財產的權利。噁心被視為一種傷害，其法諺如同我在本章開頭引言所引用的標準案例所言：*Sic utere tuo ut alienum non laedas.*（以不損害任何他人之方式使用汝之財產）。於是，噁心是一種真正的「傷害」，會引起法律上的禁止，而不是一種聲稱某種行為有多壞的判準。因為這類案例顯得相當直接明白，放在我對於複雜案例的解釋中間處理似乎很奇怪。不過我認為，在研究過各種基於投射與群體貶抑的噁心之後，將有助於我們在公害法的範疇裡分辨什麼是真正的噁心即是傷害的案例，而什麼又是在道德上與法律上都有問題的。

幾乎所有現代公害案件都會引用的經典判決先例，即是亞卓德案判決（一六一○年的英國案例）。當中主張：「如果由於噁心的氣味、巨大或不尋常的噪音、濃煙、有毒氣體、機械軋軋作響、不合法的蠅蟲聚集，導致鄰近土地的住戶感到危險、無法忍受甚至不適，則一個人沒有權利在其土地上維持這

樣的建築物。」裡面所列舉的事例都涉及Ａ的財產裡有一些東
西侵入Ｂ的財產。不是可見的物質（蠅蟲、濃煙、氣體），就
是聲音與氣味，而這些聲音與氣味並不單是想像或觀念上的，
而是真實出現。換言之，這裡的問題並不是由於Ｂ想像Ａ在Ａ
的財產上做了什麼事，因此Ｂ感到不悅與噁心。是Ａ真實無誤
地把某件事強加到Ｂ的身上。其次，單單就噁心而言，這些範
疇都涉及對於「原始對象」的噁心，也通常結合真正的危險
（「有毒氣體」）。

　　近代的判決都依循這個典範。許多這類的案例都涉及到水
權：鄰人Ａ不得污染流經Ｂ之土地的水。案例法清楚表示，要
構成公害，實際的危險是充分的，但不是必要的：只要有感官
上的強烈噁心即為已足。[65] 因此，位於住宅區的養豬場就構成
公害，即使不能證明它對健康有害，而那些味道也是以好米好
菜餵養的豬發出的自然氣味。[66] 接近牛奶牧場的污水池也被認
為是公害，即使無法證明那些牛因為污水池流出來的水而感染
到什麼疾病。[67]

65　典型的案例可見 *Baltimore v. Warren Mfg.*, 59 Md. 96 (1882)，當中危險或「令味覺或嗅覺反感」
　　的性質都是充分的。
66　*Commonwealth v. Perry*, 139 Mass. 198 (1885)。州政府主張：「該等氣味讓該區住宅之某些居民
　　產生不適、暈眩、噁心等反應；有時，它們非常濃烈，該區居民被迫關門閉戶；該等氣味在
　　豬而言是自然的，一位證人描述為『豬的味道』，另一位證人則說是『五百次方的豬味』，還
　　有一位證人說是『豬舍的味道』。證人都承認，沒有人拿餿水、污水或不潔的食物去餵那些
　　豬，牠們吃的都是良好的穀物、甜菜根與其他蔬菜。」
67　*Kriener v. Turkey Valley Community School Dist.*, 212 N.Y.2d 526 (Iowa 1973)。一位證人作證說，只
　　要風從污水池塘那邊吹過來，吹進她的家裡，她就吃不下東西：「呃，我知道，我好幾次在
　　不同時間回家吃晚餐，但是吃不下。如果我要炸點肉或什麼的，噢，我就好像快把早餐都吐
　　出來了。與其這樣，我只好出門，也別想吃晚餐了。」

有趣的是，界線劃得非常小心：法院認為抽取魚油、製造魚渣的工廠不構成公害，即使那個過程會釋放出「讓人討厭的氣味」，直到後來廠主也開始用乾掉的魚渣、磷酸鹽、硫酸、煤焦油製造磷肥時，過程中產生了「令人噁心作嘔的惡臭，隨著空氣四處散播，帶有骯髒與噁心氣味的刺激性，焦黑的物質大量產生……對當時的眾原告與米爾福的大部分人造成了公害」。[68] 有趣的地方在於，強烈的魚腥味並不足夠，雖然原告也抱怨這點。但有毒的化學氣味混合在其中，就變成另一回事。

另一種擴張在傳統上也是被允許的：如果將不易察覺的噁心物質放進水裡，但是一旦知道它的存在就會引發噁心者，這種情況也是提起訴訟的充分基礎。常見的引文是來自伍德（Wood）論公害的文章，裡面是這樣說的：

然而關此（水權），如同對待空氣，並非所有將雜質摻入水中的行為均屬能提起訴訟之事由，僅有摻雜質入水而嚴重減低其於普通生活目的之價值，使之顯然不符家用之目的者；或如導致水中產生有害身心或令人反感之氣體或氣味，因而減低其鄰近財產之舒適性或利益性之享受程度者；或如儘管未於水中造成實際可感知之效果，然而預估將產生令感官噁心之性質，譬如將動物屍骸沉積於水、於溪上建築茅廁、或其他預估

68　*Baldwin v. Miles*, 20 S. 618, Conn. 1890.

將使用水於普通生活目的之人作嘔或噁心之作為；或如減低其於生產目的之價值者。69

　　我們發現，在這裡有三種提起訴訟的充分條件：危險、感官上的極度干擾，以及針對原始對象的噁心。至少對這個判例而言，最後一點似乎可以跟危險及感官衝擊區分開來。這個想法是令人困惑的，因為廁所與動物屍體「真的」會造成危險，而且根本上也會造成強烈的感官衝擊。不過伍德顯然主張，即使它們沒有危險或感官衝擊，單純想到它們存在在那裡，就覺得噁心，因而也能提起訴訟；法院也同意這種論點。同樣地，在另一件水權案件裡，「大量不潔、令人反感、腐敗、分解中的物質、穢物與各種人體排泄物，日以繼夜沉積於湖水中」，這樣的事實即足以構成公害，即使「如此之沉積以往、至今均未達可觀之足量，足以察覺其於湖水之影響」。因為知道那些東西在裡面，就「造成噁心，使人不想採用湖水以供公共或家庭目的之用」。70

　　這些公害的擴張案例，是否包含了我們之前章節所批判的「單純建構性」的噁心呢？重要的是，在這裡可容許作為法律訴訟之基礎的噁心，是「想到」某種事物以充足的量出現一段時間即足以導致強烈的感官上噁心的那種噁心。其次，這類事

69　引自諸多水權案件之一：*Trevett v. Prison Association of Virginia*, 98 Va. 332 (1900)。
70　*State v. Morse*, 84 Vt. 387 (1911)，當中討論了一件較早的案例：*Dunham v. New Britain*, 55 Conn. 378。

物在當前的出現本身已經是種危險。這類案例非常不同於這樣
的案例：聲稱如果黑人在湖裡游泳，那湖水就被污染了；儘管
不是全部但也有多數美國人曾經持這種觀點。前述被允許的擴
張，恰好都限於原始對象的範圍：屍體、排泄物都是原始噁心
的典型對象。因此這裡的輕微擴張似乎並不是重大的理論變
化，不是往「單純建構性」的公害擴張。

　　然而，人類當然不喜歡與他們認為噁心的人生活得很近。
許多種族歧視的南方（Jim Crow South）所訂的法律最後都是
由噁心支持的，認為與黑人共用廁所、飲水機與其他公共設施
等等是很噁心的。其次則是由污染的巫術般思考所支持，而這
種思考伴隨著種族主義的噁心。人類總是會試圖利用區域劃分
或居住限制，將他們認為有污染性的群體阻絕在外。有時這些
污染的思考也會偽裝成有關公害的正當關切。讓我們思考一下
Cleburne v. Cleburne Living Center（我將在第五章更深入討論本案
細節）。[71] 城市區域劃分法訂定後，要求「收容精神失常者、
智能不足者、酗酒者或藥癮者的收容之家」必須得到許可證，
而德州系爭城市拒發許可證給一所收容智能發展遲緩者的收容
之家。（康復之家、老人之家、療養院都不需要許可證。）智
能發展遲緩者通常令人害怕與噁心，拒發許可證顯然是反映這
些態度，雖然市府試圖主張該區域是位於「五百年歷史的沖積
平原」上，而智能發展遲緩者可能會在洪水來臨時無法逃脫。

71　473 U.S. 432 (1985).

本案乃聯邦最高法院判定法律缺乏合理基礎的稀有案件之一，聯邦最高法院認定拒發許可證違背了平等保護條款，因爲它只是基於「有害之歧視」（不公正之歧視）、「對於智能發展遲緩者之非理性偏見」與「模糊、未分化之恐懼」。

　　*Cleburne*判決提供我們可遵循的基準，以思考噁心在居住法、區域劃分法、公害法之領域裡的擴張問題。對於一個人或群體基於平等原則而生活並享受其財產的權利，非理性的偏見不可能成爲否定這些權利的根據。法院理解公害的傳統範疇是正確的，將之限於極狹小與精確的範圍，緊密地集中於感官上的極度干擾、對健康的危險，以及少數儘管強烈觀念化但仍針對原始對象的噁心，而且這種噁心也與厭惡和危險有很密切的關係。所有立足於團體偏見或巫術般思考的噁心，必須完全加以拒絕，不得作爲立法規制或法律訴訟的基礎，即使在區域劃分與居住法令的領域也是。

　　讓我們再思考兩種案例，這兩種案例以有趣的方式闡明了這個界線。如同彌爾所指出的，一個人的宗教若告訴他不得吃豬肉，則他也會對豬肉發展出很濃烈與非常身體性的噁心。（他以穆斯林爲例子，不過在猶太人之中這種現象也很明顯。）當他們看見有人在吃豬肉時，其身體感受的強烈程度可能完全比得上對於排泄物與屍體的噁心。那麼，在有許多穆斯林與猶太人所在的社群裡全面禁止吃豬肉，是正確的嗎？甚至，如果依照本節所思考的典範，當穆斯林與猶太人的鄰居在烹煮豬肉而讓氣味飄進他們的財產上頭時，可否給予穆斯林與猶太人得

據以提起訴訟的理由？

　　這種案例很複雜，因為系爭的噁心很難與針對原始對象的噁心區分開來，而食物是所有原始對象中最突出的。然而，彌爾主張，這種噁心的源頭是來自宗教上的禁戒，告訴他們不應該吃豬肉，吃了就是錯誤的。尊重擁有不同宗教信念的人，這點應該可以阻止他們把來自其宗教教義的情感強加到別人頭上。我同意：這種對豬肉的噁心在觀念上與宗教認同和將噁心的屬性（不潔、令人反感的習慣等等）投射到他人身上密不可分。雖然，身為敏感的穆斯林與猶太人的鄰居，若能細心安排不讓氣味飄進鄰近的土地上，當然是有禮貌的，但是在一個宗教多元的社會裡，這些氣味並不能成為訴訟之理由。

　　反之，現在讓我們思考素食者對於吃肉所感到的噁心。為了讓對比更尖銳，我們設想鄰居所吃的肉，其牲畜是以殘忍與令人反感的條件豢養起來的，與大部分食品工業畜養動物的條件一樣。如今在我們的社會裡，素食主義已經很接近一種宗教：它只是眾多全涵式的善的教條之一，是公民可以正當地持有的。因此，素食者對於隔壁烤小牛肉感到噁心，與猶太鄰居對於隔壁烤豬肉感到噁心，兩者應有的待遇並無不同。然而，我認為其實是有不同的，也應該得到不同的承認。因為素食者的噁心是源自於一項道德原則，認為動物所受的不必要痛苦是非常壞的一件事，甚至侵害了動物的權利。如果這項道德原則在社會裡得到普遍認可，它將成為社會之政治核心的部分，因為它涉及了基本權。如此一來，素食者的噁心將得到法律的尊

重，隨之而有各種法律限制大規模養殖場的做法以及如此違法生產出來的肉品。然而，請注意這些將是立足於傷害的刑法，而素食者的噁心本身在法律裡並沒有顯著地位。如果我們同意畜養食用牲畜的現行方式是不可容忍的（為了論證順利，姑且不論是否找得到任何養育食用牲畜的人道方式），那麼現行的惡劣做法直接就是違法的，而鄰居的烤爐裡也不能出現烤小牛肉──無論如何，至少烤肉不能來自那種現行的獸欄裡養大的小牛。

這兩種案例之間的對比顯示：兩者都不是以「單純建構性」的噁心，亦即立足於個人道德與宗教教義上的噁心，來作為法律上重要的因素。這些重要的因素若不是適合於讓社會整體認可，並以之為政治目的之核心與基本原則的道德信念，就是落入公民可以有所歧異的那些原則。在前者的情況，是社會整體的認可驅動了立法，而不是噁心；在後者的情況，若一位公民可以拿自己的噁心作為理由來限制另一位公民的自由，那就是錯誤的。

VI. 噁心與陪審團：「恐怖與慘無人道」的 凶殺案

至今我們已經討論過大多數在法律上訴諸噁心的類型。不過還有一個重要的範疇：這是一種案例類型，特別切合丹・卡恩所提的支持噁心的進步主義論證，也是他的分析關鍵。在這

類案件裡，為了決定一場凶殺案是否「特別凶惡、凶殘或殘酷」，陪審團被要求考慮噁心的反應，而許多州法令規定這種決定與死刑的適用與否具有關聯性。[72] 顯著的例子是喬治亞州的法律，如果犯罪是「超乎尋常、毫無節制的惡劣、可怕與慘無人道」，則允許判罪犯死刑。[73] 我們可以清楚地了解，這種用語儘管沒有明白提到「噁心」這個詞，還是請陪審團在思考加重事由時考慮他們的噁心反應。如果說，噁心在這裡扮演了核心並且有價值的角色，藉以辨識出特別凶惡的凶殺案類型，這是相當可信的。

　　關於噁心的這種運用方式，首先也是最明顯的問題，也是聯邦最高法院一再提到的，是那些要件的用語太過模糊，因而導致死刑的適用方式必然是「獨斷與恣意的」；這就是在 *Godfrey* 一案討論喬治亞州用語時所提到的。聯邦最高法院寫道：「獨立來看，這寥寥幾句根本沒蘊涵任何固有的內在限制以拘束獨斷與恣意的死刑科處。一位擁有普通情感的人，幾乎都能把每件謀殺案描述成『超乎尋常、毫無節制的惡劣、可怕與慘無人道』。」[74] 同樣的主張也可見於奧克拉荷馬州的案件，當中聯邦最高法院全體一致認定，「特別凶惡、凶殘或殘酷」這樣的用語模糊到違憲的地步，不足以提供陪審團任何指引。能夠合憲的是一種「限制性的結構」或一組這樣的結構，

72　系爭奧克拉荷馬州法的用語可見於 *Maynard v. Cartwright*, 486 U.S. 356, 108 S. Ct. 1853 (1988)。

73　*Godfrey v. Georgia*, 446 U.S. 420, 100 S. Ct. 1759, 64 L. Ed. 2d. 398 (1980).

74　Ibid. at 428-29, 100 S. Ct. at 1764-65.

即提供陪審團具體的加重事由描述，譬如在犯重罪的過程中所犯的謀殺、凌虐後謀殺。[75]

　　無論如何，如果我們有這樣的描述，我們就可以把噁心置之不理；我們真的不需要噁心來告訴我們凌虐有沒有發生。噁心這種情感顯然不能良好地指出通常被認為涉及加重事由的謀殺案類型。許多在犯重罪過程中所犯的謀殺，通常並不會引起噁心，譬如在搶銀行過程中射殺行員，通常被認為很惡劣，但是很少令人感到噁心。反之，許多陪審員可能會覺得噁心的一些謀殺案，並不涉及任何合憲的加重事由定義：聯邦最高法院說得很對，當法庭上有人精確描述血腥的場面時，多數陪審員就會對許多（若不是全部）謀殺案覺得噁心。血腥是噁心相當普遍的引發原因，但是許多特別惡劣的謀殺案都缺乏這些特徵，反之許多擁有這些噁心特徵的謀殺案，其惡劣程度並不會大於其他所有的謀殺案。

　　如果陪審團因為某些理由不想同情被告，這樣的扭曲就會更加放大，譬如如果黑人男性的被告出現在白人占優勢的陪審團面前，而他的犯罪被害人恰好是白人女性。於是訴諸噁心將引發嚴重的平等保護問題，其程度遠超過任何案件裡因不平等的種族死刑紀錄所引發的問題。[76] 更廣泛來說，訴諸被告的犯行有多麼令人毛骨悚然、令人噁心，將使陪審團更加遠離被告，讓他們視被告為徹底的「他者」。這種訴諸噁心的方法會

75　*Maynard v. Cartwright*, 1859.
76　Johnson (2002).

與先行的偏見同流合污，刺激判處極刑的可能性。[77]

　　噁心也可能引發有關心智能力的嚴重問題。如果檢方所訴諸的噁心類型，是將謀殺犯置於凶惡的怪物之類，或多或少處於陪審團的道德邊界之外，那麼這樣的界線劃分必然引起心智是否健全的問題。將謀殺犯放得離我們愈遠，那他是不是一個道德主體就愈不清楚，而他是否應該受到我們保留給有責任能力之主體的懲罰，也愈不清楚。不論我們如何為法律的目的去定義精神失常，當我們把某人變成怪物時，馬上就會引發有關精神的問題。亞里斯多德很早就認為某些個體（譬如神話般的法拉里斯王，他將人放進大鍋裡煮）實在太奇怪，甚至無法說他們是邪惡的，因為極端又奇異的病態顯示，有些人根本不是目的的抉擇者。[78] 不論我們採用什麼樣的心理學概念，遇到聲稱令人毛骨悚然、慘無人道的行為，當我們試圖將強烈的道德責任之熱望與訴諸噁心的解釋結合在一起時，我們很難不落入相同的困難。或許這個困難可以獲得解決，但是首先我們需要公正地面對它。噁心不但不能支撐起我們社群的道德邊界，事實上還可能會使這些邊界更難捍衛。[79]

　　注意，這種問題直接聯繫到噁心的認知內涵，但憤慨的認知內涵並不會引起這種問題。噁心只會將其對象隔得遠遠的，

---

[77] 關於「他者化」與極度嚴厲之懲罰之間的關係，見 Schulhofer (1995, 850-54)。

[78] *Nicomachean Ethics* VII.5, 1148b24。相同的範疇裡還包括食人者、把懷孕婦女開膛剖腹以便吃胎兒的人。這些都被稱作「禽獸的惡行」（獸行），其種類與「（倫理上的）惡行不同」。

[79] 不過，如同 Schulhofer (1995) 所主張的，現在美國陪審團的傾向是以極端嚴厲的刑罰回應這種使罪犯遠離人性的解釋，精神失常的抗辯極少成功。因此，本人的論證只是針對 Kahan 個人而言，而不是針對我們現在情勢的切題而直接的論證。

並劃下不可踰越之界線。它將一些性質歸屬於噁心的對象，使它不再是主體之社群或世界的成員之一，而是一種外來的異物（種）。憤慨則是往不同方向運作：藉由譴責對象、關注那個人行為上的錯誤性質，憤慨預設了人性與責任的歸屬。[80] 甚至，它預設了很像精神健全之法律定義的內涵：人在行為時能意識到正確與錯誤（是非）的區別。反之，噁心似乎是為能力減低的抗辯量身訂做的，而我們通常會對精神錯亂之謀殺犯的行為感到噁心。但是卡恩卻主張說，噁心能幫我們強硬地面對深謀遠慮與精神完全正常的謀殺犯，他的說法在這裡又碰到了另一個問題。

　　現在我們應該思考一個更深的論點。我說過，通常我們針對某個群體的噁心，其實標示了我們想把自己身上某種東西隔離起來的欲望，而那個群體卻把這種東西表現給我們看。在憎恨女人與恐懼同性戀的噁心上，這種診斷特別清楚，但我相信它也同樣適用於我們對於邪惡的反應。我們通常告訴自己，凶惡的罪犯是怪物，一點也不像我們。這種傾向的影響力很強，在針對納粹與大屠殺的文獻中處處可見。丹尼爾・約拿・葛哈根（Daniel Jonah Goldhagen）所著之《希特勒的為虎作倀者》（*Hitler's Willing Executioners*）之所以在德國與美國都掀起廣大熱潮，原因不是它的新穎或品質所能輕易解釋的。[81] 我相信真正

80　當然，我們可能會對動物或小孩生氣，但我們之所以這麼做，在某種程度上是因為我們通常會把人類的抉擇能力與自制能力歸屬到他們身上，不論這種歸屬是理性的或非理性的。

81　Goldhagen (1996).

的原因是許多人（包括現在的德國人，葛哈根小心翼翼地想讓他們脫罪）相信產生納粹恐怖的那個文化只不過是一種畸形的怪物與脫離常軌的情況。不同於其他的書強調納粹加害者之邪惡行徑的共同性（如以不同方式論述的漢娜・鄂蘭〔Hannah Arendt〕與克里斯多福・布朗寧〔Christopher Browning〕[82]），或強調文化意識型態在塑造納粹精神上的角色（如羅勒・希爾伯格〔Raul Hilberg〕[83] 與歐瑪・巴托夫〔Omer Bartov〕[84]），葛哈根的書主張：產生納粹的德國自成一類，以「從未知之岸登陸的人類學家的批判之眼觀察」，是種「徹底不同的文化」。[85]那些人並不是由可以輕易在其他時空複製的因素所造成的，他們並不是出於人類深刻共享的毀滅能力而行動的；他們是獨特的噁心怪物。我們根本不像這種東西，也不可能做出任何像這樣的事情。[86]

　　不論在歷史著作或電影、小說裡，當我們以這種「人類學」（anthropological）方式觀看納粹時，我們得到了安慰：邪惡在外面，異形與我們沒什麼關係。我們的噁心創造了界線：它

82　Browning (1992)強調常人的反應所扮演的角色，譬如屈服於同儕壓力、不想被認爲是懦夫、不想丟臉之類。

83　Hilberg (1985)強調將猶太人視爲寄生蟲甚至無生物來對待，這種經過深思熟慮與意識型態動機所驅動之行爲在心理上的重要性。

84　Bartov (1991)強調意識型態的角色，這角色讓一群人有能力實現殘暴的行爲。亦可見Bartov (1996a)。

85　Goldhagen (1996, 15).

86　見Bartov (1996b) 對於Goldhagen (1996)的評論。他表示，Goldhagen的作品中錯誤而令人心安的訊息，可能是本書儘管有學術上的錯誤卻仍廣受歡迎的原因之一。另可見Goldhagen (*New Republic*, 23 December 1996)與Bartov and Browning (*New Republic*, 10 February 1997)的論戰。亦可見Bartov對於Wolfgang Sofsky所著之 *The Concentration Camp* 的評論 (*New Republic*, 13 October 1997)。

說，這種污染必須、也已經遠離我們純潔的身體。同樣情形下，我們可能還會說，我們召喚噁心來助我們一臂之力：藉由將邪惡之人視爲噁心的，我們才能方便地使他遠離我們。

　　反之，當我們不用噁心來描述納粹，而將納粹描述成跟我們共享相同特徵的人類時──不論是強調全人類共同的邪惡能力，或是強調造成墮落又無所不在的同儕壓力、對於權威（包括扭曲的意識型態）的服從性──這麼做就會拉響警報，因爲它要求自我審視，警告我們如果我們在類似的情況下，很可能也會做同樣的事。它警告我們出現在自己身上的邪惡（不論主動或被動地合作），並要求我們自問如何防止在我們的社會裡出現類似的事情。[87] 我們必須面對自己可能變成他們的事實，而這件事在某種重要的意義上意味著「我們已經是他們」：我們恐懼、虛弱無力、道德盲目，所以也能造成同樣的邪惡。比起葛哈根的說法，這種面對邪惡的反應會在我們的心理與政治上造成更嚴峻的困擾與挑戰，因此他的書會受到溫暖的贊同就一點也不令人意外。它讓我們忘記美軍在越南所犯的暴行、歷史上對奴隸與美洲原住民所犯的暴行，更不用說對猶太人，即使他們沒有被滅絕，也極少受到良好對待。不！怪物才導致邪惡，而那種邪惡只可能發生在別處。[88]

87　這類反思見 Glover (2000)。
88　見 Bartov (1996b, 37-38)：「我們只得到這個論點：德國人都是怪物，而納粹統治只是讓他們有機會按照自己邪惡的欲望行動而已……Goldhagen 的確在訴諸群眾，而群眾只是想聽到他們早已經相信的事情。由於這麼做，他模糊了大屠殺實在太黑暗、太可怕的事實，反而把它化約爲單純的解釋，剝奪了它在我們自己時代裡的適當性。」就這些議題的討論，我很感謝 Rachel Nussbaum。

　　我相信，當我們作為陪審員或旁聽者，強烈地被慫恿對謀殺犯的犯行報以噁心的反應時，同樣的事情也會發生。我們被慫恿將他視為怪物，是置身於我們道德宇宙之外的異形。我們被慫恿「不要」有「要不是……我也會那樣」的想法。但是在事實上，似乎所有的人類都具有邪惡的能力，而且有許多（若不是大多數）駭人聽聞的犯行是受到環境扭曲的，不論是社會或個人的環境，都能在解釋其邪惡行徑時扮演重要甚至有時是決定性的角色。如果陪審員被誘導去思考這些邪惡的事是怪物所做的，他們天生就不一樣，是非人的怪胎，那陪審員就被阻止去思考他們自身與他們的社會；但這對於自身與社會的思考，高度切合於法律的端正與平等適用，也是營造一個較少邪惡之社會所需的。（這個問題在自由民主社會裡可能會特別迫切，因為公民都知道將少數人妖魔化是不被接受的，所以「罪犯」就更容易成為妖魔化的對象。）如果我們藉由一些合理的解釋將謀殺歸類為涉及「加重事由」者——譬如列舉酷刑凌虐、重罪謀殺等等加重條件——我們就不會扼殺上述這種有益的思考出現，因為這樣合理的分類要求我們自問為何酷刑凌虐是壞的，並反思我們想威嚇這種行為的強烈社會理由。（憤慨的情感與這種反思的過程經常相關。）如果我們是藉著噁心來分類，我將主張，我們不但會扼殺這些反思，也會以不正當的慰藉來安慰自己。

　　現在我們必須思考一個較特別的案例，因為它在卡恩支持噁心的論證裡非常顯著。[89] 一個名叫貝托第的謀殺犯為了滿足

殘虐的性慾而殺人。[90] 他勒死女性被害人，切下她的乳頭，將
她裝進垃圾袋。警方在他家裡搜到不少被害人死後的照片，陰
道與肛門都插滿人工陰莖。陪審團認定貝托第的犯行「極度凶
殘與殘酷」，判處他終身監禁，不得假釋。然而在獄中，貝托
第請求將那些人工陰莖、被害人的照片、曾經裝過她的垃圾袋
以及相關的性工具交給他在獄外的代理人。州政府反對這個請
求，主張若將這些物品交還，即使不是還給貝托第本人，也會
「引起一般公眾之正當義憤、噁心與不可置信」。他們極力請求
將這些物品銷毀，而麻州上訴法院同意了，並認定歸還這些財
產將會「侵犯文明社會所珍愛之端正的基本觀念」。

　　根據卡恩的思想，貝托第案顯示，由於噁心支撐起社群的
道德，所以在刑法裡扮演了不可磨滅的角色。若不從噁心的角
度來看，將無法解釋本案的結果及優點。卡恩主張，沒有任何
矯治或特別威嚇（預防）上的關切可以解釋本案的結果（將貝
托第終身監禁），而一般威嚇（預防）上的關切也不能解釋州
政府拒絕歸還那些物品的決定。卡恩結論道，唯一剩下來的解
釋是噁心。如果政府同意貝托第的請求，那政府就會被他的物
品所散發的污染性質「玷污」。而請求將那些物品「丟棄到它
們所屬的垃圾堆裡」，則十分明顯是噁心的表現。因此本案顯
示出噁心是維護社會道德邊界的核心情感。

89　Kahan (1998, 1999)。Kahan明白表示，他之所以對這個案例有興趣，一部分是因為它不是死
　　刑案件，可以讓我們集中焦點在噁心的議題上，而不會遇到死刑適用之不確定與多變性的惱
　　人問題。
90　*Beldotti v. Commonwealth*, 669 N.E.2d 222 (Mass. Ct. App. 1996).

　　卡恩有關一般預防（威嚇）的論證首先就不能說服我。很明顯地，將一個謀殺犯用於謀殺的性工具歸還給他，這是太過寬大、縱容，足以削弱終身監禁的威嚇效果。因為這麼做意味著他知道自己所有的性工具都安全地在代理人手裡，而能在獄中享受時光，放縱他的殘虐想像。反之，若只是把他的鑰匙或皮夾交還給他的親屬，就很難讓其他性謀殺犯以為貝托第過得輕鬆愉快，因為這與一個囚犯所能發揮的影響力沒有什麼要緊的關係，或許根本也不會受到公開評論而傳到其他性謀殺犯耳裡。

　　這裡的問題核心無疑是卡恩忘記了應報（retribution）的刑罰目的。看待政府拒絕返還物品的決定，最自然的方式無非是視之為等價應報：你用這些性玩具奪走了一個女人的性命，所以為了懲罰你，當然是拒絕返還能讓你得到性快樂的事物。[91]州政府談及三種反應：「義憤、噁心與不可置信。」卡恩只注意到噁心與污染，但第一種與第三種反應也是非常重要的，兩者也緊密相關。義憤所傳達的想法是：貝托第應該受到最嚴厲的懲罰，如果還獎賞他，不但是不合理，也是錯誤的。這種獎賞不僅是駭人聽聞的——所謂不可置信的反應——也是對於死者、關心死者之人和社會的深刻傷害與不尊重。義憤的情感具有高度的認知性，傳達了經過推理的判斷，而能公開受眾人共

91　那些物品想必絕不可能再回到貝托第本人手裡的這個事實，對於本解釋所造成的問題並不會比對於卡恩的解釋所造成的問題來得大，既然我們都相信，按照他的願望將那些物品還給他的代理人形同讓他依自己的方式去關切那些物品。

享。[92] 它並不像噁心將焦點集中在對於自我的污染上，它注意的是已經發生的傷害與錯誤。因此義憤與應報性懲罰的觀念有密切關係，在本案中關聯到的想法即是：我們應該拒絕讓他接觸他用以犯下滔天大罪的工具，藉此來懲罰他（而不是將這些謀殺用的武器還給這傢伙，給他獎賞）。[93]

　　噁心在本案的圖像裡很清楚。毫無疑問，政府是正確的，如果政府同意他的請求，則公眾除了產生義憤與不信任之外，還會產生噁心的反應（表現出污染與污辱的情感）。但是義憤本身已足夠解釋本案的結果以及它為何是正確的，我們不需要如卡恩所主張的那般依靠噁心。而且如同我所主張過的，對於法律判斷而言，義憤比起噁心是更相關、恰當且可靠許多的道德情感。它內含了能公開共享的推理過程，它也不會待罪犯如同昆蟲或鼻涕蟲，是我們道德社群之外者。反之，它主張將罪犯納入我們的道德社群裡，依照道德的基礎判斷他的行為，因此避免了任何將罪犯視為我們都不可能成為的怪物的傾向。

　　其實，我認為本案的情況很清楚，針對貝托第，義憤不僅是較健全的反應，也是對本案結果及各方意見的較佳解釋。因為州政府與法院都沒有懷著「從未知之岸登陸的人類學家」之

92　見 Sunstein, Kahnemann, and Shkade (1998)。本文結論道，藉由許多設計成能反映各種不同族群的陪審團實驗，義憤在懲罰性損害賠償案件裡的判斷與階序是出奇地具有恆定性與可預測性。反之，裁定金額則一點也沒有恆定性。

93　這並不會與我之前的主張不一致。我之前說可以將他的錢或其他財產歸還給他，這點並不會引起義憤，即使他可能用這些錢或其他財產來犯罪。那些性工具與該案犯罪之特質及其驚人的殘忍程度緊密相關，而其他物品並不具有這種緊密關聯性。在現代社會裡，錢對任何的行為而言都是必要的，不論是好行為或壞行為，因此與犯罪本身沒有關係。

眼，視貝托第為異形或怪物。他們看待他是個心智完全正常的人，而他做了一個絕對引人公憤的請求。他們產生「不可置信」的反應是因為他們假設貝托第並非怪物，而是心智健全的正常人，故必定知道他的請求是引人公憤的。如果他們認為他是一隻鼻涕蟲或一堆嘔吐物，他們就不會因為他的請求而產生憤怒，他們只會覺得他是精神病發作。但是他們不是如此：他們知道他是一個具有可承認之理性的人類，這也是為何對其請求的正確反應應是憤怒的理由。噁心在此，但是它與義憤和不可置信有相當大的不同。我認為本案的裁判正確地遵循了義憤與憤慨的道德情感，此兩者較易符合將貝托第視為心智健全而能負責之行動者的對待方式。

　　噁心是一種根深柢固的情感反應。所有的成年人都以某種形式學習到它，所有已知的社會都以某種形式教導它。可能許多、甚至大多數人類需要它以便生存，因為我們無法日日夜夜面對自己的腐朽與造就我們身體的淫軟物質。儘管噁心並不能良好地追溯出真正的危險，但是當我們太年輕、太不注意或資訊惡劣無法思考具體情況的是非曲直時，噁心是引導我們遠離危險的合理及實用的官能配備。然而，我們不應該從這些事實中導出噁心對法律與政治目的而言，也是有價值的情感反應。許多在人類生活裡根深柢固的反應，在道德上都是可疑又無價值的，不能引導公眾的行動。我已經主張過，噁心只能在某個狹窄的法律領域裡提供有限的指引，亦即有關身體上的厭惡與危險的領域。一旦噁心成為法律規制某些行為的建構性判準，

尤其當它有助於將弱勢團體或個人給政治邊緣化並擠壓進從屬
地位時，噁心就是危險的社會情感。我們應該努力遏制它，而
不是依照它所內含的人類幻想來建構我們的法律世界。

第四章

顏面：羞恥與污名

因罪判罰入格鬥學校或礦場者，莫黥其面，因其罪罰已顯現於手足四體，故其面容，其肖似神聖之美而受造者，得免玷辱。

—君士坦丁大帝詔令，CE 316

多佛太太與她已婚的兩位女兒之一同住。在毀容（鼻尖半邊削除）之前，她向來是個獨立、熱情、友善的女士，樂於旅行、購物及拜訪諸多親戚。然而，毀容這件事大大改變了她的生活方式。頭兩、三年裡，她很少走出女兒的家，寧願關在自己房裡或坐在後院。

—引自爾文‧高夫曼（Erving Goffman），《污名》（Stigma）

於是，因為出生，我們踏出了絕對自足的自戀狀態，而察覺到變動不居的外在世界，並開始發現對象。相應而生的事實是，我們無法長久忍受這種新的狀態，所以也不時從中退縮，在睡夢中回復到無刺激、無對象的早期狀態。

—佛洛伊德，《群體心理學與自我分析》（Group Psychology and the Analysis of the Ego）

I. 羞赧的臉

與噁心相同，羞恥在社會生活中也是無所不在的情感。當我還小時，有一位很愛說教的親戚經常對所有的小孩子說：「發揮你的優點，掩飾你的缺點。」當然，我們每個人在成長過程中都會學著掩飾自己的缺點，不論是以優點來彌補缺點，或是透過加強訓練來克服，還是避免處於一定會讓缺點明顯暴露出來的情境中。我們之中大多數人，在大多數情況下，都會試著表現得「正常」；這個觀念的怪異之處我稍後將加以討

論，不過在所有的現代民主社會裡，它卻具有無可否認的強烈魅力。儘管如此，我們「異常」的缺點有時還是會暴露出來，因而我們臉紅、隱藏自己、眼神飄向其他地方。因為這樣的暴露，我們產生羞恥這種痛苦的情感。羞恥，以清楚的記號在臉上留下烙印。

由於我們都具有某些缺點，一旦被人知道就會標示出我們在某些方面「異常」，所以羞恥在我們的日常社會生活裡一直都會發生。如同高夫曼在他的經典著作《污名》中所寫的寶貴字句：「嚴格來說，在美國只有一種男性是完全毋須怕羞的：外貌佳、身高體重好、擅長各項運動、學院教育程度、有正職、年輕、已婚、白皮膚、生長在都市、來自北方、是個異性戀新教徒父親。」[1] 當然，很少人是那樣的，也沒有人會永遠像那樣。因此，羞恥就與我們如影隨形了。正如高夫曼所說：「問題不在於一個人是否經驗過污名，因為每個人都有；問題在於他經驗過多少種的污名……污名的人身上有正常的部分，而正常的人身上也有污名的部分。」[2]

我將主張，事實上，甚至在我們意識到出自特定社會價值體系的所謂「正常」的觀點之前，羞恥就已經存在了。在我們對全能、完滿與舒適的幼年需求裡，它就出現了，而且隨著嬰幼兒的成熟，有限、不完全與經常感到無助的意識就愈是與羞

1　Goffman (1963, 128)。注意，他忽略了收入，這是另一項污名的來源，足以讓他的例子更強烈；如果大學畢業生是在做洗碗工，那他可會覺得非常丟臉。

2　Ibid., 129, 135.

恥相伴。因此，羞恥貫穿一切特定的社會規範取向，而且是一種極度不穩定的方式，讓人類藉以協調自己與其人性之間固有的某些緊張關係——人類意識到自己是有限的存有者，同時又具有過高的要求與期望。（在這個程度上，我同意馬克斯·謝勒〔Max Scheler〕對情感的經典解釋，儘管其他方面並不同意。）3

　　然而，有些人的羞恥標記比其他人更強烈。事實上，羞恥與噁心的情況相同，所有的社會都會挑出某些團體或個人加以羞辱，將他們標示為「異常」，並要求他們對自己是什麼和自己是誰感到羞赧。看起來就與其他人不同的人，比如具有可見的疾病或所謂畸形的人、精神或身體上殘障的人，他們臉上就寫著羞恥：社會上的行為會隨時告訴他們，在「正常」的群體中，他們應該覺得羞於見人。如果沒有可見的標記，社會很快就會強加上去，不論透過紋身、烙印或其他表示社會放逐或非難的可見標記。對於罪犯的烙印——如君士坦丁大帝詔令所示，通常施加於臉上——是不斷以各種形式出現的實際活動，可見羞恥在歷史上向來是刑罰活動的普遍成分。

　　今日，有關羞恥在法律中應該扮演什麼樣的角色，有兩種正反的觀點：其一，羞辱異己的行為，乃是社會習俗中惡毒的一面，不應該融入法律活動而被神聖化。依據這個觀點，法律應該保護所有公民的平等尊嚴，設計一些方式，讓已經被污名化為異常的人得以享有更高尊嚴的生活，並且拒絕讓法律成為

3　Scheler (1957, 55-148).

社會將羞恥強加於人的共犯。這種觀點在歐陸法律史上有深厚的根源，一如我對查士丁尼史料的撰述：即使是傳下許多極刑的羅馬人，也不願對他們認為人類尊嚴所在的人體部分加以烙印。今日也一樣，某些出色的法學家認為，法律應該禁止將弱勢的少數人污名化。即使事關罪犯，這些思想家仍然主張，雖然刑罰必須以威嚇和應報的理由而施行，但刑罰體系以及最終使罪犯復歸社會之理念，應該永遠以罪犯的尊嚴為核心。這第一種觀點得到許多身心障礙人權作家的支持，包括麥可‧貝魯伯（Michael Bérubé）與瑪莎‧米諾（Martha Minow）。[4] 在近來一些有關刑罰的著作裡也可以發現這種觀點，包括詹姆士‧惠特曼（James Whitman）的歐陸刑罰研究、湯尼‧瑪沙羅（Toni Massaro）較一般性的羞辱研究，以及約翰‧布雷斯威特（John Braithwaite）的社會復歸研究。[5]

　　第二種觀點與德弗林勛爵對噁心的觀點不無關係，它主張：現代社會的錯誤，就是沒有給予羞恥寬廣的空間。我們失去了道德的羅盤而四處漂流，很大程度是因為我們失去了羞恥心。例如，對晚期的克里斯多福‧勒敘而言，我們失去了「曾經由羞恥所捍衛之共享的社會與法律邊界」，正是如此美國才百病叢生。[6] 同樣地，社群主義政治思想家阿米代‧艾齊優尼

4　Bérubé (1996), Minow (1990); 另見 Wasserman (1998)。
5　Whitman (1998); Massaro (1991, 1997); Braithwaite (1989, 1999)。儘管 Braithwaite 捍衛他所稱的羞辱式懲罰，他仍強調他只支持不會造成污名化而且能增進社會復歸的羞恥罰。在第五章我將主張：實際上 Braithwaite 混淆了羞恥與罪惡，而他所辯護的懲罰應該是對罪行的贖罪，而非羞辱個人。

則倡導羞辱式懲罰的復興，以宣示和強化共享的道德價值。[7]

　　這種對於羞恥的觀點源自保守主義，而且它也是主張根深柢固的社會規範乃是行為與法律的良好來源。但是，與噁心的情況相同，這種明顯保守的立場也得到一些自認進步的思想家（勒敘或許曾經也是）所支持，表面上是為了動員反抗統治階級的麻木不仁。同樣地，耶魯法學院的丹・卡恩也在這場運動中占有一席之地，主張羞恥罰更勝於其他有期徒刑的替代刑，如罰款與社區服務。[8] 在大範圍的法律領域裡，從性犯罪到酒駕、公然小便，卡恩與艾齊優尼一樣支持復興臉上的烙印，他們認為應該強迫罪犯在他們的財產或汽車上貼標誌，或在大庭廣眾下進行一些顯然屈辱人的儀式。卡恩喜歡羞辱，因為它的表現力很強：沒有其他種刑罰能夠如此生動又確切地表達社會對罪犯的不贊同。他認為這是一種進步主義式的觀點，在某程度上也行得通，部分原因是他所羞辱的都是一些有權有勢的人。（他特別喜歡紐澤西州霍伯肯市的一項處罰：公然小便的商人必須用牙刷把街道刷乾淨。）[9]

　　讀者在讀完我先前論噁心的章節後，現在可能會懷疑我應該是支持第一種立場，反對第二種立場。然而我認為，如果我們研究過羞恥與羞辱的歷史，以及人類社會為何一而再、再而

6　引自 Massaro (1997, 645-80) 對 Lasch 立場的簡潔描述。查閱 Massaro 文章的註 2、註 3，可以讀到讚揚羞恥的保守主義立場。

7　Etzioni (2001, 37-47).

8　Kahan (1996).

9　Kahan (1996, 633).

三將爾文・高夫曼敏銳觀察到的「壞身分」（spoiled identity）
烙印在某些人臉上的深層理由後，我們就能重新理解選擇立場
的理由。我們也才能適當地了解何種形式的羞恥對人類生活是
有害的，而何種形式又可能與人類熱望的良善形式有關。我將
證明，羞恥的規範性地位比噁心複雜許多：羞恥的某些形式，
事實上具有正面的倫理價值；因此，如果我們認為應該批判羞
恥在法律中的角色，那一定是因為這些角色訴諸了原始的或壞
的羞恥，否則我們這麼做就會有危險。

　　我將用很多篇幅在本章中建立一套對於羞恥的解釋及其於
幼兒身上的根源，這種解釋與「客體關係」的精神分析學有密
切關係，尤其是唐納・溫尼科特的作品。[10] 我將證明，目前這
種解釋已經得到執業醫師的大量臨床證明，譬如安德魯・莫瑞
森（Andrew Morrison）與奧圖・肯貝克（Otto Kernberg）。[11] 之
後我將詳細檢驗羞恥與好幾種相關情感的關係，包括噁心、罪
疚、憤怒與憂鬱。最後我將使用這種有關羞恥的解釋與病態的
自戀來分析社會性的羞辱及其病理。

　　在第五章與第六章，我將把我的一般性理論適用在一些具
體議題上，也就是當我們思考羞恥在法律中的角色時，所必須
面對的議題：羞恥在懲罰中的角色；「道德恐慌」的現象，以
及它與少數人受到法律差別待遇的關聯；個人隱私的保護；最

10　這種解釋採自 Nussbaum (2001a, chap. 4) 對嬰幼兒與童年之情感發展的較詳細解釋。見
　　Winnicott (1965, 1986)。
11　Morrison (1986a, 1986b, 1989); Kernberg (1985).

後，對身心障礙人士的法律對待，尤其在教育領域。在這些議題上，我將主張，現代的自由社會要能妥善處理羞恥，唯有改變一種非常普遍且直覺性的正常公民觀念，亦即歐洲思想史上深具影響力的社會契約論傳統所遺留下來的公民形象：「公民是有生產力、能夠爲他所獲之利益付出貢獻的勞動者。」

II. 原始羞恥，自戀，「黃金時代」

　　人類出生在一個既不是他們所造成、也不是他們所能控制的世界。[12] 在子宮中，胎兒的需求都會自動獲得滿足，之後他們進入世界，如本章開頭引言佛洛伊德所說的：「踏出了絕對自足的自戀狀態，而察覺到變動不居的外在世界，並開始發現對象。」[13] 人類嬰幼兒以貧乏無助的狀態來到這個世界，這樣的無助在其他物種中頗爲少見。他們所面臨的處境是令人驚慌但又愉悅的。在歐洲有關嬰幼兒思想的早期作品中，羅馬詩人盧克萊修斯（Lucretius）曾經描寫嬰兒因爲出生的干擾，而無助地哭泣：「透過分娩陣痛的收縮，將它從母親的子宮拋到光亮的彼岸時，它宛如水手穿越驚濤駭浪般，裸身墜地，無法言語，急需各種維生救助。它的哀泣充塞四方，彷彿知道這樣的痛苦將持續在接下來的生命中。」（5.222-27）

　　接著，一位「溫柔的保母」以平靜的話語、擁抱和營養安

12　本節與 Nussbaum (2001a, chap. 4) 的某些方面有所重疊，但有不少論點我已經重新思考過。
13　如果他們能夠的話，因爲母體的疾病或營養不良顯然會在出生前影響許多小孩。

撫了這個小孩。詩人沮喪地指出，較粗野、健壯的野生動物並不需要這種撫慰。（5.229-30）人類嬰幼兒的成長特徵就是特別長的無助時期；而其所表現出來的即是面對客體世界的無助，這個世界包含了威脅以及它所想望、需求的良善事物。盧克萊修斯更深刻地指出，嬰兒對自身的主要感覺是，他們在面對至為重要的事物時是極度脆弱、無力的個體。佛洛伊德也注意到相同的事實，他評述道：「我們無法長久忍受這種新的狀態，所以也不時從中退縮，在睡夢中回復到無刺激、無對象的早期狀態。」[14]

然而，嬰幼兒並非全然無助。因為從一開始就有人照料它的需求、供給它無法自行供給的事物。因此，在嬰幼兒尚無界限的初始世界意識中，這些人是非常重要的。嬰幼兒對這些人懷有一種熱烈的渴望，渴望確保自然世界所不提供的事物：舒適、給養與保護。

盧克萊修斯提出了一個非理論性解釋的圖像，不過我們可以從中推演出一個解釋；它不像某些精神分析的解釋，但是近似於客體關係傳統所發展出來的。盧克萊修斯所描繪的嬰幼兒生活，焦點在於古代世界所稱的「外在善」──即高度重要但不受控制的外在客體。起初，嬰幼兒覺得想要去除痛苦或侵入性的刺激，回歸極樂無憂或不受干擾的狀態。由於這樣的需求，在嬰幼兒的「客體世界」中，那個或那些被視為是達成此

14　見本章的開頭引言。

種回歸的人，就會被賦予高度的重要性。不論這個原初角色是由母親、父親、保母、某個或某些照顧者所扮演，嬰幼兒一開始並不會將這些人視爲非常鮮明的客體，而是其存有狀態改變所經歷的轉化過程。因此，精神分析學者克里斯多福・波拉斯（Christopher Bollas）將照顧者稱爲「轉化客體」，他並敏銳地指出，人的成長過程中都背負著追尋這種早期客體的渴望，其表現形式則是對於幸福「復臨」的欲望，欲求某個能夠成其媒介的客體。[15] 由於嬰幼兒處在極度無助的狀態，無法掌控轉化過程的發生，而轉化過程的突然來臨與突然消失，則使嬰幼兒的世界成爲不確定與無法預測的，最美好的事物似乎乘著閃電，在光照與喜悅的突然穿透中到來。

　　讓我們想想一個在古代的情感解釋中具有核心地位的神話。我認爲，最好將它視爲重現嬰幼兒世界的想像。它就是廣爲人知的「黃金時代」——在這個時代裡，人類不需要爲自己做任何事，譬如勞動、活動、移動到這裡或那裡。因爲地球本身就提供了養分：奶與蜜的河流從地底冒出，溫暖和煦的氣候使人不必找掩蔽。海希奧德（Hesiod）指出，這個時代的人類缺乏審慎的理性，想必是因爲他們根本不必思考。他們活在快樂的完滿狀態中。不斷重複這個故事的斯多噶學派還說，在那個時代「犯罪是很遙遠的」：因爲每件事都是完整的，毋須侵略。[16] 這個神話所描述的是嬰幼兒的全能狀態，它的意義是世

15　Bollas (1987, 13-29).
16　Seneca, *Medea*, 329-30.

界圍繞著它的需求而運行，完全為它的需求而安排。

　　然而，正如盧克萊修斯的圖像所示，嬰幼兒的經驗世界當然打從一開始就不像黃金時代。或許，正如佛洛伊德所說的，出生前的原初經驗給了嬰幼兒一個真實的黃金時代：它安全地連在營養與舒適的源頭，所以的確處於快樂的完滿狀態。然而，佛洛伊德說，出生撕裂了這一切，將嬰兒帶進一個客體世界，它必須依賴外在的事物與他人來求生存。因此，儘管嬰兒的世界有時是一個黃金時代，但接著卻變成飢餓、困苦、不舒服的時刻。[17] 地球並不會自動提供每件事物，而突然轉化的世界自始就被嬰幼兒經驗為偶然、處處缺陷、充滿危險與不確定的。

　　無論如何，重建會說話前的嬰幼兒的內在世界，總是有推測的成分，但我們也應該記得，能夠使用語言的成人也不見得能將他們內心世界最重要的特徵描述出來，甚至也無法完全了解他們的內心世界；因此，即使在成人的案例，過度倚賴語言的線索一樣可能造成錯誤。毫無疑問地，早期的精神分析學家經常不太重視嬰幼兒行為的實驗證據。他們比較像想像力豐富的偉大藝術家，反而不像臨床醫師或實驗者，儘管這樣的藝術家能夠以偉大的洞察力照亮兒童的世界，如同普魯斯特（Proust）所做的。不過，近來在實驗者與分析家之間產生了有

17　我之所以使用這種奇怪的描述，以嬰幼兒的經驗世界而非嬰幼兒本身為主詞，是為了提醒讀者，嬰幼兒在生命初期的八週內，尚未開始將自身經驗為確定的主體。試比較 Stern (1985; 1990, chap. 3)。

價值的交流，一些嬰幼兒理論的巨擘，如丹尼爾‧史登
（Daniel Stern）與瑪格莉特‧馬勒（Margaret Mahler），則身兼
兩種角色。[18]（其次，與溫尼科特相同，身兼小兒科醫生與精
神分析學家的馬勒與史登都對兒童有廣泛的研究，也不會苦於
明顯的混亂；因此他們的作品與溫尼科特的相同，都與常見的
家庭及社會議題有較清晰的關聯。）約翰‧波比（John Bowlby）
的作品則是早期融合實驗證據與客體關係理論的豐富例證，他
的觀點現在又獲得了更多的實驗證明。[19] 而客體關係論傳統的
思想家，如費爾班（W.R.D. Fairbairn）、溫尼科特、奧圖‧肯貝
克、克里斯多福‧波拉斯，[20] 以及相關傳統的安德魯‧莫瑞
森，[21] 他們所寫的臨床醫學作品則提供了實驗性作品經常缺乏
的深度病例研究。因此，之後我將展示的圖像，源自客體關係
理論傳統與實驗證據一致並獲得最多詳細臨床研究支持的部
分。

　　在生命開始的幾個月內，嬰兒並未意識到自己或它的照顧
者是清楚鮮明的客體，但是它的確經驗到滿足、舒適[22] 與空
乏、痛苦[23] 之間的輪替。滿足與舒適乃生存所要求，它們來臨

18　Stern (1977, 1985, 1990); Mahler (1968. 1979); Mahler, Pine, and Bergman (2000).
19　Bowlby (1973, 1980, 1982); Lopez and Brennan (2000).
20　Fairbairn (1952); Winnicott (1965, 1986); Kernberg (1985); Bollas (1987).
21　Morrison (1986a, 1986b, 1989)。Morrison 乃 Kohut 的弟子，但也受惠於客體關係論傳統甚多；
　　他論羞恥的著作大部分屬於這個傳統，儘管他也受惠於 Kohut 對自我回歸的重視。
22　在 Nussbaum (200la) 中，於上述理論家之後，我主張舒適的需求與給養的需求不同，然而是同
　　等原初的。
23　對於難以言喻的早期經驗，Stern (1990) 所用的描述是「飢餓風暴」，這是非常好的說明嘗
　　試。

的方式相當偶然，不受嬰兒本身的行動所支配。嬰兒與照顧者的關係，有時是愉悅的共生，有時卻是空缺。24

現今我們相信，只要六個月左右，隨著感官能力成熟，嬰兒很快就能分辨自身與環境。對於照顧者身分的初始辨識也變得更清晰（甚至只要幾週，嬰兒已經能分辨母親的奶味與其他女人的奶味），也開始在某種程度上認為母親與自己不同。它開始發現自己可以扭動自己的腳趾，但卻無法讓母親的乳房出現。此時嬰兒對於母親的觀念，仍然全部以自己的需求為中心：母親基本上是餵奶的乳房與撫慰人的身體，並不是也有自己的欲望與活動的存有者。25

在嬰幼兒發展的這個階段，我們已經能夠可信地說它具有某些原始情感：當飢餓襲來而慰藉不在眼前時，會感到恐懼；對食物與舒適的來源感到喜愛。這些情感不像成人的情感，因為它的對象並非完全清楚的客體，因此這些情感本身也是模糊不清的。然而，這些情感仍然可能是極度強烈的。隨著嬰兒開始察覺到餵養與擁抱是規律的例行公事，它也開始對自己是這些行為的中心一事發展出初步的觀念，並產生一套需求應該獲得滿足的期待。如同佛洛伊德與客體關係理論家所強調的，這些觀念完全是自我中心的。佛洛伊德的名句「寶貝陛下」即描述了一個基本上只有「一個中心」的思想與感覺世界，一切事物都圍繞著它。好母親就是在正確的時候出現的乳房。26

24　有關共生關係，見 Mahler (1979); Mahler, Pine, and Bergman (2000)。
25　Mahler (1979); Balint (1953).

　　然而，乳房當然不會永遠在正確的時候出現。初始的照顧者有他或她的計畫，可能有意至少讓嬰兒忍受一些挫折。因為挫折是發展的重要成分，能促使嬰兒努力做一些運動。[27] 因此，嬰兒一方面愈來愈意識到自己是需求與渴望的中心，另一方面也愈來愈意識到照顧者是世界的一部分，而世界不會總是照料它的需求。我們應該記得，在人類嬰兒的頭一年生命裡，其認知能力會發展得極為快速，然而在同一時期，用以滿足其需求的身體能力基本上卻是不存在。一個察覺自己依賴他人的存有者，會對它所依賴的人同時產生原初的喜愛與憤怒。嬰兒愛照顧者，因為照顧者乃是舒適與給養的來源；嬰兒對照顧者感到憤怒，因為照顧者乃是傷害的來源，只要需求無法獲得滿足，痛苦將隨之而來。在某種程度上，嬰兒甚至會具有亞里斯多德式的感覺，認為傷害是不應該發生的錯事：嬰兒認定自己是世界中心，它認為自己理應得到的東西被他人控制了。[28]

　　顯然，這類反應會隨著意識成熟而變得更敏銳、更強健。事實上，認知到好事及缺乏都有外在的來源，就會導致喜愛與憤怒的出現，也使這兩種情感密切相關。因此，基於實驗與臨床的作品，波比主張所有的依附愛基本上都是矛盾的。以某種緬懷史賓諾莎情感哲學的方式，他主張喜愛與憤怒經常同時出現在小孩身上，因為喜愛和認知到施惠於我們的外在作用有

26　Klein (1984, 1985).
27　另見 Bollas (1987, 29)：「轉化不意味著滿足。成長只有一部分是由滿足所推動，母親的轉化功能之一是必須讓嬰兒挫折。」
28　有關憤怒的解析可見於第一章與第二章有關亞里斯多德的引述。

關，而憤怒則和認知到傷害我們的外在作用有關。[29] 當然，從嬰幼兒自我中心的觀點來看，不給滿足就是傷害，因此所有與自我分離且不可控制的外在作用，都是傷害的來源。

　　我們應該把羞恥落在這段歷史的何處？為了處理這個論題，我想先引介另一個經典的神話，也就是亞里斯多芬（Aristophanes）在柏拉圖《饗宴篇》中所說的愛的起源，它也是建立在經典的黃金時代上。亞里斯多芬說，人類本來是完整的球形。球形就是我們完滿性與力量的可見形象。我們具有「令人膽寒的精力與力量」與「極大的野心」。（190B）結果，由於人類想要掌控整個宇宙而攻擊了諸神。（190B）與其將我們完全消滅，宙斯只是想讓我們「變弱」──讓人類處於需求很多、不安、不完整的狀態，讓我們與神之間出現無法跨越的鴻溝。祂達成這件事的方式是將那球形的存有者切分為二，讓他們以雙腳行走。然後宙斯將他們的臉轉過來，好讓他們只能看著自己被切開的一面。因此，透過我們身體的形態：突出的四肢、光禿禿得詭異的正面、洩露出我們需求另一半的生殖器，我們看到了自己的不完整性。肚臍則代表諸神將剖面縫合起來的痕跡，因此是「吾人先前所受煎熬之紀念」（*mnêmeion tou palaiou pathous*）。（191A）神話中的人類為自己現在的樣子感到羞恥。（其實，希臘文的 *aidoia*〔生殖器〕暗示了另一個字：*aidôs*〔羞恥〕。）[30] 亞里斯多芬所談有關肚臍的事顯示，

29　Nussbaum (200la, chap. 10).

　　這個神話不是針對「性」本身，而是企圖突顯出生到客體世界的悲劇特徵：因為肚臍的確提醒了我們一件事，我們與營養和舒適的來源分離，開始過著困窘而多所需求的生活。

　　因此，亞里斯多芬所描述的羞恥是一種痛苦的情感，其基礎是認知到我們本身並非全能，而且缺乏控制能力。他主張，每當羞恥在生命裡現身時，這種痛苦的情感即深藏著對於原初全能和完整性的記憶及殘留的感覺。我們覺得自己應該是完整的，或許一度也是完整的；而我們知道自己現在不是如此。我們覺得自己應該是圓滿的，然而我們看到自己崎嶇尖銳、又軟又皺。這場演說以敏銳的方式連結了性與羞恥：原始羞恥並非針對「性」本身，而是以性需求作為一般的需求與脆弱性的記號。亞里斯多芬似乎是正確的：從人類不完整性的事實所生的羞恥，總是埋藏在較具體、特定的羞恥中，比如我們對殘障與失能（inadequacy）所感覺到的。

　　另一方面：嬰幼兒的全能感都伴隨著無助。當嬰幼兒察覺到自己依賴他者，而且意識到自己是、也應該是世界中心的一種確定存有者，則我們可以預期隨之而來的就是原始或初步的羞恥情感。因為羞恥涉及一個人期待自己在某些方面具有適足

30　*Aidoia*意指「令人羞恥的部分」；試比較拉丁文pudenda（陰戶）與現代語言的類似表現。注意，對亞里斯多芬而言，生殖器造成的羞恥並不是針對「性」的羞恥，而是對於世界的無力，以被剖開的部分與生殖器為其記號。這種思想可以與下列兩種思想比較：一是對於性行為的羞恥，即認為性行為是可恥的；二是 Velleman (2002) 所說的，認為伊甸園故事中的羞恥，代表的是發現了隱私、身體不服從意志之可能性，以及違背神聖誡命之可能性。我認為，一個人在性事方面難以控制自己身體的羞恥，只是羞恥的某種特定型態，即使僅限於性羞恥，難以控制自己身體的羞恥也絕不能涵蓋全部。然而，較基本或原始的羞恥經驗，皆與普遍性地難以掌控外在善有關。

的能力，但是事實上他卻是虛弱與不適足的。[31] 所以他的反應是躲開那些會看見他缺陷的眼睛，並掩飾缺陷。

羞恥從多早就開始了？希爾帆‧湯姆金斯（Silvan Tomkins）的情感理論仍舊是認知心理學中關於羞恥的重大貢獻。他稱羞恥為原始情感之一，並主張羞恥幾乎在出生後馬上就出現了。[32] 他將羞恥定義為一種由於快樂與期待中斷而生的痛苦情感，譬如嬰兒期待令人愉快的餵食，但是卻沒有發生。因為湯姆金斯的理論是以情感為基礎的，他不需要任何特定的認知內涵來說明羞恥的出現，因此也不受困於我們能說嬰兒具有什麼思考的問題。由於我的解釋和客體關係理論傳統的解釋，都主張羞恥需要特定的思考內涵，所以我必須面對這些問題，而我不認為羞恥的思考性質（依我的分析）這麼早就存在。當然，情感可能涉及原初或古老的思考。譬如，即使在確定地意識到自己的身體與照顧者的身體有所區別之前，一個人仍然可能擁有一種原初恐懼，而我已經指出初生嬰兒的確具有這類的原初情感。然而，羞恥至少需要兩種覺察，一是察覺到自己的存在，二是察覺到這個無助的存在狀態已經與舒適和給養的來源完全分離。法蘭西斯‧布魯塞克（Francis Broucek）主張，一旦意識到自己不再生活在母親的子宮世界裡，羞恥感會立即萌生。[33] 不過，我（與史登、波拉斯等人同）會加上，「出生後的世界沒

有一刻是真正令人快樂的」：一旦有了經驗後，嬰幼兒會經驗
到良善事物在缺乏與出現之間輪替，而它們無力控制這些良善
事物的意識則日漸增長。因此，我認為羞恥會在第一年的生命
過程裡漸漸茁壯，或許在察覺到自身的獨立性之後變成羽翼完
熟的情感。

　　請注意，即使以最簡單的方式來談，羞恥也不必然得減損
一個人的自我關注。反之，在某個意義上，羞恥需要自我關注
作為它的基本背景。[34] 正是因為一個人預期自己在某些方面是
有價值、甚至完美的，所以他才會將自己不具價值或不完美的
證據掩埋起來，或逃避它。

　　一般而言，如同我的理解，羞恥是一種痛苦的情感，回應
了因無法達成理想狀態而來的失敗感。分析羞恥的人普遍都同
意，它聯繫到整個自我，而不是自我所做的某個特定行為。
（我們稍後將看到，罪疚是以特定行為而非以整個人為其原始
對象。）在羞恥中，一個人感到自己不適足，缺乏某種想要的
完整或完美型態。不過，當然一個人必須先判斷這種完整或完
美的型態是他應當擁有的。既然人類珍視並想望許多不同型態
的理想特徵，則人類生命裡就有多種型態的羞恥。（精神分析
學家表達這個觀念的一般方式是將羞恥與自我理想典範聯繫起
來。）然而，同樣獲得普遍同意的是，當典型人類嬰幼兒的自
戀遭遇到不可避免的挫敗時，這種原始自戀就會引發特別原始

34　請見 Deigh (1996, 226-47) 的深刻討論。

及普遍的羞恥型態。從現在開始，我將稱之爲「原始羞恥」。

　　安德魯・莫瑞森強調這種幼兒時期的羞恥會持續發揮影響力，甚至影響到後來的生活：

　　　　自戀之本質，乃渴求對於他人，尤其對「重要他者」而言，具有絕對的特別性與獨一無二的重要性。這種渴望可於病人的陳述中看出：「如果我不是（對治療師或任何人而言）唯一重要的人，那我就覺得自己一無是處。」這種感覺反映了共生融合、全能、偉大的原始幻夢，亦即佛洛伊德所謂的原始自戀。它強調的是自我的狀態與地位，然而矛盾的是，它也蘊涵了某種客體的存在，這個客體認爲我是獨一無二的，或者能滿足我維生的需求，沒有任何競爭與障礙……無可避免地，自戀受挫，「羞恥」繼之。病人描述過喪失特別性之後所受到的痛苦：「這種屈辱是我所受過最痛的感覺。」……這種對於獨特性的渴望，在本質上就是不可能完全或長久獲得滿足的。35

　　換言之，與幼時全能和（無可避免的）自戀挫敗相關的原始羞恥，在我們的生命裡揮之不去，即使兒童之後發展出獨立自主，也只能克服一部分。

　　在這個圖像裡，羞恥是一種感到不適足的意識，先於任何特定的社會規範學習，儘管之後的生命裡羞恥會與社會學習相

35　Morrison (1989, 48-49).

調和。羞恥並非針對一般性的他者。伴隨著羞恥而來的空虛感及挫折感，所要獲得的只是嬰幼兒與照顧者間一開始共生的二元關係。如同傑哈德‧皮爾斯（Gerhard Piers）對羞恥的經典研究所主張的，[36] 羞恥與一種恐懼相連，亦即害怕被良善事物的來源所遺棄；[37] 羞恥的痛苦感覺主要與一個人幻想自己的理想狀態有關，而非與共生團體本身有關，至少就原始羞恥而言。[38]（即使在社會團體中，羞恥仍然與被遺棄或流放的恐懼相關。）[39]

　　羞恥與噁心的情況相同：社會在形塑羞恥經驗的過程上有很大的差異，一是就什麼場合應該感到羞恥，社會所教育的觀點是不同的，二是連結羞恥與其他情感的方式不同。同樣地，羅伯‧凱斯特對於羅馬 pudor（羞恥）的研究發現，不論它的對象或它與其他情感的連結方式，均與其他文化裡的類似情感有細微的差異。[40] 然而，羞恥在跨文化間的相似性其實很高，或許高於噁心，也許是因為羞恥在嬰幼兒的生活經驗裡來得相當早的緣故。

　　為何羞恥經常與性和意圖遮掩身體器官的欲望相連？我說過，亞里斯多芬的演說主張，我們與生俱來的「性」，標記了

36　Piers, in Piers and Singer (1953).
37　Piers (1953, 11, 16).
38　Taylor (1986) 將羞恥聯繫到非常複雜的「觀點」思考方式；在成人的羞恥型態中，這類思考或許有重要的地位，但是這種痛苦情感本身的出現，並不以這類思考為必要條件。
39　有關羞恥與社會流放的關係，出色的研究見 Kilborne (2002)；其重點主要在於羞恥與一個人對其外表的焦慮。
40　Kaster (1997) 討論了羞恥與恐懼的關係、它在友誼中的作用等等。Kaster特別注意到羅馬的羞恥與其社會秩序「優越及服從」的關係。

必死性以及貧困而多所需求的狀態。而馬克斯‧謝勒深具影響力的解釋則主張，羞恥作爲感到不適足的痛苦意識，之所以集中在性上面，乃因性器官象徵了我們的動物性與必死性，表示我們努力超越，但總是徒勞無功。[41] 因此，他將羞恥密切連結到噁心，而我也是這麼理解的。然而，嬰兒顯然不會對自己的性器官感到羞恥，至少在他們第一次被教導要對自己的排泄物感到噁心之前。一般而言，對於性器官的羞恥在文化之間有高度差異。我與亞里斯多芬相同，傾向認爲羞恥主要和較原始的完整性渴望有關，以及認爲一個人應當完滿的意識。[42] 在生命中的某些時刻，性器官突顯爲我們本身不完滿的痛苦面向之一，而對於理想「性對象」的需求（如同莫瑞森所描述的病人），則是無法克服原始羞恥之人的幼年自戀的一個面向。[43] 然而，我看不出有任何理由認定羞恥的本質基本上或原本是「性」的；它毋寧較可能與無所不在的自戀及被遺棄的思考相關，而性僅僅是表現方式之一。[44]

我們已經可以了解，這種原始羞恥與一些強烈的願望密切相關，這些願望是針對未能滿足嬰幼兒需求的人；因此我們可以預料，如果原始羞恥沒有經過適當處理，某些社交困難就會

41　Scheler (1957).
42　這也是基督教思想史中對於《創世記》的解釋方式之一：蘋果顯示亞當與夏娃的脆弱性與必死性，而性只是其中一個面向。
43　有關這種羞恥的細緻及有力的研究，見 Velleman (2002)；不過有關我與他在分析上的差異，另見前述註二十九。
44　一般而言，客體關係理論家，像實驗家 Mahler、Stern 與 Bowlby，在解釋幼兒矛盾心理時，強調的是控制、關注、競爭的問題，而不是性慾之類。

發生。現在我們可以了解，照顧者或父母的行為對於原始羞恥的發展軌道有極為重大的影響。後續幾章將談到，有關這段歷史，費爾班、溫尼科特、馬勒與史登的描述有些微差異，不過我們仍然可以描述出這些見解的共同基礎。在一到三歲間，兒童逐漸探索外在世界，體驗到分離與自己的存在。[45] 在這段期間的關鍵時分，嬰幼兒經常倚賴「過渡性客體」，如玩具、毛毯等等，以代替不時缺席的照顧者，並學習自我撫慰。[46] 反覆在照顧者與廣大世界之間體驗過焦慮後，嬰幼兒發展出一項重要能力：在父母在場時獨自玩耍的能力。[47] 一個得到穩定照顧的幼兒通常會漸漸覺得，不必照顧者隨時隨地在身邊也沒關係。即使照顧者在場，它也能快樂地專注在自己的活動上。此時，這個小孩開始強烈地意識到自己是個獨立的存有者，擁有獨立的經驗世界，也意識到照顧者是個獨立的人，擁有獨立的需求與活動。父母（或其他照顧者）以妥當和穩定的照料回應小孩對於全能之需求的能力，將創造出一個框架，在其中信任與相互依賴得以日漸茁壯：一旦孩子了解到他人是可以依靠的，它不會被遺棄在全然無助的狀態，那麼它就會漸漸放鬆自己對於全能的需求，放鬆要持續受到關注的要求。

　　在幼兒早期情感的矛盾性之下，這種狀態不太可能在毫無掙扎中達成。約莫同一段時期，這個小孩可能開始察覺到，先

45　Mahler (1979)是這些發展面向的主要理論家。
46　有關這個概念，見Winnicott (1965)。
47　同前註。

前它以為是針對世界不同面向（如梅蘭妮・克萊恩〔Melanie Klein〕所謂的「好胸部」與「壞胸部」）而來的喜愛與憤怒，其實是針對同一個人。那個滿足我、只寵愛我的理想父母，也是挫折我、讓我想摧毀的壞父母。在（兩到三歲的）小孩意識到自己喜愛父母的前提下，這些事很可能引發情感上的危機。

　　有關這個危機還有更多內容可談，不過會讓我們偏離羞恥。[48] 然而，探討自戀如何在真正的親密關係中被克服，也是我們的重要課題之一，所以我們必須稍微談一點。有關兒童在這方面的生活，最好的解釋似乎出自費爾班，亦即他對「道德防衛」的解釋。這個想法是，當小孩察覺自己想摧毀自己所愛的父母時，它也會感到自身有無限的黑暗。它發現自身有壞的成分，並覺得自己或許壞得很徹底。但是，這個階段的小孩已經能夠區分自我與自己的行為，儘管這項能力還不成熟。它會想辦法為壞行為贖罪，而不必覺得全盤皆輸。道德於是馳援而來，換言之，孩子（在他人的幫助下）能夠了解：做壞事，甚至欲求壞事，與自己本身徹頭徹尾地敗壞，並非同一回事。

　　此時，小孩應該能漸漸放棄完全控制照顧者的要求，並認為這樣做是不適當的。這樣的棄權也會伴隨著悲傷，並緬懷極樂的時光（儘管某種意義上不是全然如此）與純真無邪的時光，那是小孩尚未察覺自己有毀滅能力之前。但是，隨著小孩學到可以用良善的心願與行為來補償邪惡的心願與行為，這個

48　針對這個議題的更完整探討，見Nussbaum (200la, chap. 4)。

過程也會伴隨著創造力。梅蘭妮·克萊恩敏銳地指出，人類大部分的愛與創造，其實都可溯源到某一個時刻，亦即當小孩發現自己想成為世界中心的需求會對他人造成傷害時。它會開始為別人做事，承認別人一樣有權利生存，也有自己的計畫。[49]一般而言，小孩將學到如何在一個充滿個體的世界裡生活，這世上的他人有其正當的需求與獨立的目的，而對他人需求的尊重則限制了自我的過度需求。「愛」將日漸以對等互惠及互動的方式來理解，而非以自戀的要求融合以及想要控制的憤怒來理解；「自我」則日漸被理解並接受為有缺陷、不完整的人類，而非浮誇自大、要求完美的超人。

這是個理想故事，有時也的確是這麼發展。稍後在比較羞恥與罪疚時，我將再詳細說明這個發展。然而，人類生命早期的自戀，其烙印是深刻的。普魯斯特認為，自戀永遠不可能被克服，而後來的愛，基本上都是試圖控制拒絕被控制的母親。這個論點太過悲觀，但是反過來認為互惠乃是穩定的人類規範，而且大多數人都能接受自己的不完滿、缺乏控制力以及終有一死，則又是太過樂觀的論點。畢竟，一個人無法得到自己想要且認為自己應該得到的東西，尤其是長生不死，這實在是件壞事；而人類生命的絕大部分就是被這種痛苦的事物纏住（人生不如意事十有八九）。為了了解羞恥與自戀在什麼地方出錯、如何偏離發展軌道，此時來看看幾個案例是有幫助的。

49　Klein (1985).

III. 拒斥不完美：案例 B

我所稱的「原始羞恥」，可能扭曲成年人的人格，這在溫尼科特的一份斷簡殘篇裡有著精采絕倫的研究，收於在他身後以《抱持與詮釋》（ *Holding and Interpretation* ）爲名出版的一份冗長分析裡。[50] 病人 B 是一名年輕的醫學院男學生，苦於不能自動自發，也無法表達個人的意見。在他人面前，他無法主動開始對話或是活動，因此被認爲是個極度無聊的人。他所表現出來的這種如石頭般毫無生氣的人格，其實是希望透過對自己的語言和思想時時保持警戒，以維持對自我內在世界完全的控制。

根據分析，B 曾經苦於早期生命裡在養育與照料方面的嚴重缺乏及焦慮。[51] 他的母親要求自己是完美的，她把嬰兒的需求解釋成是她沒有達到應有的完美（她認爲達到完美是來自像

50　Winnicott (1986)，含該分析的早期部分；該部分在一九七二年曾以文章發表，後來附加到這本書中。在這位病人開始第一次治療當時是十九歲，是他母親將他交給溫尼科特治療的，之後他的康復狀況良好。八年後，溫尼科特寫信給他母親詢問 B 的進展。他與她面談，而她描述了她在自己的治療中發現的親職照料問題。一段時間後，這個年輕人已經是位實習醫師，卻又因崩潰而入院。溫尼科特探望了他，一個禮拜後，這位病人開始另一次治療。在這次治療的最後半年，溫尼科特在五次關鍵的會面後開始寫下他的紀錄並陳述：儘管困難，但並非不可能回憶起發生過什麼。在第二次治療結束後十四年，溫尼科特寫信給 B 詢問其狀況，而他的生活與工作皆良好。這些分析也在 Nussbaum (200la, chap. 4) 裡有所討論。在本處的論證中，這個案例也很重要，值得描述一番。

51　Winnicott (1986, 10)：這位病人的症狀是恐懼滿足可能帶來的毀滅，好像一旦他被餵食過後，就無法知道這些好東西會不會再來。針對 B 的早期生活，在治療當中發展出來的解釋，得到了溫尼科特與其母親面談內容的證實；在那次面談中，她告訴溫尼科特許多她從其他精神分析學家那裡得到的分析資料。當她在面談中進行陳述時，她察覺到她對自己的親職角色大過要求完美，不能容忍小孩有獨立的生活。她也了解完美就形同小孩的死亡，因爲他不再需要任何東西。

父親般的理想化丈夫的命令）。[52] 溫尼科特注意到，她將丈夫
理想化的傾向，顯示出她並不愛他：「她強調的都是完美的性
質，跟真實的人無關。」隨著 B 接觸這些令人窒息的回憶，病
人漸漸察覺到他對任何事都要求完美──這也是他不容許自己
成為有需求之兒童的必然結果。因為他母親要求完美，所以他
不允許自己去依靠或信任任何人。「不完美對我而言就是被拒
絕，」最後他這麼告訴溫尼科特。接著他說：「我覺得你把麻
煩搞得很大。我從來沒有成為人。我根本就錯過了。」[53] 他的
母親拒絕任何人性的記號，因為她自身的焦慮，她只喜歡安
靜、完美的孩子。早在嬰兒生命的頭幾個月，親職照料與「呵
護」將形塑嬰幼兒對於自身人性需求的態度：它可能會認為人
性的需求是無妨的，而無助的身體乃是快樂與關懷的來源，但
也可能認為只有完美是可接受的狀態，而其他狀況只會被拒
絕、被否定。[54]

　　從先前的分析來談，這個不幸男子的早期情感到底發生了
什麼事？第一，由於他無法相信自己被呵護著，無法相信他母
親真的想呵護並照料一個依賴的、多所需求的孩子，所以愛的
感激及憤怒的動力就全被放棄。一種「無限墜落」的感覺就此
埋在他的心裡。這種感覺接著引發濃烈的憤怒以及占有慾的貪

52　這位母親很焦慮但絕非消極被動，人們一定會覺得她很棒。溫尼科特在寫給 B 的最後一封信
　　裡回應其母親過世的消息，並說：「她實在是個人物。」
53　Winnicott (1986, 96).
54　如同我在 Nussbaum (200la)所說明的，其他因素可能會造成極度的羞恥，譬如因為殘障而來
　　的社會污名，我將在第六章討論這個議題。

愛，其無法接受真實的人類世界。病人由於太恐懼自己的憤怒，所以經常讓自己沉睡。如同溫尼科特對他說的：「這睡意裡裹著極其強大的敵意。」[55] 第二，因此，他作為兒童的想像力也因此被遏止了：應該在信任與呵護中成長的創造力從未成熟，而病人表現自己的方式變得矯揉造作、死板、完全非人性化。在人際關係裡，不完美的事情總會發生，但這位病人卻「讓一切都變得不具情感；沒有刺激、憤怒或興奮得意；我不想主動碰到你」。[56] 這種不想與他人產生關聯的感覺，反過來也造就了他的人際關係；在分析中不斷出現的特徵是，病人無法描述他老婆或其他任何人，也常常無法叫出別人的名字。[57] 溫尼科特告訴這位病人，在真實的人際關係裡，有一種元素叫做「微細互動」；而這個元素在他早期與母親的關係裡並不存在，他的睡意則表示了對於尋找這種互動關係感到絕望。病人聽到後非常興奮，回答說：「我必定已經察覺到這種微細互動的想法，因為我發現自己一直在找的東西就像這個，只是還不真的了解它。」溫尼科特指出，他剛剛已經做到了：「現在我們都專注在這個微細互動裡。我認為微細互動的經驗對你而言是愉快的，因為你很清楚察覺到在這方面的絕望。」病人回應：「到目前為止，我覺得很興奮。」溫尼科特結論道，愛意

55 Winnicott (1986, 172)。另見163：「困難在於對憤怒的恐懼。」
56 同前註，123。
57 同前註，96：「我不知道能不能描述她。我傾向假設你對她這個女人根本沒興趣。叫我描述其他人，我也總是有困難。我從來都無法描述一個人的個性、髮色之類的……我總是叫不出他的名字。」

味著許多事，「但是它必須包含這種微細互動的經驗，而在這種情況下，我們可以說你正在經驗愛與去愛。」

　　最後，我們可以發現支配病人整個生活的另一種原始情感，也就是我所稱的「原始羞恥」，和他自己的人性有關。我說過，即使以最簡單的方式來談，羞恥也不必然得減損一個人的自我關注。正是因為一個人預期自己在某些方面具有控制力，甚至是完美的，所以他才會將自己缺乏控制力或不完美的證據掩蓋起來，或逃避它。我們已經主張過，隨著嬰幼兒學習到不必因自己的需求而感到羞恥，並積極從事兩個不完美的存有者之間有趣且有創意的「微細互動」，則良好的生命發展將日漸放鬆對於全能與超越的需求，以利信任感的茁壯。反之，Ｂ的母親卻認為，凡是不完美的都沒有價值，而她的小孩僅僅因為是個小孩，要求擁抱與撫慰，就成了沒價值的小孩：「不完美對我而言就是被拒絕。」他的哭泣、被餵養的需求，所有這些赤裸裸的人性標記，在她眼裡都是「沒有價值」。就他的感覺，想要被好好地被餵飽，就表示他是個壞小孩。（因此他夢到快被母親的頭髮給勒死。）他的結論是：「如果想要達成任何事，只有一個方法，那就是變得完美。」[58]

　　因此，Ｂ變得很在意別人怎麼看待他，他希望他們都認為他是完美的，而且他知道，一旦他們看見真正的他，就不會覺得他完美了。[59] 現在，我們看到觀眾影響他感到羞恥的原因，

58　同前註，97。

不過觀眾不是這種痛苦經驗的基本特徵，因爲B的羞恥已經產生於他和照顧者之間的關係；觀眾是這種痛苦經驗的強化因子，也是一種替代品，代替全能的自我以批判方式觀看可悲的幼稚自我。[60] B的死板、不願表達自我，是因爲他想對自己的內在維持全能控制，如此一來，他才不會讓多所需求、依賴性的自我暴露出來而感到羞恥，即使沒有任何他人在場也一樣。睡眠是爲了防衛憤怒，但也是他的羞恥所選擇的反應，以免他的人性部分顯露出來。睡著的嬰兒就是完美的好孩子，而這就是他母親一直想要的。於是，羞恥要眞正的脆弱自我隱藏起來，讓機械般的「虛假自我」站到前線。[61] 病人承認他也期待溫尼科特醫生是完美的；經過這位溫柔的精神分析學家提醒說「這種想法乃是爲了防衛焦慮」後，這位病人說出了值得注意的一段話：「平等的危機在於，既然我們都只是小孩，那問題來了：父親在哪裡？」[62] 許多小孩在幼年時期就獲得的信任與呵護感，在此他也短暫感受到了。[63]

　　這個案例告訴我們，嬰幼兒對於自身無法全能的矛盾情緒，其程度可好可壞，取決於強化或減弱原始羞恥的互動關係。一個人對於弱點與無能的原始羞恥，或許是情感生活中基

59　同前註。他描述自己希望女人將他視爲超完美情人，而一旦他發現對方將他視爲普通人類時，他就會絕望地放棄這段關係。
60　此處我同意 Piers (1953)，反對 Taylor (1985)。
61　有關「虛假自我」，見本節後續的討論。
62　Winnicott (1986, 95).
63　試比較前註，147。病人對溫尼科特發脾氣，說他像「童年遊戲裡的食人巨魔」。溫尼科特高興地說：「那麼你就有能力跟我玩遊戲了，在這個遊戲當中我是食人巨魔。」

本與普遍的特徵。然而，如果父母樂於擁有一個僅僅是小孩的小孩，在與小孩互動中表現出成為人類是沒有大礙的，這種父母就能緩和往後客體關係中的矛盾情緒；B的母親卻強化了原始羞恥，導致真正的人必須挖個洞躲起來，而由一個假象或刻意的睡眠來取代他的地位。B說：「興奮的徵兆一出現，我就覺得不隱密。……我與女孩子的性關係總是有困難，覺得沒有隱私，因為有兩個人在場。那檔事真令人不悅。」[64]

　　當然，羞恥會以許多形式出現。任何對自己抱有完美理想的人，羞恥永遠都可能會出現。我所稱的「原始羞恥」──對於完美的要求以及隨之而來的對於缺乏控制力與不完美的無法容忍──乃是羞恥的一種型態，與自戀、嬰幼兒對全能的需求緊密相關。稍後我將討論建設性羞恥的案例。然而，我的解釋所要說的是，原始型態的羞恥很可能對道德與社會生活造成危險，而且正在繼續上演，尤其對某些發展過程如同B的人而言，他們的發展已經被扭曲到病態自戀的方向；而且，某程度上對我們所有人而言亦同。因此，原始羞恥與伴隨自戀而來的攻擊，可能潛伏在較可接受的羞恥形式背後，也可能出現在許多形式中，如羞辱他人。

　　近親乃是羞恥的發展過程中最有力的動因，不論健康或不健康。不過周遭的社會則是另一個動因。在B的案例裡，他的羞恥之所以異常發達的原因，主要來自他父母的行為。但是，

---

[64] 同前註，166。試比較Lopez and Brennan (2000)的實驗資料，當中探討早期歸屬感的問題與不能忍受模糊性、不確定性（尤其在浪漫的愛情生活裡）之間的關聯。

什麼發展模式才是正常的，在社會之間也有差異。溫尼科特所開的處方是一種生活方式，父母能了解自己是不完美的，並如此表現自己，培養孩子樂於從事兩個平等、不完整的人之間能夠從事的「微細互動」。譬如，稱讚小孩的嬉戲及創造性努力。[65] 這種家庭或社會文化需要放棄某種安全性，亦即由一個完美又冷酷無情的父親從高處規定所有義務的堅硬體系。

B 是一個極端的案例。因此，我們可能會以為它太過少見，不足以對一般性的社會議題有所啟發。然而，我們應該承認，許多家庭與文化規範都包含像 B 的母親所要求的那種元素：不可以有需求、不可以成為一個貪婪的小孩。南西‧修得羅（Nancy Chodorow）主張，這類的要求在世界上的許多文化裡，都內含於男性的發展史中。[66] 由於男性被教導說依賴母親是不好的，成熟必須獨立自主、自給自足，所以他們對於自己的人性能力，如感受性、嬉戲的能力等，通常會感到羞恥；反之，女性較可能從父母那裡得到如下訊息：成熟需要互相依靠的長久關係，而表達情感的需求是適當的。

依照我們對於 B 的討論，現在我們能夠了解修得羅所描述的男性通常都會像 B，儘管不那麼極端；他們都會隱藏自己對他人的需求，避開自己內在世界的凝視，也不關心如何處理它。這種事可能成為惡性循環，由於未經檢驗及發展的情感仍停留在嬰幼兒的程度，因此在身為統治者的成人自我面前顯得

65　有關這些主題更廣泛的處理，見 Winnicott (1965)。
66　Chodorow (1978).

更為羞恥、更加格格不入。如同安德魯・莫瑞森所說的，「因此羞恥與自戀互通聲息，當自我被經驗為孤獨、隔離、弱小時，則自我會再度誇張地奮力追求完美，想要與其理想典型合而為一。」[67]

臨床醫學作品有這種豐富的病例，男性占多數，他們為自己編造能幹與正常的虛假外表，藉以向世界表現自己，同時他們人格內在那個多所需求的一面就成功地隱藏起來，無法發展，也愈來愈被認為是羞恥的。溫尼科特的「虛假自我」概念以及克里斯多福・波拉斯的「體面人格」概念，正好是同一主題的不同版本。[68] 在治療中經常遇到的「體面」人格，是一種表面上「正常」且能幹的人格，事業很成功，通常採取高度的理智來安排生命，也能加以實現。然而這種人在某種重要的意義上卻「從未出生」：一方面「正常」，但一方面像「機械」。情感上的人格、對於自我的內在意識，都僅僅停留在原初階段。這種人可能擁有某一特定類型的朋友；他可能很快樂，擅長表面上的社交活動。然而，真正的親密關係需要與他人交流主觀上的感覺和信任，這種關係就會把他難倒，因為他並沒有學會關心和傳達他的內在需求，也不想信任任何人。基於同樣的理由，這類的病人對文學與詩詞都沒有興趣，至少對圍繞在內心世界及其掙扎的作品沒興趣。波拉斯主張，這種症候群的基礎是一種衝動：「『不要成為』（人類）而要主宰存在！」由

67　Morrison (1989, 66).
68　Winnicott (1965, 140-52); Bollas (1987, 135-56).

於主宰（掌控）從來沒有真的發生作用，所有人都會不斷地被自己不完整的生命所提醒，結果這些病人最後只能與憂鬱或空虛感搏鬥。

溫尼科特的「虛假自我」有一點點不一樣，因為對溫尼科特而言，擁有「虛假自我」並不必然是一種病症。溫尼科特強調，我們所有人在某些情況下，都會掩飾某些自己的事，我們所有人都需要、也會使用虛假自我來面對這個世界。這件事絕非病態，事實上它合乎心理健康。然而，在一個健康的人身上，虛假自我僅會扮演有限的角色：它是「彬彬有禮的社會態度，不會『真情流露、掏心掏肺』」，它是我們不想讓一般大眾看到我們的恐懼、需求與脆弱時的保護膜。換言之，它是種防禦系統，用以對抗合理及有限的社會羞恥的類型。這種人相當清楚自己內在有一個脆弱而不全能的自我，能夠以之為樂，並顯示給親密好友。

然而，在許多病人身上，對於脆弱自我的存在始終懷著原始羞恥，以致虛假自我完全取代前者，而病人則無法接觸自己的內在世界，或無法將之顯示給他人。溫尼科特描述過這種病人，她是一名中年婦女，據說她「一輩子都覺得自己還沒開始活（存在）過」。[69] 她的能力相當好，但是跟Ｂ一樣，對自己的人性真實缺乏了解，因為她的需求隱藏得非常徹底，像Ｂ一樣，她根本無法理解如何當人。

69　Winnicott (1965, 142).

　　有關虛假自我與真實自我之間的辯證，以及他們與詩歌的關聯，精彩的例證是由奧圖‧肯貝克所提出的。[70] 他的一位病人對自己或他人的內在生活都不好奇，總是輕視詩詞歌賦，理由是：他只接受「強硬、冷酷、有用的事實」。有天他想起了安徒生童話的《夜鶯》，這個故事令他著迷了好幾天。這個故事談到一位皇帝，他拒絕活生生的夜鶯而接受一隻鑲滿寶石的機械替代品。在生病後，他渴望聽到夜鶯唱歌，然而機械夜鶯卻已經故障，無法帶來任何撫慰。當他臨死之際，為自己與自己的生命感到淒涼絕望時，真正的夜鶯終於飛了回來，也拯救了皇帝的性命。病人被這個回憶深深感動，他自認是那個皇帝，比較喜歡機械、無生機的自我，而放棄真正的自我，然而現在卻不顧一切地希望接觸到那個仍然在裡面的、真正的、活的自我。他的結論是：「皇帝之所以得救，乃因他在自己心裡保存了這麼一個良善而寬恕的東西。」顯然，他承認自己還沒完全死去，因為他與皇帝一樣，仍然在自己身上保有一個活的靈魂，能寬恕為了追求寶石般的完美而對它的忽視。肯貝克注意到某項重要事實，亦即，這些洞察來到病人身上的方式，乃是病人先前所鄙視的寫作形式。這個故事的重要之處在於，訴諸內在的想像世界並能啟動強烈情感的文學，包括其形式及特定內容，能夠幫助病人處理需求、情感及內在生命力的問題，而使他尋回自己的內在生命。

70　Kernberg (1985, 259-60).

　　這類的例子顯示，羞恥與自戀的問題在治療多數病人時占
有多麼重要的地位。肯貝克與莫瑞森都曾深刻地討論這些現
象，他們透過爲數眾多的案例，主張病態的羞恥總是非常不受
重視，然而事實上它卻無所不在，尤其在這樣的病人身上：他
們的初期症狀不是憂鬱，就是不當的惱怒，或兩者兼有。[71]

　　臨床醫學作品不斷強調，對於虛假自我膨脹的危險群而
言，天賦會造成更特別的危險。一位才智出眾的人能夠編造一
個非常有力且能幹的虛假自我，使人們的生活大爲進步，又因
不斷成功而強化了虛假自我。隨著生命進展，虛假自我日漸使
理智活動與一個人的情感和弱點的意識分離。[72] 然而，相反的
是，臨床醫學作品又強調詩詞教育與培養內在生命喜悅的教育
的重要性。因此，我不得不在這些病例之後增加一名我特別有
興趣的人，尤其在本書的脈絡下更是適當：約翰・彌爾曾經在
他的《自傳》（*Autobiography*）中表達自己的精神危機，而上述
主題在其中具有核心地位。本書第一章已經明示，彌爾的自由
論觀點在許多方面啓發了我的論證。因此，看看這些觀點如何
出自一個無比誠實與自覺的掙扎，而這掙扎其實又是針對我們
所談的某些問題而生，是相當有趣的。我相信，依照我們剛才
思考過的心理學概念去評估彌爾的整個生命發展，一定會獲益
良多。

　　從彌爾的名作與其他證據顯示，他父親教育他必須成爲能

71　見 Morrison (1989)；另見 Wurmser (1981)，有許多臨床醫學例證。
72　Winnicott (1965, 144).

力超群的人，也必須如他父親一般對強烈的情感感到羞恥。[73]
漸漸地，由於這種教育的結果，他覺得自己像機械般被動，缺
乏內在的動力。[74] 他以驚人的洞察力向我們承認這些事。

　　從彌爾童年的證據，還有他《自傳》中被勸阻不要出版的
部分看來，我們可以發現他人格的脆弱與多所需求的部分從來
都沒有得到很成功和穩定的照料。彌爾的母親顯然對理智活動
沒有出色的興趣與成就，而且在生了許多小孩後也是精疲力
盡。因此，詹姆士‧彌爾似乎很看不起她。他確實不鼓勵她多
多接觸自己的得意門生（指長子約翰）。她確實花較多時間與
更年幼的小孩子相處，但是一碰到丈夫與長子，她就退縮成一
種毫無特色、呆板的親切，這想必讓約翰覺得缺乏溫暖。[75]
《自傳》的初稿中有一段，彌爾以極其嚴厲的口吻寫到他的母
親，但在出版前由於其妻荷瑞特（Harriet Taylor）的要求而刪
除了：

73　見 Mill（1873, 56），彌爾寫到他父親忽視所有熱烈的情感，「也蔑視在那些情感昂揚之中所
　　說或所寫的一切。……與古代的道德標準，亦即對感覺的高度壓抑相比，他認為現代的道德
　　標準是悖離正軌。像這類的感覺，他認為根本不配作為稱讚與責備的對象。」「我父親的教
　　育傾向輕視感覺。」（97）隨之而來的是「輕視一般而言屬於人類天性的詩詞與想像」。
　　（98）
74　這種想法在《自傳》裡是可以看出來的，但是它最明顯的陳述卻是一整段被刪掉而未出版的
　　段落：「童年時期一直受一個強烈意志的支配，確實對我的意志力毫無幫助。我非常習慣等
　　人家告訴我該做什麼，不論是透過直接的命令，還是因為我沒做而發出的斥責。因此，我習
　　慣將自己的道德行動責任丟給父親，除了父親的聲音外，我的良心從來不會跟我說話。我所
　　不應該做的事，絕大多數是出自父親的訓誡，一旦我違反這些訓誡，就會更嚴加執行；然而
　　我所應該做的事，幾乎從來不是純粹出於自己的動機去做，而是等到他叫我做我才做；如果
　　他不想或忘記告訴我，通常這些事就是放著不管。於是，我習慣退縮，總是等待別人的領
　　導，缺乏道德自發性，不但道德感不活動，甚至在很大的程度上，理智也不活動，除非受到
　　別人的懇求所激發──因為，我所受的教育已經為我帶來了許多利益，不論是道德或理智上
　　的利益，進而也造成了我嚴重的消極性。」
75　有關彌爾太太的幾篇相關文章，見 Packe（1954）。

英格蘭的稀世珍寶，真正慈愛、熱心的母親，首先當會使我父親成為截然不同的人，其次則會讓她的小孩在愛與被愛中成長。但是我的母親，基於最大的善意，只知道為他們做牛做馬過一生。她可以為他們做的，她都做了，他們也喜歡她，因為她對他們很好，但是足以讓她被愛、被尊敬、甚至被服從的必要特質，很不幸地，她都不具有。於是，我在缺乏愛卻充滿恐懼的情況下長大成人；這種養育方式顯然對我的道德成長遲緩產生了顯著且不可磨滅的影響。[76]

彌爾與 B 相同：在二十幾歲初期，他遭遇到了憂鬱的精神危機，而他緩和這種痛苦的方式是徒勞無功地思考總體社會福利，並執行從他父親身上學到的分析習慣。關鍵的轉捩點是一個很神祕的事件，許多人也討論過：

當時，我偶然讀著馬爾蒙泰（Marmontel）的《回憶錄》（Memoirs），來到他父親過世的段落，家中一片愁雲慘霧，而他卻靈光一閃；當時還只是個小男孩的他，自己感覺到並且也讓家人感覺到：他可以成為他們的一切，他可以填滿他們所失去

---

[76] 引自 Packe (1954)。有關彌爾童年的許多證據顯示，他是一個不知如何給予和接受情感的小孩，而且用艱鉅的學習來保護自己。有關他十四歲時前往法國拜訪邊沁胞弟及其夫人的報導很有趣。邊沁夫妻（一對非常熱愛遊山玩水、善於處世的夫妻，完全不像那個孤寂隱遁的傑瑞米·邊沁〔Jeremy Bentham〕）計畫讓約翰好玩個夠，但他總是抵抗享樂，焦慮地退縮到自己的藏書中──直到他們夫妻想出一個好點子，說為了準備前往 Toulouse（法國西南部大城），他們必須把所有的書籍裝箱。這時約翰的注意力才轉到劇院，並享受起在山中健行的活動。在約翰·彌爾後來的生命裡，大自然確實是回應其情感的重要來源。比起與人相處，彌爾與植物相處起來反而在情感上自在許多，當然，荷瑞特除外。

的一切。此情此景，生動的構想與感覺襲上我心頭，我感動得
潸然落淚。從此以後，我的負擔變輕了。我曾經以為自己心中
所有的感覺早已死去，而今這種想法的壓抑與窒鬱，一掃而
空。我不再是個絕望的人：我並不是一間倉庫，也不是一顆石
頭。[77]

　　危機逐漸解除，而彌爾在沃茲華斯（Wordsworth）的詩裡
找到大量的養分。他回到社會。幾年後，與好幾個有藝術和詩
歌品味的女人熱戀但無結果後，他在一場晚宴裡遇見了他太太
荷瑞特·泰勒。

　　這段閱讀馬爾蒙泰的插曲，通常被解釋成彌爾期待他父親
的死亡。這些解釋者的假設如下：彌爾將自己認同於馬爾蒙
泰，他所表達的欲望，是要取代令他害怕的父親，並照顧起全
家人。毫無疑問，這種解釋並非全然無稽，在他的敘述中，在
大量的愛與讚賞之餘，他對父親的敵意是相當明顯的。然而，
這種解釋忽略了一點，不論在這場插曲的之前或之後，彌爾似
乎都沒有特別渴望照顧別人。其實，他要告訴我們的是，他試
圖藉由主動關心他人的福祉來緩和自己的憂鬱，但是這種努力
一點幫助也沒有。反之，他的追尋其實全盤集中在對自己的關
懷上面，尤其是關懷他個人的情感與主觀的感覺，而這些在他
父親的教育中是羞恥的。在我看來，彌爾似乎是將自己認同於

77　Mill (1873, 117).

這個失怙的家庭，而他們正要接受他們所需的關懷。他想像某人對他說：你的需求將被認可、被滿足，你將得到你所需要的照料；你的悲傷將得到關愛的眼神，你將尋獲對你而言是一切的人。

現在，如果我們檢閱一下馬爾蒙泰的原始段落，則我的解讀可以得到更強的證明，而這是那些《自傳》的解釋者通常不會費心從事的。馬爾蒙泰說得很清楚，他對家人的安慰，是在困難地控制自己的情感之下達成的，當他說出那些話時，「並沒有落下任何一滴淚」。然而，由於他的安慰，「他母親與較小的兄弟姊妹」卻突然崩潰決堤，而他說，淚水不再是出於苦澀的哀慟，而是得到安慰的釋放。[78] 因此，很清楚地，當他們因為獲得撫慰而緩和了哀傷時，彌爾的情感立場並不是那個卓然獨立的兒子，而是哭泣的母親和子女。

一方面，如同《自傳》所明白表示的，彌爾想獲得照顧的心願，是由他與自己的新關係來實現的：他變得能夠接納、關懷、照料、重視之前自己被隱藏的面相。[79] 在陶冶自身貧乏而多所需求的成分上，他轉向沃茲華斯的詩歌，以之作為他這項新事業的盟友。（這件事之後不久，在一篇論邊沁的絕妙論文

78　Marmontel (1999) 63：「我跟他們說：『媽咪、弟弟、妹妹們，我們遇到了最讓人悲傷的事，但是不要灰心。孩子們，你們雖然失去了爸爸，但是你們會再找到一個，我會做你們的爸爸。我就是爸爸，我想成為爸爸。我會負起所有的責任，你們也不再是孤兒了。』話一說完，淚水從他們眼裡奪眶而出，不過已經不是那麼痛苦的眼淚了。『啊！』我的母親呼喊著，把我緊抱在她胸前，說道：『乖兒子！我的好孩子！我就知道你不會讓我失望的！』」

79　參見 Morrison (1986, 370)：「罪疚的解藥是寬恕；而羞恥傾向尋求接納的治療──接納自我，不論其弱點、缺陷與失敗。」

裡，他將邊沁形容成一個不知如何陶冶其人性情感，也不能欣
賞詩歌的小孩子。）[80] 同樣地，不久他就在荷瑞特‧泰勒身上
發現願意照料他的人，而這是他認為他母親所不做的。[81] 從她
的信件看來，她是一位情感極為豐富的人，很擅長引導約翰的
理智上防衛。彌爾自稱熱愛法國文化超過英國文化，也證明他
有多麼重視情感表達的自由，這自由似乎釋放了他被禁錮已久
的情感。（或許，有關馬爾蒙泰的插曲的另一面向就是它所用
的語文〔法文〕。）貫穿他的整個哲學生涯，彌爾一直很重視
對於內在世界的承認與照料，以及政治自由的氣氛，而且他認
為只要有後者就能創造一個情感健壯的文化。[82]（我將在第六
章與第七章回到這幾點。）

　　這些例子證明了，幼年的自戀、羞恥以及脆弱「真我」的
虛弱無力，都是人類的共同問題，而且在通常過著「正常」生
活、甚至有出色成就的人身上，也會以許多不同的形式出現。
與人類生命結構的內在緊張相協調乃是一件細緻又危險的事。
或許，沒有任何人的生命可以完全免於這種緊張。但是，體現

80　Mill, "Bentham"：「人類天性裡許多最自然而強烈的感覺，他缺乏同情；許多有關它的重大
　　經驗，他完全斷絕；而一個心靈了解另一個心靈，並將自己投入那個心靈的感覺中的能力，
　　由於他缺乏想像力，所以也跟他無關。……他既沒有內在經驗，也沒有外在經驗……他直到
　　去世時仍然是個小男孩。」
81　彌爾對母親的態度一直是嚴厲而藐視的；這是他的人格裡最不可愛的一面。在與荷瑞特結婚
　　後，他一直不願去探望母親，即使母親不斷和藹地邀請他。若以稍微不敬的方式推測，他甚
　　至在母親告訴他「她的健康急遽惡化」時，他也不回信或去探病。他也從來沒有完全克服對
　　他人、甚至對親戚採取消極及過於理智的態度。
82　有關彌爾將深層情感與自由理念連結的問題，在 *Amberley Papers* 中一段描述彌爾於一八七〇
　　年拜訪的段落相當重要。晚餐後，彌爾向賓客朗誦雪萊的《自由頌》（*Ode to Liberty*）。「他
　　相當興奮，來來回回，手舞足蹈，情緒激動得差點說不出話來，他喃喃自語：『這對一個人
　　而言實在太多了！』」

在溫尼科特「微細互動」中的細緻平衡仍然需要培育，不論是家庭或社會。在極度強調完美的家庭裡，以及在優勢階級認為需求與脆弱令人羞恥的社會裡，存在著拋棄這種平衡，讓空虛感引發惱怒、憂鬱或兩者併發的莫大危險。

值得強調的是，家庭與社會可能以多種方式強化了原始羞恥，有些方式非常微妙。不只明顯有缺失的父母，如B的母親和彌爾的父親，連正常的、溫柔和藹的父母也可能過度刺激他們孩子的自戀，想在孩子身上將自己的自戀夢想復活：

> 孩子應該過得比父母好；孩子不該受困於生命中至高無上的必需品。他不該遭遇疾病、死亡、享受的中止、意志的限制；自然律與社會律，應該為了他而廢除；他也應該是創造的真正軸心與核心——「寶貝陛下」！如同我們對自己曾懷有的幻想……在自戀體系的最敏感時刻，那遭到現實摧枯拉朽的自我意識，而今由於在孩子身上避難，終於確保了它的安全。[83]

身為父母，我們在某程度上相信並傳達這種信念：我們的小孩不會死，他們永遠不會知道痛苦以及令人痛苦的限制。這種狀況在美國尤其為真，因為在美國，認為意志全能的想法特別強烈，特別不能接受終有一死與失敗的想法，而疾病與死亡都被想像成只要經過科技上的正確努力，就可以加以消滅。把

83　Morrison (1986, 33-34).

這些幻想和另一個一樣盛行的美國幻想結合起來，我們就可以得出一些令人痛苦的社會緊張的成分；這個幻想就是：真正的（男）人是自給自足的，對他人沒有任何深度的需求。[84]

目前，這類緊張在男孩的生命裡是特別明顯的。以往大多較重視的是女孩在男性宰制的環境中遭遇到的困難，然而最近幾年有關男孩在發展上的特殊問題，卻暴增了不少作品。在一本卓越的作品《該隱的封印：援救男孩的情感生命》（*Raising Cain ： Protecting the Emotional Life of Boys*）裡，丹·金德倫（Dan Kindlon）與麥可·湯普森（Michael Thompson）這兩位治療過學齡男孩長達三十五年的臨床心理醫師，分析了美國文化裡男孩的危險處境，而其分析方式則讓人強烈聯想到我曾經提出的論證。[85] 他們對性別差異的生物學解釋抱持審慎態度。儘管他們相信或許有這樣的生物差異，他們仍然可信地主張：沒有充分理由認定，男孩幾無節制的侵略性可以追溯到睪固酮（testosterone）的影響。因為，其一，在青春期以前，女孩與男孩有同樣濃度的睪固酮，然而侵略性程度卻相差很大。其二，侵略性問題最嚴重的男孩通常是「失敗者」，不屬於統治團體，其睪固酮濃度通常也低於統治團體的男孩。他們認為，似乎最有可能來自生物學原因的差異有二：男孩習得語言技能的時間大體上比女孩稍晚；而（年輕）男孩在集中精神於某項工

84　試比較 Kernberg (1985, 235)：「這些病人最大的恐懼是依賴他人，因為依賴意味著去憎恨、去嫉妒，讓自己暴露在被利用、被錯待、被挫折的危險中。」

85　Kindlon and Thompson (1999).

作之前，比較需要先透過劇烈的身體活動來燃燒能量。

　　然而，較成為問題的是養育與文化所造成的差異。首先，男孩從未被鼓勵探索及清楚表達其內在世界。他們是情感上的文盲，因為大人在這方面對他們並沒有太多期待。金德倫與湯普森所引述的實驗顯示，當小男生問他們的媽媽有關感覺的問題時（「為什麼強尼在哭？」），他們通常只會得到簡短而輕視的答案，但是小女孩得到的答案卻會長很多。母親期待女孩對這類事情有興趣，但並不期待男孩也如此。當男孩就學時，他們不但對於自己的悲傷感毫無頭緒，也對他人的情感很難感同身受。他們早就學到「悲傷與需求是羞恥的」；他們向來得到的訊息是：不要氣餒、要堅忍不拔、像個男子漢。在學校裡，許多男孩又再度碰到羞恥；這類事情經常發生，如果他們不能馬上學會閱讀，或者很難靜靜坐著，「學校世界」的統治當局就會把他們污名化，讓他們覺得自己很差。他們不了解自己的感受，並開始變得憂鬱或充滿憤怒。

　　接著，某種「殘酷文化」會強化這個痛苦的過程，將不能成為領導者或運動員的男孩污名化。金德倫與湯普森認為特別有問題的男孩文化特徵之一，即是詆毀被視為女性的人格整體，比如情感，尤其包括需求、悲傷與憐憫。為人不友善與輕蔑是沒關係的，但是「柔弱」就大大有關係。其實，金德倫與湯普森對於典型美國男孩文化的解釋，很不幸地聽起來與瑟徵萊對自由軍團年輕軍官的解釋相同，而且兩者同樣都對女性有所貶抑。因此，烙印在許多男孩生命的多重羞恥經驗，從此就

被調整成敵意：針對女人、針對自己身上脆弱的部分，通常也針對他們文化裡的統治團體成員。因為他們並未發展足以讓自己處理這些衝突的內在資源，他們甚至通常也無法為自己的問題命名（描述、指出問題）。金德倫與湯普森發現，有問題的男孩，不論是欺人者或被欺者，都無法回答別人可能有什麼感受的簡單問題。他們通常的反應是覺得這種問題好像來自火星──在某種意義上的確如此，因為這種問題並不是他們文化的一部分。他們主張，難怪許多年輕男性與女人的關係有很大的困難，因為他們無法想像親密關係是什麼，而他們自慰般的幻想都等同於掌控一切及不受傷害所帶來的快樂。

　　當然，這些對男孩的描述已經蘊涵對女人的惡劣設想，當男人無法接受他們貶低為「女性」的特質時，女人總是成為代罪羔羊。不過，這些招來羞恥的文化理想的女性層面還含有其他毀滅性的因素，尤其是被不斷強調、不容妥協的女性美：強調纖瘦苗條才是可愛的關鍵。有不少作品討論這種理想與飲食失調的關係，而這種問題在青春期女孩、甚至青春期以前的女孩身上愈來愈常見。飲食失調也可說與安德魯‧莫瑞森所說的羞恥異常發達的現象有密切關聯；他主張，對於想像的身體缺陷的羞恥，通常會成為較一般性的早期幼年羞恥感的媒介：文化規範以有害的方式與幼年的苦惱互動，並進一步將之培養成一種毀滅性的自戀型態。[86] 這種對於身體的羞恥通常會形成惡

86　Morrison (1986a, 19, 86-89).

性循環，在其中不適足的感覺會造成飲食失調，而一開始只是為了恢復對身體的控制權，並達成想要的完美。然而，飲食失調本身（尤其如果是暴食症時，還有失調性的嘔吐與腹瀉）又變成了另一個羞恥的來源。這種失調會被隱藏起來，進而引發更多的羞恥。[87]

　　這些不祥的文化圖像向我們顯示羞恥及其作用過程的某些重點：此即，社會的影響力是非常大的，能夠擴大羞恥所造成的傷害。在某種意義上，原始羞恥是必然而無法避免的。然而，金德倫與湯普森就男孩所提出的社會論證，以及莫瑞森、派佛（Pipher）與其他人就女孩所提出的社會論證，卻相當有啓發性。這些作者發現了一連串的文化問題，並提出解決辦法。他們的建議並不會與彌爾的相左——多多陶冶情感、多多注意想像世界與真正的感同身受和了解、多多關懷自我之中脆弱的部分、多多關心柔軟與個體化的理想，而非在意不容妥協與普遍性的理想。在教育方面，彌爾的處方已經獲得肯認：教育必須持續注意內在自我的需求與焦慮，同時培養感知他人需求的能力。如果教育有所不足，敘事文學與其他藝術通常能夠開發尚未獲得陶冶的情感。教育應當培養對人生困苦的理解以及這類的意識：透過合作與感同身受，人類可以把人生的困苦處理到某種程度；我們可以透過「微細互動」而在某程度上克服無助。文學、藝術、音樂作品的挑選，尤其應當將上述目標

87　另見Pipher (1994)。

（除了其他目標之外）考慮在內，並特別注意社會中最弱勢而被污名化的群體的經驗。[88]

　　因此，儘管生命帶給全人類的問題是沉重的，社會仍然可以為年輕人創造「援助的環境」，並以情感為重點，否則社會只能跟著沉淪下去。（在第五章我將回來討論這點。）

IV. 羞恥及其近親：屈辱與尷尬

　　在我們轉向社會議題之前，我們必須先釐清一些區別。羞恥似乎與屈辱（humiliation）和尷尬有密切關係。儘管羞恥情感的分類學在不同的語言與文化間總有些許不同，儘管我們本節的論述是從英美的理解方式開始，不過我們所談的區分在許多（如果不是全部）文化裡或許會以某種形式存在。我將屈辱理解為羞恥的主動的、公然的型態。屈辱某人，就是使他暴露在羞恥之下；而使某人感到羞恥，在大多數情況下，就是去屈辱他（至少在羞恥夠嚴重時）。[89] 當然，屈辱並不總是真的導致羞恥，但是羞恥是它的意圖。我們也可以說屈辱感與羞恥感相當接近，不過要增加一個條件：有人對感到屈辱的當事人「做了」某件事。

　　威廉·米勒在屈辱與主動使人羞恥之間做了對比，主張屈辱屬於喜劇的領域，涉及嘲笑與戳破浮誇的裝腔作勢，然而羞

88　有關這些教育理念，我在Nussbaum (1995, 1997, 2003b)中討論得更完整。
89　類似的解釋見Morrison (1986a)。

恥卻是嚴肅許多的事：一想到屈辱（丟臉），人會發笑，但是一想到羞恥，人卻比較可能覺得可憐。[90] 我不認為這種區分是可信的：對於料想中的屈辱，人們的反應不會是發笑。屈辱是蒙受羞恥之中特別嚴重的種類，也是如此才讓人恐懼。並沒有其他作家是像米勒那樣做這種對比。研究羞恥與屈辱的喜劇上運用的確是個有趣的計畫，但是我不相信悲喜劇的區分能夠追溯羞恥與屈辱的區分。關心社會規範的作家自然會說一個良好的社會必須保護其成員免於屈辱，屈辱是對人類尊嚴特別有傷害性的侮辱。[91]

就羞恥與屈辱的差異而言，羞恥似乎是較寬廣的概念，可能包括某些可以被正當化的道德批判（稍後第六節將加以闡述），也包括一些較輕微的案例，亦即似乎不會侮辱到個人人性的例子。屈辱則通常涉及陳述，指稱某人是低劣的，其人類尊嚴與其他人不相等之類。

反之，尷尬則通常比羞恥輕微。與羞恥相同，它也是一種主觀情感狀態。但不像羞恥的大多數案例，尷尬是短暫的、一時的、不大重要的。主張這種差異的理由之一是：羞恥通常與理想和嚴格的規範相關，因此總是有關道德的，如果以廣義的道德來說。尷尬通常涉及一個人的社會處境特徵，而且經常是相對而言較短暫的那種特徵，不會與重要的個人價值有密切關係。因此，如同蓋布瑞爾‧泰勒（Gabriele Taylor）所說，就羞

90　Miller (1993, 131-36).
91　譬如見 Margalit (1996)，他將屈辱連結到貶低受辱者的人性等級或型態。

恥與一個人深切的熱望相關而言，羞恥是「更為沉重而具毀滅性」。[92] 反之，尷尬其實可以完全與缺陷無關，它可以只涉及某種認知：某件事在社交上是不恰當的，或者某人在沒有意願或預期的情況下，突然成為社會檢驗的對象。因此，一個人若在公共場合放屁，可能會覺得尷尬，即使他認為放屁是很正常，甚至是很享受的一件事。一個人若發現自己的襯裙從洋裝底下露出來，可能會覺得尷尬，然而這根本沒有嚴重違背禮節或端莊，因而也沒有理由羞恥。青少女通常對自己發育中的胸部感到尷尬，然而她們想必不會為胸部感到羞恥，通常還會覺得驕傲。尷尬所反映的是她們對自己新的社會形象的不安。一夕之間，她們被當成女人，而她們還沒學會如何應付這個狀況；她們覺得不自在，仍舊習慣被視為小女孩。人們若被公開稱讚，通常也會覺得尷尬。這種尷尬一點也不表示稱讚對他們而言是不正當的，而是他們覺得在別人面前獲得光鮮亮麗的形容不太自在，覺得這樣在社交上不方便、不恰當。

　　這點引出另一個尷尬與羞恥之間的差異：尷尬總是社交的、有場合（脈絡）的，而羞恥不必然如此。因為羞恥涉及深藏的事物，可以是一種自我評價的情感，不論世界有沒有在觀看我。然而，沒有觀眾，就沒有尷尬，而且尷尬回應的是一個人對於觀眾性質的看法，隨著他對觀眾性質的看法改變，尷尬也就隨之而變。因此，在一群跑步的人之中，如果我公開尿

92　Taylor (1985, 69).

尿，其尷尬程度並不會大於滿身汗臭；不過在其他大多數的社
會場合裡，兩件事都會讓我很尷尬。（我不認為我會為兩者之
中任何一件事感到羞恥，不論在什麼地方。）當我在上廁所
時，如果有陌生人走進來，我會覺得很尷尬，但如果是我的女
兒或伴侶走進來則不會。當我忘了某人的名字時，如果我正在
跟他談話，那我會尷尬，但如果我是在跟第三人談論他，就
（通常）不會如此；而我會為此覺得羞恥的情況只有一種：我
覺得健忘顯示的是相對嚴重的個人缺陷，譬如缺乏適當的關
注，或者心智能力開始損壞。93

　　最後，尷尬通常是突如其來的，而且很少蓄意為之。如果
我們想像一種蓄意造成的尷尬，則我們將移往屈辱的領域。在
公園裡小便被陌生人撞見，通常只會令人尷尬；但是被迫公開
在陌生人面前小便，則是羞恥與屈辱的，因為這種事否定了私
密行為的自由選擇，而這種選擇屬於人性的本質。穿著有破洞
的襯衫可能一點也不令人尷尬，因為這可能是個人蓄意的表
現。若一個人不知道自己穿著有破洞的襯衫到處晃，則發現這
事時可能覺得很尷尬；如果一個人被迫穿著有破洞的衣服到處
走，不論是透過經濟上的剝削或是某種懲罰，都是屈辱的，這
剝奪了一個人就有尊嚴的公民地位而言應當擁有的某種自尊。

93　因此，有一件事我不但覺得尷尬也覺得羞恥，亦即我不斷稱呼自己的同事 Josef Stern 為
　　Jacob。當我為這個失誤想出一個可能的解釋時，羞恥就煙消雲散了；他了解並且（我覺得
　　他）認為這個解釋很有趣，而且得歸功於他。（這個解釋與我的童年聯想有關，我把 Joseph
　　與耶穌誕生的場景相連，因而也把這個名字與我所放棄的基督教過往相連，而 Jacob 卻與我
　　所改宗的猶太教相連。）現在，如果我再把他叫錯，就只是尷尬而已。

V. 羞恥及其親屬：噁心、罪疚、憂鬱、惱怒

　　我們還必須分析羞恥與一些情感的概念及因果關係，這些情感不是羞恥的近親，但也牽連到我們稍後將檢驗的公共政策議題。我已經分析過，羞恥與噁心不同，而且羞恥在許多方面較可能有建設性與創造力。在第二章我已經主張過，噁心的焦點是那些會提醒我們必死性的對象，將這些體現噁心的對象視爲對自我的污染源。因此，噁心的功能是讓我們遠離我們事實上所是的那種東西。雖然它有一些實用價值，可引導我們遠離眞正的危險源，但羅沁的研究已經證明，噁心的概念與對危險的恐懼不同，也不總是能夠良好地指出危險。一般而言，它是深度自欺的情感，而且如我所說的，它是本性如此，而其功能是不斷地向我們隱瞞有關我們自身的事實，這些事實是我們難以面對的。

　　羞恥則比較微妙，因爲它驅使我們前進，追求各式各樣不同類型的目標與理想，其中有些是有價值的。在這種意義上，它並非自欺的，它也並不總是傳達想成爲一個人所不是的那種存有者的欲望。羞恥通常告訴我們眞相：某些目標是有價值的，而我們失敗了，沒能實現它們。它經常傳達想成爲一個人能夠成爲的那種存有者的欲望：一個做好事的好人。在這種意義上，羞恥不應該被想成是非道德的情感，僅與社會的贊同或不贊同相關。此處我同意伯納德‧威廉斯（Bernard Williams）所言，即羞恥通常具有道德內涵。[94]

　　然而，因為羞恥在想要變得完滿及全面掌控的原始欲望中有其根源，所以它可能涉及到貶抑他人和某種攻擊（侵犯）的類型，亦即為了自我的自戀計畫，而強烈地打擊任何障礙物。即使在擁有正當動機的羞恥中，自戀及其相關的侵略行為也總是潛伏不去的危險，所以只有有智慧的個人與社會能夠永遠明確區分兩者。

　　一般的問題研究總是要拿羞恥與罪疚（罪惡感、內疚、自責）相比，所以現在我必須暫停一下，就這個永無休止的問題提出個人看法。此處我的分析與第二章對噁心與憤怒的對比分析有密切關聯。回想一下，我說過，憤怒回應的是傷害或損害；它的目標是將錯事矯正回來。現在我也要說，罪疚亦然，不過具體情況是「做錯事的人是自己」。罪疚是一種自我懲罰的憤怒，回應的是認知到自己做了錯事或傷害。羞恥的焦點是缺陷或不完美，因而也是有這些感覺的人，然而罪疚的焦點是某個行為（或行為的意願），不必然延伸到行動者的整體，而將行動者視為完全不適足的。[95] 從發展的角度來看，我在第二節提示過，罪疚發源於小孩的認知：它的攻擊願望傷害或投射傷害到了他人身上，而這個人不應該被傷害。小孩察覺到對親職照顧者的矛盾心理後，罪疚則是對於這種矛盾心理的反應；不過在此之前要先達到一個階段，即小孩已經承認這些照顧者

94　Williams (1993)；另見Annas（手稿）。
95　見Taylor (1985, chap. 4) 與Piers (1953, chaps. 1-2)的分析。

是獨立的人，有權利存在並以自己的生活方式而活。罪疚本身
承認他人的權利。因此，懷著罪疚的侵犯比起出於羞恥的侵犯
更成熟、更有潛在的創造力，而出於羞恥的侵犯，目的在於自
戀及回復到全能的世界。反之，罪疚的目的則是回復獨立對象
或個人的完整性。如同費爾班精彩的「道德防衛」論述所主
張，罪疚有關兩件事，一是對於道德要求的接受，二是為了他
人的權利而限制自我的要求。其次也如同梅蘭妮·克萊恩所主
張的，因為前述理由，罪疚也和修復的計畫有關，當中小孩試
圖彌補自己所做或所想的錯事。[96]

　　要了解這種差異的一個方式是回頭看看溫尼科特的病人
B。因為B必須是完美的，他不可能把自己的攻擊看成是他所
「做」的壞「行為」。由於他沒有放棄自戀，因而也無能感到罪
疚，反而會將自己的攻擊看成不可饒恕的惡，而且蔓延到整個
自我。因此，他的原始反應是羞恥而不是罪疚：於是他躲藏起
來、把自己關掉。他無法處理自己的憤怒，因此只好拒絕經歷
大多數小孩與其憤怒和嫉妒作戰的掙扎過程。B的結論是，
「我現在了解到，如果一開始事情順利的話，在之後的掙扎裡
總有些價值……總之，我的問題是要如何找到從未發生的掙
扎。」[97] 溫尼科特說他的「修復能力很散亂」，因為他還沒有

96　Fairbairn (1952), Klein (1984, 1985)。對於他們觀點更詳盡的闡述，見 Nussbaum (200la, chap.
　　4)。Gabriele Taylor 在 Taylor (1985, 90) 中對這點的說明相當好：「如果罪疚感專注於行為或
　　疏忽，則會適當地出現一種想法，認為修復乃是應當的，然而羞恥的狀況卻非如此。如果我
　　犯了錯，總會有某些我可以藉以『補償』的方式，即使我只是接受懲罰。但是，對於我現在
　　所看待的自己，我要如何才可能去補償它？在這裡沒有任何辦法可言。無事可做，最好是躲
　　起來不要被看到。這就是感到羞恥時最常見的反應。在這裡，懲罰或寬恕都毫無用武之
　　地。」

發現到憤怒，而憤怒將「指引修復現象的運作」。[98] 結果，他當然在道德上完全變得無能，因為道德涉及修復能力的運用、對他人人性的尊重，以及對他人需求的關懷。

　　因此，在我的解釋裡，罪疚具有潛在的創造性，連繫到修復、寬恕以及對於侵犯行為的接受限度。原始類型的羞恥則威脅到道德與社群的所有可能性，尤其對有創造力的內在生命更是如此。當然，罪疚也可以是過度的、壓迫的，因而也有相應的對於修復活動的過度在意，進而變成不健康的自我折磨。另一方面，某種限制的羞恥類型可以是有建設性的，亦即當一個人已經拋棄自戀的需求時，可以驅使人追求有價值的理想。[99] 但是，就這兩者在兒童生涯重要階段的角色而言，羞恥及其與自戀的關係乃是對發展造成較大危險的情感。我的這個論點是聯繫如下的理念：發展的核心任務之一，乃是拋棄幼年對於全能的需求，並願意生活在客體世界中。罪疚對這個任務而言是個助力，因為它含有一種的偉大訓誡，即他人是擁有權利的獨立存有者，不應該被傷害；然而，羞恥卻可能全面破壞這個發展任務，要將他人從屬於自我的需求。這種解釋如果正確，則它會建議我們，法律或許應當對犯罪表達出社會的罪惡感，並

97　Winnicott (1986, 165).
98　同前註，29。
99　如同 Piers (1953. chap. 4)所主張的，由於罪疚與羞恥可能會互相引發，這個事實導致兩者的關係更為複雜。譬如，假設 C 對自己的攻擊衝動（或行為）覺得有罪惡感。他的反應是禁止自己的攻擊，但是 Piers 說有時這種禁止「會從毀滅性本身擴散到自信，而且在某些病例裡，延伸到『活動力』之類」。C 現在覺得被動與無用，而這種不適足感，尤其在社會規範的背景下，就會引發羞恥。羞恥接著導致過度補償性的攻擊，不論在想像或行為上，然後這些攻擊又會導致罪疚。

倚靠罪疚來作為社會的動機；反之羞恥則是較不穩定、不可靠的工具。

在討論「虛假自我」與「體面」人格時，我曾經說過原始羞恥與憂鬱之間的強烈關聯。這個關聯在臨床醫學作品裡有詳細的研究。感到羞恥的人也有壓倒性的不適足感，也看不到明確的辦法來消除不適足的情況。他們的傾向經常就是選擇退縮，把自己關機。更一般而言，如果自我所深切需要的是一種不可能達成的共生與完整性理想，則這種目標的不可能性，連同一個人對其缺陷的人性存在所感到的羞恥，就會造成全面性的空虛感與無意義感。愛麗絲‧米勒（Alice Miller）就憂鬱、自戀與羞恥的關係做了廣泛的臨床醫學研究，她主張（讓人聯想起B的案例）當病人的憂鬱與原始自戀相連時，如果不能取得哀悼的能力，則不可能有所改善；所謂哀悼的能力，是指放棄完美的完整性以及與照顧者完美融合的幻想。[100]

米勒強調，為這類病人治療憂鬱，不應該將治療方法理解成單純的快樂與痛苦的消除。這只是完整性幻想的另一種版本。一個人在康復後所「得到的」是「人類經驗的全部，包括嫉妒、猜忌、憤怒、噁心、貪婪、絕望與哀傷」。換言之，他變得能夠經驗自己，而不是經驗機械般的虛假自我。[101]

最後，羞恥與自戀之惱怒的關聯，也曾經獲得大量的證明。依我分析，原始羞恥與針對自我缺陷之源頭的惱怒，兩者

100　收於 Morrison (1986, 323-47)。
101　A. Miller (1986, 342).

間具有強烈的內在關聯。當自我意識到自己的不適足時，它想為自己的狀況尋找譴責的對象。在嬰幼兒的場合，犯人通常就在眼前：未能盡到「職責」的照顧者，而其「職責」乃是讓自我覺得強而有力、徹底完滿。這種態度很容易在後來的生命裡導致惱怒，因為這些自戀的需求難以放棄，也很少完全拋棄乾淨。如同肯貝克所說，在自戀的成年人的所有心機背後，埋藏著「飢餓、憤怒、空乏的自我形象，滿懷因為挫折而感到無能為力的憤怒，恐懼一個似乎與病人自己同樣怨恨而懷有報復心的世界」。[102] 因此，對於一個覺得任何障礙都是屈辱的病人而言，微小的怠慢通常都會成為極度惱怒的對象。[103]

　　這種由羞恥所驅動的惱怒（惱羞成怒）通常會建構它自己的對象，不論在當時的周遭環境中誰是表面上最可信的、要為原始挫折來源負責的代罪羔羊。讓我們回到第二章提到過的瑟徹萊對自由軍團的研究。德國人在一次世界大戰中嘗到戰敗的屈辱後，他們開始需求一種不會羞恥的男性形象。[104] 瑟徹萊詳盡地展示這種自由軍團軍官所內化的德國男性的理想形象，以及它所導致的惱怒病理學。如我們所見，其目標是成為堅強的鋼鐵男兒，無所不能，不為任何事所動。[105] 然而，這種理想的自我形象必須依照（反對）某種東西來得到定義。在研究這些軍官對母親與身邊其他女人的描述後，瑟徹萊表示，這種

102　Kernberg (1985, 232).
103　有關兩位這種病人，見Morrison (1989, 103-4)。
104　Theweleit (1987, 1989).
105　較廣泛的討論見Nussbaum (200la)。

理想的男性自我形象與對於女性的憎恨和貶抑有密切關係，他視女性為威脅，威脅到鋼鐵般自足的非人類。女性被描繪成羞恥與噁心的。反之，「鋼鐵男兒」則憑藉他們純粹的人類身體，從女人身體出生的人類身體，超越了舊時代男性對女性特質的依賴。[106]

這種羞恥所驅動的惱怒，幾乎不會只將對象限於女性；其他有威脅的社會群體也會被描述為可憎的女性的延伸，如共產黨員、猶太人、窮人。只有嚴格堅持德國男性與這些非我族類的鴻溝，他們才能維繫回歸全能的幻想。

再度提醒，這些例子似乎太過極端。然而，所有的社會都了解人對於不受傷害的需求，都知道要對可能違背這些理念的少數人感到惱怒。在臨床醫學作品中一而再、再而三清楚顯示的是，在其發展過程中未能脫離自戀而願意接受他人的平等權利者，不論是個人或是團體，都非常容易產生這類的惱怒。對任何基於平等權理念而組成的社會而言，這種惱怒是危險的。

VI. 有建設性的羞恥？

我曾經說過，羞恥有時可能在道德上是有價值的情感，在發展與道德演變中扮演建設性的角色。現在，我們必須更全面地評估這個主張，因為它將會影響我們對於公共政策的評價。

---

106 見前述第二章對 Ernst Jünger 的討論。

然後，讓我們思考一下這個主張；先從成人開始，再思考兒童的發展。（因為，一般而言兒童比成人不穩定，較接近原始自戀的根源，在它們身上運用羞恥時必須特別小心。）那麼，什麼時候讓成人感到羞恥是好的？什麼時候讓熟人或同伴鼓勵他們感到羞恥是好的？

我們可以從芭芭拉・愛倫芮希（Barbara Ehrenreich）《鎳銖必較》（*Nickel and Dimed*）^{譯①} 一書結尾中的敏銳觀察開始。在這本書裡，愛倫芮希描述自己如何冒充一名沒有證書的女人，過著急需工作賺錢的日子。她描述自己被迫在三個州居住，過著艱苦又危害健康的工作生涯。她說道，當今美國最嚴重的社會問題，是無法為貧窮的勞工保障適當的居住與工作選擇權。在結尾處，她說美國人對這個問題感到的罪疚還不夠。「罪惡感根本就不夠；羞恥才是妥當的感覺。」[107] 她的意思是什麼？她所設想的羞恥，有什麼可能適當或良好之處？

想必愛倫芮希意指的是，我們社會裡貧窮勞工的困難處境，以及較富足的人其實是依靠「他人的超低薪勞動」來過活的這個事實，並不是某個人的某個壞行為所造成的結果。它們是源於根深柢固且由來已久的美國社會思考和信念模式：喜愛奢華、對財富重分配之課稅的普遍厭惡、相信「貧窮乃是窮人

譯①芭芭拉・愛倫芮希是美國知名作家、社會運動家、社會評論家，但原本是細胞生物學的博士。據說本書的初始動機是為了調查社會福利改革的效果。本書打破了中上層階級的「窮人是因為太懶而不工作」、「工作使你遠離貧窮」等迷思，具體描述美國下層階級被稱為「無需專業技能」的工作，其實身心負荷極大，但薪資卻過低，而身體健康的敗壞與長距離兼差所增加的交通成本，可能使窮人愈工作愈貧窮，姑且還不論暴力犯罪的威脅。

107 Ehrenreich (2001, 220-21).

自己造成的」等等。我們必須做的，不是單純爲傷害行爲道歉
即可，而是反躬自省，檢驗我們自己的習慣與國家性格。「我
們不要再犯Ａ這件事了，」這麼說實在太過容易。我們必須
說：「我們不要再像以前那樣（貪婪、物質主義、敵視平等，
諸如此類）了。」

　　當一個人或一個社會已經養成不好的特質，有時這麼說顯
然是很好的。而愛倫芮希公開邀請美國人反省自己的性格，並
爲他們的發現感到羞恥，這點似乎也很好。我所必須面對的問
題是，這種有建設性的羞恥類型，要如何才能與危險的羞恥類
型（包括原始羞恥以及強化它的）區別？而這個區分可否不經
辯護而成立？可否不考慮如下的事實而成立：亦即，我們只是
碰巧認爲這個例子在政治上很有吸引力，而其他羞恥的例子在
政治上不那麼有吸引力？

　　首先，讓我們思考這個情感本身。一個人閱讀愛倫芮希的
書以後，或許會羞恥地想檢驗自己的生活——爲個人與壞的社
會規範共謀或合作而感到羞恥。讓我們先同意，這羞恥是與有
價值的道德及公共規範相連的，而這類規範是所有人類與社會
應該嚮往的。這種羞恥傳達了下列想法：個人太過貪婪、太少
憐憫，而這種對他人的漠不關心所導致的不平等，破壞了這個
國家所根據的平等與民主理念。一個人對這個問題的不注意，
也缺乏政治上的介入去改變它，可能會令他感到羞恥。當然，
現在有些讀者可能會認爲愛倫芮希是完全錯誤的，窮人的貧窮
的確是他們自己造成的等等；而這些讀者並不會感到羞恥。會

感到羞恥的讀者之所以感到羞恥，是因為他們察覺到，在他們的現實人格與跨政治陣營所廣泛共享的理想之間，有著明顯的不一致。這就是為何要美國人自覺羞恥的做法可以期待會發生作用，只要讀者接受那本書的分析是正確的。

再者，接受這些理想，並為沒能實現它們而感到羞恥，並不會強化原始羞恥；它反而會積極地反對原始羞恥。因為，在這裡感到羞恥的人，已經跳出了舒適的自戀狀態，亦即以為她的世界一切良好的自戀狀態；其次則是已經承認他人就其時間、勞動、金錢享有正當的要求。她並沒有過著不受干擾、自行其是的生活，反而承認自己脫離他人生活的現實，並停下腳步，跳出自戀，培養「微細互動」。

同時也很重要的，她承認了全人類共享的普遍脆弱性。愛倫芮希的策略其實是營造這種普遍人性的意識：因為本書把讀者視為是聰明、勤奮、迷人、身體健康、成功的人（一種人類努力奮鬥的良好案例），透過剝奪其學位與證書後，證明同樣一個人將如何陷入一個悲慘世界，而且不可能脫離苦海。讀者或許會認同她，或許會覺得自己比不上她。（我無法想像自己如何過那種日子而身體不會垮掉。）於是，這件事意味著讀者接近了愛倫芮希身邊那些人的生活，開始了解他們的生活與自己較優渥的生活（就大多數讀者而言）之間的差異，較多是環境的差異，而非天分的差異。他們後續所感到的羞恥，包括為自己（先前）的傾向，亦即自認比勞動階級高等、低估他們與貧窮勞工間的相同性感到羞恥。

　　因此，為了替愛倫芮希的例證辯護，有兩點可以提出。第一，我們可以注意到，此處與羞恥相關的規範在道德上是好的，對美國共享的政治觀念而言非常基本，即使對目的與目標採取不同政治立場的人也都承認。第二，愛倫芮希的書所激發的羞恥，不僅僅是不自戀的，其實還是反自戀的，強化了共同的人類脆弱性的意識、接納全人類於同一社群（天下一家）的意識，以及互相依靠、互相負責的相關理念。如果要說這種成人羞恥是有價值的經驗，則這兩個條件，即使不是必要條件，也似乎至少是充分條件了。要一位成人來感受這種羞恥似乎是站得住腳、無懈可擊的，只要不是出於侮辱、屈辱與強制（通常最好是出於個人自覺）。這種道德羞恥的類型接近罪疚，可能與恢復關係和補償的計畫有關，讓社會中不同階級的成員更相互親近、相互扶持。[108]

　　現在讓我們思考養育小孩的問題。我的分析顯示，就兒童的人性弱點訴諸羞恥，不論是身體或心理的弱點，都是非常危險而有潛在破壞力的策略。既然兒童在父母的權力下總是脆弱的，即使是有限的道德羞恥，也可能很容易被解釋成痛苦的屈辱，所以我傾向主張在兒童的養育過程中，羞恥永遠都是危險的。即使只是在處理頑固的習慣，若以針對壞行為的罪疚為重點，加上對小孩表達愛意，這種策略似乎比起訴諸羞恥要聰明許多，因為訴諸羞恥太容易有貶抑性。不過話說回來，此處也

108　有關Camus作品中相似的建設性羞恥案例，見Constable (1997)。

可能存在著愛倫芮希式的案例。如果小孩有這種習慣：不在乎
他人的需求、持續以浮誇自大、冷感或操縱他人的態度行事，
罪疚可能不夠。此時，集中在行為特徵或行為模式上的羞恥，
似乎在道德上是適當的。然而，父母鼓勵小孩感到羞恥，這件
事是否適當仍然是個問題；如同我曾經說過的，傷害性的屈辱
有很大的危險性，而針對單一的壞行為的罪疚，可能是最聰
明、最可取的策略。浮誇自大通常隱藏了恐懼與脆弱，父母必
須對小孩隱藏的脆弱部分表達愛意，而非以令人不舒服的方式
顯示對於浮誇自大的排斥。

　　那麼，既不增強也不破壞自戀的羞恥，如何？對懶惰、不
專心和其他有價值之個人理想的失敗感到羞恥，如何？對成人
而言，這類有關熱望的羞恥可能是有建設性的，儘管最適當的
方式還是出於個人自覺。當某種個人理想並不屬於共享的政治
文化時，陌生人並沒有必要告訴一個人，他或她沒有實現這些
個人理想。朋友可能可以發出這樣的邀請，儘管你告訴朋友
「你認為他的某部分是有缺陷的」這種事還是有風險的。因
此，同樣地，聚焦在行為上似乎比較聰明，即使這些行為構成
一般而言是有缺陷的行為模式。

　　在共同事業的場合，一個人可能會對績效不彰、「讓小組沮
喪」的行為模式感到羞恥。這種羞恥可能是有建設性的，會驅使
一個人貢獻更多、更勤奮工作，尤其當羞恥是出自個人自覺時。
然而，羞恥也可能造成麻木，尤其感到羞恥的請求是出自他人
時。當球員的表現草率得可恥時，經理是否應該叫球員感到羞

恥？呃，這種情況下羞恥經常是適當的，也是有建設性的。然而另一方面，我們都很清楚這種羞恥可能會致命地毀壞自信心，使事情變得更糟。我發現很有趣的是，一個好的經理，至少在公開場合，會以信心和希望的鼓勵來安撫人心。[109] 儘管他也可以靠羞恥來獲得短期成果，但這似乎不是有建設性的長期做法。

在兒童的情況，有關熱望的羞恥似乎是非常危險的，尤其當感到羞恥的請求是出自父母時。父母可能以為自己是在支持有價值的理想（勤奮、優秀），並鼓勵小孩加以實現。然而，通常背後其實是有其他事在上演：父母嚴厲地把個人理想和期望強加到孩子身上，而孩子自己擁有的卻是不同的天分與願望。或者，父母其實是在表達對孩子的不接受與缺乏愛。不論這些是否是父母的計畫（有意識或無意識），都有很高的可能性讓孩子刻骨銘心地認為這種羞恥就是不愛的表示，表達了「只有完美才是可愛的」的理念。因此同樣地，以行為為焦點並同時對孩子表達愛意，似乎是較有建設性、也較清晰的訊息。

如此是否意味著，人們應當「厚顏無恥」，無視於他人的羞恥訴求？對我而言，似乎不是如此。不論一個人是年輕或年老，當感到羞恥的請求出自一個人所愛、所尊敬的他人時，則對這種羞恥的訴求敏感並進行相關的自我檢驗，乃是適當的。其實，如果一個人對於與他分享共同理想的人和他依賴其善意

---

109 同時，球員本身也會對自己的壞表現感到羞恥。

而活的人「厚顏無恥」，則這件事本身可能是自戀的危險訊號。成為一個成熟的人，有一部分就是接受自己「道德上」的不完美，並承認自己追求有價值之個人理想（包括道德理想）的努力還可以藉著他人的洞察而更進一步。這就是「微細互動」所主張的面向之一：一個人在與朋友的互動中，可以得到道德上的增長。而對於朋友和所愛之人的信任，即是學會重視他們對於自我及人格的意見。[110] 如果在私人關係中，一個人不會為他人就其人格的批評感到羞恥，則形同將自己隔絕於親密關係之外。對於羞恥的敏感，乃是親密關係中將自我開放的一部分。

當然，這也證明為何邀請他人感到羞恥是有問題的：在親密關係中有高度的自我開放與脆弱性，因而傷害的可能性也很大。因此，一個人如果與和自己沒有共同價值、自己也不尊敬其價值的人建立親密關係，顯然是非常危險的。許多女人因為建立了不是基於互相尊重而來的親密關係而暴露於羞恥之下，進而受到嚴重的心理創傷。

總之，羞恥的確可以有建設性。一個完全不會感到羞恥的人也不會是個好朋友、好情人或好公民；有許多例子也顯示，羞恥的邀請是一件好事，大多數情況最好是出於自覺，不過有

---

110 相似的論證見 Williams (1993, 102)，不過他將焦點放在尊敬與共享的價值，而非情感的聯繫。Calhoun (2003)主張，若僅限制於一個人所尊敬與關心的人，則太過狹窄；我們應該以共享一個社會世界的他人也傾向感到羞恥，作為將他們與他們的觀點嚴肅看待的表現之一，即使他們是種族主義者或有性別歧視而剛好貶低了我們。雖然我很讚賞這篇論文，也認為他的主張很有趣，但我並沒有被它說服。

時出自他人也好。然而，這些建設性的例子同時也顯示了，任何邀請他人感到羞恥的訴求，都有其內在危險。這類邀請可能是非自戀、甚至是反自戀的，但是它們的核心可能也隱含了自戀，譬如做父母的在鼓勵小孩用功的偽裝之下，試圖控制小孩，讓小孩成爲父母的理想自我形象。它們也可能是愛或友誼關係中的恭敬批評，但是，由於愛與友誼幾乎也無法對自戀免疫，所以即使在這種關係中，它們仍然可能含有細微的自戀及控制的訊息，而貶低了對方的人性。當我們談到社會互動中的羞恥角色時，我們就可以了解要提防這些病理問題的理由。

VII. 污名與烙印：社會生活中的羞恥

所有的社會都會將某些人標記爲正常的。高夫曼尖銳地指出，所有偏離「正常」的情況，都會被視爲羞恥的事由。社會上的每個人都會以社會的規範與常態爲觀點來觀看世界。而當他或她看著鏡子，看到的卻與前述規範不相符時，則羞恥就是可能的結果。許多社會羞恥的事由直截了當就是身體方面的：各式各樣的缺陷與殘障、肥胖、醜陋、笨拙、對運動不在行、缺乏令人滿意的第二性徵等等。有些事由則是生活型態的特徵：少見的性傾向或癖好、罪犯、失業人，這些是污名的主要承受者。

後面這幾種偏離正常的原因並沒有寫在臉上，並非顯而易見、一望即知。因此，社會發現強加一個可見的標記是很方便

的。「污名」一詞事實上是古希臘文指稱這種標記的用語。[111]
在古希臘世界裡，這一組字（名詞 *stigma*，動詞 stizó）所指的
是刺青，不是烙印，[112] 而刺青廣泛用於懲罰目的。如同本章
開頭引言君士坦丁大帝史料所示，這種標記通常用在臉上，目
的是為了以公開可見的方式羞辱罪犯。[113] 在許多社會裡也可
見到相似的做法，有些除了刺青，還有烙印。而證據常顯示，
這些被挑出來烙印的人，不只是犯了特定罪行的人，還有其他
不受歡迎的人：奴隸、窮人、性與宗教上的少數。

　　當社會將少數人污名化時，發生了什麼事？這種行為如何
與我先前描述的人類發展相關？在此時，任何解釋必然有高度
的推測成分，然而羞恥與噁心的情況相同，我們所面對的是如
此無所不在的現象，所以我們至少應該試著了解它們。這件事
的核心是所謂「正常」這個奇異的觀念，而它又連結著另外兩
個可能截然不同的觀念。[114] 一方面是一種統計上的頻率觀
念：正常即是通常（慣常）的，是大多數人所作所為；在這種
意義上，「正常」的相反即是「不尋常」。另一方面則是一種
良善或規範的觀念：正常即是適當的；在這種意義上，「正常」
的相反即是「不適當的」、「壞的」、「不體面的」。污名與羞
恥的社會觀念，通常會將這兩者拉攏得更緊：任何與大多數人

111　有關羞辱懲罰的用語，見 Jones (1987, 2000)。
112　見 Jones (2000)：*stizein* 指「刺穿」，與英語的 *sting*（刺、螫）和 *stitch*（縫、編、繡）、德語的
　　　stechen（刺穿、螫咬）和 *sticken*（刺繡）相關。
113　見本章開頭引言，引自 Gustafson (1997)。
114　另見 Warner (1999) 的傑出論述。

所作所為不同的人，就是「不體面的」、「壞的」。問題在於人們為何要做這種奇特的連結。顯而易見地，通常的事物可能非常好，也可能非常壞。背痛、視力不良、壞的判斷都很常見，而參議員羅曼・魯斯卡（Roman Hruska）於一九七〇年在參議院的辯論中主張：理智平庸的人也應該在美國最高法院裡占一席之地，最後他的主張也遭到眾人的訕笑。如同彌爾所觀察到的，許多人類事物的進步其實來自不尋常的人，而他們的生活並不是大多數人所過、甚至也不喜歡的。因此，為什麼所有的社會都以通常為正常，還賦予規範功能，以污名化的態度對待不同的事物？

當我們回想起高夫曼的觀察，談到以通常為意義的正常時，這個問題就變得更複雜：亦即，作為一個人的混合圖像，「正常」事實上是個虛構。幾乎沒有一個人在所有方面都是「正常」的。即使我們有一個單一的屬性是最廣泛常見的，當我們把所有這類的常見屬性全部組合起來時，幾乎沒有人具有全部的這類屬性。新教徒、五十歲以下、異性戀都可能屬於「通常」的範疇，然而當你把它們全部組合起來時，重疊的範圍就小很多；當我們看完高夫曼的正常屬性清單時，我們得到的是一個非常稀有的人，而且非常短暫，因為我們全部的人很快就會落入「年老」這個被污名化的範疇。因此，為什麼這麼難以捉摸且在某種意義上有內在矛盾的觀念，力量大到足以傷害人類的生命？

我相信，以「正常」的觀念將偏離的行為污名化，應該將

其理解爲是某種程度上影響我們所有人的原始羞恥的成果。因爲我們都意識到，有關嬰幼兒時期的過分需求，亦即想要完全掌控價值的來源一事，我們在很多方面都是不成功的；因爲我們仍舊懷著鄉愁般的渴望，緬懷嬰幼兒時期與子宮或胸部共生的快樂，所以我們需要一種代理性質的安全感或完整性。而那些自稱「正常」的人在一種觀念裡找到安全感：亦即廣泛的、在他們周遭四處可見、良善而沒有缺陷的團體。藉著定義哪種人是完整而良善的，並且讓這種人圍繞在身邊，「正常人」獲得了舒適與安全的幻象。「正常」的觀念像是一個代理子宮，消除了充滿差異的世界的侵入性刺激。

　　然而，這種策略當然必須將某些其他群體污名化。正常人很清楚他們的身體是虛弱、脆弱的，但是當他們可以將身心障礙者污名化時，他們就會覺得自己的人性弱點好很多。[115] 他們覺得自己好得不得了，幾乎是不朽的。正常人很清楚他們的智能在很多方面都有瑕疵；所有的人類在知識、判斷與理解方面都有許多缺陷。然而，如果有心智缺陷的人在附近，並將他們污名化爲「低能」、「白痴」、「蒙古症笨蛋」、「瘋子」，正常人就會覺得自己大爲明智且傑出。同樣地，正常人也清楚，他們與他人的關係是脆弱的，每個人都可能遭到失去與背叛，但是當他們將其他群體污名化爲道德墮落者時，他們就會覺得自己貞潔許多。在性關係中，所有人都會覺得自己很容易受

---

115 同時，「正常人」也會因爲各種弱點，貶低自己群體裡的其他成員，將他們「落」到「異常」的領域內。

傷，性也是身體與心理尤其脆弱的場合，然而一旦正常人可以將某些團體稱爲性變態時，這件事就能幫助他們逃避自己感覺到的羞恥。簡言之，透過將羞恥投射出去，將他人的臉與身體烙印，正常人達成一種快樂，他們滿足了控制與不受傷害的幼稚心願。高夫曼明白地指出：因此，受到污名化的人，是「他（正常人）的正常所反對（依靠、對照）的對象」。[116]

簡言之，我主張，所有的社會均會從事的污名化行爲，通常是一種攻擊反應，出於幼年自戀以及因不完整而生的羞恥。許多人即使在許多方面克服了幼年的自戀，學著與他人形成互相依靠的關係，並承認他人的獨立性事實，但這樣的承認仍然不會穩定，如果人們仍舊不想成爲必死性及脆弱的存有者；結果，當弱點顯露出來時，人們還是有強大的傾向回歸自我保護式的攻擊。我們甚至可以說，如果身心障礙人士出現在我們當中，就會提醒正常人他們自己身上的弱點，因此他們會感到強烈的衝動，要藉著公開羞辱那些將弱點顯露在臉上的人，好讓他們消失在自己的視線之內。因此，對於自我的羞恥通常導致要他人也感到羞恥，並實施屈辱或主動的羞辱，將污名施加到弱勢的人或群體身上。[117]

這種主張是依據臨床醫學作品而來。我們常見，受病態程度之原始羞恥所苦的病人，會表現出想依照社會規範將自己呈現爲「正常人」的興趣。肯貝克說，這是因爲「他們害怕如果

---

116 Goffman (1963, 6).
117 同前註。

自己不符標準，就會受到攻擊」。[118] 同樣地，莫瑞森也說，原始羞恥的經驗之一，通常就是感覺到自己「怪異」而不「正常」。「正常」因而成為躲躲藏藏的好方法。[119] 乍看之下，想要被視為「正常」的目的，似乎與想要被視為偉大或不受傷害的目的不一致，而後者是大多數這類病人所懷有的目的。但是我們應該與高夫曼一起主張，有關「正常」的社會規範，通常與平均人的弱點沒有多大關係：正常人完全是一個規範概念，一種代理性質的完美或不受傷害。

　　前述分析並不意味著，當社會支持某些規範、要求人們實現它們，否則就使他們感到羞恥時，這些規範必然是沒有價值與不好的。我已經說過，有關良善的理想，羞恥可以發揮有價值的道德功能。然而在思考羞恥的幼年時期根源後，我們知道不可輕易信任社會的羞辱行為，或接受其表面價值。它很容易脫離控制，很難將它緊繫於真正有價值的規範，並適當地調整它。在道德主義與崇高理想大行其道的背後，通常會有原始許多的事情在發生，而系爭理想的確切內涵以及規範價值，基本上卻與它們沒有關係。這類的反思應該讓我們即使面對道德化的羞恥也心存更多懷疑，更堅定地篩選、分析系爭的理想內容，檢查它們是否在純粹的普遍性之下還有其他故事。

　　污名操作的核心是將被污名者非人性化。有關這個問題，歷史上不斷重複上演在臉上烙印的行為，不僅因為臉比起手臂

118　Kernberg (1985, 232).
119　Morrison (1989, 116-17).

跟小腿是顯而易見的，也因為臉的確如君士坦丁大帝所說的，是承擔我們人性與個性的標記。因此，羅馬人對於這類羞辱式懲罰特別熱中，喜歡將罪名或刑罰名稱刺在罪犯的前額上。[120] 依照這種方法，懲罰施加了高夫曼所稱的「壞身分」的永久標籤。它也是獨特性喪失的標記：罪犯成為低賤階級的成員之一，[121] 而寫在他臉上的，不是他獨特的人格，而是那個標記。[122]

回想一下，B的羞恥反應之一是無法認出他人，或無法稱呼他人的名字。在他想掌控並獨占需求來源的欲望裡，他只是將別人視為模糊不清的威脅；他無法看見別人的特殊性質，也無法承認別人的獨立性。同樣地，許多社會污名背後的自戀攻擊也是如此，它強烈要求將別人的個體性抹煞，或者透過刻板印象，或者將別人歸類到羞恥的階級裡，不視之為獨特個體。藉著將別人歸類為「跛子」、「蒙古症笨蛋」、「同性戀」，我們同時否認了自己與他們有共同的人性，也否認他們的個體性。如同高夫曼所說：「因此，他在我們的心目中，從一個完整的平常人降格為污穢的、低劣的人。……就定義上而言，我們當然相信，有污名的人是不完全的人類。基於這樣的假設，

---

120 見Gustafson (1997)，他對晚期羅馬帝國的這類活動做了極為詳盡的解釋。另見Jones (1987)。
121 見Gustafson (1997, 86)：刺青通常是給奴隸的，因此對罪犯或不受歡迎之群體的成員施加刺青，會直接貶低其社會地位，讓其接近奴隸。
122 有個值得一提的故事，是將十二行的抑揚格詩句寫在兩個被控為異端僧侶的人臉上。（轉述自Gustafson [1997]，原文出自一本拜占庭研究 *Life of Michael the Synkellos*）：「當時長官下令要黥他們的面……行刑者上前，讓每位聖徒躺平綁在長凳上，開始黥他們的面。行刑者在他們臉上刺了好一陣子，寫上一首抑揚格詩句。」

我們施加各式各樣的歧視。」[123]

　　透過嬰幼兒發展的問題來切入公共政策議題的優點在於，這種做法提醒我們注意在羞恥之中經常存在的作用，並讓我們有理由相信它的去人性化傾向絕非意外，在保持羞恥的宣示與威嚇力量時，所有這些問題我們都必須加以考量。這些就是幼年自戀本身的部分邏輯。接下來，我們將轉向法律與公共政策的議題，讓我們把前述問題同時放在心上。

123　Goffman (1963, 3, 5).

第五章

羞辱公民？

有生之年，他都將帶著懲罰的刺青。

（*Quamdiu vixerit, habebit stigmam.*）

—佩特羅尼烏斯，《登徒子》（*Satyricon*）45.9

最後，把每個人對國家的意見都刺在他們前額上吧！[1]

（*Sit denique inscriptum in fronte unius cuiusque quid de re publica sentiat.*）

—西塞羅，《反喀提林》（*Against Catiline*）1.32

I. 羞恥與「援助的環境」

社會將羞恥施加到公民身上，但也提供屏障以保護公民免於羞恥。法律在這兩方面都扮演著重要的角色。一般人會認為，端正的社會是以尊重人類尊嚴的方式對待公民，而不是貶抑或屈辱他們。端正的社會更會保護其公民免於至少某些種類的貶抑或屈辱。本章我們將探討公開羞辱的問題，探討法律是否應該以羞恥爲手段來支撐公共道德。下一章我們將研究法律能夠保護其公民免於屈辱的一些方式。這兩個議題密切相關，因爲公民最不想遭受的屈辱類型之一，就是以法律爲根據或由法律所實施的屈辱。

藉著檢驗法體系的這些層面，我們事實上是在問，法律如何能提供溫尼科特所謂的「援助的環境」，以利信任與互惠的

1　有關此處用語，見 Gustafson (1997) 與 Jones (1987)。inscriptum 幾乎皆指「刺青」。而 Gustafson 與 Jones 中肯地主張，刺青顯然是懲罰標記（與奴隸標記）最常見的類型。烙印或許相當管用。Cicero 的建議只是譬喻，不過實際上他是希望把每個陰謀政變的人都處死，而不僅僅是刺青。至於其他人，他是希望他們清楚地選邊站：或者支持處死陰謀者，或者承認自己是政變同路人。

生活？我們因此也將探討某些珍貴的自由主義規範的心理基礎。現在，讓我們回到有關兒童發展的論證。雖然我接下來的法律解釋將會有各種論證來加以支持，並且能提供政治主張更多的深度與力量，但其中有不少論證與前述的心理解釋無關。

在描述過自戀的危險與無節制之後，溫尼科特與費爾班接著描述一種情感健康的規範，換言之，是一種沒有遭受過某些異常精神打擊的人，其情感發展能夠達到巔峰的條件。費爾班富有啓發性地使用「成熟依賴」的用語，而非「超然獨立」，並將之與年幼兒童的「幼稚依賴」相比。[2] 在幼稚依賴中，小孩將自己看得非常無助、貧困，而它的欲望是去掌控並融合良善事物的來源。反之，在成熟依賴（此後我將稱之爲「成熟互賴」）中，小孩能夠接受一個事實，亦即他們所喜愛且持續需要的人是獨立的個體，而非僅僅是他們意志的工具。他們允許自己在某些方面依賴照顧者，然而並不堅持自己必須是全能的；反之，他們也允許照顧者在某些方面依賴他們。

雖然這種接受不可能會不帶憤怒、猜忌、嫉妒而達成，但成熟的過程總是兒童在某個時分必須能夠放棄嫉妒、猜忌以及其他控制的嘗試。他們將會運用已經發展出來的感激與慷慨——某部分是從罪疚與後悔上發展出來的——來建立以平等和相互性爲基礎的關係。他們知道自己永遠需要愛與安全，但是他們也了解追求這種需要可以不必透過占有與控制的猜忌心。費爾班

2　Fairbairn (1952)；試比較Winnicott的用語：「絕對」與「相對」依賴。

強調，唯有在這個時候，成人的愛才算達成，因為愛不只需要
承認對象的獨立性，也需要有保護這個獨立性的意願。

　　然而，這種健康狀態仍是不穩定的，很容易被個人或社會
的力量破壞。在日漸成長的能力與成熟（包括成熟及慷慨的愛）
背後，潛伏著從未完全消失的不成熟願望：沸騰的猜忌、成為
世界中心的需求、對極樂與舒適的渴望、身邊圍繞著「正常人」
的欲望，以及將弱勢的人與群體污名化。這類需求的形式會受
到個人的家族及成長史所影響，但是也會被周遭的社會影響，
而社會能夠在各種不同程度上創造溫尼科特所稱的「援助的環
境」，以增進公民的情感健康。

　　那麼，對公共政策而言，這些有關污名、羞恥與自戀的議
題有什麼意義？如果我們唯一需要處理的問題只有污名化他人
者的情感健康，有些自由主義者可能會說，法律與公共政策毋
須抑制公民生活中的污名化與烙印的影響，以改善公民的情感
健康。自由主義者可能會說，如果這些「正常人」是出於幼稚
型態的羞恥而行動，無法與他人形成成熟互賴的關係，那是他
們的不幸，然而這也是他們選擇的生活方式，法律沒有必要干
涉。我認為，即使這樣的自由主義者還是會被反駁，因為這些
有關情感健康、自我尊重以及和其他公民建立相互尊重之關係
的能力，乃是「基本善」，所以似乎可以合理地認為任何自由
社會應該將它們提供給公民。[3] 不過，污名化他人者及其精神

3　Rawls (1971, 1996) 主張自尊的社會條件乃是基本善之中最重要的；我在 Nussbaum (2000a) 中
　　對於核心人類能力的相關解釋則包括情感健康的能力以及自尊的社會基礎。

健康，顯然並不是我們唯一的關切點。污名化他人者帶給被污名化的人巨大的傷害。有時被污名化的人受到法律與公民權上的限制，但錯並不在他們，就如少數宗教與少數的生活方式，並沒有傷害到不同意的他人，然而卻被法律所歧視。更常見的是，他們在居住、工作與其他社會活動上受到普遍的歧視，而且沒有任何法律救濟的途徑，比如男同志、女同志在大多數現代社會裡的處境，而矮小、肥胖、愛滋病患與其他人等等也是如此。同樣地，更普遍的是受到污名化之群體的個體成員，其人類尊嚴與個體性則承受了羞恥所固有的嘲笑、辱罵與攻擊。

在這些情況下，任何建立在相互尊重與平等互惠之規範上的社會，都有很強烈的理由去思考如何將污名的傷害性衝擊減到最低。儘管在許多問題上，政治自由主義與社群主義意見相左，但他們想必也同意相互尊重與平等互惠乃是極度重要的社會善，是如美國這種自由民主體制的政治觀念核心。[4] 因此，至少在某種程度上，我們可以提出一個論證，希望可以同時說服社群主義者與政治自由主義者——前者擁護較大的社會均同性，後者則主張價值的合理紛歧乃是一個自由社會的正字標記。

我們必須從一開始就強調：制度對於兒童發展的衝擊是深遠的。關鍵在於，不要認為兒童在成長為成人公民之前，其所有的發展都是在「私領域」發生的。在每個階段，他們都會被法律和制度影響，不論是好是壞。一個社會有關性別角色、

4　至少，這對於我的論證中所提到的社群主義思想家而言是真的，如 Etzioni 與 Kahan。對 Devlin 而言或許也是真的，甚至對 Leon Kass 或許也是如此。

性、歧視等問題的公共規範，都會以不同的方式影響父母，因而也影響了子女。隨著孩子的成熟，這些規範會更直接影響他們。因此，譬如修得羅、金德倫（Kindlon）與湯普森（Thompson）所談的男子氣概的標準，就會經過父母與同儕而傳給小孩，與社會規範與制度是有所衝突的。法律與制度能夠影響這些標準的方式有許多種，譬如：透過正式或非正式的公共教育；透過政策，讓男人有誘因投入照顧小孩的活動；提供員工親職假期與誘因，以創造更有彈性的勞動政策。[5] 創造新的男性標準，強調互相依賴而非自給自足，是一件複雜的任務，涉及制度對於子女與父母的生活在許多不同方面與許多不同程度上的參與。因此，之後我將探討的法律領域，僅僅是前述應該考慮的領域之中較小而特別明確的部分而已。

　　我們的第一個問題是，法律在施加羞恥上的主動參與，什麼時候這麼做是一件好事（如果真有這種時候）？很明顯地，法律不應該貶抑或屈辱公民，就如同法律不應該支持奴隸制度一樣。即使公民想受到屈辱（即使對屈辱的喜好是法律通常會尊重的那種，也就是在某些身體安全的限制下，成人在私人關係中合意的那種），如果由國家來對心甘情願的客戶施加屈辱，這似乎破壞了自由民主體制所根據的尊嚴與平等理念。設想法律對公民說：「這裡有一毛錢。如果你將這毛錢退回來，我們就會尊重你（形同購買尊重）；不過你也可以收下這毛

5　J. Williams (1999).

錢，而我們將屈辱你（拒絕購買尊重）。」這種要約是不可接受的，即使在一個賦予選擇自由高度價值的民主體制下。[6] 我們不想活在一個必須付費才能得到尊重的民主體制下，即使費用是如此微不足道，而且是國家給的。尊重是國家與其所有公民之間的關係所必然不可或缺的成分。

那些提倡由國家參與羞辱公民的人，並沒有直接質疑自由國家的觀念。他們倚賴兩個我們必須加以檢驗的區分：一是罪犯與其他公民的區分，二是單純屈辱的羞恥以及有建設性的羞恥之間的區分。因此，我們不能基於自由民主體制的一般觀念就將他們的主張全數排除。我們必須詳細檢驗這些主張。

II. 羞恥罰：尊嚴與自戀之惱怒

近來，羞恥罰引起了大量的興趣。某種程度上，這種興趣出自更一般性的、想復興羞恥的保守主義欲望。社群主義論者主張，現在的公民喪失了約束，所以造成社會失序及腐敗。如果我們能夠污名化那些行為偏差的人，如酒精與藥物罪犯、單親媽媽、依靠社會福利過活的人等等，則我們就能好好地提振社會秩序，挽救與家庭和社會生活相關的重要價值。[7] 卡恩與

6　見 Nussbaum (2000a, chap. 1)。此處我碰到了自己論點的極限，即「政治領域應該（替公民）創設能力，而非要求特定的功能模式」。

7　Kahan 與 Etzioni 心目中到底指哪些人？這是個有趣的問題。兩人都清楚地指出酒精與藥物罪犯，不過 Kahan 比較喜歡以有力人士作為羞辱的例子，例如在公共場合小便的商人、嫖妓的有錢人。Etzioni 比 Kahan 更有可能將單親媽媽納入羞恥犯的清單；事實上，不少社群主義論者的確會以這種案例來批判我們現在的「恬不知恥」。

其他支持在法律中設立羞恥罰的人，某種程度上就是受到這種一般性的想法所驅使。

對丹・卡恩而言，懲罰的基本目的乃是宣示性的：藉著懲罰某些種類的罪犯，社會傳達了它最基本的價值。[8] 因此他主張羞恥罰有著特別的力量，公開屈辱某人即是發出明確的陳述。[9] 當事人無法躲藏，他的罪行將暴露在眾人的凝視之下。反之，即使是監禁，雖然也很屈辱，但仍舊是匿名的，當事人被關在門後，遠離人群，並非公開地吊在眾目睽睽之前。卡恩特別建議將羞恥罰作為其他「替代罰」的替代方案，所謂替代罰即指無關監禁的懲罰。他主張，繳交罰鍰一點也不屈辱，因此無法表現出社會說這個行為是可恥的。我們對於繳納違規停車或是超速的罰單並沒有什麼感覺，我們甚至覺得僥倖逃過了更重的懲罰，我們更不覺得可恥。（我們可以注意到他忽視了罰鍰對窮人造成的負擔。）卡恩主張，社區服務的替代罰更糟糕，因為當事人的可恥行徑還因此獲得獎勵，不但沒受到屈辱，當事人還有好事可做，讓自己感覺良好，也讓別人覺得他很好。

此外，卡恩與艾齊優尼還主張，羞恥可能具有很強的威嚇效應。[10] 勾搭娼妓的人如果知道自己將受到的懲罰之一，是被公告在報紙上的話，他們就不太敢這麼做了。老是酒醉駕車的

8　　Kahan (1996).
9　　不像Braithwaite還會試圖區分羞恥與屈辱，Kahan對於擁護屈辱一事並沒有疑慮。
10　這點在 Etzioni (2001)論羞辱式懲罰的部分占有核心地位。

人如果知道自己將一整年開著車牌上寫著「酒駕」字樣的車時，他們就會三思而後行了。到霍伯肯市吃飯然後在街上撒尿的紐約商人，如果早知道懲罰並不是安安靜靜、隱密的罰鍰，而是在大庭廣眾下用牙刷把街道刷乾淨時，他們或許會先想清楚。

　　這些主張是可信的。羞恥的確具有強烈的宣示性與威嚇效果。因此為了反對這些羞辱式懲罰，我們必須做更多論述，而不是只說它們看起來令人不悅就了事。讓我們先同意卡恩所說的，懲罰的功能之一是要宣示社會價值。如果羞恥罰的主要功能就是宣示某些有價值而具體特定的社會規範，並給人（罪犯與一般公眾）實現這些規範的強烈誘因，那麼就會有具強烈宣示性的案例提供他們這些誘因。

　　即使在這種想像的情況下，亦即羞恥罰安全、穩固地繫於特定具體的規範，政治自由主義者還是有理由質疑：法律是否真的有資格強制實施這樣的規範？它們是否屬於自由民主體制政治觀念的核心？或者它們是公民得以合理爭論的事物，因而根據政治自由主義者的理念，法律沒必要強制實施它們？我已經在第一章說過，這樣的自由主義者儘管並未完全支持彌爾的傷害原則，以之作為規制某種行為的必要條件，但他們仍然可能相當贊同該原則。因此，政治自由主義者仍然會反對許多種羞辱式懲罰，理由是這類懲罰所針對的犯罪，根本就不應該是犯罪，因為它們只是「涉己」行為，對於不同意的他人並無傷害。譬如，許多處理藥物與性行為的法律就是落在這個範疇

裡。

　　然而，這種反對並不是在反對羞恥罰本身，它是在反對將所有屬於「涉己行為」的範疇，定義為犯罪並加以任何形式的處罰。很清楚地，我們反對某些羞恥罰（譬如將嫖客的姓名公告在報紙上）的理由是我們對於把賣淫及招攬客人入罪化一事感到不安，尤其當後續的懲罰很嚴厲時，我們更加不安。我們必須區分這種理由和反對羞恥罰本身的可能理由。因此，從現在開始，讓我們只考慮對不同意的他人有所傷害的犯罪：它們是符合彌爾原則的。很不幸地卡恩未能區分這兩種範疇的犯罪，不過我們不必跟著重蹈覆轍。那麼，讓我們思考一下酒駕、竊盜、詐欺、傷害性的性行為（譬如對兒童的性猥褻）及其他相關犯罪。[11] 這些行為都是真正的壞事，理應受到懲罰。

　　注意，既然已經闡述過羞恥與罪疚的區別，我們應該知道當前的刑事司法體系的性質使我們不可能制定一種單純的羞辱式懲罰。羞恥關聯到的是人的特點或特徵，而罪疚關聯到的是行為。我們的司法體系乃是奠基於犯罪行為的思考。罪犯必須因為犯罪行為而被起訴和定罪，才會受到懲罰；而所謂懲罰，嚴格而言乃是針對犯罪行為的實施而來的懲罰。因此，羞恥的運用是跟在罪疚後面，亦即罪疚已經因起訴、審判、定罪的結構而成立。然而在其他時代裡，事情並非如此：宗教上的少數、異端、「性偏差」者都曾遭到公開的羞辱懲罰，但是並沒

11　在這些犯罪類型中真正使用的羞辱式懲罰例證，見 Kahan (1996, 631-34)。

有任何犯罪行為的定罪。[12] 現在我們正在評估的是一種混合的主張：對於因犯罪行為而被定罪的人，羞恥在隨後的量刑階段才出現，而罪疚已在審判階段成形。許多人之所以認為羞恥罰是可接受的，某程度上可以追溯到他們所持的混合意見，而這在我們的法體系裡是難以避免的。

在最近的作品中，出現五種反對羞恥罰的論證。現在，我將主張，經過第四章對於羞恥與污名的解釋後，這每一個論證都會得到更深的理據。我們可以不必支持那些解釋，一樣能夠反對羞恥罰，不過那些解釋會讓這些論證更加有力，也讓我們有新的理由接受這些論證。

第一個論證主張，羞恥罰會造成屈辱，因而對人類尊嚴構成侵害。[13] 如果正確地理解，此主張並不要求遭受羞辱式懲罰的人事實上的確「感覺到」屈辱；因此它不會因為遭受懲罰的目標群體可能為自己所受到的標記感到驕傲而失效（不只在古羅馬世界，在現代的次文化裡也有這種現象）。[14] 這個論證的重心在於羞辱式懲罰本身所傳達的：貶抑與屈辱的意圖。因此，這點與承諾要給全體公民自尊之社會條件的政治使命是不相容的，即使出於某些偶然理由，當事人恰好不會感到屈辱。

為何羞恥被認為是對人類尊嚴的侵害，而罰款與監禁並不是呢？理由在於，懲罰乃是針對行為而施設，不構成對於整個

12　見 Gustafson (1997) 與 E. Posner (2000)。
13　Massaro (1991, 1997).
14　見 Gustafson (1997)，談到基督徒將自己所承受的刺青轉變為正面的象徵，甚至自願在自己身上刺青。

人的屈辱或貶抑（儘管懲罰本身可能還是具有這類特徵；本節最後將討論此點）。因此，它們所追溯的是罪疚，而且的確是取決於犯罪的判斷。反之，從歷史上看來，羞恥罰是將低劣的身分標記於某個人身上，時間通常是一輩子。我曾經說過，羞恥是針對人性特徵的情感，而罪疚針對的是行為。罪疚的懲罰顯示「你做了一件壞事」，然而羞辱式懲罰卻表示「你是個有缺陷的人」。在我們現行的法律情境裡，這兩種方式可能很難區分，因為罪疚背負著羞恥，羞恥也是一種懲罰罪人的模式。但是，刺青、烙印、符號，這些方式都將人標記為擁有偏差身分的人，而且這些做法在歷史上的功能向來就是向世界宣布壞人的身分。在許多時空中，刺青、紅字從來都不需要罪行的認定，而是直接指出這類壞身分，並且通常終身如此。即使在無法避免的混合案例裡，羞恥仍舊是向世界宣布當事人是一種（低劣的）的種類：「酒鬼」、「壞女人」，諸如此類。當公眾嘲笑某個載著枷鎖的人時，他們並不是被邀請去注意任何特定的行為，而是去藐視當事人的壞身分。反對羞辱式懲罰的第一個論證所說的是：這樣的訊息若由國家去實施，將與全體公民平等尊嚴的公共關懷並不相容。

　　這個論證的變體由茱莉亞‧安娜絲（Julia Annas）提出，並處理到罪犯的實際感覺。[15] 透過文獻與歷史的證據，她主張，因為羞恥針對的是整個人，所以它尤其可能導致「破碎心

15　Annas（手稿）。

靈」——那些長期無能恢復自尊與自我價值感的人。這些可信的心理學主張給予這個論點額外的助力：羞恥罰剝奪了一個人的核心「基本善」。

此時，我想要增加一項個人的觀察。身為一個酗酒母親的孩子，我設想過我母親可能會開著一輛車牌寫著「酒駕」的車子到處晃。（事實上，她從來沒被逮到過，儘管她一定經常酒後駕車。）如果她不是安靜地經由道路交通安全講習、吊扣駕照等等處罰方式與國家做個了結，她將會得到一個公開的標記，使她的身分永久帶著污點。很久以後，這種牌照卸下了，但是她在社群裡已經髒掉。她會永遠被標記為「酒鬼母親」。其次，我的父親、姊妹與我也會被標記上低於標準的身分（畢竟，那是家裡的車，人們會知道她的家庭關係）。對我而言，以罪行為根據的懲罰和羞辱式懲罰之間是天差地別。我很清楚羞恥罰的確會傷害她的心靈。如果一個國家對人類尊嚴的尊重如此不足，以那種方式將某個人懸掛在大庭廣眾之下，而不是在保護隱私與尊嚴的條件下去解決問題，那麼這種國家是殘忍的。

不過，現在讓我們依照我所呈現的羞恥解釋去思考這個尊嚴的論證。如同我所主張過的，對從屬團體加以羞辱，通常傳達的是要貶抑羞恥之人的人性。以高夫曼的用語來說，他們某程度上是次等人類，不是具有個體性與尊嚴、確確實實的人類。更廣泛來看，藉著把他人羞辱為偏差人格，這些羞辱他人者得以將自己定位為「正常人」，高於羞恥之人，進而將社會

劃分爲等級與階級。這類陳述的確具有宣示性：它們宣洩了許多人內心深處的感覺。不過，有件不好的事是確鑿的，亦即一個建立在人類尊嚴與平等、尊重個體之理念上的自由社會，竟然會想「經由公共的法體系」來表達這樣的意義。一旦國家成爲參與羞辱公民的共謀，則影響重大。人們會肆無忌憚地繼續將他人污名化，而罪犯注定屬於被污名化的人。無論如何，國家參與這種施加屈辱的活動，將會嚴重地破壞自由社會所根據的平等與尊嚴理念。

一些羞恥罰的支持者否認他們所提倡的懲罰會屈辱人。稍後我將討論某些這類的主張。現在我要質疑卡恩與艾齊優尼的說法；他們從未否認屈辱的確是他們所贊同的懲罰方式的目的，而尊嚴的論證是反對他們的有力主張；由國家實施公開屈辱，顯然與自由主義固有的規範極不一致。推動卡恩政策的基本態度是想將人群分爲脆弱的與超然的，並藐視、嘲笑下面那些卑鄙可恥的人。這種階級形式可能會在人類生活裡持續。然而，自由國家一旦成爲階級的代理人，就會嚴重危害到它的平等守護者角色。

在鋪陳尊嚴的論證時，目前我只是根據污名及其所傳達的意義來做分析，還沒有談到「原始羞恥」的因果論述。不過我們可以停在這裡了。我們所說的，已經足夠讓尊嚴的論證站得住腳。然而，如果我們相信兒童發展史，我們就有更多理由接受尊嚴的論證。因爲基於發展史的解釋，施加羞恥的人通常不是在表現美德的動機或高尚理想，而是畏懼自己的人性弱點，

並且對人類生命的限制感到惱怒。他們的憤怒並非眞的針對敗
德與惡行，或至少不只是針對它們。在道德主義的背後流竄著
更原始的東西，而且必然涉及對他人的屈辱與非人性化，因爲
唯有如此，自我才能維護不堪一擊的自戀。因此，我們可以證
明：即使可能，也很難從最具有道德關聯的羞恥罰中去除侮蔑
與屈辱的性質，而這些性質是尊嚴論證的支持者所正確地反對
的。原始羞恥只能透過屈辱獲得滿足，因此，只要原始羞恥持
續現身，就很難將屈辱從羞恥罰中去除。卡恩並不想將屈辱從
羞恥罰中去除，甚至他似乎還很贊成如此。因此，他的主張一
旦碰到尊嚴論證的反對就很脆弱。不過，不同類型的社群主義
者可能會主張，繫於道德的羞辱式懲罰可以免於屈辱。此處，
兒童發展史再次具有價值，它指出羞恥與屈辱的關聯並非出於
偶然的意外。因此，如果我們有點懷疑這種發展史或類似的解
釋，我們至少應該要更懷疑對於尊嚴論證的可能反駁。全體公
民自尊的社會條件將會因爲羞恥罰的廣泛採用而陷入危險，即
使他們主張屈辱並未涉足其中。稍後，當我們研究一些所謂建
設性的羞辱式懲罰時，我將回到這一點。

　　罪疚以及基於罪行而論斷之懲罰，並不會有類似的麻煩。
因爲罪疚本身即區分了人與行爲，因此完全符合對於當事人尊
嚴的尊重。懲罰可能會對行爲非常嚴厲，然而同時表達了當事
人是值得關懷的，值得在最後復歸社會。其實，康德認爲應報
性的嚴厲，即讓當事人對自己的行爲完全負責，乃是對當事人
表達尊重的「方式」之一。藉由讓人爲自己的犯罪負責，並給

予他們修復和社會復歸的道路，我們對待罪犯如同良善事物之源頭，也強化了他們修復過錯的能力。為某些犯罪所設的社區服務即是強化修復能力與社會復歸的一種方式。

　　現在，讓我們轉向反對羞辱式懲罰的第二個論證，由詹姆士‧惠特曼所提出。[16] 惠特曼主張，羞恥罰通常涉及暴民正義，而且光從這個理由來看就是有問題的。在羞辱當中，國家不只透過自己的制度來實施懲罰，還邀請公眾來懲罰罪犯。這不僅是一種不可靠的懲罰方式，而且本質上就是有問題的，因為它邀請「暴民」來虐待他們剛好不喜歡的任何人。暴民正義並不是自由民主社會會讚賞的那種公正、慎思、中立的正義。[17]

　　這個論證與尊嚴論證的情況相同，我們可以回想第四章有關污名化的解釋來強化它。如果對於不適足的恐懼通常會導致人們結合為團體，並將自己定義為「正常人」，高於某些較無力、弱勢的群體；如果，污名化與羞恥真的和這種團體形成的過程有關，正如高夫曼的有力主張，則我們可以更清楚看出當中什麼是值得反對的。這種團體自我保護的機制，相較於我們正當地要求法體系實施的衡平及公正的正義，差異實在頗大。

　　將「原始羞恥」的因果解釋添加到高夫曼的污名解釋上，我們可以看得更遠：通常人們形成這種團體並嘲笑他人的理由，是一種針對缺陷的深度、非理性的恐懼，屬於更一般性的對於人生困苦的畏懼，並追尋絕不可能的堅強、安全與自足。

16　Whitman (1998).
17　另見 Markel (2001)，他主張從公正性的理由來看，由國家來執行懲罰是很重要的。

找出羞辱他人之欲望的非理性根源後，我們更加清楚了解爲何法體系不應該建立在這種動機上。如同處理噁心的情況，此處並非主張所有的情感均是不可靠的，不可作爲法律規則的基礎；此處的主張是具體特定的，只針對羞恥這個特定情感的病原與運作。

第三個論證，與惠特曼的不同但是有密切關係，即艾瑞克·波斯納（Eric Posner）的歷史論證，從歷史脈絡上主張羞恥罰是不可靠的。[18] 歷史證明羞恥罰經常弄錯對象，並且在懲罰強度上並不精準。因此，它們無法適當達成懲罰的威嚇功能；它們可能威嚇到不壞的行爲（譬如只是單純不受歡迎的行爲），然而卻沒有威嚇到非常壞的行爲。除了波斯納（與惠特曼）所豐富呈現的歐洲史證據外，我還可以加上古羅馬的證據，也可以清楚證明同樣的事。儘管羞恥罰在上古晚期是伴隨許多眞正的犯罪類型（竊盜、詐欺等等）出現，然而它們很快就被用來污名化當時不受歡迎的群體：性方面的少數、基督徒和基督教盛行時的異端。[19]

將這個歷史論證與惠特曼的暴民正義論證相連，我們就能了解爲何羞恥罰是不可靠的。某程度上，它之所以不可靠，是因爲它不是由中立、公正的政府機關所實施的，而是由暴民實施的。當政府邀請暴民來懲罰時，可想而知是針對令人討厭的人，即使他們並沒做錯事，或者沒做多壞的事。

18　E. Posner (2000).
19　見 Gustafson (1997)與 Jones (1987)。

　　再者，歷史證據本身即已強烈支持波斯納的論點。不過，歷史是不穩定的。我們的資料永遠是不完整的，也很難知道紀錄的例證有多大代表性。如果有個因果假設能給我們一些理由，說明爲何羞恥是不可靠的、不容易聯繫到眞正犯罪的性質與強度，那會更好。我對羞恥與污名的描繪，恰好提供了這樣的因果假設。羞恥之所以很快從眞正的犯罪變換到單純的異議分子身上，一點也不是意外，因爲羞恥一開始就不是針對壞行爲的。它所針對的是一個人或一個團體，還有一個體現某些偏差身分的人（或許包括令人噁心的身分），而優勢的統治團體依照這些人或群體來定義並保護自身。當我們再增加一點，亦即這種保護的背後是想尋求不受傷害與自戀的光榮時，我們可以更了解，容易成爲羞辱者惱怒之箭靶的人，並非眞正的壞人，而是任何提醒「正常人」其弱點的人，任何一直以來將這些弱點實現在社群裡、成爲這些弱點的代罪羔羊的人。自戀的惱怒原本即是非理性（在規範性意義上）與不平衡的，因此毫不令人驚訝，它可以盯上小偷乃至於基督徒，或者騙徒乃至於身心障礙者。

　　第四個論證反對的是「羞恥罰具有很強的威嚇力」這個說法。心理學家詹姆士・吉利根（James Gilligan）主張，實際證據所支持的是非常不同的結論：受到屈辱的人會比以前更加疏離與麻煩。[20] 尤其對酗酒者、兒童性猥褻犯以及其他卡恩所針對

20　Gilligan (1996)；另見Massaro (1991)。

的人而言，羞恥本來就是他們的嚴重問題。讓一個人暴露在屈辱之下，通常會粉碎他已經很脆弱的自我防衛，結果可能是全然崩潰。此外，他們可能出現與社會和社會規範嚴重疏離的意識，如果罪犯有暴力傾向的話，還會導致更嚴重的暴力。在這種意義上，利用羞恥來控制犯罪，形同火上加油。另一個相關的考量是，受到羞辱的人可能在社群裡得不到任何尊重，除了從罪犯和其他被污名化的人；因此，羞恥反而強化了他認同反社會群體的傾向。最近由犯罪學家約翰・布雷斯威特所做的經驗研究，強烈支持前述主張，並表示「污名化助長違法」。[21]

其次，根據羞恥和污名化的一般理論所發展的這個論證，可以從我們第四章所探討的羞恥的心理解釋得到新的力量與深度。如同我所主張的，一個已經擁有脆弱自我的人，羞恥的經驗與憂鬱（破碎心靈）及攻擊有密切關係。此時再強化羞恥的意識，很可能導致更多暴力。回想一下瑟徽萊的德國軍官：正是因為他們認為一次世界大戰的挫敗讓他們受到公開屈辱，所以他們醉心於暴力的想像與復仇計畫。金德倫與湯普森對男孩的研究，包括我們在科倫拜之類的事件中經驗到的暴力，述說的是同樣的故事。施加羞恥，不但不會遏止犯罪，還會爆發更多的暴力。

最後，我們還有一個由史帝芬・舒赫佛（Steven Schulhofer）所提出的論證，訴諸於廣為人知的「廣張羅網」（net-widening）

21　Braithwaite，二○○二年四月私人通信。

現象。[22] 其基本想法是,羞恥罰可能導致將更多人置於社會控制下的擴張性嘗試。這個論證主張,羞恥與其他一開始看起來前途無量的改革提議相同,這些改革(譬如提早假釋、少年法庭等等)一開始是設計成將低階的、較不危險的罪犯轉介到其他社會制度的方式,而這些制度比監獄來得不那麼嚴厲。然而,它們所倡導的公眾對象並沒有心情冒險,尤其對那些本來要進監獄的人疑慮更甚。因此,改變發生了:那些所謂「較輕的」懲罰並不是用在那些本來要進監獄的人。反而,它們是用在那些本來可能得到輕度緩刑或根本不會被起訴的人身上,將他們置於資源有限的制度之下。因此,他們不但沒被轉介出監獄,而是被轉介進他們本來可以逃過的社會控制與懲罰之下,並受到羞辱。這個論證指出,羞恥不是一種進步的改革,反而是氣焰日熾的社會均同性與社會控制的代理人。

　　這個論證顯示了卡恩支持羞恥之論證的內在矛盾,因為他在兩種觀念之間變換理據。當他面臨反對者批判羞恥的嚴厲時,他就將自己的主張描述成是監獄的替代方案。然而,在其他場合,他又擁護提高社會控制,重心放在通常不會被起訴的侵犯類型,並且將羞恥當成罰鍰與社區服務的替代方案。不同於我們的其他論證,這最後一個論證並非直接反對羞恥罰,我們必須將它與下述的規範性評價結合起來:提高社會控制到底是好是壞?不過,這個論證的確針對羞辱是「輕微」與「進步」

22　Schulhofer,二○○二年六月私人聯繫。他說,在緩刑改革以及其他改革主張的文獻裡,這種一般現象相當常見。

的主張提出了嚴重的疑慮。若與尊嚴論證和波斯納的論證結合，疑慮就會變得非常嚴重，讓我們懷疑羞恥罰的程度與範圍。

當我們思考羞恥的心理學時，這個疑慮會更加重。人類都很樂於將羞恥向外投射，以污名化他人的方式來處理自己的不穩定性（無常）。我們很容易就能想像到，羞恥所涉及的「廣張羅網」就是前述這種有害的社會運作的例證。下一節，當我們研究「道德恐慌」時，這個疑慮就會再度得到強化。

現在，我們準備好五個反對羞恥罰的論證了。它們各自都有獨立的力量，任何一個都足以說服我們說，羞恥罰是個糟糕的點子。在我的羞恥解釋中，這些論證都能獲得更多的論據，並且我們也能更深入地了解，爲何羞恥罰會威脅到自由社會的核心價值。

羞恥罰的擁護者通常主張，這種懲罰可以良好地發揮懲罰的四個基本目的：應報、威嚇、宣示、矯治或社會復歸。我說過，儘管羞恥罰具有很強的宣示性，然而它們在一個基於尊嚴與平等理念的社會中所傳達的內容是非常有問題的。它們的威嚇力，在波斯納與吉利根的論證中也被質疑了。不過，我們還需要思考一下應報與矯治的主張。

詹姆士・惠特曼說過，羞恥罰是「美麗的報應」。[23] 另一位羞恥罰的出色分析家湯尼・瑪沙羅也持相同意見。[24] 當然，

23　Whitman (1998).
24　Massaro (1991).

像霍伯肯市的牙刷掃街那樣的懲罰，是有些特出之處；它們有著但丁式的韻味，精緻地切合於該犯罪行為而量身訂做。卡恩的一個案例也有類似的但丁式韻味，那是一個以簡陋住宅高價出租給窮人的惡劣房東，被判必須住在他自己一間鼠滿為患的公寓一段時間。這類的例子有些似乎根本與羞恥無關。惡房東的懲罰之所以適當，並非因為他在眾人面前受到羞辱。其實，我們根本沒有理由設想他受到如同被施以特殊記號或標記的人那樣的羞辱。公眾也沒有實施懲罰；他並沒有被展示在眾人面前，而且他與別人的日常交易並沒有因為「壞身分」的標記而受影響。事實上，這種懲罰類似於相當普通的應報懲罰：為了應報他的壞行為，他被判一種較為妥當而均衡的懲罰，而非只是進監獄。

然而，如果我們思考羞辱式懲罰的核心類型，則它們是否真的能服務於應報的目的，就應報概念的最佳理解方式而言並不是很清楚。最近在一篇傑出的文章中，[25] 丹‧馬克爾（Dan Markel）主張（利用赫伯特‧莫里斯〔Herbert Morris〕的經典論述），[26] 了解懲罰理論中應報主義的最佳方式，就是把應報主義視為如搭便車（free riding）與平等的自由權。我們相信全體公民都是平等的，應該享有平等的行動自由。罪犯違背了這種基本的社會理解，主張自己擁有不平等的自由範圍：他說，我可以偷竊，但你得繼續守法；我可以強暴，但沒有人可以強

25　Markel (2001).
26　Morris (1968).

暴我。如同康德所主張的，這種讓自己成為例外的人，乃是將人性視為單純的手段，而非將人性視為目的而加以尊重。（這是將康德的普遍法則公式與人性公式聯結起來的最佳方式；我們要分辨是否將他人當成工具利用，就是看看我們的行為能否成為自然的普遍律。）[27] 罪犯主張了不平等的自由，應報懲罰則要他為此付出代價，它說：不，你沒有資格享有不平等的自由，你必須接受讓他人也享有同等自由而來的限制。[28] 因此，應報與報復（復仇）非常不同，後者通常是基於個人的動機，而且與一般的社會平等沒有多大關係。

如果我們以這種方式了解應報主義，我們就會了解，正如馬克爾所言，羞恥罰一點也不應報。它們並不表達人們及其自由有平等價值的意義，反而表達出相當不同的意義，與階級和貶抑相連。回到我的解釋，這點就會很清楚，因為羞恥罰所涉及的似乎就是依照偏差群體來定義優勢團體。它們當然而且通常傳達了報復的欲望，正如我所說的，在原始羞恥與仇恨的惱怒之間有著強烈的關聯。[29] 無論如何，它們一點也不像康德意義上的「美麗的報應」；對康德而言，應報主義乃是自由民主社會中站得住腳而且有力的懲罰理論。

矯治又如何呢？布雷斯威特的主張很有影響力，他認為羞恥罰對下述目的很有效：一是讓罪犯面對他的犯行以及對別人

---

[27] 括號裡面的話是我說的，不是馬克爾說的；我對於《道德形上學之基礎》的解釋，他不必負責。

[28] 馬克爾與莫里斯的分析比此處要詳細許多，我只是呈現了粗略的摘要。

[29] 這似乎是瑪沙羅的意思，她將應報主義與復仇混淆了。

造成的損害；二是最終讓罪犯復歸社會。[30] 他實施一種被害人與罪犯之間的「復歸協談」（reintegrative conferencing）來增進這些目的。[31] 這類的努力在各種自由民主體制中愈來愈常見。

　　正確地理解布雷斯威特的論證是重要的，因為他的觀點有時被認為與卡恩和艾齊優尼相同；後兩者引用他的作品，宛如他們持相同的意見。布雷斯威特主張他並不偏愛「羞恥罰」，並寫道：「我的作品中從來沒使用過這個詞，除非是在一九九〇年代的美國法學評論論戰中，為了表示不同意而順帶提到的。」[32] 其次，布雷斯威特的整個懲罰理論「完全反對應報」，而是強調未來的矯治與社會復歸問題。在規範上而言，布雷斯威特並不是將社會均同性視為核心目的的社群主義者，他是共和主義者，換言之，他同時重視強健的社群與強健的個體。[33] 他只在描述性的意義上使用「社群主義」一詞，也就是當作一種變因，用以指出一個社會中社會連結的強度。儘管他稱讚日本這種社會連結強烈的「社群主義」社會，但仍舊批判日本的其他方面，譬如對個體的保護不足，讓個體無法反抗社會一致性的壓力等等。[34] 他所重視的共識，也是政治自由主義所重視的那種，即社會核心政治價值的共識；而尊重每一個人

30　Braithwaite (1989).
31　Braithwaite (1999).
32　Braithwaite，二〇〇二年四月私人通信。
33　見 Braithwaite (1989, 185)：「一個良好的社會，是在某些核心價值（包括刑法）上有著共識的，然而在這個範圍以外，應該設立制度來鼓勵衝突。……一個良好社會必須有共識的核心價值，包括自由、多樣性與建設性衝突的維護。」
34　Braithwaite (1989, 158).

就是他所贊成的社會核心價值。「基本人權應該爲可允許的修
復程序設定法律界限。」[35] 依照這個一般背景，我們必須將布
雷斯威特的論證定位爲限制羞恥罰的立場。

　　毫不令人意外，布雷斯威特的規範性主張與卡恩和艾齊優
尼的主張十分不同。首先，他清楚地表示，只有在傷害被害人
的犯罪型態裡，羞辱才是適當的：他指稱這類犯罪型態的獨特
用語是「掠奪性犯罪」（predatory crime）。因此，他一開始就在
彌爾原則的限制下工作。第二，他在污名化的羞恥與增進社會
復歸的羞恥之間做了非常清楚的區分。他批判前者（雖然有時
他會暗示這樣總比毫無羞恥來得好），支持後者。好幾年來他
所主張的是一種「復歸協談」，讓被害人與加害人面對面。他
不斷強調，在這樣的脈絡中，屈辱是全然不可接受的。

　　布雷斯威特的書中有些面向造成了他的立場與卡恩和艾齊
優尼的立場被混淆在一起，其中一例是他奇特地使用了「社群
主義」一詞，很容易被人誤解爲他在規範面上採取社群主義來
作爲其政治哲學。[36] 然而，從我的論證來看，布雷斯威特的核
心問題就是他沒有在羞恥與罪疚之間做出明確區分。他比較偏
好針對行爲而不是針對個人的懲罰，並且偏好個人爲其行爲贖
罪的那種懲罰，以作爲得到寬恕、復歸社會的前奏。他堅持這
種懲罰必須不帶有污名化，並且在互相尊重對方人性的氛圍下

35　Braithwaite (2002, 13).
36　Braithwaite 告訴我，Etzioni 就是這麼認爲；Etzioni 曾經寄給他「社群主義宣言」想請他簽
　　名，但是他拒絕了。

進行。所有這些主張都很動人，我也相當贊同他所提出的主張。[37] 但令人難解的地方是他那些主張到底與羞恥有沒有關係。他主張罪犯並不是來受屈辱的，而且我們必須區分行為與個人。這些都是罪疚而非羞恥的特徵。同樣地，寬恕與補償的概念原本也都屬於罪疚的世界，不屬於羞恥的世界。事實上，丹・馬克爾的應報概念強調向罪犯顯示其行為的惡性，換言之，犯罪行為要求了不平等的自由、侵害他人的權利，並以應報作為補償與寬恕的前奏，這種立場與布雷斯威特所指稱的羞恥罰並沒有重大差異。不過我認為馬克爾正確地將其概念立足於康德的世界，亦即對人性的尊重、對行為的罪疚，以及隨之而來的道歉與贖罪（補償）。（康德並不關心寬恕，不過這是康德本人的特徵，不是他所提出的觀念的特徵。）因此，我的結論是，布雷斯威特的理念不僅與卡恩和艾齊優尼的理念相去甚遠（如他本人所強調），也與羞恥罰的傳統觀念沒有關聯，而是部分屬於罪疚懲罰的世界。布雷斯威特本人也同意此點，在其最近的作品裡，他使用「罪疚的羞恥」一詞來取代他所贊同的那種「羞恥」情感，另外也描述了觀看的情感，亦即他所尋求的「正義與愛的凝視」。[38]

　　接下來，建設性羞恥又如何？在第四章我曾經說過，在某些案例中，罪疚是不足的，而羞恥是適當的。我曾經提到芭芭

37　Braithwaite 相信我們之間不同意的主要範圍是在應報上：他完全反對應報，而我站在一種有限的康德式立場贊成應報。如我稍後所述，在我所贊成的應報主義以及他所贊成的被害人與加害人會談之間，我不確定真的有那麼大的差異。

38　見 J. Braithwaite 與 V. Braithwaite (2001)。

拉‧愛倫芮希對美國勞動階級貧困處境的描述，並認爲這是公開邀請眾人感到羞恥的適當例證。美國人應該檢討自己的生活方式與信念，並了解我們未能實現平等尊重的核心理想，同時感到羞恥。這種類型的羞恥是嚴格自我省察的結果，似乎能夠提升矯治的效果。法律是否可以設置以這類建設性羞恥爲核心的羞恥罰（不同於布雷斯威特基本上以罪疚爲基礎的懲罰），而且當中能夠承認共同的人性弱點，進而不僅是不自戀的，還是反自戀的？這種羞辱式懲罰（不同於以罪疚爲基礎的懲罰）可能的樣貌如何？又應該針對什麼類型的犯罪？

　　一旦法律開始羞辱個體公民，則永遠必須擔憂貶抑與屈辱的問題，即使那個個體是位非常有力的人士，犯了某種自戀和自命超凡的罪——這似乎是愛倫芮希式羞恥的正確目標。然而，主張法律應該透過公開屈辱的儀式來攻擊脆弱的個體，這想法實在令人不悅。讓我們想想最近的兩個例子；基於愛倫芮希的理由，這類公開羞辱一開始看來似乎很吸引人。一個例子是瑪莎‧史都華（Martha Stewart）被控內線交易案。（她並不是因這項刑事犯罪而被起訴，而是被控舉證責任較輕的公共秩序違犯。）譯①。她的整個事業一向就是自戀的讚美歌。她的雜誌所灌輸的想法以及她在電視上的表現，都在說女人和她的家應該是完美無缺的，而這類想法是一種有害的自戀幻想，轉移了女

譯①「公共秩序違犯」（civil offense）又稱public tort，指的是「非自體惡」的犯罪，僅是違背法律之禁止或義務，但仍會遭到懲罰。美國的「公共秩序違犯」範圍很廣，包括超速、違規停車、未成年飲酒等等；而瑪莎‧史都華的案子據說是她對聯邦調查員說謊，因而被判妨害司法與作僞證等四項罪名成立，最後入獄服刑五個月。

人的注意力，忽略了她在我們社會裡所面臨的真正負擔（譬如照顧老人與小孩）。其實，瑪莎‧史都華的成功很大程度要歸功於她在平常女人身上所引發的羞恥；她們的家離完美非常遙遠。因此，如果瑪莎‧史都華可以被公開羞辱，將她視為一名罪犯，那似乎是相當美妙的一件事。當然有人會說，如果她有罪，那她應該被懲罰。但是這種反應太過不假思索：因為任何檢察官都必須在許多可能的犯罪中挑選，而瑪莎‧史都華卻是因為看起來相當輕微而且有問題的案子獲選，被檢方特別注意，但同時其他嚴重許多的嫌犯卻沒有被起訴。更糟的是，在絕大部分的情況中，她受到了公開羞辱的懲罰：羞恥讓她承受了嚴重的名譽損失，甚至早在她的案件開始審判之前。

　　不管她願不願意，她都遭受了公開屈辱，這是她聲名下挫的原因之一，而法官不管做什麼都無法挽救已經發生在她身上的事。我認為這在道德上十分不可接受，而對她的法律攻擊與公開羞辱之間的關係是最有問題的。譬如，有關她生活的電視特別節目播出隔天，起訴書就發布了，那節目不過是餵養大眾想看她被羞辱的欲望罷了。人們對於她的「垮臺」感到歡欣鼓舞，因為他們想看到她所自命的完美被玷污，但是這並不能構成以粗暴和屈辱的方式將其私生活透過電視網路遊街示眾的理由。事實上，這齣電視劇所兜售的快樂本身就是自戀的，因為它向觀眾說：「她老是說她是完美的，而你則很糟糕。現在可好了，她很糟糕，反過來你就是完美的（因為想必你沒有犯下內線交易）。」設想，如果是法官下令製作這齣特別節目來作

為懲罰，我想這對法體系是極大的傷害。但是電視節目與起訴的關係實在太密切，宛如現實模仿了藝術，糟糕透頂。

即使法律沒有參與，一開始看似有建設性的公開羞辱，通常也含有嚴重令人不悅的面向。現在讓我們想想最近另一個羞恥的承受者威廉‧班奈特（William Bennett），人們發現他是個嗜賭成性的賭徒。即使他沒有傷害自己的家人，也沒有違背他的宗教（天主教）規範，但當人們把他在公共領域的道貌岸然跟好賭的事實擺在一起時，就認定他是偽善的。有關偽善的指控我並不十分確定，不過無論如何，班奈特用他的萬貫家財來滿足個人嗜好，或許總有點自戀在裡頭；而且班奈特長久以來有羞辱他人缺陷的習慣。那麼，公開羞辱他就是對的嗎？如果可能，法體系參與進來羞辱他是對的嗎？

這裡我們遇到一些問題，班奈特並沒有違背任何法律：因此，公眾必須自己動手而沒有法律的幫助。我必須說，我覺得這幅景象很令人討厭，而且其實自戀得令人不悅。許多羞辱班奈特的人，在我看來也犯了同樣的道德錯誤：他們為自己的私人娛樂花錢，卻不想照顧窮人的生活需求。這就是絕大多數富裕的美國人的所作所為。在賭博與滑雪渡假之間真的有很大的道德差異嗎？因此，這裡的羞恥並不像表面上那麼反自戀；在許多方面，它其實是一種焦慮，怯於反省自己的自戀而生起防衛之心。即使班奈特在賭博時觸犯了一些法律，我認為法官如果也加入羞辱他之列，是十分不當的，譬如下令製作黃金時段特別節目（毫無疑問，我們很快就會有了），細數班奈特的

「可恥」行徑。一般而言，公開侵入他人無關公領域職責的私領域行為，這種入侵通常是自戀的自我防衛形式。

在思考這些個人案例後，我們了解到讓愛倫芮希的羞恥邀請具有建設性的部分理由是它全然是一般性的，而且最重要的是它也將自己包括在內。瑪莎‧史都華與威廉‧班奈特所受的公開羞辱卻是對抗的：人們聯合起來反對他們，以他們的垮臺為樂。因此，羞辱他人強化了自戀，維持了人們以為自己不會受傷的虛假信念。反之，愛倫芮希的主張是將自己包括在內的，向所有相對而言較富裕的美國人喊話，包括她自己。其次，它是非正式也是溫和的，它催促讀者自省，但不是強迫讀者參加某種公開告解的儀式。而且，它是沉默的，它邀請每個人在私底下以良知自省，只有在自願時才加入公共討論。我們能夠想像有一種強制的公開懲罰也具有類似的建設性嗎？在法體系裡似乎很難找到上述特徵。

關於這個問題，我所能設想最接近的羞辱式懲罰是用來針對有力的組織的，比如針對公司、法律事務所，當它們所犯下的罪顯示出愛倫芮希所抨擊的傲慢與自戀時。事實上，茱莉亞‧安娜絲（Julia Annas）與戴博拉‧羅德（Deborah Rhode）曾經主張，羞恥罰可能適合用在製造傷害的組織身上，但適用在個體身上並不適當。安娜絲主張，組織不可能遭受個人所承受的那種深刻傷害，[39] 因而也沒有尊嚴需要保護；因此，藉著

39　Annas（手稿）；Rhode，二○○一年六月四日於史丹佛大學對本章的評論。

公告它們的壞事來屈辱它們可能是適當的。羅德特別針對違反專業行爲規範的法律事務所，建議把違法的事務所公告周知；像這類的羞辱並不會脫離制度常軌而變成應該反對的。

　　當然，已經有非正式的公開羞辱施加於卑劣的公司和法律事務所，而且可能還需要多一點，不論是在報紙上或公共討論中。公司及其職員的犯罪活動，當然極大程度源於他們自命超凡的自戀，而強化人類共同的脆弱性的羞恥，亦即反自戀的羞恥，在美國這個太過沉醉於完美神話的地方顯得特別需要。然而，法體系是否應該參與施加羞恥，我並沒有明確的立場。安娜絲與羅德當然爲尊嚴的問題做了極好的論證，而同業之間宣傳壞事當然也不是惠特曼所擔心的那種暴民正義。認爲羞恥會產生更多而非更少壞行爲的擔憂，在這類情況可能並不適用，不像羞恥對有酗酒或藥物問題的人所造成的影響。波斯納對威嚇不均的擔憂是否適用於此則不是很清楚。在我看來，如果羞恥的重心在於組織所犯的罪行，而非單純要羞辱整個組織，則羞恥所造成的威嚇效應是最適當的。在這個程度上，羞恥罰將處於羞恥與罪疚的邊界上。

　　艾齊優尼提出了另一個有趣的問題：羞辱式懲罰是否應該用於不太有道理將它違法化的行爲？危險警報馬上響了起來。他與卡恩所支持的懲罰，優點之一是它們並非單純的羞恥罰，因爲它們都安全地繫於某個行爲的有罪判定。我們知道，在其他時空中，人們因爲他們是什麼樣的人而被公開羞辱，這種狀況造成了重大的傷害。不過，艾齊優尼的例子初步看來是很有

吸引力的，他針對的是不幫助他人的案例，主張「壞撒馬利亞人法」（Bad Samaritan Law）^{譯②}可能沒有作用，為了懲罰不幫助受攻擊者的人，較可行的方式譬如公告他的不作為，以鼓勵人們為他人冒險，並強化這種助人的規範。他知道，自由主義者一定會問：為什麼不公告幫助他人者的好人好事呢？他的回答是：「相較於想要有好的名聲，人們比較可能因為恐懼壞事的宣傳而產生動機去助人。」我們可以說，這種羞恥具有許多吸引人的特徵：它是反自戀的，要將冷漠的人從他的自滿中搖醒。

然而，艾齊優尼的心理學主張只是臆測，也沒有提出任何證據。最重要的，他逃避了一個關鍵問題：誰來做公告？顯然，公民聚在一起散播這種消息，或記者來報導這類事件，不會有人反對。但是，這些當然不是羞恥罰。無論如何，如果國家真的要介入，那麼介入的根據在哪裡？如果沒有訂定壞撒馬利亞人法，當國家為這類壞行為執行羞辱式懲罰時，到底是在表示什麼？我們為一件不違法、而我們也無意使它違法化的事懲罰你？這可是個很奇怪的陳述。而且，這種懲罰要如何決定？需要審判跟證據嗎？如果不需要，那這種想法顯然是不可接受的。如果需要，那我們就必須有一套全新的制度來審判不

譯②「壞撒馬利亞人法」大體上表示：一個路人明知他人面臨嚴重與立即之傷害危險，在沒有任何第三者施予援助，而且由他施予合理的援助並不會危及自身，亦不會耽誤他的其他重要義務的情況下，卻不為該他人提供合理援助者，構成刑事犯罪。為何以「撒馬利亞人」為名，典故出自基督教聖經新約路加福音 10:25-37。當律法師問耶穌「誰是我所應愛的鄰人」時，耶穌說了一個寓言，描述路過的祭司與利未人都置奄奄一息的傷者於不顧，但撒馬利亞人卻伸手救了他。

違法的行為。艾齊優尼實際上提倡的到底是什麼，看來並不清楚，導致我們其實也沒有評估的角度。

在思考非監禁的制裁時，我認為正確的方向是布雷斯威特的理念：無論我們選擇何種懲罰，我們的焦點應該放在未來，在矯治與社會復歸。在這項努力中，社區服務通常是有價值的，理由正是卡恩所不喜歡的：它讓人有好事可做，讓人與社群建立新的良好關係，強化自我乃是良善、有建設性的意識，而非自我是壞的、反社會的意識。其次，最重要的是藥物與酗酒問題的治療計畫，還有性犯罪的治療計畫。一般而言，當我們謹慎地讓羞恥遠離他們時，在這個程度上，前述治療是最有效的。因此，戒酒無名會（Alcoholics Anonymous）是治療酗酒最有效的計畫，實施著如其名稱所倡導的活動。成員絕不可以公開指稱其他成員的全名，即使當他們成為相識的朋友後，也不可以將成員的姓名與戒酒無名會連在一起。這條禁令非常嚴格，以至於我母親的少數朋友一度不知道可不可以在她的葬禮上提到她與戒酒無名會的關係，以及他們在聚會上的私人經驗。他們的確說了，不過他們理解這是基於禮儀而犯的小小破戒。

很多人同意，對於許多種犯罪，社區服務及其他修復式正義的懲罰類型並不是適當的替代方案。對這些犯罪而言，羞辱式懲罰通常也不適當，只好選擇監禁。不過，羞恥罰的支持者卻指出監禁的屈辱性質，以指控反對者的立場不一致：卡恩的論證說，要不然拒絕監獄，要不然就接受標記、掛牌與其他公開羞辱的型態。

　　我們應該承認，如同監獄在許多社會（當然包括美國在內）中的運作狀況，監獄非常具有屈辱的性質。問題在於是否必然如此。惠特曼對美國、法國、德國的懲罰做了廣泛的比較性研究，發現歐洲的趨勢是刑罰輕微化，愈來愈重視對人類尊嚴的尊重。[40] 因為在歐洲史上，懲罰的實踐一直有著強烈的階級區分，嚴厲的懲罰總是針對下層階級，所以現代歐洲民主體制特別焦慮地在意每個個體的平等尊嚴，尤其在懲罰上。這種關心導致普遍輕刑化、改善監獄條件、強調監獄受刑人仍保有絕大部分的公民權。瑪莉亞・阿奇曼特里杜（Maria Archimandritou）的新書《開放監獄》（*The Open Prison*），研究了北歐各國、德國與其他歐洲國家的懲罰活動，得到了類似的結論。她以大量資料詳細地證明了一項趨勢：監獄受刑人的權利擴大到所有的基本公民權，包括得到健康醫療照護的權利；[41] 然而美國卻置身事外。我們不應該容許我們監獄的悲慘狀況繼續存在，導致我們以為屈辱和監獄總是如影隨形。

　　即使在美國，監獄人權的支持者長久以來早已發起運動，要在法庭與公眾的心裡建立起一個事實：受刑人不是動物，他們也有一些隱私權與財產權。[42] 我們回想起，麻州法院判決令人噁心的廁所設備構成「殘忍及異常刑罰」的核心理由即是人類尊嚴的問題。法官理察・波斯納最近寫了一篇相當有趣的意

40　Whitman (2003).
41　Archimandritou (2000)，以現代希臘文寫成。（我對此論證的認識來自與作者的對話。）
42　見我對 *Hudson v. Palmer* 的討論，收於 Nussbaum (1995)。另見 Richard Posner 對 *Johnson v. Phelan*
　　非常有趣的（不同）意見；本案是涉及監獄受刑人的隱私權。

見，得出與羞恥有關的相同結論：他主張，男性受刑人被迫在女性監獄管理員的監視下脫衣、沖澡、上廁所，構成了殘忍及異常刑罰。[43] 在論述中，他對監獄受刑人的地位做了一些很有意義的觀察：

看待一九九五年美國監獄與拘留所收容人的方式有好幾種。一種方式是把他們看成非我族類，是一種害蟲，缺乏人類尊嚴，也沒資格得到尊重；如此，則貶抑與殘虐受刑人的問題就不存在，尤其不禁止利用受刑人來做實驗……我本人並不如此看待美國一百五十萬的監獄與拘留所收容人。這並不是美國人口中微不足道的部分，而且這只是目前的收容人數……這些監獄與拘留所收容人中有很高的人數，包括本案的原告，並沒有被定罪。他們只是被控犯罪，還在等待審判。他們之中有些人可能是無辜的。在有罪的人之中，許多人犯的是……沒有被害人的犯罪，與合法的活動不可思議地幾無差別（譬如賭博罪）……即使違背愚蠢的法律也是錯的……然而，在認定他們是人渣，除了復仇心切的人民與資源匱乏的懲罰體系想給他們的以外，認定他們並沒有資格得到更多資源之前，我們必須對監獄與拘留所人口的組成先有實際的概念。我們絕不應該誇大「我們」──守法的人、受尊敬的人──與監獄和拘留所人口之間的距離；因為這種誇大會讓我們非常容易否認他們有資格得到

43　*Johnson v. Phelan*, 69 F. 3d 144 (1995).

人道尊重的基本條件。

　　波斯納繼續主張，本案原告有權利保護自身的私人事務免於陌生人的凝視，因爲遮蔽自身的權利乃是人類尊嚴的基本要素。[44] 波斯納並不僅是對單一個案發表意見，[45] 他是在對美國監獄發出全面批判。他清楚地了解到，太多人一開始就被丟進監獄，而對待收容人如害蟲的做法非常普遍，也牴觸了他們是人類而且是公民的事實。他還引述納粹對猶太受刑人做醫療實驗的事實，使他的論點相當有力。我們厭惡那段歷史，但是做類似的事。

　　沒有理由認爲整個監獄制度與基本人類尊嚴和尊重的理念不相容。在一段時間內限制一個人的自由，不表示這個人並非完全的人類。要回應卡恩的正確方向是，追隨監獄人性化與保障收容人某些基本權的*趨勢*。在這個過程中，重要的第一步是反省目前美國十個州的可笑政策潮流：重罪犯終身褫奪選舉權。[46] 在美國，有將近五十一萬的黑人男性因爲這個理由而不能投票；換言之，等於全美黑人男性的七分之一，佛羅里達州

44　Johnson是個黑人，而絕大多數的女性守衛是白人；雖然Posner沒在意見書中提到這個事實，但他告訴我這點在他的思考當中是重要的。

45　他的看法並未成爲多數主流意見；法官Easterbrook的認定不利於原告，而合議庭的第三位法官是個資深法官，正面臨精神上的困難，在印象上他以爲自己是站在Posner法官這邊，投票時卻附和了Easterbrook法官。

46　這些州是阿拉巴馬、佛羅里達、愛荷華、肯塔基、馬里蘭（二次定罪後）、密西西比、內華達、新墨西哥、維吉尼亞、懷俄明。德拉瓦州最近廢除了限制。其他許多州則是限制部分選舉權，譬如德州規定出獄後兩年內不得投票。絕大多數州否定正在監獄服刑的受刑人有投票權。

與阿拉巴馬州黑人男性的三分之一。此外，有九十五萬多的黑人男性，因為在監服刑而暫時沒有候選資格。在四百二十萬因為這類理由而被褫奪公權的美國人中，有三分之一是黑人，儘管黑人僅占全國人口的百分之十二。[47]

這種政策當然會使人終身背負羞恥及污名。歐洲國家從來沒有支持過這種想法；甚至，在強制投票的國家裡，受刑人必須跟一般人一樣投票。惠特曼讓人注意到歐洲與美國在實踐懲罰上的重大差異，儘管他某程度低估了種族在解釋上的重要性。[48] 在「選舉權利法」（Voting Rights Act）公布之後，想否定黑人作為公民的平等尊嚴並不容易，直到人們發現犯罪這項權宜之計（而這些法律的訂定時機也不幸地跟在選舉權利法之後）。顯然，這種「南方戰略」奏效了，至少決定了國家級的選舉。總之，我們的狀況與歐洲民主體制不同，居然渴望傳承一個階級社會的遺產。甚至，許多美國人還渴望維持一個種族隔離的社會，而嚴厲的監禁與附隨的權利剝奪可說是達成這項目標的有力武器。

採取歐洲路線來反省監禁（如果能夠營造這樣的公眾意願）就可以建立如下的想法，亦即監獄並不是一種終身污名化的形式，反而是一種基本上尊重人的威嚇與應報形式，伴隨著矯治

---

47 資料取自 *Human Rights Watch*（1998）與 *Los Angeles Times*，一九九七年一月三十日。除了這些觀察，我們還應該研究犯罪被分成重罪與輕罪的分類狀況。由於有些州會褫奪輕罪犯的投票權，因而重罪與輕罪的分際通常很重要，不過同樣是藥物犯罪，有些被歸入輕罪，有些則被歸入重罪，而區分方式通常又是與種族有關。有關這個問題，見 Fletcher（1999）。

48 Whitman（2003）.

與社會復歸計畫則更可取。在美國，因為我們還不肯承認少數族群有完全與平等的人性，所以支持這類反省的公眾意願目前還不存在。

III. 羞恥與「道德恐慌」：同志性愛與「惡意」

　　對自我的羞恥很快就會變成對偏差群體的污名化。在第四章中，我們已經看過這類例子，了解到羞恥與攻擊的關聯。而瑟徽萊對自由軍團的研究，證明了對於女性特質的羞恥，如何轉變成對某些群體（共產黨、猶太人、性方面的少數）的攻擊，只因這些群體象徵一種威脅，威脅到對有掌控力之男性的認同。那些軍官眞誠地相信，這些群體正在危害他們的健康、價值、存在，而他們對「赤化」的恐慌等等終究演變成一場攻擊運動，其最後結果想必大家都再清楚不過了。

　　這類現象一點都不是獨特的。其實，目前仍有不斷增加的社會學作品在探討「道德恐慌」的現象；在這種處境中，偏差群體就成為警察與其他權力機關攻擊的箭靶，因為大家相信他們會對社會造成嚴重與立即的危險。但是，這種危險在很大程度上是建構出來的，所謂他們身上具有危險的特質，亦復如是。創造「道德恐慌」這個關鍵用語並加以深思的經典作品是史丹利‧科恩（Stanley Cohen）的《民間惡魔與道德恐慌：摩登族與搖滾族的創造》（*Folk Devils and Moral Panics: The Creation of the Mods and Rockers*）（1972），我們可以把科恩的解釋看成與高夫曼對污名的解釋緊密相關，對一些頗富爭議的當代議題有所啓發，因此值得詳細描述一下。

克拉克頓（Clacton），一處英格蘭東岸的小型渡假勝地，是這場「恐慌」事件開始的背景。復活節又溼又冷，許多商店並不營業。一群又悶又煩的年輕人騎著摩托車在街上來回咆哮，打破一些窗戶，破壞了一些海灘小屋。一名男孩對空鳴槍。人們開始將他們依照穿著打扮分成兩個團體，一個叫做摩登族，一個叫做搖滾族。

這些事件本身並不是很嚇人。然而，在當時沒什麼其他大事可報的新聞媒體，就把這些事件報得很聳動。幾乎所有的全國性報紙都下了這種頭條：「恐怖的一天──速克達黨徒」、「海岸淪陷野人之手」。這樣的報導很快就席捲了歐洲、美國、澳洲與南非。這些頭條標題下的報導內容誇大了涉案人數與損害的程度，並使用許多暗示性的語言，如「毀滅的狂歡」、「戰爭」、「小鎮的摧毀」、「驚聲尖叫的暴民」。他們還拐彎抹角提到「荒涼的沙灘」與試圖逃離暴力的「老年遊客」，卻絕口不提事發當天因爲天氣實在太糟糕了，沙灘本來就是沒有人的。

之後，較小的事件也同樣受到過度報導。最典型的是《每日快報》（*Daily Express*）的一段文字：「昨日，當父親在躺椅上悠然入眠，而母親與子女在堆沙堡時，男孩突然攻陷馬蓋特（Margate）與布萊頓（Brighton）的沙難，傳統明信片上的美景

因此染上鮮血與暴力。」報紙持續將謠言當成事實發布，甚至散布早已被證實爲虛假的故事。經過一段時間後，公眾得到一幅這些事件的圖像，然而在所有關鍵點上都是錯誤的：他們以爲那些人是來自倫敦的有錢年輕人，而且是組織嚴密的幫派，專門襲擊渡假區，故意要造成恐怖及暴力。其實他們大多數只是想找點事做的勞動階級年輕人，只是各路人馬的聚集，並沒有什麼組織。

儘管元凶是媒體，此後公眾的認知就會自行發展了。謠言建構起兩個「幫派」：摩登族與搖滾族，以及他們的特定穿著。科恩寫道：「象徵與標籤最後獲得了描述與解釋的能力。（41）」整個英國社會都在討論這種危險，而所謂危險群體的特性清單則愈來愈細。在總結這些愈來愈固定化的錯誤後，科恩下結論說，此處如同其他偏差群體的特性清單，「都是幻想、選擇性誤認、刻意用來製造新聞的要素。這張清單並非經過反思的知識性取捨，而是製造出來的新聞。（44）」很快地，這張清單就連結到價值危機的想法上：我們所珍視的一切正受到這些群體的威脅；而我們對他們的興趣並不在於他們的權利，而是將他們當作一種象徵，拿來談論現代社會到底哪裡出了問題。正如瑟徹萊的自由軍團，這裡也一樣，關鍵想法是文明正面臨到某種非道德之事物與返祖現象的威脅，宛如「文明社會的正常約束已經被拋棄」。[49] 科恩主張，像「野人」與「小流

---

[49]   Cohen (1972)，引自一九六四年 *Police Review* 一篇文章。

氓」這類的用語變成當時現況解釋的一部分，「提供了一種混合型態的污名，可以用在做某些行為、穿某種衣服、屬於某種社會地位的青少年身上。（55）」

　　這個過程的下一階段即是社會控制的嘗試。毫不令人意外，在過度渲染與錯誤歸因下，進而使公眾產生文明危機的歇斯底里之後，公眾對特定犯罪的本質及其嚴重性的反應就會失調。在討論警察、法院與地方政府的角色後，科恩展示了許多案件中個人權利遭到侵害的事實。許多被控微罪的青少年遭到三個禮拜的拘留，好像將拒絕保釋視為修復社會分際的強烈手段。在一個案件裡，兩名青少年因為妨礙交通而各自被罰五英鎊，最後在監獄蹲了十一天。法體系回應公眾的恐懼的另一種方式，就是判處重刑。有一個在校紀錄優良的年輕學生，而且是個初犯，因為「從事威脅行為」被判進青少年臨時拘留中心三個月，而他只是把一個化妝箱丟向一群搖滾族。在馬蓋特，一位治安法官將從事「威脅行為」的年輕人判處五十英鎊到七十五英鎊的罰金，並將其中一人關進監獄三個月。對於這些引人側目的重刑，他為大眾與新聞媒體做了如下的宣判：

　　本鎮的空氣已經被這些男男女女的小流氓污染了，這可不是件好事。這個週末我們又看到這些小流氓，而你就是個例子。

　　這些長頭髮、精神不穩定、低級的小無賴，這些膽小如鼠的紙老虎，只敢成群結隊鬧事。他們來到馬蓋特，明目張膽要

妨害本地居民的生命財產。

　　以法律賦予我們的權力，本庭不會辜負規定下來的刑罰。把你關進監牢三個月，對於你還有其他脾氣跟你一樣，中了惡性病毒的人而言，或許有點勸導作用。（109）

　　在這場宣判的意象中，年輕人被比喻成害蟲、病毒、空氣污染，很詭異地與德國反猶太和反共產主義的活動相似，一如瑟徽萊等人對這類病症的描述。注意，他們在羞辱人的同時也在引發噁心。

　　恐慌不會以單純的嚴苛為滿足。它還要求對罪犯的公開屈辱。「偏差者不僅要被貼標籤，我們還要看見他們被貼標籤；他們必須參加某種公開貶抑的儀式。（95）」這類羞辱的儀式包括：要求被告父親請假出庭，與其子女一同公開露面，還有抽掉根本還沒犯錯的虞犯少年褲子上的腰帶。「他們抱怨褲子穿不住，不過一切都是他們自找的。」相當有趣的是，最後這一句評論出自一位英國巡警，針對當時英格蘭的危機而發，後來又受到法官約瑟夫・愛德華・倫巴德（J. Edward Lumbard）的讚美及引用——其演說是在芝加哥犯罪委員會發表的，議題是擴大美國警察搜索與扣押權的需求。這位法官之後又升任美國聯邦第二巡迴上訴法院院長。[50] 注意，這種懲罰（或稱威嚇手段，因為根本沒有成立犯罪）恰好與艾齊優尼對年輕黑人毒

---

[50]　Cohen (1972, 95)，引自 Lumbard (1964, 69)。Lumbard 認為，抽掉腰帶的懲罰表示英國警察很有幽默感。

販初犯的主張一樣。

科恩的分析生動地顯示，公眾在恐慌的控制之下，對個別的年輕人做了許多壞事。有趣的是，即使這些嚴厲懲罰的支持者也不否認此點。他們指出自己所面對的社會危險有多麼嚴重，藉此來正當化這些不當的嚴厲懲罰。犯罪不僅只是犯罪，還是恐怖的社會威脅的「一部分」。如同赫斯庭斯（Hastings）的法院院長所言：

> 在考慮科刑時，我們必須考慮自治市鎮中遊客與無辜良民所受到的「整體影響」。儘管有些個人所為的犯罪「本身」似乎不是那麼嚴重，然而它們卻構成「一連串累積事件」的「重要部分」，摧毀了成千上萬人的快樂，使商業一落千丈。赫斯庭斯法院一向對暴力與脫序行為絕不寬貸，現在我們也不打算改變態度。依照同樣的政策，對於這些案件，我們將判處能夠懲治罪犯、有效嚇阻其他違法者的刑罰——而以往通常是最高刑度。[51]

同樣的犯罪，這些人被挑出來判了與通常情況不成比例的重刑，而前述的回應對他們而言可不是什麼值得欣慰的好消息。這些話也沒有提及（顯然擴大的）將無辜者羅織入罪的現象，甚至也沒有提及一個更加擴大的現象：明白針對而且不斷

51　引自 Cohen (1972, 106)；強調處為原文即有。

騷擾從事完全合法的活動的年輕人。（與除去腰帶的案例相同，本判決也在芝加哥廣受好評。）

　　道德恐慌的概念曾被用來分析許多不同的社會議題。納赫曼‧班葉胡達（Nachman Ben-Yehudah）將它用以分析以色列對於年輕藥物罪犯的反應。[52] 菲利浦‧詹金斯（Philip Jenkins）的《道德恐慌》（*Moral Panic*）則處理了對於精神病態性犯罪者的恐懼。[53] 斯圖亞特‧霍爾（Stuart Hall）等人在《監控危機》（*policing the Crisis*）一書則研究了「襲擊搶劫」（mugging）一詞的誕生，以及英國對都市犯罪的恐懼等相關議題。[54]

　　科恩的概念本身就很豐富，不過如果我們將他的概念與高夫曼的污名研究和我們對羞恥根源的因果假設結合起來，我們可以看得更深入。高夫曼的作品讓我們了解，道德恐慌的現象屬於更一般性的行為模式，也就是將不受歡迎與「偏差」群體予以污名化。而因果假設有助於我們了解，為何這種恐慌會一而再、再而三發生。其實，瑟徹萊以自戀和厭女情結分析德國人攻擊共產主義者與猶太人的可信研究，一如我所提到的，也是屬於科恩所指出的現象之一，因為人們相信被污名化的群體就是文化腐敗的危險源頭，是社會重要價值的破壞者。

　　我對於原始羞恥和自戀的分析顯示，自戀的焦慮與攻擊很可能產生一種群眾心理，當中「正常人」結黨結派來反對被污

52　Ben-Yehudah (1990).
53　Jenkins (1998).
54　Hall et al. (1978).

名化的群體，以求得替代性的安全感。而對於這樣的圖像，科恩的分析大有幫助，他指出了這種結合經常採取道德化的形式。我們早已了解，所謂「正常」的範疇本來就有很重的規範性。在大部分情況下，這種規範性就是「道德的」規範性。如果對於「偏差」群體的譴責採取了訴諸重要道德價值的形式，聲稱他們對這些價值是個威脅，則這種譴責會特別有效。如同科恩所說的，為了維護個人的安全，將自己所屬的「正常」團體描述成已經被惡魔群體所包圍，就是一種組織敵意、推動鬥爭的有力方式。

　　在當代美國社會許多造成對抗的議題中，很少議題會像這個議題那麼令人擔憂：此即同性之間的吸引力與性行為。這種對抗在許多社會中都存在，但是美國對這個議題特別敏感，幾乎在所有的方面都成問題，比起歐洲國家更是如此。我已經在第二章與第三章說過，許多美國人認為男同志與女同志是令人反感的污染來源，威脅到（男性）美國人身體的安全，然而前述那些章節的重點在於反感，尚未觸及當代反同性戀之情感的大部分領域。對於男同志與女同志的敵意並不總是採取噁心的形式。其實，在第二章我已經指出，噁心絕大部分是男性對於男同志的反應。女同志之間的性所面臨的毋寧是較不同範圍的情感，而女性通常不會對男同志之間的性感到噁心。然而，不噁心並不表示沒有濃烈的敵意。現在，我們了解到原始羞恥的運作後，就可以把這幅圖像填滿，當中原始羞恥將同性戀的男人與女人轉化成道德恐慌的對象。

　　在美國社會裡，對於同性戀的道德評判是極為普遍的，當中許多是採取科恩所分析的形式：同志被視為威脅，威脅到美國人所珍視的一切。如同科羅拉多州州憲第二增修條款的訴訟所示，他們通常被描述成家庭的敵人以及對兒童的危險。州政府為第二增修條款辯護，主張若能維持系爭法律的存在，則州可以擁有六種「重大迫切之利益」，包括保護家庭隱私、「增進兒童身心福祉」的重大迫切之利益。此外，州政府主張「公共道德」的重大迫切之利益滲透所有其他種類的重大迫切之利益；因此，像保護家庭的利益就被理解為含有公共道德的利益。[55]

　　最近，國會以壓倒性多數通過了「婚姻防衛法」（Defense of Marriage Act），該法（為聯邦法律之目的）定義「婚姻」是男人與女人的結合，並試圖確保一州不會因為壓力而承認在他州舉行儀式並可能合法化的同性結合。本法的名稱暗示，異性戀婚姻體制正受到同性結合及其公開承認的威脅。圍繞著法律的爭議含有經過高度修飾的焦慮，擔心美國社會的重要價值與危急存亡正遭受到可怕的威脅。例如，看看西維吉尼亞州參議員羅伯特‧畢爾德（Robert Byrd）在全院會議上對本法案的發言：

55　*Evans v. Romer*，〈被告答辯狀〉第56頁；〈被告請求覆議與修改或訂正判決之聲請〉，第1-2頁；前述推理的批判，見〈原告針對「道德」作為政府利益之法律地位的補充法律意見書〉第2頁：「道德規範，唯有當其與公共福祉或公共秩序的維護具有某種關聯時，始成為正當的公共目的。」

　　總統先生，此時此刻，我們必須爭執這個問題。它挑戰我們，迫在眉睫。……縱橫古今人類經驗的史冊，貫穿許多擁有不同價值體系的文明與文化，人類發現，男人與女人的永久關係乃是人類社會穩定、力量與健康的基石；這種關係也值得法律的承認與司法的保護。……

　　（在引述完一長串聖經中有關婚姻的段落後）總統先生，災難降臨了，因為我們的社會沒有榮耀這些遺產，甚至開始模糊造物主自始傳下的傳統。……

　　（在描述完去巴比倫古城旅行的事後）我站在尼布甲尼撒之子伯沙撒為他的一千位大臣舉行盛宴的地點，至少人們是這麼說的。伯沙撒把尼布甲尼撒從神殿裡劫掠的杯皿拿來。他與王后、嬪妃、大臣們用這些器皿飲酒作樂，然後伯沙撒王看見人的手在燭臺附近的粉牆上寫字，寫了「彌尼，彌尼，提客勒，烏法珥新」。貝沙撒登時臉色大變，兩膝碰撞，雙腿發顫。他把占星師、算命師、魔法師都叫進來說：「告訴我這些字是什麼意思。」然而，每個人都很困惑。他們都不能解釋這些文字……後來，但以理解讀出來了：「神已經數算你王國的時日，氣數已盡。你已經被放在天平上稱，顯出你的虧欠。你的王國將分裂，歸給米底亞人與波斯人。」

　　當天晚上，米底亞人大流士殺了貝沙撒，將他的王國瓜分。

　　總統先生，美國也正被放在天平上秤。如果我們接受同性婚姻，將是正式宣布：美國人認為孩子不需要一個母親跟一個

父親，兩個母親或兩個父親也一樣好。

　　這將是一場大災難。美國的絕大部分已經喪失精神支柱，規範將不再存在。我們已經以驚人的速度迷失正道。花了數千年建立起來的，我們才經過一代的時間就破壞殆盡。

　　我的同事，讓我們堅守陣地。這個問題事關重大，迫在眉睫。讓我們捍衛最古老的制度，如同聖經所設立的，男人與女人之間的婚姻制度。否則，我們也將被放在天平上秤，而顯出我們的虧欠。

　　其他許多演講內容較不那麼精采，談到的是對美國國祚的嚴重威脅、家庭是美國最古老最重要的單位，以及「同性戀族群」決心要摧毀傳統標準等等。譬如，亞歷桑納州眾議員亞薩・赫欽森（Asa Hutchinson）說道：「我相信，美國可以熬過許多事，但是有一件事絕對無法熬過，那就是家庭的摧毀；家庭乃是我們社會的基礎。」奧克拉荷馬州眾議員湯姆・科本（Tom Coburn）說道：「事實上，沒有一個社會曾經熬過同性戀的轉變，熬過同性戀所實現並帶來的顛倒。」許多政客在接近全國大選的時候發表演說，似乎很想激起對於同性婚姻的恐懼風暴。

　　此處，我們必須謹慎前進，因為許多懷有宗教信仰的人真誠地認為同性戀行為是敗德的。我們不應該說他們的這種宗教信念屬於道德恐慌的例子。然而，與科恩所調查的現象有關聯的，是前述的敗德判斷以及依此判斷而來的可怕威脅之急迫性

與顯著性，尤其當我們檢討某個宗教的全體道德價值時。聖經〈利未記〉有一句話譴責某些（男）同性戀行為。新舊約中則有數百句話譴責貪婪。但我們從未聽過有人說：貪婪或貪婪的人對我們的社群是一種侵擾，他們在破壞我們所珍視的價值，而公共道德中的重大迫切之利益要我們剝奪他們的平等公民權。

　　這種對於同性關係或同性結合的譴責，似乎對宗教信仰者也不是什麼特別的議題。其實，今天美國正式承認同性婚姻的最大團體，就是一個名為「革新猶太教」（Reform Jews）的宗教團體；而美國所有的主要教派對這個議題與相關議題的立場頗為紛歧，世俗團體也是一樣。[56] 在這種情況下，將同性性行為和同性結合挑出來，以猶太基督宗教的價值為名，施以高度修辭及攻擊性的譴責，看起來相當啟人疑竇，尤其這些所謂的敗德案例，其威脅的性質根本還不清楚。[57]

　　事實上，為何人們應該要認為，若男同志與女同志在不受歧視下公開地生活在我們的社群裡，就會對家庭或兒童造成威脅呢？如同貝利斯法官（Judge Bayless）在科羅拉多州第二增修條款的判決意見書所言，以支持家庭的行動來追求家庭中的「重大迫切之利益」似乎較合邏輯：「如果一個人想要提升家庭的價值，則他會採取支持家庭的行動，而非採取反對其他團體的行動。」尤其人們為何應該要認為，承認同性婚姻就會毀

56　有關美國重要教派立場的詳細調查，見 Olyan and Nussbaum (1998)當中的論文。
57　同樣奇怪的是，人們不斷主張沒有其他社會曾經將同性結合合法化，儘管到當時為止，至少已經有五個歐洲國家承認同性的家庭伴侶關係，並享有婚姻的大部分權益。到目前為止，數目更多，而荷蘭已經邁向同性婚姻合法化的目標。

壞異性戀婚姻呢？我們甚至很難看出這種想法背後的邏輯。難
道是說，異性戀對於婚姻制度相當不滿，如果可以選擇同性婚
姻的話，他們就會全部衝出來選擇同性結合嗎？想必這非常不
可能。難道是說，如果婚姻制度與羞恥的事聯繫在一起，就會
以某種方式被貶低、降級、變得羞恥嗎？這似乎是對「婚姻防
衛」的想法較可能的解讀；而某種「好」東西因為接近被認為
羞恥的東西而變得羞恥，讓我們回想起噁心所涉及的巫術般思
考，亦即污染與接觸傳染的核心想法。在污名化與道德恐慌的
現象裡，類似的想法通常也在運作。

　　如果對於同志婚姻的公共爭議有時很像道德恐慌的現象，
我們就必須去追問這個恐慌到底是針對什麼。科恩的研究顯
示，在社會變遷的時刻，人們為自己生活的穩定性感到恐懼；
而眼前的事件就成為私人與一般性不安的宣洩管道。我們可以
同樣地設想，如果同志婚姻對這麼多的異性戀而言是個威脅，
則很有可能是因為他們對自己生活中的變化感到焦慮，而這種
變化不知為何與同性關係受到愈來愈多的寬容有關。公共爭議
於是集中在這個關聯上：異性戀婚姻出了很大的問題，而某種
程度上要怪罪（歸咎）男同志與女同志。那麼，這種關聯到底
是什麼？

　　如果同性關係與異性戀婚姻制度的問題真的有某種關聯，
則它似乎是法學家安德魯・柯波曼（Andrew Koppelman）、席
薇亞・洛（Sylvia Law）、凱斯・桑斯坦（Cass Sunstein）所描述
的間接關聯。他們主張，對男同志與女同志的歧視也是一種性

別歧視的形式，因為它只想支持傳統的異性戀，包括傳統婚姻
的家父長權性質。在公眾的大部分想像中，男同志與女同志是
個象徵，表示了不生產的性、使婚姻失去對偶性質、脫離以傳
統方式持家的使命，而這個傳統方式指的當然是以男性來主導
的方式。[58]（許多男同志與女同志伴侶事實上擁有且扶養小
孩，不論是前婚所生，或是用人工授精的方式，或是收養；更
多沒有小孩的，也願意在將來扶養小孩。）在同性結合的承認
與傳統婚姻遭到腐蝕之間的關聯，乃是憂心如果性在婚姻束縛
之外即能獲得，則女人願意結婚並扶養小孩的誘因就會減少；
如果婚姻制度繼續保有高度家父長權與不平等的性質，則女人
就不敢輕舉妄動了。在歐洲的大部分地區，出生率已經掉到警
戒線以下，原因大多被認為是因為女人在生活中有其他的機
會，不願意進入對她們不利的結合關係。對許多美國人而言，
同志婚姻之所以驚人，乃因為它是性的象徵，女人將因而逃離
家父長權的掌控。這種對於變化將如脫韁野馬、重要價值將失
去掌控的焦慮，很容易喚醒自戀的恐懼與攻擊。我們可以假設
性地設想，對於同志婚姻的恐慌至少有部分是一種對於女人將
脫離男人控制的恐慌。

　　如同許多現代民主社會的離婚數據所示，如果婚姻制度真
的出了問題，還是有許多方法可用來對治這些問題，譬如讓婚

58　見Koppelman (2002)。Koppelman的論證（以其先前文章的形式）在 *Baehr v. Lewin*, 852 P. 2d
　　44 (Hawaii 1993) 中得到夏威夷最高法院的多數接受，判決結果有利於同志婚姻。另見Law
　　(1988)與Sunstein (2002)。

姻對女人更有吸引力。如同參議員約翰‧凱瑞（John Kerry）
在參議院針對婚姻防衛法辯論時所言：

　　我們所知的真相是，婚姻在美國之所以破滅，並非因為男
人與女人被一大群男人與男人結婚、女人與女人結婚的運動所
包圍；婚姻之所以破滅，是因為男人與女人不想維持婚姻；而
今天的活動卻忽視這個真相。真正的威脅來自婚姻以及異性關
係中許多男男女女的態度，並非來自同性關係。……如果這真
的是一項婚姻防衛法案，它就會為想要當丈夫與妻子的人擴充
他們的學習經驗。它會為所有困難的婚姻提供諮商，不僅限於
有錢負擔的夫妻。它會依要求為酗酒與藥物濫用者提供治療，
或者依要求為無法脫離兒時遭虐而不斷惡性侵犯他人者提供治
療。它會擴充為婦女家暴法。它會為忙碌而有需要的家庭提供
日間托兒服務的保障。它會擴充學校的課程，讓高中生接觸到
更寬廣的實用生涯規畫。它會保證孩子在高中畢業後都能閱
讀。它會擴大收養的機會。它會擴大受虐兒童的保護。它會協
助孩子在下課後的活動，以免在外活動而可能發生不想要的青
少年懷孕。它會廣為協助男孩社團、女孩社團、基督教青年
會、基督教女青年會、就學到就業訓練，以及其他替代方案等
等，讓年輕人得以成為健康、有用的成年人，擁有健康成熟的
人際關係。然而，我們都知道真相為何；真相就是，總會有人
犯錯，婚姻總會失敗。不過，如果我們真的要防衛美國的婚
姻，那只有這些方法了。

　　這些支持婚姻的務實做法並沒有得到正視。婚姻防衛法的方向完全是消極的，目的在於傷害不受歡迎的群體，而不是要給予傳統價值實際的支持。因此，即使我們同等看重許多人思考同性關係時所提出的深刻道德議題，我們還是有強烈的理由懷疑，圍繞在本法爭議上的恐慌，並不僅僅涉及道德與家庭，而是至少在部分程度上表現了我們所探討過的原始攻擊情感。

　　如同我在第四章說過的，性是人類極為脆弱與焦慮的領域。因此，它是羞恥的適當場域，即使我說過它並不是羞恥「唯一甚或原始的」場域。人們對自己的性感到極度焦慮，並覺得受到羞恥的威脅，尤其在美國，「性的完美」充斥著大眾流行文化，為所有人增強了不切實際與不容妥協的規範。因為性是私密的，而且本性上不可能完全掌控，所以在這個領域，對不能掌控及親密關係（這件事要求放棄掌控）感到困難的人就會覺得特別受到威脅。因此，我們可以想見「道德恐慌」在性的領域會特別經常出現。[59] 很久以前佛洛伊德就觀察到，美國人對自己的性生活似乎特別恐懼且充滿羞恥；他還說，因此美國人將性慾轉化成賺錢，而賺錢是比較容易掌控的活動。狄奧多・阿多諾（Theodor Adorno），一位從德國流亡到美國的哲學家，也觀察到類似的現象，他說美國人全心全意專注於性的健康規範，經常將「健康性生活」掛在嘴上。他繼續說道：「性被化約成『性交』，好像這是一種運動，而任何不一樣的行

59　Warner (1999, chap. 1).

爲都會讓人討厭。」[60]

　　家庭也是另一個讓人非常焦慮及無法控制的領域。家庭通常包含我們最親密的關係，而我們藉此尋找生命的意義。然而，在許多（如果不是大多數）家庭關係裡，也含有許多敵意、矛盾與焦慮。因此羞恥再度進入這個圖像：我們在家中爲自己定位的角色，譬如「好父親」、「好母親」等等，就是我們所珍視並讓我們感到安心、舒適的規範，也是人們試圖將自己定義爲正常人的重要面向，尤其在許多事已經失去控制，而不願看到的事經常發生的時代。人們對自己的家庭角色經常感到有缺陷，因而更加焦慮地想要撐起自己的純潔性。

　　因此，我們有很多理由設想，大多數對於同性婚姻和對同性戀非歧視性法律的攻擊運動，根本與宗教無關，而是包含原始自戀型態的攻擊，意圖藉由將男同志與女同志污名化，重新宣示對家庭與性的控制權。在有關婚姻防衛法的爭議中，好幾位論者有效地利用了一度圍繞著異族通婚的恐慌與憎恨的氣氛；而異族通婚本來只在一些州合法，在其他州則是不合法的，直到一九六七年美國聯邦最高法院宣告這類州的禁令違憲。異族通婚的可能性對於「正常」家庭的結構而言，是一種讓人極度不安的挑戰，尤其讓白人男性感覺他們的男子氣概受到羞辱。想要嚴格劃清界線的需求，正表現了想把造成羞恥的威脅遠遠隔離在外的欲望。

60　〈今日的性禁忌與法律〉（Sexual Taboos and the Law Today），引自 Warner (1999, 22)。

　　既然這類想法也涉及我們對同志婚姻的道德恐慌，就讓我再談談一個更值得警戒的例子。二〇〇一年七月，我收到一封信。雖然我經常看都不看就把大宗郵件丟掉，這封信卻引起我的注意，上面用紅字寫著：「阻止美國公民自由聯盟（ACLU）的全國總動員。」我再看一下，發現它不像一般的商業郵件，明白寫著收信人為「瑪莎‧納思邦教授」，這封信比較像是我的舊識寫來的。所以我把它打開來。裡面的信署名是聯盟捍衛基金會（Alliance Defense Fund），一個基督教團體與領袖的聯盟，還有來自前任美國司法部長艾德溫‧米斯（Edwin Meese）的溫馨感謝狀，稱我為「親愛的基督教友」——這對我真是雙重諷刺。這封信描述最近在內布拉斯加州以公投通過的州憲增修條款，該條款禁止在法律上承認同性「婚姻」與「公民結合」（引號強調處與該信同），然而卻面臨了美國公民自由聯盟的法律挑戰。首先，這封信指控美國公民自由聯盟虛偽，理由是這個組織曾經就佛羅里達州選舉重新計票的問題，堅持必須計算每一個人的票；但是，在這裡他們卻主張，就內布拉斯加州以公投七成通過的該修憲條款，那七成公民的選票不應該算數。這種精明的修辭模糊了憲法基本權利與總統大選的差異，前者不能以多數決加以剝奪，在後者，各州選舉人票才是由各州多數決決定的。在那封信裡，通篇充斥著這種科恩所說的扭曲修辭。[61]

61　當然，此處是否涉及憲法基本權，是一個尚無定論的問題，但是美國公民自由聯盟反對該公投的根據是主張此處的確涉及憲法基本權，因此他們的行為並不像那封信所說的虛偽。

　　那封信繼續列舉如果美國公民自由聯盟成功了，則我們的社群會出現的所有壞事。這串恐怖的目錄在一開始的意象讓我們想起科恩與瑟徽萊的描述：「如果美國公民自由聯盟在內布拉斯加州獲勝，就會首開危險的惡例。防水閘門將爲極端份子而開，毀滅每一州的婚姻法。如果這種事發生了，你將不會再認同美國。」當中所列的恐怖結果之一，就是「牧師」將「被迫」爲同性結合主持婚禮，好像結婚的公民權可以強迫宗教領袖進行宗教儀式一樣。（難道他們忘記了，聯邦憲法第一增修條款的不得制定禁止宗教自由的法律，並不強迫天主教神父爲猶太教徒證婚，甚至對於他們所不贊同其信仰與背景的任何人，都可以拒絕證婚嗎？）不過，這些恐怖結果的高潮更暴露了眞相：「激進份子會得到巨大的力量和膽量，以遂行他們剩餘的計畫，包括訂立所謂的『憎恨犯罪』之類的法律，而這些法律將使大量反對同性戀行爲的公共活動入罪化。」

　　這句驚人的話好像是一時疏忽才脫口而出。（譯按：佛洛伊德的概念，認爲看似無心之言實爲潛意識機制所致。）因爲稱我爲「基督教友」的人，想必不會承認他們竟然會去支持憎恨犯罪立法所針對的那種「反對同性戀行爲的公共活動」。難道，他們承認嗎？在「憎恨犯罪」上的強調看起來眞不祥。這會顯示出那句話並非疏忽，而是狡詐地訴諸某種人，這種人認爲對男同志與女同志施加暴力乃是正當的抵抗形式，而「憎恨犯罪」並不應該用來指稱、甚至懲罰這類行爲。現在我們面對的根本不是宗教，尤其不是基督教，因爲即使是最保守的基督

教也強調對罪人的愛。我們面對的是一種原始的、危險的自戀攻擊形式。

什麼才是對這種暴力仇恨的適當解藥？首先，必定要確保被污名化的次文化成員能夠得到法律的平等保護。下一章我們將討論保護少數族群免於羞恥的積極方式。不過，為了保證公民能得到法律的平等保護，必要的一個部分就是廢除單純基於偏見而進行污名化的法律；目前這點較切合本章的研究。我相信，從婚姻防衛法的爭議的性質來看，基於前述理由來反對它是正確的。

事實上這個法律並沒有面臨太多的反對，而是壓倒性地通過。然而，我所提倡的原則在另一個相關的領域有幸獲得承認。在科羅拉多州第二增修條款的訴訟案件裡，美國聯邦最高法院（極不尋常地）判定該法缺乏「合理基礎」（rational basis），因為它的根據只有「惡意」（animus）。儘管有第二增修條款擁護者的道德化修辭，最高法院仍然認定該條款的動機只是「惡意」。多數意見主張，在地方層次排除男同志與女同志尋求並獲得非歧視性法律的資格，違背了法律平等保護的基本理念：

剝奪某一類人尋求特定法律保障之資格，乃吾人法體系前所未有。……訂定此種法律非屬吾人憲法傳統。法治理念與憲法平等保障之核心者，乃政府及其所有機關須對任何求助者皆持公正不倚之立場。……若一般性地宣告某類公民較其他所有

公民更難取得政府之協助，則此法即使僅就其字面意義言，亦已違背法律之平等保護。[62]

　　該法被判定爲「與政府的正當目的不具有合理的關聯」，而且「發自於對目標族群之惡意」。[63] 較早有一件與此案密切相關的案件，也是少數聯邦最高法院判定國會或州的選民正當通過之法律缺乏「合理基礎」的案件之一，並處理了污名與恐慌的相似議題，也建立了聯邦最高法院在 Romer 一案判決所遵循的先例。[64] *City of Cleburne v. Cleburne Living Center*（第三章也討論過）事涉一個德州城市拒絕發給一所智能發展遲緩者收容之家許可證，而先前通過的城市區域劃分法要求各類的收容之家必須有特殊許可證。[65]（康復之家、老人之家、療養院都不需要許可證，只有「收容精神失常者、智能不足者、酗酒者或毒癮者的收容之家」才需要許可證。）拒發許可證顯然是因爲附近財產所有人的恐懼與其他負面態度所引起。市府還主張，精神障礙的人如果位於「五百年歷史的沖積平原上」，可能會有危險，因爲在洪水發生時，他們可能會反應太慢而無法逃離建築物。聯邦最高法院認定拒發許可證的處分缺乏合理基礎，

62　*Romer v. Evans*, 116 S. Ct. 1628 (1996).
63　*Romer*, 1622, 1628.
64　「合理基礎」審查通常是很謹慎的；一般而言，當法律被判定爲違憲，而理由是平等保護的問題時，就是因爲該法不符合更嚴格的審查標準。涉及種族或性別角色分類之法律，必須通過這類更苛刻的標準，但是聯邦最高法院從來沒有承認性取向是「可疑分類」而足以發動中、高度審查標準。
65　473 U.S. 432 (1985).

而是僅基於「有害之歧視」（不公正之歧視）、「對於智能發展遲緩者之非理性偏見」與「模糊、未分化之恐懼」。此處最高法院拒絕讓顯然是藉口、推托之詞的論證假扮成理性：當他們看見恐慌時，他們就了解它，並直截了當稱呼它。

之後在 *Romer* 判決，最高法院遵循相同的策略，堅持出於明顯惡意的法律，即使連最弱的合理基礎標準都不能滿足。[66] 從道德恐慌的分析來看，最高法院這麼做完全是正確的。如果公共理性與法律的平等保護有任何意義，那一定是意味著，單純的恐懼與不喜歡並非法律不賦予基本權利的充足理由。[67] 為了保護不受歡迎的群體免於污名及相關恐懼的傷害，警醒並捍衛法律的平等保護乃是一個端正的社會最低限度的使命。

現在，讓我們回到同性婚姻的問題：婚姻防衛法是否威脅到全體公民的平等尊嚴？一個人與自己所選擇的人結婚，是一項非常基本的權利。聯邦最高法院在 *Loving v. Virginia* 判決中，宣告維吉尼亞州的異族通婚禁令違憲，最高法院說：「長久以來，結婚自由已是不可或缺的個人權利；對自由人和平地追求幸福而言，乃是基本條件。」[68] 最高法院以正當程序與平等保護為由反對這種禁令，並認定該法的唯一目的只是為了維

66　見 Sunstein (1999, 148)：「在 *Cleburne* 與 *Romer* 案中，最高法院憂心非理性憎恨與恐懼的結果，會對政治上不受歡迎的群體造成懲罰。許多人似乎認為智能發展遲緩（同性戀也一樣）是會傳染而讓人驚恐的。」

67　另見 *Department of Agriculture v. Moreno*, 413 U.S. 528。引用自 *Romer* 判決。*Moreno* 判決事關國會拒絕發給食物券一事，亦即一戶中若有任何人與其他人無親戚關係，則拒絕發給食物券。聯邦最高法院從立法歷史中發現當時有一種切斷「嬉皮」與「嬉皮結社」生路的欲望。

68　388 U.S. 1 (1967).

護「白人至上」。儘管該禁令的用語是中性的（黑人不得娶白人，白人不得娶黑人），在最高法院的眼裡，它還是強化了一種社會階級，與平等保護的基本意義不合。

在把這兩條論理適用於同性婚姻的問題時，如果我們去探討所有必須面對的法律問題，可能會讓我們偏離主題太遠，不過前述兩條論理似乎也是適用於同性婚姻的，如同夏威夷最高法院在　*Baehr v. Lewin* 判決所主張，[69] 而同志婚姻的禁令與異族通婚的禁令一樣是違憲的。[70] 但是這並不意味著法官很快就會明白地如此表示。這也不意味著他們應該如此表示，因為不引起恐慌以免激發對同志婚姻的更多抵制，也是一項正當的關切。[71] 然而，這的確意味著禁止同性婚姻的邏輯在憲法上是不可接受的。同性婚姻的禁令強化了階級制度，定義某些人的私密選擇比起其他人的私密選擇來得沒價值。同樣地，它也強化了婚姻的傳統觀念，因而強化了性的傳統階級制度。

有些國家發現了這些問題，因而將同性婚姻合法化。在歐洲，有好幾個國家將同性婚姻合法化，其他也有不少國家將佛蒙特式的公民結合（Vermont-style civil union）[譯③]合法化；尤

69　852 P. 2d 44 (Hawaii 1993).
70　另見Nussbaum (1999a, chap. 7)；而有關婚姻防衛法的憲法疑問，廣泛的分析見Koppelman (2002, chap. 6)。
71　Sunstein (1999).
譯③　公民結合（civil union）是為同性結合發展出來的新制度，各國進展不同，名稱與法律上的地位也有差異，譬如有civil partnerships、registered partnerships、domestic partnerships等概念，其法律上的權利義務可能少於公民結合。佛蒙特州在公元兩千年為了回應其州最高法院的 *Baker v. Vermont* 判決，通過法律承認同性的公民結合，其州法（不包括聯邦法）上權利義務幾乎等同婚姻。今日於歐美，公民結合等制度也適用於異性結合。

其二○○三年六月在加拿大，安大略省法院宣告婚姻的異性戀定義違憲，而首相約翰‧克雷西安（Jean Chrétien）說他會讓同志婚姻在全國都合法化；當美國公民看著這些發展時，就可以發現他們的社會並沒有因此崩潰，甚至也沒有發生重大變遷。

然而，公共爭議只是針對同性婚姻是否應該獲得異性婚姻的權利，真是可惜。這種提問方式妨礙了另一個更優先的問題，亦即，是否婚姻這種單一的制度就應該享有它現在所享有的整捆互相異質的權利，包括到移民、收養、繼承乃至於殯葬與醫療照護決定上的配偶證言特權呢？（譯按：譬如手術、安樂死或尊嚴死的配偶同意權）美國是否應該繼續對婚姻的地位採取二元的立場（非有即無），還是應該採取法國最近的彈性做法，為某些目的而承認某些結合體呢？[72] 由於僅僅針對同性婚姻權利的單向思考，這種更大範圍的議論就被壓抑了。

事實在於，婚姻作為一種制度，同時蘊涵了愛與暴力、對小孩的養育、虐待和貶抑。尤其女人與女孩在這個制度裡通常不會太好過，因為這個制度一向賦予女人嚴重不成比例的兒童照顧責任，而今天還要再加上日漸增加的老人照顧責任。在世界上，有許多例證可以表現這類責任如何分配：透過大家庭、村莊與其他地方性結合體，配合公共政策與職場結構的明智改革來加以協助。當我們擘畫未來的方向時，我們必須深思所有

72　Warner (1999)與 Nussbaum (2000a, chap. 4).

替代方案。不幸地，對同志婚姻的恐慌，使這類急需進行的公共討論延後了。

還有一個法律對同志有所歧視的領域，我們也需要多加注意。根據 *Cleburne* 一案，我們可以想到成人場所的都市區域劃分問題。都市區域劃分可能是個灰色地帶，在某些案例，社群可以自由判斷某些沒有傷害性的活動無論如何都要被限制。因此，對提供露骨的性題材的場所加以區域上的限制，我認為並非是毫無疑問的，正如出版限制的問題。結社自由的一般關切重點是，居民對於他們的社區要容許什麼事物應該至少有一些決定的餘地。然而，*Cleburne* 判決顯示，社群不可以把任何反對特定群體的偏見設計在都市區域劃分法裡面。一方面拒絕發許可證給智能發展遲緩者收容之家，然而卻發許可證給老人與身障者收容之家，前者那樣的拒絕就違背了法律的平等保護，因而是違憲的。即使在區域劃分的法律領域，道德恐慌亦有其法律上的限制。

當我們思考 *Cleburne* 判決時，最近紐約市對同志書店與同志俱樂部的區域劃分法爭議也引起了很有趣的議題。麥可‧華納（Michael Warner）與其他同志行動派曾經使用道德恐慌的語言來描述朱利安尼（Giuliani）政府的反應，稱之為「性恐慌」，並集結起來抗議。這個團體名字就叫「性恐慌！」，反對六個最近的趨勢：一、以健康法規為名關閉同志錄影帶店與性俱樂部；二、將哈德森河畔的傳統同志集會地用鐵絲網圍起來並定時巡邏；三、以公然猥褻為理由隨機在巡邏時逮捕男同志

的情況日漸增加；四、都市可用公共空間普遍拒絕同志的進入；五、騷擾酒吧、舞廳等夜生活場所，理由通常是違反夜總會執照的技術性細節；六、一九九五年的區域劃分法修正，將「成人營業」定義得更廣泛、更模糊而做了更多限制，只允許它們在某些又貧窮又危險的區域營業；還有其他煩人的限制，如場所的大小、地點、招牌與督導。上述六種趨勢都是為了達到一個政策目的：「減少都市日常生活途中的性，讓想要獲得性題材的人很難獲得。」[73]

我與華納都認為這樣的趨勢很不幸。如果是要防止冒犯多數社群成員的行為發生在小孩身上，這樣當然是正當的；因此，防範「公然猥褻」的法律以及成人書刊的區域劃分法是有某程度正當性的。（第六章我將回到這個話題）但是，大多數以「公然」猥褻為名而處罰的行為，都是發生在掩蔽的地點，經典案例是廁所隔間，另外則是林木茂盛的僻靜之地。麻州最近公布了州的警察守則，並夾在原有的州警手冊中，裡面說：「在公共場所（如沙灘、休息站、公園）之性行為不違法，如果該性活動已經適當掩蔽。」[74] 這是個合理的政策，能夠為相關的不同價值取得正確的平衡。州警發言人羅伯特‧伯德（Robert Bird）隊長說：「這很重要。州警不想侵害任何人的權利，而這項命令將有助於釐清是哪些權利。」反之，紐約市的

73　Warner (1999, 159).
74　Andrea Estes, "Massachusetts State Troopers Look the Other Way on Public Sex," *Boston Globe*, 二〇〇一年三月二日。

現況在法律的適用與影響方面，都有不必要的限制與顯然的歧視，因為法律的公布及施行很明顯是針對同志。

至於成人書刊，把它們限制在某個區域內是一個問題，把它們限制在（已經）不受歡迎和危險的區域內，又是另一個問題。而且，這點又很清楚顯示出朱利安尼的政策至少有部分是針對同志。事實上，這種政策正是一種羞辱式懲罰：它將同志集會場所與同志書店污名化，要它們躲藏起來，好像它們所指涉的一切都是羞恥的。

這些例證顯示，當我們思考要對行為加以規制時，我們所熟知的公私區分給我們的指引經常是很糟糕的。所謂的「公共」空間，如果意指它屬於公有設施，並且／或者向希望進入的人開放（在這個意義上，許多私有建築物也是「公共」場所），則其不必然在另一個意義上是「公共」（公開）的——當中發生的行為必定會影響不同意的他人。「公共」行為也可能相當隱蔽，不會影響到不同意的他人，麻州警方政策也是這麼承認的。第六章我將回到這個議題，主張「公」、「私」的區分相當模糊，不能給我們良好的指引；反之，良好的指引又是來自約翰·彌爾的「涉己」行為與「涉他」行為的區分，前者只會影響做的人以及同意之他人的利益，後者則會影響到不同意之他人的利益。

紐約市的政策有沒有任何一條違憲？這裡的法律問題比起 *Cleburne* 判決裡的那些模糊許多，因為紐約市的法規是以中性的語言撰寫，儘管事實上是歧視的。其次，俱樂部與成人商店

的法規，一般認為屬於市府官方的廣泛裁量範圍。因此這個例子看起來很不像 *Cleburne* 案，該案原告是為收容之家要求核發以往一向會核發的許可證。因為這種種理由，想要以 *Cleburne* 判決的論證為基礎，對朱利安尼的區域劃分法提起憲法上的挑戰，似乎不太可能成功。不過，我的論證則顯示這兩個案例裡的問題事實上非常相似。兩者都是牽涉到大多數人的一個欲望：想將令自己困擾的人類行為隱藏起來；兩者都涉及到羞恥與污名。同志必須承擔不成比例的影響，而異性戀男人卻不必以同樣的程度來隱藏他們的性行為（其實他們從來不曾如此），這些事實導致問題很像是一種將不受歡迎的群體污名化的活動，而本章徹頭徹尾反對這種事。同志社群將會也應該繼續反駁公共澡堂與成人場所之相關文化的道德議題。無論如何，主張有道德爭議是一回事，但主張可以用法律規制那些行為則是另一回事。讓我們繼續強調羞恥與污名的問題，並批判以法律規制同性之間合意性行為的努力。[75]

同性性行為與同性關係在我們社會裡引起了極大的焦慮。我在第二章與第三章已經討論過，這種焦慮某部分是身體及其界線的問題所引起。在本章我則主張，這種焦慮某部分也是一種更一般性的焦慮，亦即憂心失去對我們所珍視的家庭關係模式的控制，包括對女人的家父長式控制。為了回應這樣的焦慮，人們通常會利用法律將他們所恐懼的事物隔離。第三章所

75　我的論證並不適用於未經合意的行為，或者隱瞞自己有愛滋病的行為，因為這些行為顯然並非彌爾所謂的「涉己」行為。

討論的非常態性行為法，以及本節所討論的各種處理同志生活的法律，如婚姻防衛法、科羅拉多州第二增修條款、各種規範成人場所的都市區域劃分法，似乎都是由污名化不受歡迎之群體的欲望所激發。法律不能解決所有的社會問題，然而法律卻會給出重要的訊息，表明誰是完全平等的，誰不是。我曾經主張，端正的社會不會容許污名化的欲望劫持了法律的進展，而會堅持將法律的平等保護賦予全體公民，不論他們或他們的行為多麼不受歡迎。污名化的欲望並非法律的合理基礎。

IV. 道德恐慌與犯罪：幫派遊蕩法

如果說美國人害怕性的墮落與家庭的崩潰，那麼美國人更害怕犯罪。性與犯罪，可說是當代人們恐懼核心道德價值被摧毀的兩個目標。科恩的研究清楚顯示，只要一想到年輕罪犯，想像他們身強體壯、血氣方剛又超乎道德（不受道德拘束、不在乎道德），很容易就引發道德恐慌。如此引發出來的道德恐慌，又可以導致採取許多不尊重個體權利的矯正措施。這樣的洞察似乎可以適用在刑法最近備受爭議的一個問題上，亦即針對少年犯的法律與政策。這類的手段很多，包括宵禁與非正式的警方政策，如扣留與騷擾街上的青少年。不過特別有趣及有爭議的手段，則是反遊蕩法的通過，主要針對的是城中貧民區的幫派成員。

一九九二年，芝加哥市議會舉辦了公開聽證會，研究街頭

犯罪幫派對城市造成的問題。證言顯示，這類幫派涉及許多種類的犯罪活動，包括販毒、駕車開槍、破壞文藝公物等等。許多證人提到的同一個問題，就是這類幫派在街頭公然遊蕩，以便吸收新成員、鞏固地盤、恫嚇對手的幫派與社區的普通老百姓。為了回應這些問題，市議會通過了「幫派聚集防治條例」（Gang Congregation Ordinance），即一般所知的幫派遊蕩條例。本法規定：「警察合理相信為街頭犯罪幫派成員者，每當警察發現該成員在任何公共場所與一人以上偕同遊蕩時，應令其所有人解散並離去。任何不即刻服從該命令者，即為違反本法。」「遊蕩」的定義是：「沒有明顯目的而停留於任何一個地方。」本法與配套的警方守則很快就引發了爭議。一九九七年十月，伊利諾州最高法院判定該法違憲，理由是該法有不得容許的模糊，是對於個人自由的恣意限制。[76] 一九九九年六月，美國聯邦最高法院維持本案判決，主張該法過於模糊而違憲，違背聯邦憲法第十四增修條款的正當法律程序規定。[77]

　　反對該法的主要論證相當明確。「遊蕩」的定義非常模糊。許多人都會「沒有明顯目的」而在一個地方從事無害的活動，譬如跑步後休息、躲雨、等人，諸如此類。其實，像販毒與恫嚇等有害的目的，反而不會被該法所涵蓋（譯按：因為這樣就「有明顯目的」了）。而一個人是否在另一個警察「合理相信」為幫派成員的人附近，這種事實也不太容易確定，因為

76　*Chicago v. Morales*, 177 Ill.2d 440, 687 N.E.2d 53.
77　*Chicago v. Morales*, 527 U.S. 41,119 S. Ct. 1849.

一切都依賴警察的主觀心智狀態。解散的命令也很模糊，因為它並沒有說明一個人必須離開多遠或多久。簡言之，刑事法規「必須足夠明確，以便普通智力之人有合理的機會分辨合法與違法的行為」。而幫派遊蕩法並不能通過這項標準。[78]

其次，遊蕩法的歷史證明，這種模糊的法律形同要以恣意和歧視的方式實施。什麼人被合理地相信為幫派成員、「沒有明顯目的」應該怎麼解釋，都屬於警察的絕對裁量範圍。[79] 與該法配套的警察守則也沒有解決這個問題，因為它們更模糊，適用上也不一致。譬如，警察守則有一條說：「不可因為一個人穿著販售給一般大眾的服裝而判斷他是幫派成員。」但逮捕耶穌・莫瑞爾斯（Jesus Morales）的警官作證說，他相信莫瑞爾斯是幫派成員的唯一理由，是因為他穿著黑色與藍色的服裝，而這是街頭犯罪幫派「匪徒追隨者」（Gangster Disciples）的顏色。

街頭幫派所引起的問題與科恩所說的摩登族與搖滾族相當不同。他們危險許多，也被證明從事過更多與更壞的犯罪活動。他們嚴重威脅到城中附近許多地區的生命與安全，他們也真的利用遊蕩來吸收成員、實施恫嚇。這些行為本身有些已經是違法的了，不過人們可以同情城市居民的感覺，他們需要更多武器來保護城中附近地區的生命安全。在這種意義上，對於幫派的恐慌是理性的，而對摩登族與搖滾族的恐慌則從來不是

---

78   *Chicago v. Morales* (Illinois).
79   Ibid.

如此。

另一方面，恐懼可能同時是理性與非理性的，換言之，此處正當恐懼的要素可能與種族和年齡污名化的要素混合在一起。因此，城中居民與一般大眾對幫派的恐懼可能包含恐慌的要素與正當的恐懼，後者乃是基於經驗與證據。我們這個社會對黑人有著難辭其咎的暴力史，原因就是出於非理性的恐懼，認為他們是危險的掠奪者。這種非理性的恐懼可能與正當的恐懼糾結在一起，進而支持濫權的普遍傾向，而濫權乃是所有警察機關的長期危險。在該法的涵蓋下，很容易想見警察會很不公平地盯上無所事事的黑人青少年。即使警察是出於完全正直與非種族主義的動機，當他合理地相信某個年輕人是幫派成員時，也可能讓自己的焦慮失控，如同莫瑞爾斯案中的警察。

在這種情況下，既然知道道德恐慌的社會傾向，也知道道德恐慌經常藉著膚淺的刻板印象與污名來運作，則我們應該明確地要求，到底是什麼樣的有害行為必須有非常清晰的概念，而區分有害行為與無害的閒逛必須有非常清晰的標準。當恣意與歧視的污名化發揮作用時，我們最自然的辯護方式似乎是強調法律標準與規則的清晰度，並強調執行時要保障個體權利。我們對於羞恥與道德恐慌的反思似乎正好支持了伊利諾州與聯邦最高法院判決的智慧。

然而，這些判決一直遭到社群主義價值的強烈質疑。羞辱式懲罰的擁護者丹・卡恩在這個問題上一直扮演重要的角色，而其作品則是與黑人法學家崔西・米爾斯（Tracey Meares）合

著的。米爾斯和卡恩的論證如下：在一九六〇年代，當法律的
執行非常種族主義，而黑人在政治過程中的代表比例不足時，
著重於個體主義式的權利觀念並據以反抗政府的侵犯，是很重
要的。然而，現在情勢不一樣了，黑人在政治中扮演廣泛而有
影響力的角色，警察也不再像以前那麼種族主義。同時，城中
社群則開始感到幫派的威脅。通過幫派遊蕩條例的力量就是來
自窮人與黑人社群，而他們受到幫派問題的影響最大，所以這
些當地社群應該有資格決定他們的成員擁有什麼權利、沒有什
麼權利。當一個社群在政治上有影響力，也準備好承擔它所主
張的事所造成的負擔，那麼這個社群應該有資格重新定義權
利，即使從一九六〇年代的觀點來看是限制。當社群本身希望
權利的樣貌有所不同時，法官還堅持老舊的權利觀念，則法官
是君父主義的。米爾斯與卡恩不只把他們的分析適用在幫派遊
蕩條例，還適用在所謂的掃蕩——即警方對國民村（譯按：國
家為中低收入戶蓋的住宅，類似我國國民住宅）所藏武器的無
令狀搜索；雖然這種事通常被傳統個體自由的擁護者反對，但
是，他們兩人表示，今日國民村大多數成員在經過討論後卻接
受了它。[80]

　　米爾斯和卡恩的論證有許多經驗性問題值得一提。譬如，
遊蕩法到底得到多廣泛的城中社群支持？（這很難得到確切的
證據，而相關的市議員與社群領袖意見非常不合。）警察的種

80　Meares and Kahan (1998a, 1998b, 1999).

族主義行為到底改變了多少？參加國民村會議、投票支持掃蕩的人又是哪些？[81]

這些問題很重要，但是為了集中在更深的概念問題上，讓我們先將它們放在一邊。這個概念問題是，什麼是相關的「社群」？所有的社群主義論證都有這麼一個罩門，就是他們漠視這個太重要的概念問題。沒有一個團體是完全同質性的。即使是素來享有價值均同性美名的小型宗教或族群社區，經過佛瑞德‧克尼斯（Fred Kniss）對美國門諾教派社群的傑出研究證明，這種聲譽通常只是對那些團體的錯誤與浪漫化的看法。[82]所有的社群都內含規範與價值上的差異，甚至包含權力的差異。通常這兩種差異還互有關聯：能夠標榜為「團體」之「價值」者，通常就是團體內部最優勢之成員的價值。因此，譬如我們以為我們知道的歷史上絕大多數族群或宗教團體的「價值」，其實大部分都代表團體裡男性成員的價值，而不是女人的觀點，而後者因為在歷史上是沉默的，也不太可能找得回來。其他異議團體或相對而言較弱勢的團體——青少年、老人，以及持少數宗教、政治或道德觀者——可能不會被承認是「團體」所象徵的一部分。權力的差異也影響到誰可以算是團體的成員，而誰不算。團體經常以污名化和排除的方式定義自身的界限；因此，與其承認異議或少數次級團體的存在，團體可能會乾脆否認這些人是他們的成員。[83]

---

81 答辯見 Meares and Kahan (1999)；另見 Alschuler and Schulhofer (1998)。
82 Kniss (1997).

其次，社群通常指因族群本質（ethnicity）、地點、共同文化或語言的歷史而結合起來的團體。然而，還有其他種團體可以考慮，譬如基於共同品味或職業、共同問題、共同的受壓迫史等等而組成的團體。在這個意義上，女人是一個團體，在全世界享有許多共同的利益，儘管社群主義的思考不會認為女人是一個「社群」，進而應該支持她們的價值。其他分散的群體包括老人、性方面的少數、兒童、青少年、音樂愛好者、動物權支持者、自然環境愛好者。這些人都有共同的利益與價值，但是就米爾斯與卡恩的論證目的言，並不算是「社群」。

有關米爾斯與卡恩對於幫派遊蕩條例與掃蕩的論證，前述概念上的問題導致了許多困難。他們的整個論證有許多不清楚的地方，即使相關的社群是什麼也不清楚：是指芝加哥所有的黑人嗎？還是城中貧民區的黑人？還是城中貧民區的所有人？[84] 然而，不論相關的定性為何，有清楚的證據顯示，對於該法的根據實際上有內部歧異。投票反對該法的黑人市議員比贊成的多、黑人報紙分成兩派，而許多出色的黑人領袖嚴厲批判這些措施。最重要的，可以想見（儘管似乎沒人想到要問他們）黑人青少年一定會強烈反對該法，反對賦予警察騷擾並驅散他們

83　試比較 Alschuler and Schulhofer (1998, 240)：「種族與地域都不能完全定義一個人的社群。社群認同可能依賴不同特性的不同組合──宗教、種族、族群本質、居所、財富、性別角色、性取向、職業、身體殘疾、年齡以及政黨和選區組織（尤其在芝加哥）。芝加哥的社群是數也數不清的……局外人通常也沒有辦法確定哪些社群被立法措施影響得最嚴重……也沒辦法標定非正式、未經組織之社群的範圍，或評估社群成員的主流意見。因此，社群的概念提供了幾乎無限的機會，得以重新定義或加以操縱。」
84　在芝加哥這是個特別緊急的問題，因為那裡的墨西哥社群很大，而他們對黑人社群相當具有敵意。

的權力，不論他們是不是幫派成員。因此，在吸引人的「責任分擔」名義下，我們所面對的情況其實是一些黑人社群中的成年人想把責任強加到其他成員身上。顯然，支對該政策的市議員與其他社群領袖不會擔到任何責任，擔到責任的幾乎全是青少年男性。如果米爾斯與卡恩回應說，這些青少年並不是真的屬於團體，因為團體只包括受到幫派犯罪行為之害的人，那麼他們等於承認他們的責任分擔論證根本搞錯了；承擔該政策責任的人，並不是支持該政策的同一個團體的成員。

掃蕩也引起同樣的問題，但是更麻煩。因為同意責任分擔的團體，只包括出席計畫會議而討論掃蕩問題的人。住過國民村、公寓大廈社區、套房公寓和其他集體住宅的任何人都知道，出席會議的人不見得代表所有相關的人與意見。不出席的人不光只是該政策所針對的犯罪份子，還包括夜間工作的人、兼兩份工作的人、照顧小孩的人、不喜歡開會的人、比較喜歡去約會的年輕人，還有一些人，只是不喜歡看到愛去開會的人，就索性不去了。

因此，同樣地，可能承擔該政策之責任的人幾乎不會是支持該政策的同一批人。事實上，掃蕩的整體概念就預設了不同意的少數人：因為只要當事人同意，搜索永遠是合法的，因此該政策的新貢獻就是強行搜索那些不同意的人。不同意的人之中，有些人或許真的想藏些東西，有些卻只是喜歡穿睡衣在家附近逛逛而不想被警察盯著看。

其實，掃蕩與幫派遊蕩法造成了兩個階層的人，有兩類不

同的權利。不住在城中地區的人，不論好人或壞人，都擁有米爾斯與卡恩所稱的一九六○年代式的舊式權利，亦即反對恣意逮捕的權利、反對無令狀搜索扣押的權利。而碰巧住在城中貧民區或者國民村的人，則只有較弱與較少的權利：他們可能會被警察騷擾，只因為碰巧站在不對的人旁邊；他們的房子可能在半夜就被警察闖入，而沒有任何理由。

　　米爾斯與卡恩所依賴的前提是，我們的社會已經變得比較公正，不再傾向以恣意和種族偏見來騷擾人。正是此時，我們對羞恥與污名的分析才得以上場。當然，我們可以只用特定證據指出警方並沒有像他們的論證那般做事；在交通逮捕案件中使用種族特徵剖繪（racial profiling）就是個明顯例證。不過，我們的論證還更深地指出：「正常人」絕不可能善待弱者，因為人類心理邏輯的深處，總有著驅動污名化與密切相關的道德恐慌的力量。其次，我已經提醒過，自戀之攻擊的問題在今天的美國特別尖銳，因為我們的文化很詭異地迷戀掌控一切與（尤其是男性的）不受傷害的想法。這些問題不會很快就徹底消失。因此，要拒絕一九六○年代式的權利，似乎時機尚未成熟。我們可以且應該嚴格處理犯罪行為，但是我們早就有法律的資源在手，包括防治騷擾與恫嚇的法律；我們不需要做廣泛的掃蕩，將只是四處閒逛的無辜人羅織入罪，不論他們是在街上還是家裡。

V. 另一路線的彌爾結論

　　對於污名與道德恐慌的思考，殊途同歸地將我們帶到了彌爾很久以前在《自由論》所提出的結論。個體的尊嚴與自由需要不斷警醒的保護，以對抗多數人的暴政；多數人常將自己的生活方式定義為正確與正常的，進而將傷害加到他人身上。因為人們傾向結成團體對弱勢的少數施行虐政，所以米爾斯與卡恩所稱的一九六〇年代式的權利永遠是個好的想法，正如我們憲法傳統的智慧所見。而我們以羞恥和污名所做的分析則增加了更深刻的解釋，說明為何我們應該期待這些權利成為大多數或所有人類社會的永久特徵。

　　彌爾只觀察了英國的污名運作。他對自己的結論做了很好的論證，然而對於驅動污名化與羞恥的力量，他並沒有夠詳細或深刻的心理學理解。因此，他被迫將大部分的論證建立在其他的思考上，而在許多方面就顯得較沒有說服力，我將在第七章討論這點。現在，我們提出了一個解釋，它一方面是社會學的（高夫曼、科恩），一方面是心理學的（溫尼科特、莫瑞森），可以幫我們捍衛彌爾的原則，並且面對樂觀的社群主義挑戰；後者以為彌爾所談的問題早已是過往雲煙。

　　對於污名運作的強效藥是強烈地堅持個體自由的權利，並堅定地保障所有公民都能得到法律的平等保護。法律應當提供個體強烈的保護，以對抗恣意的侵犯，不論侵犯是來自國家權力，亦或來自社會的一致性壓力。有關團體自戀及羞辱的有力

研究，幫助我們了解爲何個體在社會中永遠是危殆的，進而也了解保障彌爾式自由與所有公民的平等尊嚴爲何如此重要。然而，目前我只是提倡了最低限度的拒絕性政策：法律不應該利用羞恥作爲懲罰體系的一部分，對於首要或唯一目的僅是爲了污名化弱勢的少數人者的法律，我們應該拒絕制訂，如果已經制訂，則應該加以廢除。這樣的政策是端正的社會所不可或缺的成分，但是還不夠。因此在第六章，我們必須思考更多積極的除弊方案。

第六章

保護公民免於羞恥

　　藉由必需品我了解到，不只維生所不可或缺的日常用品，還包括一國的風俗，均會導致可敬的人們……在缺乏它們時感到不光彩。譬如，一件亞麻衫，嚴格說來並非生活所必需。我想，希臘人與羅馬人都活得很舒適，儘管他們沒有亞麻。但是現在，在歐洲絕大部分重要地區，一位可敬的勞工如果沒有穿著亞麻衫就出現在公共場合，那他會覺得很羞恥。……同樣地，風俗也讓皮鞋成為英國的生活必需品。可敬但最貧窮的人，不分男女，如果出現在公共場合卻沒穿著皮鞋，也會感到很羞恥。

　　　　　　　　　　　　　——亞當‧斯密，《國富論》，V.ii.k.3

　　承擔失業之名是多麼困苦與屈辱。當我出門時，我的眼睛只敢望著下邊，因為我覺得自己完全是低等的。當我走在街上時，我覺得自己被千夫所指，似乎比不上任何普通公民。我本能地不想見到任何人。

　　　　　　　　　　　　　　　　　　——引自高夫曼，《污名》[1]

　　沒有法院曾經主張甚或模糊地暗示過：盲人可以在早上起床，幫忙小孩準備上學，向太太道別，然後走到街上，搭公車去上班，不用狗、枴杖或嚮導，如果這是他的習慣或偏好。偶爾摸摸樹、踩踩人行道，以堅定的步伐、在理所當然的氣氛下前進，並且知道他是屬於公眾的一份子，透過他繳的稅，街道能夠開設而且維持合理的安全，他與別人共享這個世界，他也有權利生活於此。

　　——雅可布斯‧譚布洛克（Jacobus tenBroek），〈活在世界的權利：身心障礙者與侵權行為法〉（The Right to Live in the World: The Disabled and the Law of Torts）[2]

1　高夫曼的原註是引用 S. Zawadski and P. Lazarsfeld 在 *Journal of Social Psychology* 6 (1935)的一篇文章。

I. 創造援助的環境

　　我已經說過，法律必須拒絕參與對弱勢人或團體的主動污名化。然而，一個端正的社會必須做得更多，找尋透過法律保護其成員的尊嚴，使之免於羞恥與污名的各種方法。對任何端正的社會而言，這點是非常基本的目的，足以在許多不同的方向上引導我們。保障宗教與良心自由的法律；保護公民免於恣意搜索與扣押的法律（第五章已觸及）；反對殘忍與貶抑性刑罰的法律（第五章處理了一部分）；反對職場婦女性騷擾的法律；反對強暴的法律，以及尊重婦女尊嚴的執行程序；反對誹謗（包括書面與口頭）的法律——所有這些法律，當然還有更多，都扮演著重要的角色，能使社會據以保護人類的尊嚴。它們能創造一個援助的環境，使公民免於羞恥與污名的生活。本章我將只會抽樣研究前述的相關議題。首先，我將簡短地說明在提供免於羞恥之共同生活的機會中，社會福利體系所扮演的角色。第二，我將探討反歧視法律，以及反憎恨及偏見犯罪的法律。第三，我將研究法律保障個人隱私的一些面向。最後，我將探討在當代美國社會中污名的核心所在，亦即身心障礙者，以及最近一些試圖保護身心障礙者不受到羞恥之傷害的法律改革。

2　TenBroek (1966)。 他的經典討論是這樣開場的：「此中表達的觀點，作者相信，均以他身為身心障礙者的親身經歷所驗證，而非參考文獻之集合。」

II. 羞恥與體面的生活水準

在所有的社會裡，最受污名化的生活條件，無非是貧窮。窮人一向遭人迴避及羞辱，被視為懶惰、缺陷、低價值的。或許在美國尤其如此，因為美國人大都相信，貧窮就是懶惰與缺乏意志力的證據。高夫曼的研究提醒我們，這種對於貧窮的普遍性污名化，如果加上失業或低學歷，就會更加惡化。而且污名會擴及整個家庭。一旦小孩就學，則有無數的方式標明他們的財富或貧困，譬如他們所穿的衣服、午餐盒裡帶的食物、他們的口音、放學後帶同學回去的家。亞當·斯密沉痛地主張，貧窮有一個絕對的面向：缺乏生活必需品，如食物、遮風蔽雨的處所、健康照護。但是貧窮還有一個比較性的社會面向：一個人，儘管已經得到適當的營養與居住，仍然可能缺乏一些東西，而這些東西是他所處的社會裡體面之生活水準的社會定義之一，譬如亞當·斯密那時的亞麻衫與皮鞋，或我們現今社會裡的個人電腦（或許）。

雖然本書最多只能稍微提及這個龐大的主題，但沒提可能更是種失策，因為無法適當地處理此問題，或許也是今天在美國造成羞恥與污名的主要原因。

社會有許多理由去關切為全體公民確保體面之生活水準的問題，因為生命、健康、教育機會、有意義的工作、發展心智能力的合理機會，都具有內在的重要性。我曾經在其他地方處理這些問題，主張最低限度的正義與端正的社會，必須為其全

體公民提供某些關鍵的機會或「能力」（capabilities），而且至少要有最低門檻的量。然而，為了本章論證的目的，我將只集中在我的能力清單之一：「擁有自尊與不受屈辱的社會基礎；一個人能夠被視為擁有尊嚴、價值與他人均等的人。」[3] 而這項能力應如何確保？在確保的途中，社會與經濟權利的一般政策又必須扮演何種角色？

如果兒童的成長缺乏適當的營養、健康照護或居住，則這項能力的最低程度就沒有獲得確保。這幾點在每個社會裡都是生活的必需品；而在今天的美國，還有其他必要條件扮演斯密所說的亞麻衫；為了使個人的社會地位沒有污名，它們是必要的。在這些必要條件中，特別重要的是免費的初等與中等義務教育，加上以機會均等為基礎的高等教育。在我們的社會裡，就業也是一樣重要，至少對成人男性而言。雖然在有些社會（如古希臘）裡，無業者的階級比有業者高，他們認為為餬口而工作是較低下的，然而我們的社會就如高夫曼的例子所示，失業者覺得自己是羞恥的，被迫躲避別人的羞辱眼光。[4]

污名也有較為地區化的比較性層面：譬如，在某個特定學

---

3 Nussbaum (2000a, 2003a).
4 當然，（古代）無業者與有業者的區分，正相應於富人與窮人的區分，而窮人不論有業無業，在今天都是被污名化的，但是宗教改革與新教對「工作為價值之來源」的強調，進而對歐洲所造成的變遷，不應該被低估。一位古希臘的紳士會極力避免做任何工作，他所致力從事的一切（就是政治），不會被定義為工作；同時，他的妻子可能在經營土地，而即使經營廣大而富饒的土地，仍然還是被污名化的。不工作的窮人，從污名運作的角度看來，反而在某種意義上比較好，因為這樣他就有資格做個乞丐，一般人認為對他負有義務。請注意，回國的奧狄賽並不是裝扮成牧羊人或養豬人，而是在餐桌旁邊晃晃，裝成一個乞丐（而且這個乞丐自稱曾經是個國王）。想必對一位英雄而言，可以賺錢的工作實在是比當個乞丐更污名化的。

校裡，一個人可能只因爲沒有其他富裕的或受歡迎的學生所穿的昂貴服裝，就受到污名化。[5] 然而，就我在此處的論證目的而言，我應該將這種較高層級的比較性羞恥放在一邊，重點放在斯密所說的那種維持公民生活的程度——作爲一個價值與人人均等的公民，能夠出現在公共場合而不會感到羞恥的最低需求。

美國日漸擴大的經濟與教育不平等，導致許多美國人僅僅因爲貧窮就過著羞恥的生活。他們的貧窮問題包括：缺乏適當的健康照護、適當的教育機會、適當的居住以及失業。事實上，創造低成本而且不會被污名化的住家，這項挑戰是個龐大且迷人的課題，本身就可以寫成一本書。大多數美國市鎮還沒有適當地回應這項挑戰。我在第五章曾經討論過芭芭拉·愛倫芮希的《鎘銖必較》，當中顯示許多貧窮勞工被迫付錢住在髒亂且會被污名化的房子裡，譬如便宜的汽車旅館房間，僅因他們無法存夠租房子的錢。[6] 同時，公共營造的國民住宅，本意是爲窮人提供適當與尊重的居住環境，現在卻將所有住在裡面的人給污名化了。[7] 可見免於羞恥的住家，今後幾十年內都是我們的社會所必須面對的重大挑戰之一。

人類尊嚴與支持基本需求之間的關係，已經存在許多現代的憲法傳統中，包括南非與印度。舉例來說，印度的憲法規定，未經正當程序，不得剝奪公民之生命與自由（類比台灣的

5　Kindlon (2001), Frank (1999).
6　Ehrenreich (2001).
7　Sennett (2003).

第十四增修條款），而他們將生命理解爲擁有人類尊嚴的生命，並非只是生命本身；因此，剝奪流浪漢身邊的物品，曾經被判定爲違反憲法規定。南非更加積極，在許多重大案件裡承認了體面住家的權利。兩國也將接受免費與適當之初等與中等教育的權利入憲，成爲基本權利之一。更廣泛來看，國際人權運動現在已經承認社會與經濟權利的重要性，足與政治和公民權利分庭抗禮。事實上，這兩批權利之間的區別或許已經無法維持下去了，因爲政治與公民權利須有必要的社會與經濟上的前提條件。一個嚴重缺乏營養與健康照護的人，無法作爲一個平等的人而參與政治。一個文盲不太可能有能力爲了實現政治與公民權利而求助警察或使用法院。

　　人類尊嚴有其經濟要件的想法，對於美國的思想傳統而言並非異端。羅斯福（Franklin Delano Roosevelt）的「第二權利法」（Second Bill of Rights）重點在於提供全體公民重要的物質福祉，林頓・詹森（Lyndon Johnson）的「大社會計畫」亦然。[8] 其次，在詹森時代，法院開始認爲這些權利之中有些權利應受憲法保護。一九七〇年，大法官威廉・布瑞南（William Brennan）爲 *Goldberg v. Kelly* 一案判決寫了一篇值得紀念的意見書，而本案建立了福利權不可未經聽證即行刪減的原則：[9]

　　　建國伊始，吾國向來之基本使命，即爲促進領域內人民之

8　有關羅斯福的觀點，Kass R. Sunstein 撰寫中的書惠我良多。
9　397 U.S. 254 (1970).

尊嚴與福祉。吾人均已承認造成貧窮之力量，非窮人本身所能控制。……福利，藉由滿足維生所需之基本需求，有助於帶給窮人可得利用之機會，使與他人相同，得以有意義之方式參與社群之生活。……於是，公共援助並非單純慈善，而是「爲吾人及後代提升普遍福利、確保自由福祉」之手段。[10]

　　值得注意的是，布瑞南的論證是訴諸人類尊嚴與福祉的理念。他承認貧窮不只是剝奪，而且是貶抑。在他的時代，聯邦最高法院似乎漸漸地承認憲法保障窮人的一些經濟權利。[11] 布瑞南大法官顯然有興趣爲其中一些權利賦予憲法保護，而所有經濟權利原本當然是廣泛受到多數人的立法所保障的，即使有不平等之處。[12]

　　對經濟權利賦予完全的憲法承認，視之爲人類尊嚴的固有成分，這件事並沒有發生。「雷根革命」改變了憲法學的方向。同時，對福利權的立法保障則日漸敗退。州政府實驗不同的福利政策，當然是正當甚至可欲的，但是更麻煩的問題卻迫在眉睫：美國人背棄了對於尊嚴與福祉的「基本使命」，而那是布瑞南曾經可信地主張是我們傳統的核心。不同於布瑞南，我們似乎開始認爲貧窮是窮人自找的。[13]

　　失業，在寫本書時日益嚴重的問題，與貧窮有密切關係，

10　Ibid., 265.

11　另見 *Shapiro v. Thompson*, 394 U.S. 618，廢除在一州接受福利所需的居住要件。

12　Black 大法官對 *Goldberg* 判決的不同意見書表示，福利權是美國的一項實驗，而這種實驗最好由立法機關去實施。

13　見 Clark (1997)，當中指出美國人拒絕同情窮人的諸多理由。

但與貧窮不同。一些擁有寬廣社會安全網的國家也不能保證完全就業。（譬如在芬蘭即是如此，芬蘭的經濟情況良好，然而可做的工作，以電信科技部門為例，卻非勞力密集的。）的確，這個問題有多大，某種程度上要看社會脈絡；如果失業不會被污名化，則失業的男人或女人可以利用社會津貼繼續接受教育，而且仍然是個完全平等的公民。然而，在大多數現代社會裡，失業是會被污名化的。其次，許多開放給窮人的各種工作也是如此，譬如家庭幫傭與其他種類的低薪工作。即使某種工作並不會像這樣被污名化，如同愛倫芮希所清楚表示的，也可能涉及貶抑與非人的對待，還包括對健康與福祉的危險，這些都會破壞勞工想要過尊嚴生活的嘗試。因此，對於任何想自稱端正的社會而言，提供工作與工作的人性化也是當務之急。

我說過，這些議題對本書的政策取向而言太過龐大，但是忽略它們是很荒謬的。同樣地，忽略我們這個富國對於他國窮人的責任，也是一樣荒謬。世界上有無數的人正遭受飢餓、營養不良、缺乏教育、缺乏醫療照護等問題折磨，而聯合國及其富裕的法人組織為減輕這些苦難，還有很多事得做。本書之所以從國內的角度來研究羞恥與污名的問題，很大程度是因為它的重點在法律。然而，當我們思考公共政策如何保護人類免於污名化的生命時，超越國界的正義問題也是我在別處的工作重心，不得不觸及。

人們可能會說，當我們對自己的公民都做得不夠時，還去想到別國的窮人，實在很可笑。但是，若按親疏遠近來處理問

題，先在我們內部嘗試創造完美社會，把我們對世界公民的責
任放在一邊，似乎是本末倒置的做法。美國企業每天在其他國
家做生意，並且嚴重影響他國人民的福祉、機會與醫療照護。
譬如愛滋病這個現今讓生命被污名化的重要原因，如果直到我
國擁有完美的醫療照護之前，我們都不想處理全球性的愛滋病
危機，這實在非常說不過去。這兩個議題大體上是各自獨立
的，而且花在處理全球性愛滋病危機的錢（譬如出自藥商
的），並不會排擠到處理國內醫療照護的經費。其次，即使不
像我們這麼繁榮的其他國家，也能夠貢獻比我們多的預算在救
助外國上面，卻不會因此無法處理他們國內的資源不平等問
題。既然我們所思考的世界，是一個所有人都應該有機會尊嚴
地活著的世界，那麼我們應該將前述所有的問題都放到桌面上
來談。

III. 反歧視及憎恨犯罪

　　現在，讓我們回到一些範圍較窄的議題上，也是我們向來
所注意的：要如何運用特定種類的法律改革來保護弱勢的少數
人免於污名？在第五章，我主張過，如果法律的首要目的或影
響是將不受歡迎的少數人污名化，則我們不應該制訂這種法
律，即使制訂了也應該將之廢除。而保護這些團體的社會使命
又應該延伸到多遠？這是個龐大的問題，會引起複雜的爭議，
不論是法律的或道德的，而且超出本書所處理的範圍。那麼，

就讓我藉著回到在第五章所關心的兩個問題，來向各位展示我的論證所指引的方向。這兩個問題是：保護嫌犯的個體權利免於受到侵犯，以及保護男同志與女同志免於羞恥。

第一個問題我在第五章討論遊蕩法時提過；有關一些常見的被告權利，我還有一些主張要加到我第五章的辯護上。如同我在第五章的討論，罪犯與嫌犯漸漸贏得一連串的保障以對抗警察權力的濫用，而且這些保障不應受到腐蝕，不論是透過新法律（像芝加哥的遊蕩法），或是緩慢地破壞像「米蘭達」警語（獲得律師的有效協助等權利）這樣的保障。對於這些保障的堅持就是保護少數族群的重要方式，能使他們免於將種族與犯罪連結在一起的社會污名化所施加的傷害。

在這個領域中，目前受到公眾密集關注的問題是種族特徵剖繪。當然，為了搜查罪犯，執法官員在很多方面都使用罪犯特徵剖繪，譬如由心理學專家剖繪連續殺人犯的作案手法，以縮小警方搜查的人口範圍。這種剖繪是毋須反對的，因為它是在犯罪發生後，向過去逆推的。比較成問題的是在犯罪發生或被發現之前的剖繪，它使用其他特徵來代替（所斷定的）犯罪意圖或行為。在一些案例中，國家安全的利益強烈支持了這類政策。因此，在缺少時間和金錢進行全面機場安檢的情況下，出現了一些支持為阿拉伯人或阿裔美國人做特徵剖繪的主張。即使如此，這種政策仍然不公平地污名化了一個團體的所有成員，可能還會鼓勵警察或機場安全人員惡劣對待這些人，傳達出他們並不是平等公民（或訪客）的訊息。因此，即使在這類

案例裡，我還是反對這樣的特徵剖繪。更清楚地講，利用種族來代替對於犯罪本身的偵查，這是一種本質上應該反對而且不智的政策，如同因爲嫌犯的種族而發動交通攔檢與車輛搜索。當然，爲了將資源聰明地用在刀口上，在搜查毒品時，警方必須從事某種特徵剖繪，譬如搜索老年駕駛人的車可能經證明是浪費資源。以年齡或車輛種類來做特徵剖繪，或許不會引起嚴重的公正性問題。然而，當特徵剖繪涉及現存的社會污名時，嚴重的公正性問題就發生了。

將黑人男性污名化爲罪犯是美國種族主義最醜惡、最有害的面向，與我在第五章討論的剝奪重罪犯公民權的種族傾向密切相關。黑人知識領袖，從康乃爾・威斯特（Cornel West）到布連特・史戴波斯（Brent Staples）都生動地描述過被社會直接視爲罪犯所帶來的孤立與痛苦，例如威斯特曾經穿著西裝站在路上卻招不到計程車。歷史上，這種污名化也曾經造成嚴重的傷害，如私刑、審判不公、就業歧視。如果我們的社會要走上正義與睿智的種族和諧道路，則種族特徵剖繪正是個很愚蠢的政策，即使就警方資源的使用而言是很有效率。況且，也沒有具說服力的證據證明這種效率。[14] 種族特徵剖繪或許本質上也是不公正的，因爲它基於種族而否定了人在法律之前的重要平等權。

現在，讓我們思考保護男同志與女同志免於公共污名的問

14　就這點，我得感謝同事Bernard Harcourt尚未出版的一部作品。

題。在這個問題上，最近我們的社會採取了兩種除弊措施：反歧視法律與憎恨犯罪法（hate crimes law）。在這兩個領域，自由社會所遭遇的挑戰是要如何保衛弱勢，又不會侵犯反對自由主義之人士的言論自由。各式各樣的社群主義者也可以支持保護弱勢的法律，而不必面臨理念上的拉鋸，因為在某種程度上，他們缺乏自由主義者那種對個體自由的深刻使命，尤其對思想、言論與表現自由不若自由主義者那麼堅持。反之，自由主義者既保護被憎恨的人，也保護發表憎恨言論的人——在某些限制下。

　　對於言論自由，沒有人是持絕對保障的立場。人們廣泛同意要把許多言論形式入罪化，譬如黑函（勒索）、恐嚇、偽證、賄賂、無執照的醫療建議、不實廣告。大多數商業言論或許多藝術言論則處於灰色地帶；對於這些言論形式是否以及何時受到憲法第一增修條款所保障，有大量的爭論。即使是政治言論，我們的社會也不總是同意賦予廣泛的第一增修條款保障。一九一八年，當尤金・戴布斯（Eugene Debs）因為煽動群眾拒絕為一次世界大戰服役而入獄時，聯邦最高法院才判定，戰時的政治異議言論不受第一增修條款保障。現在，我們已經改變觀點，主張這種言論正是第一增修條款想要保障的那種典型。無論人們對第一增修條款的確切解釋與理據所持的立場差異多大，無論人們對保障各種商業和藝術言論所持的立場差異多大，值得反對的、不受歡迎的政治言論仍然處於第一增修條款所保障的核心，這件事並沒有多大的紛歧。無論如何，今天

的自由主義者傾向主張強烈的第一增修條款保障，廣泛適用在所有的政治言論，以及至少大多數藝術言論上。自由主義者也賦予結社自由高度的重要性，但在處理歧視的問題時，結社自由可能會產生爭議；當社團或團體想要排除他們不喜歡其行為或觀點的人，就與非歧視的主張產生衝突。

對於言論自由與結社自由這兩個重要的價值，反歧視的法律似乎不成問題，至少到某種程度上。就如同我們的國家對於少數族群和女人的保障，以類似的方式保護男同志與女同志免於就業及居住的歧視，並不會如想像中妨礙種族主義者、性別歧視者、恐同性戀者的政治言論表現。因此，當婚姻防衛法還在爭論的同時，參議員愛德華・甘迺迪（Edward Kennedy）提出的就業歧視法案，將性取向列入禁止的歧視理由之一，乃是合乎邏輯與必要的一步，但好幾年了仍未通過這項法案，實為國恥。

反歧視是個非常複雜的議題，而且是持續會發生爭議的領域，尤其在宗教領域上：對於一般禁止的歧視理由，如種族、性別、性取向等，宗教應該豁免到什麼程度？（就業歧視法案豁免了宗教組織、宗教組織所控制之教育機構、小型公司、私人社團與軍隊。丹佛市的反歧視法也容許宗教豁免，但本法仍被科羅拉多州的第二增修條款所反對。）我們整個國家還沒有把反歧視法的豁免問題理清楚，政策參差不齊。（譬如，鮑伯瓊斯大學這所宗教學校因為反對異族約會的校規而失去免稅資格，然而一些宗教大學雖有法令規定校長必須是特定教會之男

性成員，卻還是享有免稅資格。）在涉及性取向的問題時，顯然我們的公共辯論還停留在非常原始的層次，比不上種族與性別的辯論。像這種明確的問題，如房東是否有權以性取向為理由拒絕同志房客，我們都還無法解決，更別說宗教機構可以用這種理由當作僱用上的歧視與獲得利益到什麼程度的問題。

　　最近聯邦最高法院針對美國童子軍一案的判決，清楚顯示出結社自由的自由主義價值與反歧視的自由主義價值兩者間的緊張關係。[15] 本案中，結社自由勝出，不過部分原因是法院將美國童子軍理解為私人社團，而非公共服務設施（public accommodation）[譯①]；然而這個判斷可能是錯的。在這些領域裡仍有許多困難我們必須努力應付。無論如何，大體上有關性取向的反歧視政策，在就業與公共服務設施方面，顯然至少在道德上是平等保護之觀念所要求的（或許在憲法上亦然），[16] 而男同志與女同志也應該得到目前少數族群、女人與身心障礙人士所享有的同類保障。[17]

　　如同我在第五章所主張過的，對男同志與女同志的歧視和對女人的歧視有強烈的關聯。它也與性別角色[譯②]為基礎的歧視有密切關係，不過這個問題少有深入研究。人們可能因為偏

15　*Boy Scouts of America v. Dale*, 530 U.S. 640 (2000).
譯①此為法律概念，一般指為公眾提供住宿、膳食與其他服務的機構，如旅館、餐廳、戲院、商店、博物館、圖書館、體育館、車站、公園、醫院、學校等等，原則上範圍相當廣，不過各種法律可能會依目的調整為不同的範圍；宗教組織與私人社團則通常被排除。詳見美國一九六四年民權法第二章。
16　Sunstein (2001).
17　這當然是份混合清單，因為這清單上的成員，接受的是不同程度的保護，而我的主張也是（有意）模糊的。

離性別角色的行為而被污名化和歧視：穿著太「男性化」的女性、太「柔弱」（女性化）的男性。我們的法律文化向來揮之不去的問題，就是如何處理那些表面上不同於全然以生理性別為基礎的歧視，但其實際上顯然是基於性別之刻板印象而為的歧視。這種性別角色歧視與其他兩種歧視（針對女人的性別歧視與對同性戀的歧視）有某種程度的關聯。因為一個男人行事娘娘腔，所以把他炒魷魚，形同在貶抑女性的性質，也可能是在抨擊他的性取向。告誡一個女人要表現得更像個女人，則是一種將性別角色具體化的方式，而這種方式似乎與女人地位的低劣和貶抑相關，儘管這個關聯還不是很明顯。最後，叫一個女人做事要有男子氣概，也顯示出只有統治者的特質才有價值，如同要求一個黑人做事方式要像個「白人」。[18]

　　若無法以工作相關之必要性加以正當化，所有前述的要求都是有問題的。目前這點已經得到廣泛接受，如同知名的 *Price Waterhouse v. Hopkins* 判決所示，聯邦最高法院認定會計師事務所告誡女性應徵者的走路方式與穿著必須「更女性化」，這是不可容許的性別刻板印象。[19] 尚有爭議的是：現行法到底涵蓋了多少這些形式的歧視，是否需要一個抑制性別角色歧視的新

譯②學界已對sex和gender加以區分，前者指的是生理上的性別，如male與female的區別，後者指的是社會建構的性別，如masculine與feminine的區別。讀者只要想像被稱為「娘娘腔」的男人、被稱為「男人婆」的女人，就知道sex與gender是可以有差別的，而一個人的sex與gender不相符合則「可能」會受到歧視。譯者將sex譯為「生理性別」或「性別」，而將gender譯為「性別角色」，以合我們通常的語言習慣，並收區別之效。據Mary Anne Case教授所言，美國法律中仍普遍將sex與gender混為一談，詳見Case (1995)。

18　注意，我們並沒有見到太多男人被告誡要像個女人般行事的案例，不過在「女性」職業裡的確有一些這種案例，見Case (1995)。

法來處理它們。近來有一部傑出的分析作品，出自法學家瑪
麗・安妮・凱絲（Mary Anne Case），她主張事實上現行法已經
涵蓋了所有的這些歧視。要求員工的性別角色與他們的性別一
致，而理由僅是爲了這種一致性，「已經違背（民權法）第七
章的明白文義，也違背聯邦最高法院所描述及禁止的性別刻板
印象。這是一種不可容許的差別待遇。」[20] 她也主張，基於性
別角色特質的「絕對類型」（categorical）歧視亦然，譬如要求
某種工作的所有員工，不分男女，都要能表現出約定俗成的男
性特質。

　　另一個與性取向歧視有密切關係的問題，高夫曼稱之爲
「掩飾」，最近吉野健司（Kenji Yoshino）在一篇細詳的法學文
章裡也討論過。[21] 即使男同志與女同志受僱時，僱主知道他們
的性取向，他們還是可能面臨一些細微的要求，要他們不可
「誇耀」自己的性取向。通常對於異性戀者不會有這樣的要
求，但有時對於黑人的非正式要求則和此很類似，亦即，要黑
人仿傚統治者所屬之種族的行爲，減少在大眾心目中他們所屬
之種族的特徵。這些要求就是污名化的各種面向；以羞辱的方
式強迫弱勢團體達成這些要求。女同志母親可能會發現，只要
她提到自己的伴侶，或是帶她參加校園活動，就會危及她的小
孩在學校的地位，即使校方明明知道她是女同志。出櫃的男同

19　490 U.S. 228 (1989).

20　Case (1995), 4.

21　Yoshino (2002).

志也可能得到高級職位，但代價是不得帶他的伴侶出席公開宴會，或者透露出哪個人是他的伴侶。高夫曼拿盲人學戴墨鏡來比喻這些案例；盲人戴墨鏡是因為盲人知道別人不想看到他們的眼睛。[22] 當然，不是所有的無動於衷和麻木不仁都應該被法律所規制，但是如果僱主真的以這種「掩飾」作為條件，而且只要求男同志，而不要求「正直人」（非同性戀），則構成一種歧視，或許就應該以反歧視法律規制之。

在第五章，我分析了我收到的那封信，當中對於憎恨犯罪之立法的日漸普及表達了焦慮；這類法律乃是對於種族偏見、性別角色偏見以及一些性取向偏見的犯罪加重處罰，而引起了複雜的問題。一方面，毫無疑問，男同志與女同志現今不斷受到暴力的威脅，急需保護。[23] 但警察通常不願意執行既存的法律，他們反而更常站在暴力加害者那邊，分享恐同性戀的情感。另一方面，有人可能會主張說，比起像憎恨同胞兄弟而為的類似犯罪，處罰基於種族、性別或性取向的憎恨犯罪卻嚴厲許多，形同懲罰不受歡迎的政治意見。因為這兩類犯罪行為的差異只在於動機的性質，而動機的顯著差異就是後者含有政治意見。[24]

這種反駁並不能說服我。法律在所有的層面都已經表現出保護弱勢公民的使命，對掠奪弱勢者的人加以特別嚴厲的懲

22　Goffman (1963, 102-4).
23　見 Comstock (1991) 以及我在 Nussbaum (1999a, chap. 7) 的討論。
24　這點是 Ronald Dworkin 在與我談話時提出的。

罰。譬如勒索，依照聯邦量刑準據，如果是施加於「非常脆弱的被害人」身上，則應科以較重的刑罰。在一份非常有趣的意見書中，理察・波斯納法官有力地論證了美國的同性戀即屬於這個範疇。[25] 基於憎恨弱勢團體的動機而做出攻擊或殺害的行為，不但與上述情形相關也相似，因為加害人是以犯罪的方式挑選非常脆弱的被害人加以傷害。憎恨犯罪的立法只是像聯邦量刑準據對待勒索犯那般，規定加害人應該在量刑時科以加重之變更（upward departure）[譯③]。

我認為，我們也不應該接受這樣的主張，亦即認為前述被懲罰的動機是應受保護的政治言論。消滅某人的願望當然有其認知內涵：這個人不應該存在，或應該承受痛苦。我們不應該藉著否認情感可能或的確擁有認知內涵，而想躲避這個問題。然而，一個人寫小冊子，說同志都該受苦，甚至說憎恨犯罪不該被遏止（像我所收到的那封信），這些事與一個人出門然後真的犯下這類的犯罪，兩者之間有極大的差異。這個差異顯示了兩種人在情感動機上的認知內涵。寫信給我的人表現了憎

25　*U. S. v. Lallemand* 989 F.2d 936 (7th Cir. 1993)。問題在於，蓄意勒索已婚同性戀者的Lallemand，是否因為挑選「非常脆弱的被害人」而依照聯邦量刑準據應該予以加重之變更？相較於所有遭勒索的被害人都有罪惡的祕密，本案被害人是一個已婚的公務員，有兩個小孩（受到Lallemand勒索時曾試圖自殺），他又有什麼非常脆弱之處？Posner主張，答案就在於美國現行的道德觀，這種道德觀將他的性祕密視為比其他人的還要羞恥。這樣的環境導致他人「惡意地挑上特別脆弱的次級團體作為勒索的被害人」。在與Posner談話時，他向我提到被害人是個白手起家的黑人，好不容易在社會上得到令人尊敬的地位；這些問題也影響了他的思考，不過他決定不把它們放進意見書裡。

譯③此為聯邦量刑準據（Federal Sentencing Guidelines）第五章K部分之概念，指法官基於一些標準刑度未善加考量之事由，如被告人格或與犯罪有關之因素，得以偏離標準刑度而為定刑。upward departure為加重之變更，相當罕見；downward departure則為減輕之變更。

恨，但是沒有犯罪意圖的證據，因此他的言論是受到保護的，
此外也沒有什麼應受懲罰的事。然而，憎恨犯罪的行爲人，除
了政治意見之外，還有犯罪意圖：一種以憎恨爲基礎、從內心
導向行爲的犯罪主觀要素（mens rea），遠遠超出小冊子裡受保
護的意見內容。被懲罰的是一種特定的犯罪意圖，而不是一種
特定的意見。聯邦最高法院也是採用類似的推理，主張給憎恨
犯罪加重處罰。26

　　當然，這裡的區分並不容易做到，也不應該太容易做到。
許多國家的確規範明顯屬政治性的憎恨言論，譬如在德國，人
們不得散播反猶太人的文件資料，而以憎恨爲路線所組織的政
黨也是違法的。鑑於過去的歷史，可以想見德國對於政治言論
所採取的態度要比美國（直到最近）來得嚴格。然而，即使德
國也不主張將寫作反猶手冊的行爲入罪化，防止它們的流傳已
經足夠。因此，以傳統方式來了解，我們可以同意，刑事定罪
的必要條件即是犯罪行爲。憎恨犯罪立法的擁護者所要求的
是，較之於爲了錢、猜忌或其他動機而傷人的意圖，我們要將
傷害被污名化之團體成員的意圖挑出來，加以更嚴厲的懲治。
這樣的要求並非是以不可接受的方式處罰言論。

　　有人可能會問，到底憎恨犯罪的立法事實上達成了什麼？
反對者可能會說，如果眞正的問題是現行法的執法不力，則制
訂較嚴厲的法律很難說是解決問題的正確方式。當然，這個反

26　*Wisconsin v. Mitchell*, 113 S. Ct. 2550 (1993).

駁與我剛剛拒絕的言論自由論證很不一樣。但我認為它一樣會失敗。在開始實驗這類法律之前，我們很難下斷言，不過我認為對憎恨犯罪科以特別嚴厲的刑罰，可能會有很好的威嚇效果。傷害男同志與女同志的罪犯，大體上並非忠貞的亡命之徒，會為了他們反對「同志計謀」的信條而甘願赴死。反而，如同蓋瑞・大衛・康史托克（Gary David Comstock）對於反同志之暴力的廣泛研究所示，他們絕大部分是年輕的男性鬧事者，並沒有特定的政治目的，只是想痛打一個警察可能不想保護的人。[27] 他們挑上男同志，只是因為他是男同志，然後就基於這樣的意識犯下憎恨犯罪，他們並非深刻地信奉要消滅同志的信條。如果他們知道社會將會嚴肅看待此事，則他們（至少大部分人）或許會去做點別的事。其次，如果一個社會明白表示說我們這個社會不容忍這類的犯罪，這將造成更廣泛的效果：這是一種肯定男同志與女同志公民也擁有平等尊嚴的方式，也宣示了讓他們在法律中得享完全平等的使命。在我們長久對這種犯罪冷漠以對之後，表達這樣的陳述似乎是適當的行為。

IV. 羞恥與個人隱私

人都想要隱藏自己覺得羞恥的事，這也是人類躲避自己人

27　Comstock (1991).

性各種面向的方式。我曾經說過,在羞辱他人時,人們通常將一種要求投射到弱勢的群體或人身上,亦即人們想隱藏自己身上會引發羞恥的某些事物。因此,人們對於性和無法對性加以控制的不安全感,導致他們會將自己建構成性「正常」的優勢團體,並要求性方面的少數人隱藏自己。人們對於身體脆弱性的不安全感,導致他們要求「殘障者」不要出現在公共凝視之下。

　　目前我的論證都在強調,自由社會必須拒絕這些要求,而這點非常重要。某些人所造成的「威脅」,若只不過是引起優勢團體的焦慮,則他們不應該受到必須隱藏自己的懲罰。這種成為代罪羔羊的事,亦即由某些弱勢的少數人來負擔多數人之恐懼的責任,是一種不可接受的歧視。因此,我一直強調保護未傷害他人之少數者的權利,讓他們可以與他人一同生活,參與公共世界。下一節,在討論身心障礙者時,我會再闡述這個論證。

　　不過,我也主張,我們必須保護人們探索並面對其不完美且可能引發(自我或他人)羞恥的人性面向之空間。我已經說過,通常與藝術和文學相關的想像與幻想,是人們學習探索人性複雜面向的方式,能使其免於不當之焦慮,進而發展較豐富的自我了解。這種自我探索也強化了想像他人經驗的能力;這種能力,不僅對於良好的人際關係而言相當重要,對於健康的自由社會而言亦然。

　　這點所表示的,莫過於社會必須保護人們想像並探索自我

的空間，即使他們的想像會被自己或他人視爲羞恥的。[28] 因此，我的論證也主張以法律保護個人隱私領域的重要性，尤其是有些人認爲是羞恥的活動及想像的隱私。

　　因此，雖然在第五章我批判過一些強迫弱勢團體隱藏自己的方式，也批判過利用眾所熟知的公私區分以強迫不受歡迎的人躲進地底下的方式，不過現在我們有必要轉向這個問題的另一面：一個自由社會也必須提供公民某些受保護的空間，讓他們得以躲避他人羞辱的眼光，如果他們選擇這麼做的話。不論有沒有法律的協助，社會團體都會不斷地將羞恥施加到他人身上，因此法律不能只是拒絕加入這種行爲，還必須做得更多。對於不可避免地會被連結到異常人與異常行爲上的羞恥，法律應該主動保護個體，讓個體有空間得以躲避這種羞恥。

　　這是個龐大的課題，蘊涵媒體法律、口頭誹謗與書面誹謗的法律、網路空間的法律、執法機關監督的界限、藝術表現的自由等等。在目前的論證脈絡下，似乎最好是以某種抽象理論的方式探究，考慮一下哲學家湯瑪斯‧奈格爾（Thomas Nagel）最近提出來的方案。

　　在一篇名爲〈隱藏與暴露〉（Concealment and Exposure）的有趣文章中，奈格爾與我的論證同樣地談到，對大多數人而言，擁有一些空間可以追求他人覺得羞恥或反感的幻想，是非常重要的事。他可信地主張，大部分的性行爲都與這些幻想有

28　Cornell (1995)可信地稱此空間爲「想像領域」。

密切關係。接著，他強烈捍衛某種防止他人侵入個人隱私的嚴格界線，稱之為公私區分的一面。但是他又主張，這個區分有著另一「面」：亦即將衝擊性過大的題材隱藏起來的重要性。

> 公私的界線有兩個方向：一面是讓衝擊性過大的題材遠離公共的競技場，另一面是保護私生活免於外在凝視的殘害……那是硬幣的另一面。公私的界線讓公共領域免於衝擊性過大的題材；但也保護私領域免於不能忍受的控制。我們愈是臣服於公共檢查，被要求暴露自己的內在生活，則這些內在生活的可用資源也會愈來愈受限於一般環境的集體規範。[29]

奈格爾支持以下這種想法：「正常人」乃是建構的，而我們藉此保護自己免於崩潰。因此，他支持一種不對稱的公私界線運作方式——當我們想要保護並隱藏我們的私密幻想時，為了取得這樣的保護，我們必須付出的代價是支持某個制度，強迫「某些人」（「異常人」）隱藏自己、遠離公共視線，即使他們不想隱藏自己。

在此想必已經有人感到不對勁。有兩個關鍵的問題消失了：選擇自由以及平等權的問題。奈格爾利用兩「面」的譬喻所創造的對稱形式，其實是不切實際的。所謂公私的界線並不會在兩邊對稱地運作，因為它同時保護「正常人」隱藏與公開

29　Nagel (1998, 17, 20).

的選擇權，然而卻要求「異常人」必須隱藏。[30] 因此，「正常人」可以選擇躲起來接吻，也可以在街上公開接吻。而站在不平等社會地位上的「異常人」，只有當他們隱藏自己時可以得到保護，即使他們也很想在街上公開接吻。奈格爾似乎是在說，「正常人」無法承受太嚴重的衝擊，我們爲了這種個人自由體系所必須付出的代價就是一套不平等的要求：要求弱勢少數隱藏自己。

如果這是一個預測性的主張，我們將拿歷史來檢驗它。我相信我們會發現它是錯的。才在不久前，女人還被迫將她們的性徵用衣著隱藏起來，包括遮掩大腿、手臂、以大塊布料將下半身罩住。她們也被迫掩飾自己的慾望和自己所從事或至少想做的活動。社會告訴女人：我們不能忍受太嚴重的衝擊。我們不能忍受世界上有妳們的那些腿，所以我們要妳們假裝自己沒有腿。正如藝術史家安妮・霍蘭德（Anne Hollander）所評論，二十世紀前的女性服裝規範是：

有關女人的一個頑強迷思造成了美人魚的形象，那個被邪惡地分開的女性怪物。……她的聲音跟臉、她的胸部與頭髮、她的頸子與手臂，都是銷魂迷人的，只提供女人所能給予的快樂中那些好的快樂……但她是個陷阱。下面，在泡沫的下面，可愛的漩渦裙襬下面，她隱藏的身體令人反感，她曼妙婀娜的

30　見 Yoshino (2002)，第五章討論過。

身材武裝了鱗片，她海洋般的内在因不潔而腥臭。

難怪，想找到正確的服裝以求逃離此種神話的女人，應該選擇穿褲子。[31]

現在，女人可以展示她們的腿了，不論穿不穿褲子，而且民主政體並沒有受到太大的衝擊而崩潰。的確，霍蘭德的主張是可信的，真正的民主政體的一項前提要件就是承認女人的人類身體是平等的；而這需要推翻清教徒式的服裝習俗，允許女人展示她們的大腿。事實上，我們的個人自由體系並沒有說，我們以要求女人隱藏她們的外部身體為代價，來保護女人內在的幻想。然而，最近，我們的確對男同志與女同志做這種要求，即使我們已經進展到願意保護其私底下的合意行為。認為男同志與女同志如果公開宣示他們的性，甚至學異性戀在大街上手牽手，則社會將會受到過大的衝擊而崩潰，這種想法是錯的。看見同性戀的行為發生，個人自由並不會因此消失。因此，與女性的褲子相同，真正的民主政體，要求讓全體公民都可以展示他們完全與平等的人性。

當然，奈格爾並不是在提出描述性或預測性的主張，他提出的是規範性的主張，亦即有關社會應該如何的問題：社會「應該」為所有人保障某些隱私自由的領域，而作為這種自由體系的代價，社會「應該」要求少數人自我克制，亦即克制冒

31　Hollander (1994, 61-62).

犯「正常人」的行為，以免社會「受到太大衝擊」。除了嚇人地預言說如果沒有對少數人的限制，我們將失去個人自由以外，這樣的主張並沒有提出其他的根據，來證明說最後的社會就能成為正義或是良善的。這是將彌爾的主張顛倒過來。奈格爾想說，如果我們不支持並捍衛彌爾所厭惡的那種多數人所行的社會暴政，則我們連彌爾所珍視的自由的基本部分都無法保有。

我相信，奈格爾的論證會走上這種不幸的方向，是因為他使用了不明確的隱私概念以及同樣不明確的公私區分概念。長久以來，隱私的概念已經因為許多理由而受到抨擊；其中之一，就是它的不清楚。[32] 在有些論證中，「隱私」等同「自由」或「自主」。因此，在避孕與墮胎的領域，隱私權最好是理解成某種選擇自由的權利。墮胎與避孕並非特別祕密或隱蔽的，事實上，這裡的權利保障，並不論一個人是在公共廣場或在家吃避孕藥。在其他討論中，「隱私」意味著與世隔絕或孤獨，譬如反對媒體入侵的權利，這種權利在一個人身邊創造了隱蔽的範圍。然而，隱蔽與自由是相當不同的兩回事，而且，如同我們曾經見過的，有時一個人可能被迫隱蔽或隱藏自己的某些事，然而他並不想如此；隱蔽可能是對自由的否定。

在分析這些法律領域時，關鍵的概念就是自由：什麼是人們有自由加以隱藏的？什麼是人們有自由公開展示或表演的？

32　Nussbaum (2002b).

而有關自由的問題，我們眞的需要仔細思考的對比，不是模糊的公私對比，而是彌爾所提出的涉己行爲與涉他行爲之間的對比，前者僅牽涉行爲當事人與同意之他人的利益，而後者牽涉到不同意之他人的利益。我已經主張過，在思考規範同性性行爲時，唯有彌爾的區分才是適切的，不論這種性行爲發生在什麼地方。比較適切的問題並非行爲是否發生在被稱爲「公共場合」的地方，而是如果不同意的他人在場時，他們可能會受到如何的影響。對我而言，奈格爾對於幻想的有力論證所表示的，其實是我們都應該擁有個人自由的領域，在其中我們可以追求涉己的行爲，不論有沒有與同意的他人一起。這種自由的正當範圍，應該以行爲對於在場或可能在場之不同意的他人所形成的傷害可能性限制之。

爲了思考這個區分，試想脫衣舞的例子。爲了論證，讓我們先同意，禁止在公園跳脫衣舞是可以的，理由是兒童和其他不同意的他人在場。（稍後我將回到這個議題。）另一方面，也沒有人會質疑，拉下窗簾在客廳裡跳脫衣舞，是不可以用法律加以規制的。（雖然有許多針對性行爲的法律並不遵守這項限制。）那麼，只允許自願且付費進入的夜總會又如何呢？印第安那州禁止這類夜總會有脫衣舞表演。第七巡迴上訴法院則宣告這個法律對於表現自由設下了不可容許的限制。[33] 然而聯邦最高法院又撤銷了這項判決；蘭奎斯特大法官（Justice Rehnquist）

33　*Miller v. Civil City of South Bend*, 904 F.2d 1051 (7th Cir. 1990).

（與其三位同事）援引了「公共道德」的重要性。[34] 由懷特大法官（Justice White）主筆，馬歇爾大法官（Justice Marshall）、史蒂文森大法官（Justice Stevens）、布萊克蒙大法官（Justice Blackmun）贊同的不同意見書則將彌爾的立場闡述得很好：

　　於公園、沙灘、熱狗攤及類似之公共場所，禁止人們裸體之目的在於保護他人，以免冒犯。然而，此並非於劇院及酒吧禁止裸舞之目的，因為觀眾僅限能為同意之成人，並且付費進場觀賞。如此情形下之禁止，其目的在於保護觀眾，使之免於政府相信裸舞所傳達之有害訊息。因此，該法令所為之禁止不可能未對表現行為加以干涉。[35]

　　換言之，重要的區分就是這兩種行為，一種是只影響同意的人，另一種則是會（以可能有傷害的方式）影響不同意的人。

　　這個論證類似於我們在第三章有關噁心的論證。人們只是想像夜總會裡面發生了什麼事，就認為裡面的舞蹈是很羞恥的，這並不是充分的理由，足以用來限制既無施加亦無威脅要施加傷害的行為。無論如何，一旦我們將這個問題放在彌爾的區分下來看，則所謂公私區分有兩個必然互相關聯的面，宛如硬幣之一體兩面，這樣的說法就不攻自破了。我們無法證明一

34　本案並無多數意見，因為Souter大法官寫了一篇協同意見書。
35　*Barnes v. Glen Theatre, Inc.*, 501 U.S. 520 (1991).

個領域的選擇自由，必須以另一個領域的強迫隱藏爲必要前
提。似乎也沒有理由認爲，要保護涉己行爲的自由領域，就要
以不受歡迎的少數人「必須」隱藏他們的行爲（即使他們不想）
爲代價。保護異性戀男女做愛而不受干擾的自由（如果他們想
要如此），顯然不以女人必須遮蓋她們的大腿爲必要（如果她
們不想如此）。保護男同志與女同志在公共凝視之外合意地做
愛的自由（如果他／她們想要如此），並不以他／她們必須克
制在公共場合接吻及擁抱的想法（如果他／她們不想如此）爲
代價。如同麻州警方所承認的（見第五章），也沒有任何以自
由爲基礎的良好論證不准他們在「公共場所」做愛，只要他們
有採取掩蔽自己的措施，將他們的行爲保持在涉己行爲的性質
上。

　　奈格爾適用在性表現上的公私區分，本質上是歧視的：它
要求少數人隱藏自己，卻不要求多數人做一樣的事，而且它還
爲這樣的限制開脫，聲稱是個人隱私體系要求如此。我們並沒
有什麼好的理由去相信這種關聯。我們眞正需要釐清的關鍵問
題是對於他人的衝擊：對於不同意的他人，我們所眞正擔憂的
是何種形式的衝擊？爲了保護他人免於這些傷害，或想像的傷
害，我們願意容忍自己的行爲受到什麼限制？我們還必須釐清
個人自由的問題：我們想要保護全體公民的什麼選擇？在分析
這些自由時，掩蔽與資訊隱私的重要性又如何？在這個過程中
我們可以認定，家應該受到特別的保護，但是受保護的自由領
域不太可能完全與家的範圍一致。因此，聯邦最高法院在

Lawrence v. Texas 判決中的做法相當明智；本案焦點在於保護家中的合意性行爲，而聯邦最高法院在意見書的一開始就主張：「在家之外，尚有許多吾人生命與存在所繫之領域，而政府在其中不應占有支配地位。自由乃超越空間之界限。」

　　一個顯然必須面對的一般性問題是公開裸露。爲了論證，我已經承認，限制公共場所的裸露是正當的，理由是不同意的他人，包括兒童，可能會在場。不過在其他地方，我也堅持，對於沒有傷害的行爲，人們不可以只因爲厭惡它，就認爲有權利限制它。譬如在第三章，我主張公害法在規制令人噁心的行爲時應該嚴格限縮（它通常也是如此），只能針對確實造成危險，或是感官上的侵犯嚴重到可視爲傷害的行爲。某人看到不受歡迎的行爲（譬如男同志戀人牽手）因而感到的噁心，不應該成爲法律規制的理由。在羞恥的領域顯然也有著相似的區分；並非所有被廣泛視爲羞恥的行爲，當其發生於不同意之他人在場時，加以規制都是正當的。不過，要如何劃出這個界線，一點也不清楚。

　　一邊是顯然有傷害可能性的性行爲：一個人在兒童面前公開自慰，可能會危害到兒童，造成心理傷害。另一邊是顯然無害的行爲，儘管曾經被認爲是有害的：穿著運動短褲與露背裝在大街上走的人、公開牽手的女同志戀人、在公車上哺乳的母親（女人眞的曾經因此被逮捕）。那麼，公開裸露只是不穿衣服四處逛，也沒有做任何可能嚇到或危害兒童的性行爲或其他行爲，又如何呢？這種行爲似乎相當無害；在許多國家，它們

在海灘相當常見。而且依照各種流傳的說法，一旦裸露是普遍的活動時，很快就不那麼引人側目了；在裸體生活的聚落裡，裸體在日常互動中並不被認為充滿性的意涵。這不就很像女人露出大腿的問題嗎？人們可能會認為這是衝擊性過大的性邀請，但這是他們的問題。如果人們提到宗教信仰，我們永遠可以說，我們既然不允許反對女人穿泳裝的宗教立場來支配法律，當然也不允許反對同性公開牽手的宗教立場來支配法律。

　　我傾向認為這點是正確的，支持以法律來反對公開裸露的理由是相當虛弱的。不過，許多人真的相信，過早看到成人的生殖器會對兒童造成傷害，而限制公開裸露所造成的個人自由侵犯或許並沒有嚴重到值得擔憂，只要區域劃分法至少創造一些海灘或公園空間，讓裸體主義者可以聚會即可。

　　有一個領域正朝著愈來愈大的寬容走去，那就是女人裸露乳房的問題。當然，標準泳裝所遮蓋的部分已經很少了。但是在歐洲，在海灘和某些其他環境裡，上空已經逐漸得到寬容。一九九六年，安大略上訴法院撤銷女大學生葛雯·雅各公然猥褻的有罪判決，她只是裸露上半身到桂芙（Guelph）街頭抗議一件事：大熱天，男生可以脫掉襯衫，而女人卻不行。在審判中她主張，乳房只是富含脂肪的組織，與男性的類似組織沒有什麼不同。雖然法院不接受這樣的推論，但他們還是依照彌爾的理論，判定她的行為是不可以規制的：「那些遭到冒犯的人，沒有一個被迫持續盯著她看。」這項判決非常合理，人們可以希望至少美國的某些地方會有這樣的自由。

　　這些都是龐大的問題，在許多領域裡我們將繼續與它們搏鬥。我們應該放棄認為單一的隱私概念，還有單一又清楚的公私對比，能夠就這些問題給我們良好的指引。

V. 羞恥與身心障礙者

　　沒有任何群體會像身心障礙人士那樣地受到痛苦的污名化了。其次，許多全心全意反對種族、性別、性取向污名化的人，也認為我們應該對「天生具不同特徵」的人給予某種差別待遇。[36] 多佛太太在鼻子一邊被削掉後只能躲在家裡（見第四章開頭引言），她覺得自己最好不要出現在社會上，因為她一定會被視為非人類；她的感覺並不是特別奇怪的特例。人們不想看著只有一半鼻子的人。通常，他們更不想看著唐氏症的小孩；這種小孩向來是被立刻丟棄到療養機構裡，被視為「蒙古症白痴」，沒有個體人格、沒有姓名、沒有真正的人性。如同高夫曼所說，對這樣的人的對待是完全與其污名化的特徵相連的，換言之這種人的完整人性從來都不會被納入考慮。[37]

　　由於有愈來愈多的身心障礙者書寫他們的社會處境，所以我們現在能夠去評估他們所受的孤立與邊緣化，以及他們日常受到屈辱的程度。於是，盲人法學家雅可布斯・譚布洛克開始了他的經典研究，探討身心障礙者想要在公共場所行動時所面

36　例子之一是奈格爾最近對這種想法的辯護，見 Nagel (1997)。
37　Goffman (1963, 19).

臨的限制，而他在註解中寫到，他的研究比較是以個人經驗，而非以他所引用的所有學術著作來闡明。[38] 珍妮・莫里斯（Jenny Morris），一位政治家與行動派的人，由於三十三歲的一場車禍讓她失去行走的能力，她曾描述同事對她的態度如何一百八十度大轉變，好像她已經失去維持人際關係的資格與能力。[39] 坐著輪椅的哲學家，安妮塔・席爾佛絲（Anita Silvers）在《殘障・差異・歧視》（*Disability, Difference, Discrimination*）的開頭就描寫了她這種人典型的一天，她與另一位輪椅哲學家被迫在雜貨店外頭淋雨等待，因為無障礙入口被經理鎖起來了，只是為了防止人們直接把購物推車從這裡推到停車場去。當然，有嚴重認知障礙的人，情況會更糟糕，他們的人性本身就被否定，與其他人類一同生活在世界上的權利也被剝奪。父母因為生下這種小孩而被責備，這種小孩的整個生命向來被視為醜陋的錯誤。新的學術作品也將這些事實明顯地說出來，它們是由養育這種小孩的父母所寫，[40] 不過也有些是出自認知障礙者本身，譬如米契爾・列維茲（Mitchell Levitz）與傑森・金斯利（Jason Kingsley）寫出了他們的唐氏症生涯。[41] 羞恥與污名迫使被污名化的人從我們的視線裡消失，而這類的作品是反擊無所不在之羞恥與污名的重要努力。

面對這些問題的第一個論點其實相當常見，不過顯然需要

38　TenBroek (1966)，見前揭註二。
39　Morris (1991, 1992).
40　Bérubé (1996) 與 Kittay (1999).
41　Levitz and Kingsley (1994).

重提，因為大家都聽過許多忽視它的論證。此論點主張：殘障並非「天生」（自然）存在的，如果天生意指純然非人為。我們可以說，人類的某個或某些功能，會在沒有人為介入的情況下，就存在著耗弱，但只有當社會以某些方式對待它時，它才會成為殘障。人類普遍都是殘障的：必死、視力差、膝蓋也差、背部與頸部也糟、記憶力又短暫等等。然而，當多數人（或最有力的團體）有這些殘障時，社會就會自我調整，以顧及這些殘障。因此，我們不會把樓梯的每一階蓋成只有巨人國的巨人才能爬上的高度，也不會讓管弦樂團演奏那種人耳聽不到，只有小狗聽得到其頻率的樂器。即使是有些人經過重大的努力與嚴酷的訓練就可以達成的特定成就，通常我們也不會要求全體「正常」公民都要能做到。因此，我們不會把世界設計成只有四分鐘能跑一英里的人才能準時上班。我們研發義肢——汽車、火車、公車——來幫助我們，讓我們在四分鐘內走過一英里。[42]

　　在我們的社會裡，許多人所面臨的問題是，他們的殘障並沒有獲得照顧，因為他們的弱點是非典型的，被視為「不正常」。一個人坐輪椅以他人走路或跑步的同等速度移動，跟一個人開車達成他雙腿所無法達成的事，兩者之間並沒有本質上的差異。[43] 在所有情況下，人類的精巧設計無非都是為了提供身體所不能的，差異只在於：汽車是典型的，而輪椅是非典型

42　本例借用自 Silvers (2000)。
43　賽跑的人都知道，輪椅馬拉松的參賽者通常會比跑步的人更快跑完全程。

的。我們的社會一直到最近都只顧及前者，卻忽視後者。我們築路，卻不鋪設殘障坡道。同樣地，視障當然也造成盲人與世界只有較少的交往管道，比不上明眼人（而他們還有其他「正常」的感官可用）。然而，視障在何種程度上眞的成爲殘障，倚賴的是許多社會決策。溝通的首要模式是聽覺或視覺？電腦軟體製造者是否會爲盲人設計聲控選項？社區是否會在視覺招牌之外，設置觸覺招牌？街道是否能得到仔細的檢修與維護，以免盲人掉進坑洞？還是大家都假設盲人沒有眞正的權利使用街道？[44] 通常，一群有所損傷的人，其命運只能隨著科技進展的機會而劇烈波動，因此，電子郵件的廣爲使用對聽力受損的人大有助益，不過這項科技並不是爲了他們的福祉而發展出來的。一般而言，我們在設計建築物、通訊設備、公共服務設施時，很少想到這類少數傷殘者的福祉，直到最近才有些微改善。

　　這麼說聽起來並不是很悅耳：爲何有特殊性的人就應該過著艱難的生活？無論如何，「正常人」通常認爲自己是完全的，那些有異常障礙的人才是有缺陷的，他們是一堆好蘋果中的爛蘋果，混在健康食物中的爛食物。人怎麼處理爛食物呢？挑出來放旁邊（或丟掉），以免污染其他食物。在容納身心障

44　這是在tenBroek (1966)討論侵權行爲法的核心問題。他以許多例子表示，「盲人在日間與明眼人在夜間的類比」有助於引導社區朝向包含所有人的周密決策。如同街道應該讓人日夜都能安全地通過，街道也應該對盲人與明眼人而言都是安全的。過失與適當注意義務的定義也已經演變，承認盲人至少有透過手杖或導盲犬而使用公共設施的權利；儘管盲人不用這類幫助而使用公共設施的權利還有爭議。（見本章開頭引言）

礙人士（尤其精神障礙者）出現於學校和公共場所時，大多數
現代社會所表現出的不情願也透露了同樣的不安感，認為他們
的存在會使他人的生命跟著腐敗。因此，我們的生命也是虛弱
而殘障的生命這項事實就更有效地從我們的視野中被抹去。[45]
政治家珍妮‧莫里斯也是一位輪椅使用者，她切中要害地指稱
這些政策是「完美所施行的暴政」。[46]

　　為了說明這個論點，大家必須拒絕一種極端的論點：典型
的殘障，像視障、耳聾、智能發展遲緩等等，並沒有什麼不
好。[47] 我們可以承認，許多身心障礙人士也擁有非常有價值的
生命，與大多數「正常人」的生命一樣豐富，但無須採取一種
不可信的立場，亦即當我們能夠預防或治療視障、失聰、運動
能力喪失等問題時，我們還是不必做特別的努力。（同樣地，
我們可以承認，許多窮人也擁有價值豐富的生命，但也不必去
否定金錢與幸福的關係。）我們可以承認，某些核心的功能性
的能力不僅是典型的，而且非常有用──在追求各種不同的人
生計畫上，是值得擁有的好東西。在如此判斷時，我們不必就
這些能力在任何非關價值的意義上是否屬「自然」（譯按：因
此沒什麼好壞）的惱人問題採取立場。[48] 在沒有這類備受爭議
的主張下，我們可以說，視覺、聽覺、肢體運動等等，都是珍

45　見 Wasserman (1998)。跟隨 Anita Silvers，他建議問自己一個好問題：如果殘障事實上是通常
　　的，那麼世界會是如何？譬如，如果大多數人都需要使用輪椅，我們還是會蓋樓梯而不蓋坡
　　道嗎？
46　Morris (1992).
47　Amundson (1992, 2000a, 2000b) 提出這樣的說法。
48　見 Amundson 對 Daniels, Boorse 等人的批評。

貴的人類功能及工具，因此，在思考健康照護的體系應提升何種事物時，它們也是值得努力爭取的合理價值。[49] 因此它們是政治上的善，不論它們是否具有任何特定的形上或「自然」的地位。[50]

　　無論如何，這樣的思考方式還表示，如果某個個體因為一項傷殘，無法依照最普通的方式完成移動、溝通等等活動，社會就有特別急迫的理由要在社會、政治、教育環境中（重新）設計所有的事物，好讓這個個體也能獲得前述能力。然而，我們所虛構的「正常」總是會蒙蔽我們，讓我們無法了解像樓梯、視覺（而非觸覺）招牌、電話這樣的設施，絕非必然或自然而然的，而它們對坐輪椅的人、盲人、聾人等等會造成重大的影響。

　　這種有關完美與缺陷的錯誤理念，向來創造了兩個世界：普通公民的公共世界以及身心障礙人士的隱藏世界，而後者隱然被認為沒有權利棲息在公共世界裡。在這種情況下，我們可以主張，這些人身為具有平等價值的人類與公民，有資格享有的最基本權利，正是雅可布斯・譚布洛克所稱的「活在世界的權利」。這點在具體的層次上有許多意義，包括大眾交通系統的輪椅出入設施、通常禁止小狗進入的地方要准許導盲犬進入、觸覺招牌等等。然而，一般而言，它意味著被視為公民對待的權利，公共空間應為其設計、為其利益而維持。在這種一

49　這種論述方式，見 Silvers (1998)。
50　這也是我在 Nussbaum (2001a) 的立場。

般性的權利中，最岌岌可危的權利是工作權，以及為了有效參
與政治及社會生活，應享有其必要手段的權利。[51]

　　如同我在第三節所主張的，反擊公開羞辱某個團體的基本
策略，就是傳統的公民權利及其反歧視立法的策略。一九九○
年「美國身心障礙人士法」（The Americans with Disabilities Act,
ADA）在許多方面將公民權運動擴展到身心障礙人士身上，將
開放工作與公共活動之世界給嚴重傷殘者的理念制度化。本法
將身心障礙者列入應受保護之類別，承認其身為公民的平等權
長久受到有害的社會安排和認定其「無工作能力」的人為虛構
所妨害，並要求僱主為這類員工的需求做出「合理之對待」。
因此，公民權運動的一項核心策略已經至少延伸到一些身心障
礙的公民身上。

　　然而，美國身心障礙人士法及圍繞在其周邊的法律傳統，
有許多模糊之處。傷殘的解釋將本法的保障限制在「嚴重限制
此人一項或多項重要生活活動」的身心傷殘上。（如果有這類
傷殘史，或者「被視為」有這類傷殘的人，也可以受到保護，
不過這些條款裡的傷殘，仍然必須是會嚴重限制重要生活活動
者。）這樣的分類遺漏了某些普遍的污名來源，譬如肥胖，除
非當事人是百分之百超過可欲的體重，否則不會被涵蓋在內。
因此，本法對於嚴重傷殘的醫學化理解，與其公民權的目的之
間有著緊張關係，後者應該反抗非理性的污名，不論是否基於

51　見 Kavka (2000) 與 L. Becker (2000)。

明確的生物條件。（我們爲了承認種族歧視是違法的，並沒有必要承認種族具有生物上的特徵，而事實上也沒有這種特徵。）其次，經癲癇藥物與其他治療而功能良好的人，顯然沒被包含在受保護的類別裡，即使他們很容易遭受污名化與歧視。同樣地，因爲這類人仍然可能是非理性污名化與歧視的目標，於是這點又造成一個漏洞。（某種程度上，這個漏洞可以被填補，亦即主張儘管經過治療，他們還是「被視爲」具有影響重要生活活動的殘障。）[52] 其次，「重要生活活動」的概念缺乏定向，給法院留下很大的解釋空間，做成沒有條理、甚至爲某些個案特別設計的清單。[53] 讓一大堆人變得脆弱而需要特殊工作條件的疾病，譬如糖尿病與關節炎，並沒有被清楚涵括，尤其像治療可以讓疾病無法嚴重影響身體功能的情況。

最後，本法規定僱主必須做的「合理之對待」的概念，既不清楚又可議，因爲僱主畢竟不必放棄種族歧視，只要他們證明對待少數族群的成本昂貴。簡言之，本法仍然允許職場以「正常人」的需求來安排，而將對待身心障礙者所必須的特殊變化視爲反對這條底線的成本，如果成本太高，僱主就不必負擔了。

這些概念上的困難應該得到注意，應該是更多反思與關切

52　見 Silvers (1998)。無論如何，本法的「視爲」條款已經被諸多法院解釋爲，當事人必須被認定成具有「影響重要生活活動」的殘障，如同本條款在其他地方所得到的解釋；因此，因爲肥胖而「被視爲」不適任的人，無法從本條款得到救濟，除了最極端的案例。

53　譬如愛滋病，基於它限制「生育」這項重要生活活動而被認定爲殘障──大家可能覺得這是條不錯的底線，但或許並非最適切的解釋方式。

的對象。無論如何，給予大部分身心障礙者強烈與明確的保護，顯然是高度可欲的，即使這樣的保護還沒達到社會污名所存在的廣大範圍。基於我所贊同的分析，問題在於污名的確是相當廣布的觀念。正如高夫曼所言，受污名化的人與「正常人」都含有對方的一部分。這種分析蘊涵了一件事，亦即任何受保護之類別的劃分，某種程度上都是恣意的，會使其他相關的類似案例得不到特別的保障。另一方面，太過廣泛地定義受保護的類別，乃至於包括到輕微過重的人、矮人、不美麗的人，在法律上是不切實際的，而且會使整個受保護之類別的理念變得不名譽。[54] 我們都知道反歧視法是很遲鈍的工具，保護到一些並非非常脆弱的人，卻無法保護很多真的非常脆弱的人。但是，即使只是保護到身心障礙人士的一部分，價值似乎也很大。大家可以希望，這樣的保障將會導致普遍性的社會態度轉變，往有利的方向去。在非正式的道德教育與社會辯論活動中，我們也可以達成更寬廣的成果，反對讓現行美國身心障礙人士法所未保障的肥胖者、矮小者與其他群體受到污名化。

正當我們辯論這些議題時，我們應該自問，我們的政治文化中是否有任何較一般性的特徵，會導致對於身心障礙者的污名化。我已經提過一種一般性的特徵，那就是美國人對於「完美」的強調——自給自足、能力強悍以及）不受傷害。不過，

54　Wasserman (2000)主張將本法的範圍放寬並不會導致訴訟潮的出現，因為要當事人出庭宣稱自己肥胖、矮小、不美麗，他們會很尷尬，因此他認為只有最嚴重的案件才會出現。但是在今天的美國，好訟與愛告解的心理狀態是結合在一起的，因此他所說的自我節制似乎不太可能是主流。

現在我們還可以談得更深。與前述虛構密切相關的還有一件事，它向來而且繼續對我們的社會正義理論發揮深遠的影響。現在，我想指出，我們一般對於身心障礙者的態度，尤其對於認知障礙者的態度，也深受這個虛構觀念所影響；它讓我們認為，即使在改變過的社會環境裡，認知障礙者似乎也不太有「生產力」。它是個迷思，認定公民是個有能力的獨立成人，而這種想法向來被用在社會契約論中，而社會契約論又深刻地形塑了西方的政治思想史。雖然，我將在結論時再多談談這個問題，但是現在就必須把它提出來了，好讓我們能夠了解精神障礙者被污名化的某些深刻根源。

約翰・洛克（John Locke）假設社會契約的當事人是「自由、平等、獨立的」。[55] 當代契約論者明白採取這樣的假設。對大衛・高提耶（David Gauthier）而言，有不尋常需求的人，「不是契約論道德關係的當事人」。[56] 同樣地，儘管是相當不同而且道德上較豐富的理論，即約翰・羅爾斯所稱的「良序社會」，公民乃「終其一生，完全合作的社會成員」。[57] 既然如此設想的合作關係是為了立約當事人的相互利益，則不屬於這場交涉的人所需的給養就只會是事後安排，不是他們所同意之基本制度結構的成分。[58]

55　Locke, *Second Treatise on Government*, chapter 8.
56　Gauthier (1986, 18)，談到「降低一個社會中福祉之平均水準的所有人」。
57　Rawls（1996, 183及各處）。
58　有關失業者受到污名化，動人的第一人稱描述，見Goffman (1963, 17)：「承擔失業之名是多麼困苦與屈辱。當我出門時，我的眼睛只敢望著下邊，因為我覺得自己完全是低等的。當我走在街上時，我覺得自己被千夫所指，似乎比不上任何普通公民。」

當然，大多數社會契約論的原則的確會照顧「正常人」的需求，但是在基本政治原則的初步設計階段，它們總是會將不相稱或不尋常的依賴從視野中遮去，即使這類依賴是產生於所有公民都會經過的童年、老年等等生命階段。因此，正如高夫曼的觀察，這裡產生了一個公共虛構，並劃下銳利的界線，將「正常人」與受污名化的人分開；事實上，正常人與受污名化的人，互相含有對方的一部分。於是，獨立（而不依賴）的成人這樣的虛構就成為「完美」之虛構的另一版本，而且憑藉著它，擁有非典型需求的人就被視為依賴的、無能的等等。

某種程度上，我們可以堅稱這些看法是錯誤的；有身體傷殘的人可能是非常有能力與生產力的公民，只要有援助的社會環境。而身心障礙人士的支持者應該堅持這樣的主張，拒絕將特殊對待看成對可憐的受害人的施捨，這點相當重要。然而，為身體傷殘的人創造援助的環境所需的社會變革會非常昂貴，也會拖累社會生產力；因此，以獨立性和生產力的概念為基礎的社會很容易被引誘去阻撓這類的變革。

當我們考慮到精神障礙者的處境時，會碰到更大的麻煩；照社會契約論者所定義的大前提，精神障礙者通常根本不算社會契約的當事人。社會基本結構在安排時並沒有包括他們，而他們的需求只是留待事後安排。其實，獨立性的虛構、完美的虛構，有效地將他們的過度需求從視野中遮去。

我將在第七章論證，任何對身心障礙者的社會處境有建設性的做法，必定要從承認一件事開始，亦即，我們所有人都具

有許多耗弱傷殘之處，生命不只包含「正常的」需求，也包含了一些強烈與過度依賴的時期，其中「正常人」的處境在某些方面上非常接近身心障礙人士。這點意味著，如果我們要將自尊的社會條件賜予「正常人」，則我們同時也必須思考終身傷殘者的自尊，並設計許多方式承認並支持他們的完整人性與個體性。關懷他們，就是關懷我們。不過，對雙方都好的思考是修改公民是獨立訂約者的觀念，用一種更複雜的存有者形象取而代之──既有能力又多所需求（容易貧困匱乏），會從無助邁向「互相依靠」，然而通常又不幸地回歸無助的存有者。

在思考身心障礙者的公共政策，乃至於更一般性的正義理論時，這些理念能帶領我們到達何種境界，還有很多內容可談。[59] 我將在第七章主張，這些問題給了我們許多強烈的理由，讓我們傾向採取一個基於「能力取徑」（capabilities approach）的社會正義解釋，而非那些基於社會契約原則的類似理論。[60] 然而，我目前的關心並不在於推薦一種特殊形式的自由主義政治理論，而是談論「羞恥的問題如何影響以人的平等尊重和平等價值為基礎的自由社會」。因此，現在我應該只針對一個問題來談，此即，嚴重心智障礙的兒童的教育問題。為了切進這個問題，我將探討一項美國法律的歷史，此即身心障礙個體教育法（Individuals with Disabilities Education Act, IDEA）。

59　見 Nussbaum (2000b, 200lb)。我在 Tanner 講座的「超越社會契約：邁向全球正義」（Beyond the Social Contract: Toward Global Justice）演講中，詳細討論了這些問題；該演說在二〇〇二年十一月，於坎培拉的澳洲國立大學發表，並與哈佛大學出版社簽有契約。

60　Nussbaum (2000a).

對於有異常心智障礙的兒童，我們有許多不公平的對待。通常，這種兒童得不到他們所需的醫療照護與治療。（其實，我們通常假設他們是認知上無能，所以無法承認他們需要各種能大幅提升其認知潛力的身體治療。譬如，唐氏症兒童的肌肉復健可能讓他們有能力與世界交往，進而增進主動學習。）其次，有認知障礙的兒童向來被迴避及污名化的情況，甚至比有多重身體障礙的人更嚴重。他們之中許多人被放逐到療養機構中，而這些機構一點也不會幫助他們發展潛力。他們向來得到的對待就好像他們根本沒有「活在世界上」的權利一般。在美國身心障礙人士法通過之前的國會聽證中，曾舉出許多如此迴避他們的例證，包括拒絕讓唐氏症兒童進入動物園，以免使黑猩猩覺得不舒服。[61]

不過，最惡劣的漏洞，或許莫過於教育領域。有心智障礙的兒童被污名化成若不是「無法教育」，就是「不值得花費」，因而也被拒絕在合適的教育之外。與我同一世代的成人可以回想起，「特殊」小孩的教室通常隱藏在學校的地下室，好讓「正常」小孩不必看到他們。許多案例顯示，有心智障礙的兒童被所有的公立學校拒於門外。早期的法院判決也支持這樣的排除措施。譬如，一八九二年麻州最高法院維持康橋公立學校對於約翰・華特生的排除案；約翰・華特生被診斷出有智能發展遲緩，而法院並引據他的長相與異常行為（儘管他們承認這

61　Francis and Silvers (2000, xix).

些行爲並沒有傷害性或不服從）對其他兒童的破壞性影響。62

一九七〇年代早期，對於這種情況，心智障礙人士的支持者開始系統性的努力，並達成兩項有影響力的成就。在 *Pennsylvania Association for Retarded Children v. Pennsylvania* 判決中，聯邦地區法院作成協議裁決（consent decree），迫使賓州公立學校將「免費的適當教育」提供給心智障礙的兒童。63 原告主張受教育的權利乃是基本權，因此學校體系必須證明有「重大迫切之政府利益」，才能合法地將智能遲緩的兒童排除在外。不過，法院減輕了原告的舉證責任，認定即使依照較不嚴格的合理基礎標準，原告也已經成功地確立憲法上的主張；換言之，他們不必爲了確立平等保護的主張，而證明教育是一項基本權。（因此，本判決預示了聯邦最高法院在一九八五年的 *Cleburne* 判決：排除心智障礙的兒童缺乏合理基礎。）原告的兩項論點：主張這種排除違背正當法律程序以及平等保護，均獲勝訴。

同年，在 *Mills v. Board of Education* 判決中，哥倫比亞特區聯邦地區法院判決一群心智障礙的兒童勝訴，他們質疑哥倫比亞特區公立學校排除他們的措施。這群人比前述賓州案件的原告範圍更廣，包括有各式各樣學習障礙的兒童。法院自覺地將

62　*Watson v. Cambridge*, 157 Mass. 561 (1893)。 他們說 Watson「無法通常、體面地照顧自己的身體」。類似的情況發生在經常被引用的 *Merritt Beattie* 案；他並沒有智能發展遲緩，然而麻痺的狀況導致一些症狀，被認定「對教師與學童造成沮喪與噁心的影響」。（*State ex Rel. Beattie v. Board of Education of the City of Antigo*, 169 Wisc. 231 [1919]）威斯康辛州最高法院維持對於 Beattie 的排除。

63　343 F. Supp. 279 (1972).

*Brown v. Board of Education*判決適用於本案的心智障礙兒童身上，在經過分析後主張，拒絕讓他們得到免費與合適的公共教育，乃是違背了平等保護。[64] 其次，他們主張，如此地違背平等保護，不能以教育體系的資金不足為藉口而加以開脫：「哥倫比亞特區公立學校體系之效能不彰，無論為資金不足或行政無效率所致，相較於正常兒童，若任其將較多壓力施於『特殊』或殘障之兒童，顯難允許。」非常值得注意的是，法院引用了*Goldberg v. Kelly* 判決，該案我在第二節曾經討論過，是有關福利權的，當中聯邦最高法院主張：「（福利接受者）應得之給付不應錯誤地終止，此項政府利益顯然壓倒另一項相對的政府考量，亦即預防財政支出與行政負擔之增加。」哥倫比亞特區法院又說，「同樣地，教育遭排斥之兒童的此項哥倫比亞特區之利益，顯然壓倒其維護財物資源之利益。」

這兩個案子引發了全國性的爭議，焦點在於保證入學與資助。一九七五年，國會通過全體殘障兒童教育法（Education for All Handicapped Children Act, EAHCA），將 *Mills* 判決轉化成聯邦法，將獲得免費及合適之公共教育的可執行權利賦予大範圍的心智障礙兒童，並為州政府設立資金以供其達成憲法上的義務。[65] 一九九七年，本法經過些微修改，修訂為身心障礙個

64　348 F. Supp. 866 (D.C.C. 1972)。嚴格而言，因為該特區在法律上的特殊地位，他們主張本案乃是違背憲法第五增修條款的正當法律程序，而平等保護條款，在適用於教育時是「拘束本特區之正當法律程序的組成部分」。

65　關於本法的背景與歷史，在此感謝本法起草者之一 John Brademas 提供本人許多有益的討論。隨之而來的教育改革，相關討論見 Minow (1990, 29-40)。

體教育法。

　　身心障礙個體教育法始自一個簡單但深刻的觀念：人類的個體性。本法並非將各種身心障礙者視為無臉的類別，而是假定他們事實上是個體，有著不同的需求，因此任何對他們的具體規定都是不適當的。因此，本法的指導理念是個體化的教育計畫（Individualized Education Program, IEP），定義是：「為每位身心障礙兒童而持續發展、檢核、修訂的書面報告。」本法要求州政府積極搜尋與確定所有未受教育的身心障礙兒童。本法還要求行政區，在兒童的評估與編班的決定上，必須確立給父母廣泛的程序保障，至於紀錄的取得、參與正當法律程序的聽證與司法審查之權利，亦然。

　　一般而言，本法要求州政府以「最少限制的環境」適當地符合身心障礙兒童的需求，進而加以教育。因此，本法強烈要求這些兒童的「回歸主流」。身心障礙人士的支持者贊同這樣的做法，主張這樣對近來才被包括在內的兒童和其他兒童而言都有利益，後者可以與有不尋常障礙的小孩共處一間教室，進而學習到人性及其差異性。不過，背後的個體性承認才是最重要的：如果相較於回歸主流，特殊教育對一個小孩而言更有利，則州政府必須支持這樣的特殊編班。

　　有兩個比較性的案例可以證明，當父母與校方合作良好時，個體化的教育計畫如何發揮功效。麥可·貝魯伯的兒子傑米從小患有唐氏症，在伊利諾州的一所公立小學已經成功地「回歸主流」。他覺得教室很刺激，認知能力也有所進步；老師

與同學都對他的可愛人格反應不錯，老師也強調，由於傑米的
出現，他們學到很多有關人的事物。反之，我的外甥亞瑟有亞
斯伯格症（Asperger syndrome），一種高功能自閉症（按：自閉
症光譜中智商接近或超出正常人的自閉症患者），就學於一所
州政府資助的私立學校，因為他的障礙導致他很難與同班同學
正常相處。他看起來沒什麼不同，但是他的行為很不同，因而
很容易被誤判為是「壞小孩」，而遭到「正常」小孩的嘲弄，
然而，與其他同樣有亞斯伯格症小孩相處，他就可以實現自己
的高度認知能力，並覺得人生中第一次找到真正的朋友。[66]

　　這樣的法律對於消滅污名很有幫助，因為它告訴社會：身
心障礙兒童也是個體，有其權利，而他們的權利包括與「正常
人」共處同一間教室的權利。教師與父母也必須扮演好自己的
角色，而目前很明顯的是，州政府的承認與重視，包括對學校
與教師施加的壓力，大幅改變了被污名化的小孩的處境。貝魯
伯生動地描述他兒子的生活，寫到養育一個像傑米這種小孩的
成就；不論傑米自己或別人都看待「傑米」是一個獨特的小
孩，有著獨特的品味與機靈的幽默感，而不是一個無臉的類
別，像「蒙古症白痴」一樣。因為個體性通常是污名所要否認
的，所以這些除弊方案以個體性的承認為核心是相當合適的。

　　然而，不論在理論上或實踐上，身心障礙個體教育法並非
完美的法律。實務上，首先它苦於資金缺乏的問題。雖然本法

66　見Bérubé (1996)與Nussbaum (200lb)。我所描述的傑米是書中他父親當時所描述的。

提及聯邦的資助，然而當中所預設的金額從來沒有真正如實地撥發。其次，本法實際上的實施，很少像它應有的那般個體化，常見的病症通常還是以舊習慣處理之。亞瑟較幸運的是，因為亞斯伯格症是最近才被承認的病症，還沒有太多的追蹤紀錄，因而得到利益；在這種案例中，教育者願意嘗試並注意什麼方式對這種特別的小孩而言是有效的。最後，本法實際上的執行通常是不平等的，對於自己孩子的病症知之甚詳、博覽群書，而且對於刺激當地學校體系相當熱忱的父母，才會得到較佳的結果。因此，像貝魯伯夫妻都是大學教授，而我妹妹是有研究所學歷的專業音樂家，所以毫不意外，他們都能成功地讓這個體系為他們服務，然而為數眾多的其他父母就沒那麼好運了。對於身心障礙兒童的父母而言，網際網路是個相當有價值的資訊與交流管道；因此，「數位隔閡」也引起了對於結果不平等的正當關切。

　　理論上，身心障礙個體教育法也有嚴重的問題。它不只包含我們所討論過的常見的認知障礙，還包括多種各式各樣的「特殊學習障礙」，而其病因與性質，我們了解得很少。特殊學習障礙非常不同於智能發展遲緩和自閉症，因為它們是被概念化成特別的障礙，通常會隱藏學生的真正能力——真正能力（通常是以智商測驗鑑定之）與一科或一科以上的學業成就不一致，就會被診斷為「學習障礙」（Learning Disabled, LD）。實務上，很難將有學習障礙的孩子和單純只是比其他人緩慢或較沒天分的孩子區分開來。學習障礙的概念框架也是不安全的，

這種理論暗示特定的障礙有其生物上的原因，然而是否所有障礙皆有如此生物上的原因可以辨識則不甚清楚。無論如何，身心障礙個體教育法所創造的財政誘因，導致校方當局有理由急於將兒童分類為學習障礙，好讓學校有資格得到聯邦資助。這樣的分類可能不會對孩子有幫助，它們所賦予的權利可能就是污名化的，而且它們也不總是指向有效的對待。其次，對於在學校學習有問題，然而無法被歸類為學習障礙的兒童，這樣的分類也不公平。人們可能認為，應該幫助所有的兒童實現他們的認知潛力，但是這樣的體系卻將一些孩子提升到其他孩子之上，而方式只是比專制好一些而已。[67] 實務上，這種缺陷已經有所改善了，因為校方當局為了有資格分享資助的大餅，總會放寬分類體系好盡可能包含更多的兒童。[68]

這些都是困難。事實上，最好的是每個孩子都能真正地得到個體化的教育計畫，一種以了解每個小孩的個體需求為重點的教育。而將重點放在心智障礙兒童的個體化教育也是正當的，因為這些孩子的個體性最常被完全否定。

姑且不論其缺點，身心障礙個體教育法是我們的社會應該感到自豪的成就。本法與美國身心障礙人士法代表一種重要的

---

67 見 Kelman and Lester (1997)。他們引述了一位密西西比州的特殊教育者的話：「有沒有漏網的小孩呢？當然……我想我們每年都要做這件事。我們要重新評估，看看是否在某個地方不符合那個差距。我們弄對了嗎？目前他的程度是否落後太多，所以我們該讓他有資格接受特殊教育？……我認為無論如何，總有一天我們將必須說：這是我們的孩子，我們必須做的就是教育這個孩子。不論是正規教育，由老師帶他參與某個科目的團體，或是特殊教育，無論是誰，這都是必要的。」

68 這是 Kelman 與 Lester 在深入研究身心障礙個體教育法適用於學習障礙兒童的情形後，所下的結論。

譴責，抨擊長久以來封閉身心障礙者（包括成人與兒童）的羞恥與污名結構，並且讓他們能夠（通常是第一次）得到作為平等的公民活在世界上以及發展個人潛力的權利。本法如同其他昂貴的社會改革計畫，目前正遭受到威脅，因為許多現代社會，包括歐洲與美國，愈來愈支持「有力之成人」（強人）的虛構，強烈反對為照顧那些無力弱者而支出的花費，一如那句老話：「自謀生路去！」

再次提醒，我們應該記住，身心障礙個體教育法與美國身心障礙人士法所要求的特殊援助體系，所需的花費並非是因為「天生」而多出來的，換言之並非來自於身心障礙人士與自稱非殘障的其他人之間，在社會還沒形成之前的本質差異。這些花費源自一項事實，亦即我們所設計的社會只顧及平均人，一種我們誤以為「正常」的人。由於社會的安排是依照優勢團體的需求而組織的，對於那些脆弱性因而被提高的許多人，我們不應該否定他們活在世界上的權利，更不應該允許以完美或不受傷害的自戀虛構來正當化這種否定。

或許，古典自由主義傳統最重要的見解，在於每個人類個體都是具有深刻價值的、廣闊而深邃的、能夠有獨特的生命與想像，不僅是一種傳統或一種家族風格的承接者。在自由社會中，由於人們容許幼稚的自戀發揮政治力量，將那些有弱點而使「正常人」不舒服的人給污名化，因而前述見解向來實現得並不穩定，也不完整。但是，自由社會可以抑制幼稚的自戀，創造「援助的環境」，讓有差異性障礙的人可以擁有「微細互

動」的生活。自由主義是令人驚惶的。如同 B 所說：「平等的危機在於，既然我們都只是小孩，那問題來了：父親在哪裡？如果我們之中有人是父親，那我們就知道自己身在何處了。」同樣地，如果我們之中有些人是「正常的」、獨立自主的、有生產力的公民，而其他人因爲羞恥而只敢低頭把眼睛往下看時，我們才會知道自己身在何處。然而，自由主義要求我們的，其實是一種更不穩定、更讓人害怕的事：某種成年與童年的合體，以及不含有完美之虛構的熱切渴望。

第七章

不再逃避的自由主義？

將裙襬縮短是推動女性現代化的至高必要步驟。
　　　　　　　——安妮‧霍蘭德，《性別與服裝》(*Sex and Suits*)

　　許多人認為，任何他們不喜歡的行為對他們都是種傷害，並且憎惡它，將它視為對自己情感的冒犯；好比一個宗教偏狹者，若遭指控漠視他人的宗教情感，他總是會反駁說，對方堅持可憎的儀式與教義，故而也漠視他的宗教情感。然而，一個人對自己的意見所擁有的情感，和另一個人覺得被此意見所冒犯的情感，兩者無法相提並論，就像一個賊偷錢包的欲望對上正當所有權人保有錢包的欲望一般。
　　　　　　　　　　　　　　　——彌爾，《自由論》

　　清晨的亞當，
　　一夜好眠，神采奕奕，從室裡走來，
　　在我經過之處注視我，聽我的聲音，靠近我，
　　摸我，當我經過時，用你的手心摸我，
　　不要害怕我的身體。
　　　　　——惠特曼，〈清晨的亞當〉(As Adam, Early in the Morning)

I. 政治自由主義、噁心與羞恥

　　在本書中，我們將噁心與羞恥的分析連結到政治自由主義的理念。這個理念就是一種社會秩序，以人類尊嚴以及互惠與相互尊重所形成之社會關係為基礎，包括尊重各種不同的人生至善觀念。情感的分析與政治觀念之間能夠互相啟發。思考政治觀念中固有的理想，有助於我們清楚判斷，如果讓噁心與羞恥在法律基礎中占有重要地位，則我們將會面臨哪些危險。因

為這兩種情感一旦成為立法的基礎，就會威脅到相互尊重的理念。同時，思考這兩種情感也讓我們更加了解前述的政治理想。一旦我們了解自戀、對於動物性與必死性的逃避、對「正常」的焦慮性執著等這些人類社會的普遍特徵如何經常地破壞互惠與尊重個體尊嚴的理想時，我們就能重新了解這些理想為何重要，以及為何將它們列入政治觀念的核心並不是件微不足道的小事。

甚至，我們還能了解，噁心與羞恥所造成的危險，在許多方面尤其與自由社會的價值背道而馳，因為噁心和羞恥感常常表現為基於個體或群體的生活方式特徵而將其列入從屬地位。雖然，有許多政治觀念允許將宗教、性以及其他身分上的少數人列入從屬地位，但是對政治自由主義來說，所有這類的從屬性都是非常有問題的，因為這種自由主義的重要使命就是個體的平等尊重，其所要求的是：尊重人類全涵式的價值觀。因此，對這種政治秩序而言，女人、猶太人、身心障礙者的從屬地位是特別成問題的，威脅到它的核心使命。在所有的社會裡，從屬地位都造成了弱勢者的痛苦；而在自由社會裡，它更是威脅到核心的政治價值。因此我們應該審慎考慮噁心與羞恥的運作，反對讓這些情感不受控制，即使是一開始看起來似乎可靠的運作方式。

營造一個自由社會並不是許下相互尊重的承諾，然後依樣行事即可。如果人類心理真那麼簡單，如果沒有潛藏的力量在持續對抗相互尊重，事情就會很簡單。然而，對於噁心與羞恥

的分析（顯然這只是更廣泛分析的一部分）顯示，人類與自身
的必死性和動物性通常有著困擾麻煩的關係，而這種關係不僅
造成內在的緊張，還會對他人造成侵犯。如果尊重與互惠的理
想想要獲勝，則它們必須全力對抗這些情感經常涉及的自戀與
厭世的力量。所以，我們不僅理解到有限制這兩種情感在法律
中運作的某些特定理由，還明白如果平等尊重真的想要獲勝並
指引制度與個別行動者的行為，則一個自由民主體制必須承擔
起這個任務。

II. 再探彌爾自由論

　　我的論證多次與彌爾關於言論與結社自由的知名論證，以
及他將「傷害原則」作為法律規制行為之必要條件的主張相互
交錯。在檢討以噁心和羞恥為基礎之立法的困難時，我試著不
去假設彌爾觀點的正確性。不過，我的結論在很大的程度上與
彌爾的結論相符。因此，現在是時候來檢驗彌爾與我在達成我
們的結論下所使用的不同路徑了。我認為彌爾並未對自己的原
則提出最有力的辯護。相較於彌爾的功利主義論證，基於相互
尊重和互惠的自由主義規範而來的論證更能引領我們。然而，
如同我所說過的，奠基於相互尊重和互惠的論證，其啟發的來
源乃是我們對噁心與羞恥的分析。現在我將主張，比起彌爾本
人所能做的，這些分析讓我們能夠以更有說服力、更一致的自
由主義立場來支持彌爾理念的一些面向。

　　彌爾是個功利主義哲學家。雖然他在許多方面批判邊沁的功利主義，但他還是深信，辯護一項社會規範的最佳方式，乃是證明它有助於最大多數的最大幸福。他理解幸福的方式比起邊沁要豐富許多。他承認快樂有質的差異，並且支持亞里斯多德式的幸福觀，亦即人類在各種能力上的卓越，而快樂或者與能力的活動本身等同，或者是活動所附帶發生的。[1] 當他在談論社會計算時，似乎將某些快樂全都打了折扣；因此，在《自由論》與《婦女的屈從地位》（ *The Subjection of Women* ）兩書中，彌爾都沒有就他所提倡的改革與許多人都會對這些改革相當不滿的事實（尤其絕大多數的男人都會對《婦女的屈從地位》裡提出的改革極為不滿）之間做出權衡。他預見了現代功利主義對於古典邊沁功利主義的一項主要批判——現代功利主義主張在社會福祉的計算上，殘虐與惡意的偏好不應該被計算在內。[2]

　　其次，在《自由論》中，彌爾表示：「就所有的倫理問題，我將功利視為最終的理由；但它必須是最廣義的功利，以作為進步之存有者的人類的恆久利益為根據。」（序論）。[3] 這點告訴我們，並非所有的利益與滿足都是平等的，在定義社會

1　當然，這兩種可能性相應於亞里斯多德在 *Nicomachean Ethics* 第七卷與第十卷對快樂的兩種解釋。這些是著名的想法，而 Mill 彌爾很有可能受到它們的強烈影響。在《功利主義》一書中，他將我們的注意力引導到一項事實上，亦即快樂的性質仍舊不甚清楚；有些篇章中他顯然將快樂分析成某種活動。然而，他並沒有持續對快樂提出概念上的分析，故而他的立場也不清楚。

2　對於這種由 Harsanyi 與 Brandt 等人所持的觀點，我的討論見 Nussbaum (2000a, chap. 2)。

3　在引用《自由論》時，我將只會引用章節，因為沒有一個版本是足夠廣為流傳的，標註頁碼並沒多大幫助。

功利時，有些利益與滿足需要特別的考慮。因此，儘管彌爾就這些問題的說法並不夠有系統性，但是顯然彌爾的社會功利理念比起邊沁的要來得有限制性：排除某些滿足，而對某些賦予特別的重要性。

彌爾在同一段落中更表示，「凡是從無關功利的抽象權利理念所導出，而有利於我的論證者，我將一概拋棄不用。」然而，眾所周知，彌爾顯著地在《功利主義》第五章與《自由論》裡使用權利的觀念，當中他不斷以侵犯他人「構成性權利」的傷害來定義傷害原則。如何將權利的重要性，以及彌爾對於功利乃是倫理學最終仲裁者的堅持，兩者解釋為一致，這是個不斷困擾著解釋者的問題，但我們不必在這裡檢閱所有的可能解釋。對這個問題最可信的解釋是，彌爾是用「權利」指稱某些非常重要的利益，這些利益至少構成了「作為進步之存有者的人類的恆久利益」的重要部分。因此，在《自由論》中定義傷害原則時，他說，生活於社會中的事實，導致對個體的行為有某些基本要求。而這類要求首先是，「不許傷害彼此的利益，或更確切地說，那些經法律明文規定或默契（默示了解），應當認為是權利的某些利益。」（第四章）。藉由將這些利益稱為「權利」，他賦予它們某種核心地位，指出就所有人而言，它們都應當得到保障。雖然很可惜地，他從未窮盡地列舉這些權利，不過《功利主義》第五章仍舊明白表示，個人與財產的安全乃是核心。權利並非無關功利：為了捍衛一項權利，當事人首先必須證明它對於個體幸福的地位。[4] 然而，它們似乎在某

種程度上是不可妥協的；對於社會功利而言，保障所有人的這些權利是非常關鍵的。

　　至於我們如何從許多個體功利中得出社會功利的觀念，彌爾向來就表達得很不清楚：是透過單純的加總，還是有門檻條件？換言之，我們能不能爲了確保整體的幸福，而否定一小群人的基本權利？因此，在彌爾的觀念中，權利的地位及其保護仍舊是不清楚與不穩固的。即使在個體的場合，我們不必證明權利（如工具）有助於他的幸福，不將幸福本身理解爲全然區別於權利的「目的」──亦即，我們將權利或者權利的實現理解爲個體幸福的構成要素──我們還是必須證明，保障每個個體的權利，將有助於社會功利。逃避這項質疑的唯一方式，就是從一開始就將社會功利定義爲「必須保障所有人的權利」。但是這種定義會非常遠離古典的功利主義，偏離其以幸福或滿足爲核心的焦點；沒有跡象顯示彌爾想要做出這麼基進的斷裂。無論如何，想證明權利的保障永遠有助於社會功利，也就是最大多數的最大幸福或最大滿足，確實相當困難。正是因爲這個理由，許多當代自由主義思想家，從約翰·羅爾斯到理察·波斯納，都拒絕以功利主義作爲社會正義的觀念，主張它對於基本權與自由的立場太過不穩固。[5] 功利主義總是可以提出經驗論證，主張對於權利的保障「事實上」有助於社會功

4　然而，從彌爾的觀點來看，一項恆久利益的滿足，或者符合這項利益的自由運作，或許就是幸福的基本成素，而非僅是幸福的工具。

5　Rawls (1971); Posner (1995).

利，然而羅爾斯等人仍舊可信地主張，我們不應該把良心自由這類的重要事務，依靠在這麼脆弱的基礎上。

在定義對他人的傷害時所涉及的那些權利（個人與財產的安全），如果彌爾的原則會遇到前述的問題，則有關《自由論》所論證的那些自由（言論與結社自由），彌爾的原則也會遇到同樣的問題。正是有關這些自由，彌爾拋棄了他認爲直接訴諸權利而可能得到的優勢；反而，如他所說的，他選擇了將自由的論證奠基在社會功利上，而社會功利是個體功利的合計，「作爲進步之存有者的人類的恆久利益」在其中扮演了核心的角色。他對廣泛個體自由的論證分成兩部分。在一部分裡（《自由論》第二章），彌爾爲自由辯護的根據是基於自由與眞理的關係，尤其某種對社會功利有利的眞理。這個論證，我將稱之爲「眞理爲本的證立」。在另一部分裡（《自由論》第三章），彌爾擁護自由的地位，認爲自由可以增進個體的自我發展以及人類的高貴化（尤其透過出色的個體）。我將稱之爲「以人爲本的證立」。讓我們逐一研究這些論證，問問看，每個論證是否成功地讓自由得到彌爾想要的穩固地位，以及是否是辯護自由社會中的政治自由的適當論證。

眞理爲本的證立如下。禁止意見表達的自由，對社會而言是壞的，因爲：第一、被壓抑的意見可能是眞的；第二、即使它不是完全眞，它也可能包含了眞理的一部分，可以幫助我們修正意見中錯誤的部分；第三、即使它最後顯示根本是假的，它還是能引發熱烈的爭論，進而幫我們接近眞理；第四、即使

我們已經擁有完全的真理，在面對不斷的爭論與質疑後，我們可以精益求精；單純只是偏見的意見將失去它們的活力，而經過一段時間後，我們將完全忘記它們。

　　這些都是可信的論點。但是彌爾的論證引發了好幾個問題，而他似乎沒發現。第一，這個論證並未處理一些特別困難的案例，譬如憎恨言論，以及在自由社會中相關的政治言論形式。德國認定，從反猶言論中，包括相關的政治言論，得不到任何社會功利。由於他們的特殊歷史，很難判斷他們是錯的。在有迫切的暴力危險的情況，即使彌爾論者也要破例，讓德國的反猶主義者不能得到滿足。反對種族主義以及支持端正人性的真理，真的需要這種挑戰的刺激嗎？因此，真理為本的證立可能失之過寬（含括太多），保護了實際上並不增進真理或社會福祉的言論。

　　在另一個生活的領域裡，若要允許醫療與健康問題的言論不受任何限制而大行其道，即使像美國這種對言論自由的保障特別寬大的國家，也認為不能容忍。缺乏執照的醫學建議、欺騙性的商業主張都是受到規制的。彌爾沒有區分政治言論與商業言論，而主張全面適用高標準的保障。然而，我們可能會懷疑，如果毫無限制，允許商人登廣告就他們的計畫大吹大擂，讓沒有執照的江湖術士提供醫學建議，是否真能有益於真理？彌爾的證立，又再度顯得太寬了。

　　因此，彌爾的論證讓人懷疑是否保護了太多的言論，或保護了太多的低價值言論。無論如何，彌爾並沒有真正面對這些

棘手的案例。另一方面也有疑慮：在某些案例，這項論證事實上是保護太少的。因爲某些人類自由的核心領域，淪爲最能增進眞理與進步之偶然事實的擔保。彌爾在強化他對自由的一般論證時，談到歐洲科學的進步。但是設想，如果我們發現，科學在一種限制更多的氣氛下還是能夠進步，這會不會讓我們有好理由從彌爾的原則中退卻，即使是在顯然核心的政治言論、表現以及媒體自由上呢？正是在此處，羅爾斯與其他反功利主義者，看到了普遍地採取功利主義證立模式的危險。它使重要的人類利益，成爲某些一般社會事實的擔保，而這些社會事實似乎僅僅是偶然與間接和前述利益相關而已。然而前述利益就其本身而言就是重要的。

其次，每個個體的權利在這裡也會引發問題。即使一般而言，我們相信言論與媒體自由可以增進社會福祉，但如果我們限制某些社會成員的言論，還是可能得到同樣多或更完全、更平均的福祉。彌爾擔憂的是對於傑出人士的限制，而他們總有獨特的事可說。爲了論證，設想我們讓步說，這種限制是不聰明的，所以我們將只限制平庸與不受歡迎的人，因爲他們沒什麼不尋常的事可說。這樣的限制可能會增進社會功利——我們沒有喪失新的洞察，而且讓多數人更快樂了，因爲他們不必聽他們討厭的人講話了。彌爾論者可能會回應說，自由並不只是福祉的工具，還是個體福祉的構成要素。即使如此，我們還是可以藉著限制不受歡迎的少數言論，來提升社會福祉。（譯按：如前所述，因功利主義最終仍舊以社會整體功利的提升爲

準繩，而保障所有人的言論自由，似乎並未含括在社會整體功利的定義內。）同樣地，這裡有些事似乎出了錯，功利主義太輕忽公民的平等，允許為了普遍幸福而犧牲少數人的權利。

這些本身就很嚴重的問題，將我們又帶領到另一個問題，而我認為它是反對真理為本的證立最嚴重的論證：亦即，主張彌爾的這項證立是一種「種類錯誤」的證立，意思是說，這項證立將個體公民視為普遍福祉的手段，甚至將一個世代視為下個世代獲得進步的手段。如果一個人的起始理念，是每個人都有尊嚴而且理應得到尊重，而政治必須奠基於對全體公民之尊嚴的平等尊重，則他會發現，彌爾剛好把事情顛倒了。彌爾思考真理的善，不是因為真理對個體自尊和發展的作用，反而是讓個體發展及其尊嚴臣屬於真理，而他所設想的真理又只是個抽象概念。羅爾斯的《正義論》開宗明義的康德式直觀是這樣的理念：「每個人都具有奠基於正義的不可侵犯性，即使社會整體的福祉亦不能凌駕其上。」[6] 這個理念引導我們依照這個不可侵犯性來思考社會安排，將每個公民視為目的來對待，絕不將其視為他人目的的手段。對某些自由或機會的主張應直接從這個理念獲得力量，而不必非常間接地從社會整體福祉或進步的思考而導出。彌爾與邊沁所處的政治氣氛是，人們經常不夠嚴謹地爭執權利的理念，利用它來推廣保守的或宗派的教條，所以他們認為，與其依靠模糊的權利觀念，不如以功利為

6　　Rawls (1971, 3).

中心才能獲得更多。或許，彌爾與邊沁對於不可侵犯性的觀念還是會有相同的疑慮。然而實際上，政治必須有個起點，從某些道德理念開始。在許多方面，康德和羅爾斯式的起點似乎比起彌爾的幸福理念要來得確定與有用；彌爾的幸福理念實在太不清楚，甚至到今天有關幸福理念到底是什麼，論者的意見還是相當分歧。

最後，羅爾斯式的政治自由主義還有另一項反對彌爾論證的論點。政治自由主義的基礎是公民的對等互惠與相互尊重。但是，所謂的尊重公民是要尊重他們的全部信念，而政治自由社會所根據的前提是，政府應該尊重合理的全涵式生命信條的多元存在，不論是宗教的或世俗的。只要公民能夠接受形成政治觀念核心的道德原則，他們就可以加入社會共識中，不論他們其餘的宗教或世俗價值觀為何。不過，這種將社會立基於「交疊共識」的理念要求政治自由主義對自己所提出的道德和政治原則非常謹慎小心。為了在爭論的信條之間得到接受，這種政治觀念不得就公民合理紛歧的事物（形上學、宗教等等）選邊站，包括有關神與宗教的主張、其他相關的形上學信條，譬如位格不死或靈魂的性質與存在，以及處於政治核心之外的倫理、審美、精神信條。

因為這些限制，羅爾斯甚至傾向不主張這種政治觀念的道德和政治命題是「真」的；它們只是合理的，或「最合理的」。這點不會導致它們無法享有某種客觀性，不過政治上的客觀性是被仔細地與終極真理區分開來。有些政治自由主義者

不同意羅爾斯的觀點，他們主張我們完全可以說，形成這種政治觀念的原則是真的，但是他們同意羅爾斯所主張之客觀有效性的那個範圍應該是狹窄的。

　　因此，對所有的政治自由主義者而言，說一項政治價值可以促進真理，並不是支持這項價值的良好論證，如果真理還包括這種政治觀念之外的形上學與倫理事物，則更是如此。科學真理的情況可能會有所不同，而我相信羅爾斯論者沒有理由不能主張至少「促進科學真理」是能夠支持一項政策的。無論如何，就羅爾斯一般對於真理主張所持的不干涉態度，他本人似乎另將科學豁免在外。然而，主張言論自由促進形上學與道德的真理，這是對於合理多元主義理念的輕蔑，並且冒著不尊重其他公民的高度風險。

　　彌爾完全沒有注意到前述的所有考量。「對於他人宗教信條的敏銳關心」這種描繪政治自由主義者的特點，彌爾毫不具備。反之，他只想讓社會理解什麼是真的——不論科學、道德、宗教。他的論證並沒有就這些領域做出明顯的區分。當然，在彌爾死後的世界，合理多元主義的理念已經得到最完整的闡釋，尤其在真正包含高度族群與宗教多元性的國家。不過，合理多元主義的徵象早就可以回溯到西元前三世紀印度阿育王（Ashoka）的敕令，[7] 以及西塞羅寫給朋友阿提苦斯（Atticus）（屬於伊比鳩魯學派，其全涵式生命信條與西塞羅的

7　Nussbaum (2000a, chap. 3).

十分不同）的信。[8] 彌爾對於這些理念的興趣不大，他也不傾向高度尊重那些與他不同的信條。在《自由論》中，他毫不猶豫地蔑視喀爾文教義，稱之爲「狡詐」的信條，造就了「吝嗇與偏狹的人格」。而在如〈宗教的功利〉（The Utility of Religion）之類的論文裡，他對宗教的社會角色所持的負面觀點更是昭然若揭。由於在他當時，無神論者在政治上都會遭遇許多阻礙，所以大家可能會同情他的激烈憤慨，而沒察覺到他是了解多元社會所需的那種相互尊重的。我同意羅爾斯，這種尊重要求（至少在公共領域）不宣稱宗教的形上學主張是有害的，也不採取一種眞理與客觀性的公共觀念，而使得前述主張成爲假的。[9]

　　然而，彌爾還有另一個保障個人自由的論證，我稱之爲以人爲本的證立。因此，我們必須檢驗它，看看它是否與眞理爲本的證立擁有同樣的缺失。《自由論》第三章的前頭，以人爲本的證立主張說，自由的條件對人類潛能的發展而言是必要的。對於法律規制行爲的限制，得以創造一項條件「讓人類……更接近他們所能成爲的最佳事物。」（第三章）彌爾辯稱，只要人們依照權威或主流意見來行動，則他們並沒有用到他們的判別與選擇能力。跟隨流俗的人，「除了猩猩般的模仿能力外，不需要其他的

8　尤其可見 *Ad Att. I.17*（D. Shackleton Bailey 在新的 Loeb Classical Library 版本與翻譯中所編的第十七封信），當中 Cicero 在表示自己與朋友間有著完美的信任後，說我們之間只有一件事使我們不同：人生觀的選擇。Cicero 說自己由於受到某種野心的指引，較喜歡一種賦予公職高度價值的人生觀；至於 Atticus，一種無人能持異見的推理則讓他偏好伊比鳩魯派的信條及其對於誠正之遁世生活的強烈主張。在這裡，我們當然可以看出 Cicero 的想法，亦即兩種觀念都是合理的，而 Cicero 對朋友的信條表示充分的尊敬，稱之爲誠正的，同時又提到自己的動機是野心，微微暗示朋友與他做不同選擇的合理性。

9　Nussbaum (2001c).

能力。」然而，「精神與道德，如同肌肉，唯有經過使用才能增強力量。」因此，如果社會沒有為個體創造空間，讓個體在其中發展自己的力量，則對個人發展而言實在是個損失。我們將看到，這個論證本身有兩個不同的困難。我將稱之為「完美主義困境」與「分配的困境」。

彌爾承認，即使規制傷害他人之行為的法律，也會縮減個體選擇的一些空間。但是他主張，這類法律從潛在罪犯那裡奪走的「發展手段」，其運作方式是以他人的發展為代價的。這種想法如何符合彌爾所分析的一般功利主義架構，並不是十分清楚。彌爾似乎假設，對於自我發展的條件，每個人都有平等的權利，因此，如果有些人以他人的自由與發展為代價，而要求較大的自由，那是不公平的。這個論證相當可信，但是（如同我們稍後將看到的）並不容易與功利主義的理念相合。[10] 它有著康德式的韻味。

在他論證的許多點上，彌爾對天才人物顯得特別有興趣，而天才對人類的貢獻，可能會因為強制遵守約定俗成的規範而喪失。這是以人為本的證立中完美主義的困境。他主張，天才比其他人更需要自由，因為他們「比任何其他人更獨特（更是個體）」，因此也較無法舒服地符合流俗的生活方式。彌爾主

10　彌爾接著繼續主張，即使罪犯本人也喪失了「他天性中社會之部分的較好發展，而這個社會的部分乃是對於自私的部分加以限制才成為可能的。為了他人而受到嚴格的正義規則所限，也可發展出以他人的善為目的的情感與能力。」這項辯護方式或許是 Mill 的疏失。由於承認對行為的限制可能可以提升某種人類發展，他已經讓一種考量進來，而對手可以用它來破壞他的整個論證。（譬如說，反通姦的法律可以強化婚姻愛的發展，反賭博的法律可以強化誠實工作的能力，諸如此類。）

張，這些天才對他人很有幫助，然而現今社會的條件「讓庸才取得人類之中的優勢地位」，進而使得那些有價值的貢獻胎死腹中。這種說法暗示，自由之所以有益，主要是因為它培養一小群出色人士的發展，而他們將會貢獻利益給其他人。此外，彌爾還加上人類在時間中的進步這個想法。經過出色人士在Ａ時期的貢獻，使得Ｂ時期的人類整體都變得更好。因此，「人類如願成為高貴而美麗的；而且……人類生活也變得豐富、多樣、活潑……讓種族永遠更值得歸屬。」彌爾顯然很珍愛這種完美主義與不平等的想法，而且似乎經常要求讀者，為了讓人類整體更好，應該忍受一些社會失序。

以人為本的論證中這項完美主義的困境，與我所捍衛的那種自由主義相當格格不入，後者乃是基於相互尊重與平等價值的理念。若說彌爾的完美主義是證立了自由的普遍條件，而非證立了某些出色人士的特別豁免，其實這點也很難證明。為了捍衛以完美主義論證為基礎而將自由推廣到全人類的主張，彌爾必須主張，不可能可靠地或過早地承認出色人士的特別待遇；他們只有在普遍自由的條件下才能發展。但是這點是否為真還有爭議。古希臘有很多出色的人物，就是利用奴隸制度帶給他們的利益。許許多多的出色男性，也是在女人並無自由的條件下發展他們的力量，這點彌爾想必會第一個承認；男人通常會發現，女人的不自由，對他們而言是展現力量的極大優勢。一般而言，在彌爾之前的時代，沒有一段是普遍自由的，然而天才還是能出頭。事實上，幾乎所有有關天才的經驗例證

都出自自由大幅受限的時代。

其次，即使說天才需要普遍的自由條件這個結論可以建立起有力的論證，它也不會是「種類」正確的論證，可以用來證立將自由推廣到全體一事。同樣地，它又將某些人利用為其他人目的的手段。他們或他們的後代可以盼望間接地從自由的天才那裡得到利益，這件事不足以證明彌爾的論證夠尊重他們。

然而，這還不是以人為本的論證的全部。在其完美主義的困境之外，彌爾還主張全人類為了自我發展都需要自由，所有人都可以主張培養自我發展的條件。這點我將稱之為分配的困境。在完成他的完美主義論證後，彌爾為自由提出了這個範圍更廣的論證：

然而，行動的獨立性與對習俗的漠視，之所以值得鼓勵，理由不單單在於它們所賜予的機會，亦即可能想出較佳的行動模式、較值得普遍採行的風俗習慣；也不是只有精神優越的果斷人士才能正當地要求以自己的方式過活。沒有理由要全人類的存在都應該依某個或某些少數的模式來形成。如果一個人具有任何尚可的常識與經驗，則他展現自己存在的模式就是最好的，不是因為這模式本身是好的，而是因為這是他自己的模式。……同樣的東西，對一個人而言是培養其更高天性的助益者，對另一個人而言卻是妨礙。……除非他們在生活模式上有相應的多樣性，否則他們將既無法獲得幸福的公平持分，也無法成長到他們天性所能的精神、道德與審美的高度境界。

　　彌爾顯然相信，所有公民都對涉己行為的自由擁有「正當的要求」，如同傷害原則所清楚表示的。理由明白在於個體的自我發展與幸福。自由對於每個人成就豐富生命而言是必要的，因為人與人之間的豐富生命非常不同，任何單一的模式都只適合某些人，而不適合其他人，會讓其他人喪失他們正當而應得的發展。

　　這裡，彌爾在本書中首次相當接近自由主義者所能接受的證立方式。因為即使是羅爾斯式的政治自由主義者，都同意一個正義社會即是分配某些利益與負擔的企畫，而那些利益（「基本善」的簡短清單）則是所有持不同信條的人在簽署政治共識時，所不可或缺而必須（一致）同意的基本成分。其次，羅爾斯明白看待「基本善」乃是公民形成及發展其人生計畫的必要條件，而自由是基本善當中非常重要的。[11] 當然，彌爾在表達其自我發展的理念時，比起羅爾斯所可能贊同的要來得完美主義許多，他不只談到幸福，還談到「成長到他們天性所能的精神、道德與審美的高度境界」。而這個「高度境界」的理念，如果完全發展時，必然會涉及單一而明確的倫理與審美價值觀，其涉入的程度超越政治自由主義認為適當的程度。

　　然而，這個分配的困境如果加以修正，似乎就走對了路。即使羅爾斯式的自由擁護者，也必須說明為何自由是重要的，為何自由應該列入社會基本善的清單。[12] 這個問題的可信解答

11　Rawls (1996).

是援引自由所扮演的角色，亦即它讓人能夠形成並選擇他自己的人生計畫。自由是「人」的概念中，為了政治目的我們可以同意支持的，儘管對其他許多事情我們有所紛歧。依照羅爾斯與相關自由主義的觀念來看，說人們為了挑選人生計畫而需要自由，其實只是下列這件事的不同說法，亦即，他們對自由擁有正當的要求：一個人的某件要事、一個人的不可侵犯性，要求了自由。這麼解釋的話，這項對自由的論證所訴諸的，並非整體社會善（功利）的模糊觀念，而是將每個人視為目的來對待之類的理念。

　　這是個可靠的論證。比較不清楚的地方（如同我先前已經提過的）是這個論證是否與彌爾的功利主義完全相容。在個體層次，或許它是相容良好的，因為如同我說的，彌爾的個體幸福觀念（或許）是非常亞里斯多德式的；它將人類功能的發展及展現本身視為目的，而且至少是幸福的一部分。然而，在社會層次，類似的問題又再度發生：基於功利主義的理由，為何不准否定某些人自我發展的公平機會，以求讓大多數人的自我發展機會大幅增加呢？對於男人和女人，彌爾能夠可信地說，否定另一半成員的自我發展，會讓我們的社會喪失太多。然而，他似乎並沒有明確的方式可以用來排除另一種可能性：讓一個小團體（譬如說，一群被迫當護士與保母的勞工）永遠居

12　即使我們認為自由不只是人類福祉的工具，還有一部分構成了福祉本身，這點還是如此。參考一下亞里斯多德對友誼的解釋：他明白地主張友誼本身就是善的，然而他的討論卻顯然有極大部分是在談友誼的工具利益。

於從屬地位，如果這麼做對大多數人很有用的話。他本人對於自我發展的「正當要求」觀念背叛了前述的功利理念，而且同樣地，他支持女人解放的論證也不是完全倚賴功利主義的思考。無論如何，就它們脫離功利主義的程度而言，彌爾轉向了一種不同的理論，其精神是較為康德式的，當中每個人都是不可侵犯的目的。（譯按：此處「分配的困境」指的是彌爾在將自由配賦給個體時已經接近康德與羅爾斯的立場，背離自己的功利主義原則，產生內在矛盾。）

　　總之，彌爾在《自由論》中的論證具有重大的價值，展示出社會一致性、同儕壓力、透過法律實施的道德習俗如何傷害個體的自我發展。彌爾提出了一系列對於法律規制行為的可信限制，並豐富地解釋破壞這些限制的法律將如何傷害人民。然而，一旦要證立彌爾對於自由的立場時，他的論證就不那麼如意了。對一個在意政治自由主義核心理念（人的平等尊重、對等互惠、不可侵犯性）的人而言，基於真理的著名論證並不特別有幫助。首先，它是不夠明確的，沒有考慮到憎恨言論的艱難案件或可能的低價值言論（商業言論）；在這個程度上，即使對同意其基本精神的人而言，它也沒有給出詳細的指引。第二，它的偶然性是脆弱的，將自由的重要領域建立在含糊的經驗基礎上。第三，它似乎讓手段凌駕目的，它並未將個人視為目的、將社會條件視為個人發展的手段來思考，反而將真理當成目的，而個體自由只是真理的手段。最後，它就有爭議的形上問題採取立場，然而這些問題在一個多元自由社會中，應當

置於政治觀念的核心之外。

不過，彌爾論證中的自我發展困境，遭遇好多了。的確，完美主義困境所遭遇的問題與真理論證的問題很類似：全體自由的普遍政策只是為了產生少數幾個出色個體的手段；而且即使是這些個體，似乎也只是人類在時間中求得普遍進展的手段。但是，這個論證的分配困境，也就是每個個體都對自我發展的條件擁有「正當的要求」，則無前述缺陷，而且可用非完美主義的方式加以發展，亦即採用一種有關個人及其自我發展的政治觀念，一種在多元社會中各式各樣的公民都會全體支持的理念。為了將它完全發展，我們必須脫離功利主義，包括彌爾的修正形式，不過我們仍然是在提出具有彌爾式精神的論證。

現在，我們已經到達自由主義者不安的核心，這種不安是針對德弗林式的政策，即有意地將道德習俗轉化為法律，即使系爭行為並不會造成傷害。這種法律對於「涉己」行為的入侵剝奪了人們具有「正當要求」的對象，亦即一種可以發展與展現其人生計畫的空間。正是這種尊重個人的考慮，而非彌爾所著迷的那種社會功利與種族進步的考慮，才是證立彌爾式政策的正確基礎。

III. 反噁心與羞恥的證明

本書有關噁心與羞恥的論證，如何連結到我在這裡對自由

所描繪的自由主義論證呢？或者，用較有詩意的方式來講，我在本章開頭所引彌爾為自己的傷害原則所做的辯護，如何與安妮・霍蘭德將拒絕女性身體的羞恥與噁心連結到女人作為平等公民的可能性，以及惠特曼要美國人不要畏懼接受身體（及其必死性）的短詩相連？現在，我將主張本書所提出的心理學論證，能夠幫助我們為一種類似於彌爾傷害原則的政治原則，做出比彌爾本人更佳的證明。

　　人類對於成為人類一事深感困擾：一方面有著高度的智能與策略，然而另一方面對於死亡卻非常虛弱、脆弱與無助。我們對這種棘手的狀況感到羞恥，並且試圖以各種方式逃避它。在這個過程中，我們發展並教導對於人類弱點的羞恥以及對於動物性和必死性徵象的噁心。噁心與原始羞恥或許在某種程度上都是人類發展所不可避免的部分。此外，噁心還扮演有用的角色，引導我們遠離危險，而原始的羞恥也至少緊密關聯到一些較有建設性與潛在創造性的羞恥種類，這些羞恥可以鞭策人們達到高度成就。

　　然而，這兩種情感都可能很容易就成為麻煩，不論在個人的生活或者社會生活裡（個人生活屬其一部分）。尤其，兩者都與一些社會行為的形式有聯繫，當中統治的優勢團體將其他群體壓入從屬地位並加以污名化。在噁心的場合，切合於當事人對動物性與必死性之恐懼的性質會被投射到較無力的團體身上，讓它們從而成為統治團體對自我之焦慮的媒介（載體）。從屬團體的成員本身還有他們的身體都會被認定是噁心的，因

此他們通常會經歷各式各樣的歧視。在羞恥的場合，對於無助
與失控的普遍焦慮引發了對於不受傷害的追求（或者想回復到
嬰幼兒時期曾經出現的不受傷害的幻覺）。於是，我們經常藉
著創造被污名化的次級團體來換得掌控一切的外觀，而他們不
過碰巧顯示了對於安全控制的各種威脅——不論原因是他們恰
好成爲失序與破壞之社會焦慮的焦點，或只是單純因爲他們是
不同的、不「正常」的，而「正常人」的虛構能夠讓優勢團體
更有效地逃避那些威脅。

　　由於這種污名化的行爲無所不在、根深柢固，所以在一個
以人的平等尊重爲使命的社會裡，噁心與羞恥似乎只能爲法律
提供壞的指引。尤其，儘管羞恥的確會以較不成問題、較可贊
同的形式出現，但是要區別這些形式與其他壞的形式實在太
難，而且很容易就有從前者滑向後者的情形。因此，如果羞恥
在懲罰與立法中被顯著使用，形同邀請人民來歧視與污名化。

　　因此，我們遇到了一些彌爾在《自由論》中所診斷的問
題：「正常人」對於不尋常之人的暴政，以及主流社會規範透
過法律對於不肯協同一致之生命的嚴重傷害。我們處理這些問
題的方式和彌爾不同。彌爾只是觀察了風俗習慣的運作方式，
但沒有花太多時間詢問爲何人們要這麼做。即使他問了這個問
題，他也很難以他當時的心理學知識來回答。姑且不論他的觀
察力如何，他所採用的是傳自父親的心理學，一種非常貧乏的
經驗主義形式，稱爲「聯想論」（associationism）；根據這種理
論，所有的情感與態度只是一事與另一事之聯想的產物。這種

觀點可能讓他無法對噁心與原始羞恥提出適當的解釋。我已經在第四章說過，這種理論甚至讓他無法理解自身精神危機的一些關鍵問題。

於是，有關《自由論》中縈繞於心的問題，至少我們的探討讓我們有了比彌爾更深的解釋。我們的解釋顯示出那些問題為何、以及在何種程度上真的是嚴重且普遍的問題；它也指出，只要人類生命有任何地方還是像它現在的結構，則我們就不能期待那些問題會消失。它還提供了一種更深刻而穩定的理據，讓我們藉以質疑以習俗規範和通常強化它們的情感為根據的法律。就彌爾所說的全部內容而言，他的讀者可能會安心地下結論說，彌爾時代的英國社會具有錯誤的規範，但是目前我們已經把事物矯正過來，可以快樂地利用羞恥與噁心來指引我們的立法。[13] 正是這種在道德進步上的自信，導致卡恩認為噁心與羞恥是有價值且進步之情感。

我們的解釋還為法律規制行為提供了限制的理據，而且避免了彌爾論證的困難，亦即真理為本的證立，以及以人為本的證立中完美主義的枝幹所引起的困難。我們光是藉著思考人類尊嚴與平等價值的理念，就批判了噁心與羞恥作為法律的基礎一事。我們不需要援引任何社會功利、趨向真理、人種改善的觀念，亦即彌爾論證中的關鍵，但在當代的自由主義脈絡下非常成問題的那些觀念。

13　事實上，Mill主張，即使正確的規範也需要辯論的刺激，然而，如同我所說過的，這個論證並不是最有說服力的。

　　我們的解釋到底是支持了彌爾的傷害原則，還是只支持了
一種較弱的原則，亦即與君父主義式的禁制相容者，譬如禁止
各種自我傷害？我已經說過，要求法律以某些傷害的型態爲目
標，是一回事，而要求法律只能規制傷害他人的行爲者，又是
另一回事。對於單純地訴諸噁心與羞恥的主張，我們在發掘其
問題的過程裡還沒有回應君父主義者，而他們可能會認爲，某
些對於自我的傷害型態與對他人的傷害同樣嚴重，而這些自我
傷害的嚴重性正當化了一些君父主義法律，以反對藥物濫用、
自殺等等行爲。此處我站在彌爾這邊，但是要提出這方面的證
明需要更多明確的政治理論，超過我在本書預計呈現的程度。
一個人儘管對於君父主義在公共政策中的角色有不同意見，還
是能夠接受我在《女性與人類發展》中提出的諸多建議；這些
建議是爲了一種自由國家而設計，這種自由國家立基於對一系
列核心人類能力的承認，而這些核心人類能力全部都聯繫到人
類尊嚴生命的理念。14

　　當然，有些「自我傷害」之所以被稱爲自我傷害，只是基
於我所指出的那種噁心與羞恥而來的恐懼反應；缺乏這類情感
的支撐，所謂「傷害」的主張就冰消瓦解了。有時，我們也有
理由認爲，關於藥物濫用的反應也是如此，反對者並非眞的在
意人們將會傷害自己的危險，重點反而是在噁心與污名化。舉
例來說，畏懼藥物濫用的人並不總是在意將藥物濫用的眞正危

14　見Arneson (2000) 以及我在Nussbaum (2000c)中的回應。

險和其他活動的危險相互權衡的衡量問題，譬如踢球或開車等其他活動通常並不會引起同樣的反對。抽菸則有傷害他人的問題（二手菸），也有噁心「作為傷害」的問題，其意義指的是我們討論公害法時所支持的：煙霧使某些人感到噁心，傷害他們對於自己周遭環境的享受。然而，如果我們脫離這些問題，反對抽菸的公眾反應可能也包含較屬於「建構性」噁心、污名與羞恥的元素。當某些不受歡迎的嗜好被挑出來譴責，而其他引起類似的自我傷害危險者卻被忽略時，噁心與羞恥通常就現身其中。

不過，姑且不論這些困難，我們至少可以同意，促使人們有興趣規制藥物、抽菸、危險運動（譬如拳擊），並不只是噁心與羞恥。自由國家承認生命與健康作為基本善的顯著地位，而其重要性所有公民都能同意。因此，即使我們擺脫了噁心與羞恥的有害影響，在我們能夠滿足地認定彌爾的原則是正確的之前，還有很多事必須說明。我本人向來支持一種理念，亦即政治行動的適當目標乃是「能力」，也就是選擇的機會，而非「功能」：一旦舞臺設置完備，從生命、健康乃至於政治參與的領域，選擇發揮功能或不發揮功能的機會應該留給個體。因此，儘管我就兒童的事務（譬如義務教育）支持君父主義的標準，然而對於成人公民的事務，譬如強制投票、強制健康標準等等，除了少數例外，我是反對君父主義標準的。[15] 但是，對於不健康與危險的活動，許多同意我的一般取徑的人是比我還要君父主義的。如果我們想要更清楚到底什麼是對於人類自由

與選擇的充分尊重，則這些辯論必須繼續下去。

繼續這些辯論，顯然會讓我們大幅超出本書的有限計畫。我的目標是經由批判彌爾的重要反對者，為彌爾的原則做部分的辯護，但是還有很多事留待深入探討，而被我的論證所說服的人們，基本上他們之間仍會留下合理的差異。

我的論證從未想要否認噁心與羞恥是有力的動機，它們有時也可能會扮演一些好的角色，如同卡恩所賦予的那般。但是我已經說過，自由社會有其特殊的理由對它們感到不安，因為這種社會極為重視人的平等價值以及相關的尊嚴、尊重與自尊的觀念。反之，這兩種情感卻與社會階級和相信人與人之間價值不平等的公眾文化有密切關係。

IV. 情感與自由主義的形式

經由揭露噁心與羞恥和有害的社會階級形式之間的關聯，對這兩種情感的分析也能夠幫助我們批判一些當今流行的自由主義形式。一種由卡恩和艾齊優尼所開拓的新式組合，基本上屬自由主義的國家再加上社群主義的道德感，似乎對許多人很有吸引力。[16] 然而，我們的分析已經顯示，它依靠羞恥與噁心

15　見 Nussbaum (2000a, chap. 1)。一項重要的例外在於人類尊嚴的領域，我主張政府必須以尊嚴對待公民，不是只提供公民得以接受尊嚴對待的選項。譬如，要求公民付一分錢才能換得有尊嚴的對待，而如果他們不想付錢，那麼他們將會被公務員屈辱，在我看來，這是非常糟糕的，嚴重違背了自由國家最基本的義務。

16　儘管 Kahan 最近對「一九六○年代風的權利」的攻擊（見第五章）勢必讓人懷疑他是否支持傳統的權利法案。

作為公共動機，有傾向鼓勵污名化與社會階級的危險。即使稱
這種觀點是一種自由主義的形式，但它是否正確還有待商榷。[17]
它顯然與保守主義的道德論有很多部分相同，而彌爾曾經批判
這種道德論與自由是對立的。

　　我在第六章曾以相當不同的方式主張，一種較古老、非常
有影響力的社會關係理念，亦即將社會關係建立在社會契約上
者，從我們的分析看來似乎是成問題的。重要契約論者的信條
有極大的優點，這種信條視社會基本結構為獨立成人之間的契
約，而獨立成人指的是在力量與能力方面約略平等者。在深化
我們對於自由主義理念如尊嚴與對等互惠的理解方面，這個傳
統的貢獻良多。然而，這些理論家對於平等與獨立的強調，以
及對於互利作為社會結合之目的的強調，與卡恩和艾齊優尼的
觀點一樣鼓勵了污名。由於將典範的公民表現為獨立的成人，
並將所有的成人表現為能力上約略類似者，這種觀點鼓勵了對
身心障礙或倚賴他人者的污名化，不論他是部分如此或終其一
生如此。社會最基本的政治原則並沒有將這些不相稱的需求考
慮在內，這些理論也沒有鼓勵一種思想：亦即有前述需求的人
也能夠成為值得平等尊重的公民而占有一席之地。他們的需求
只是留待事後安排，留待社會基本制度已經設計之後；這個事
實造成了下述的銳利分割：將不尋常的身心障礙者與通常的障
礙者（或者可說是「正常人」喜歡自稱的「身強體壯者」）分

17　因此，即使他們目前並未主張拋棄權利法案，但他們所主張的，對於權利法案保障範圍的理
　　解，要比自由主義者通常所理解的狹窄很多。

隔。[18]

　　因此，儘管社群主義與契約論自由主義在其他方面有所不同，但都留下污名的麻煩問題沒有解決。我的分析主張，兩者的疏漏都可以導源於一個共同的問題。兩者所使用的「人」的政治觀念，都無法面對人性當中固有的某些深度緊張與困難。反之，兩種觀念都隱約地鼓勵我們逃避這些困難，並且允許我們就這些困難怪罪他人，好讓我們繼續活下去。卡恩和艾齊優尼的觀念將公民分成目無法紀的壞小孩與好好長大的成年人；前者需要羞恥來幫他們走入正軌，很像一個人教小狗如廁，將牠的鼻子按入牠所拉的狗屎裡那種方式，而後者是完全在控制中的。以這種方式，社群主義鼓勵了對於人類弱點與不完美的拒斥，以及將個人所恐懼的缺陷投射到他人身上的行為，而這些他人乃是可以被公開控制及羞辱者。社會契約論的傳統，儘管是出於不同的理由（而且我認為是較值得稱讚的），也是鼓勵了類似的分割：將「獨立」的公民，與那些因其殘障而使他們處於「正常」公民範疇之外的人分離。

　　我們所需要的似乎是另一種「人」的政治觀念，這種政治觀念必須理解下列事實：我們所有人都擁有必死而會腐朽的身體，都是貧困有需求而且殘障的，只是方向不同、程度不同。同時，這種政治觀念應該清楚意識到，我們所描繪的心理事實，還有人類處理它們的狡猾詭計，將對社會關係造成危險。

18　再度提醒（見第五章），這些問題是我現在寫作中之作品的主題，而本作品暫訂名為 *Beyond the Social Contract*。

這種政治觀念應該致力於創造「援助的環境」，讓各式各樣的公民得以有尊嚴地、互相尊重地共同生活。

在對羅爾斯的政治自由主義理念表達贊同時，我曾經主張自由主義的政治觀念不應該建立在宗派的形上學理論上，不應該屬於特定公民所持的全涵式觀點。一般而言，政治自由主義在其原則與信條的結構上是儘量限縮的，因爲它想將其政治結構建立在以下這一類道德原則上：可以被所有的主要宗教以及其他公民可能持有之全涵式人生信條所支持者。羅爾斯可信地主張，這種尊重全涵式信條的使命，也意味著政治自由主義必須在心理學方面自我限縮；一種「合理的政治心理學」不能包含公民之間有極度爭執的觀念，或者與宗教信條相連的觀念。我在我的分析中所提出的理念有符合這項標準嗎？

我相信，大體來說是有的。有關噁心的主張，受到實驗證據與相關理論的良好支持，而這些研究者在信條方面是有很大差異的。其實，即使像威廉‧米勒，他對噁心的規範立場完全與我相反，還是同意我所提出的基本分析。當中也沒有任何事是帶有宗派的，亦即有利於一種宗教而不利於另一種宗教。

至於我對羞恥的分析，雖然基於實驗與社會學資料，還是大量援引了精神分析的材料，而許多人對於精神分析學並不怎麼重視。然而，在我使用這些材料的限度內，我是將它們作爲有說服力的人文解釋而加以援引，亦即對於人類生命有興趣的人可以接受它們，而不必接受精神分析是一種科學的主張——一些優秀的執業醫生日漸對這種主張感到興趣，唐納‧溫尼科

特尤其如此，而他是我此處解釋的關鍵人物。溫尼科特總是認
爲精神分析與詩歌和文學有密切關係，是一種想像理解的模
式。[19] 在溫尼科特取徑的領導下，我運用精神分析材料的方式
與運用柏拉圖和盧克萊修斯的方式一樣，將它們視爲人類狀況
（處境）的故事，而且出自敏銳而人道的智者。溫尼科特的智
慧源自於對病人的治療，因此在這個程度上，他與哲學家或詩
人不同。不過，這點讓我認爲他更值得我們注意。

　　在這種基礎上，我所提出的羞恥分析，難道不會與有關羞
恥的重要宗教理念不一致嗎？當我的分析強調完美對人類而言
是不可信也不適當的目標時，兩者當然是不會衝突的。在羞恥
與污名的分析背後，貫穿其中的「尊重人類尊嚴」的規範性理
念，或許與某些宗教理念不一致，因爲有些宗教觀念可能會認
爲人類並不值得尊重。但是，人類尊嚴的理念，作爲一種政治
理念，在所有政治自由主義的已知形式中都是核心的價值；它
可以合理地被納入一組核心的道德理念中，進一步形成政治自
由主義觀念的基礎。人類尊嚴被肯定爲這種政治原則的道德部
分，而非屬於形上的理念。宗教可以在此種角色上接受人類尊
嚴理念，同時又主張說在某些終極的形上意義上，人類生命並
不是非常有尊嚴。然而，在絕大部分情形下，我相信主要的宗
教都已經接受處於現代人權觀念核心的人類尊嚴理念。[20] 大多

19　見 Rodman (2003)，他甚至（眞誠地）說這個主張是一種防衛機制，顯示精神分析師之虛假
　　自我的運作。
20　見 Maritain (1951)，他主張世界人權宣言中的理念，與任何認爲人類並非只是工具或手段的
　　觀念，不論宗教的或世俗的，皆可相容。

數主要宗教都支持人權理念，不認爲人權理念與他們對於人類脆弱及不適足的教義不能相容。

　　因此，對我而言，本書所提出的心理學觀念，似乎是可以被持有各式各樣宗教信條的人所接受的，而且它們可以被接受爲一組核心原則的一部分，進而形成政治自由社會的基礎。當然，任何具有有趣內涵的事，在某種程度上也是富有爭議的，政治自由主義也不可能要求所有事都沒有爭議。然而，在完全平庸與高度齟齬之間總是有一些空間，我希望也相信本書所提出的分析剛好落在這個空間中。

　　我對噁心與羞恥的分析顯示，某些自由主義的形式（或者說，如卡恩和艾齊優尼那樣聲稱是自由主義者）是應該加以拒絕的，既然它們與尊重人類尊嚴的自由主義理念背道而馳。反之，我的分析是否暗示，有某種自由主義的特定版本，是我們應該加以支持的呢？我相信是的。第一，思考本書論證引導我們支持的那種「人」的政治觀念，我們將會發現，這種觀念需要結合對於人類能力的重視，以及對於缺陷、需求和（有時的）過度需求的強調。當我們試圖超越此處所提出的問題時，亞里斯多德式的理念，亦即視公民爲「政治動物」者就很有用，因爲這種觀念強調人類與其他動物之間的相似性，都具有甚多需求與必死的身體，同時又不忽視人類與其他任何動物有所差異的特徵（與麻煩），以及社會之潛在困難的源頭。[21] 亞里斯多德

21　Nussbaum (2000b).

式的觀念將人類視爲一種同時具有需求（貧困、匱乏）又有能
力的物種，其能力及尊嚴完全與其動物天性緊密相連，而且其
所有能力都需要物質環境的豐富支持。這種對於物質與需求的
強調，在概念上是很有幫助的，因爲它讓我們學習不要認爲自
己的物質需求是尷尬與屈辱的。反之，物質性與需求本身就是
人類具有之尊嚴的具體形式的成分。

　　基於這種「人」的政治觀念，很自然就會設想，政治所分
配的善，不應充其量只是一些填充物、原材料或東西，好像它
們本身就有某種善性或價值，而應該是一組環環相扣的人類能
力：人類的各種狀態，亦即他們已經準備好去選擇某種特定型
態的功能活動，而這些功能活動必須實際上對他們而言是可以
得到的。

　　將人類視爲基本上是物質的、必死的、有需求（而匱乏）
的，我們可以達到一種政治觀念，其首要任務之一乃是爲人類
的需求提供支援，好讓人類能夠選擇發揮功能。政治的目的進
而是將能力的基本核心提供給全體公民，而這個基本核心可以
列舉成全體公民的基本權利，不論是透過憲法的權利清單，或
是其他方式。因此，對於自由主義的基礎，阿瑪提亞・沈恩
（Amartya Sen）和我以不同方式發展的「能力取徑」，成爲有吸
引力的闡明自由社會之分配任務的方式。

　　能力有其「內在」面向，必須讓當事人本人準備好從事系
爭的功能形式（透過教育、健康照護、情感支持等等）。能力
還有其「外在」面向；即使某人在內在已經完全準備好要自由

地說話或思考，惡劣的社會與制度安排還是能夠阻礙他這麼做。因此，認為政治應該提升一組核心人類能力的這種主張，是一種高度要求的主張：政治必須分配我在其他地方所稱的「結合能力」──內在面向與外在條件結合，以適合必要功能的運作。這點形同主張，政治應該確保人們擁有任何必要的資源、訓練，以及其他物質和制度上的支援，以供他們發展依彼種方式發揮功能的必要手段，並且實際上處於如此發展的位置。

因此，這種我在其他地方描述得更深入的「能力取徑」，明白闡示人類與其物質、社會、政治環境互相依賴的複雜形式。22 因此，這種取徑特別適合為一種社會提供核心，亦即願意承認人性（包括動物性、必死性與有限性）而非逃避人性，並呼喚羞恥與噁心來做助手的社會。能力取徑可能不是唯一能夠公正地對待這些人類生活特徵的自由主義取徑，然而它強烈要求自己這麼做。

在這種基於能力與功能活動理念的政治自由社會中，什麼樣的道德情感會是特別重要的？尤其，它應該依靠什麼情感來立法？我常常說，憤怒與憤慨將是這種核心的情感，因為它們針對的是傷害或損害。從自由主義的觀點來看，人類的顯著事實即是面對他人之重大傷害時的脆弱性。再度提醒，即使對於什麼是構成重大傷害以及這類傷害是否真的發生有正確的觀

22　尤其見 Nussbaum (2000a)。

點，但也並非所有的憤怒都是可靠的。然而，一旦大家嚴格而批判地評價其中所含的所有具體判斷後，憤怒情感是可以依靠的正確「種類」。以個體尊嚴、自我發展、行為自由為核心的自由社會，必須禁止傷害；在憤怒能追溯傷害的程度內，它將是立法的可靠指引。

　　同樣地，對於了解人類生命總是受到重要危險的威脅，而且最有價值的事物總是可能喪失的公民而言，正確的恐懼與悲傷也是適當的情感。這類情感將驅使公民去關切資源對所有人的安全及公正的分配，包括關切分配制度的穩定性。同樣地，對於互相依賴並依賴社會制度而在人生中經驗到許多良善事物的公民而言，感激與愛的正面情感是重要的。但也再度提醒，所有這類情感適應環境的狀況可能很好，也可能很糟，並且所根據的理由有好有壞。然而它們是我們所展望的社會中每個公民將顯著經驗到的情感「類型」，而且這種社會應該以各種適當的方式培育、陶冶它們。

　　另一種重要的自由主義情感，也是我在第一章大量討論過的，就是憐憫。憐憫涉及一種思考，亦即他人遭受了重大的困苦或損失，而且它在激起處理這些損失的幫助行為上扮演顯著的角色。憐憫的典型場合也是能力缺失的場合，而這種能力缺失是自由社會特別關注的，尤其是以能力取徑為基礎的自由社會；這些能力缺失譬如疾病、喪失行動能力、失去朋友或家人、喪失工作或活動圈。這種憐憫通常是由悲劇所引發，它視這些損失為重要，並判斷受苦之人本身並非（或非主要）應為

這些損失而受到譴責（歸責）的對象。[23] 在這個程度上，它可以提出一種有價值的社會動機，以防止或矯正這些損失。我在二○○一年論情感的書中詳細分析了憐憫在自由社會中的角色，並主張即使它很容易犯錯，它對自由社會而言還是有價值的情感，值得開發與教育。[24] 第一章已經為我們提出一些例證，當中憐憫可在法體系中扮演良好的角色。

　　然而，憐憫就像憤怒，可能也會犯錯。對於什麼損失才是重要的，它的意識可能會犯錯，對於人們何時應該或不應該被譴責，亦然。其次，它通常將適當的人物範圍弄錯，只注意近在眼前的人，而排除陌生人以及遠方的人。在這個限度內，它通常與公正無私的道德原則不一致，後者教導的是所有人類生命的平等價值。然而，我主張，解決這個問題的方式應該是去教育憐憫並加以擴充，而非拋棄憐憫。

　　憐憫在經過良好的教育後，可以為法體系的各個層面提供良好的指引，尤其是涉及闡揚基本權的場合。本書的論證顯示，這種教育應該要包含人類弱點、倚賴以及殘障的思考。這種思考不需要將身心障礙者設想成可憐兮兮的被害者，就像觀眾設想悲劇英雄為可悲之被害人那樣。憐憫的部分反應通常是欽佩，讚賞因遭受障礙而功能範圍被削減之受難者的勇氣及能

23　見 Nussbaum (200la, chap. 6)。亞里斯多德是透過無辜（*anaitios*）的想法來定義悲劇的憐憫，亦即其並非（主要）應為壞事負責者；其他重要的思想家也跟隨如此的思考。認為「悲劇性格」（缺陷）導致英雄覆滅的觀念，是後來基督教對亞里斯多德的誤讀，雖然它可以解釋某些基督教悲劇的結構。

24　Nussbaum (2001a, chaps. 6-8).

力。[25]

　　簡言之，本書的分析顯示，所有的情感與不同的政治組織形式之間的關係並非都是一樣的。一個自由國家與憤怒和憐憫（以及恐懼、悲傷、愛和感激）有著密切的關係。然而它與羞恥和噁心的關係，則麻煩且困難許多。噁心還是屬於人們私人生活的一部分，甚至幾乎無法避免地屬於社會生活的一部分。然而它對人的階級區分，在自由社會中是不該出現的。某些種類的羞恥，在人們的私人生活中可能還是有價值的道德情感，能夠驅使人們從事有價值的活動形式。但是在懲罰中運用它，則是高度成問題的，很難符合對全體公民之尊嚴的平等關注。而在一個自由主義政體中，就社會經常投射於差異人士身上的羞恥，應該透過公共行動加以反對，也就是說，對於傳統上向來受到羞辱之公民群體，我們要提升對他們的尊重與權能賦予（empowerment）。

　　我們已經達到一個與彌爾的結論非常接近的結論，然而卻經由一個相當非彌爾式的道路，亦即提出一種對於情感的複雜分析，而這是彌爾（採用其父的理論）視為機械的，未經心智思考地由行為條件所決定的。詹姆士‧彌爾（James Mill）對於情感的過度簡化觀點，從來就無法與其子的思想（非常纖細的、人文主義的、能夠承認人類複雜性的思想）相符。然而，約翰‧彌爾無論如何仍舊信奉詹姆士‧彌爾的觀點，即使他用

25　Nussbaum (2001a, chap. 8).

更為複雜的詞語去描述自己的發展，即使他不斷用一種不可能以那種簡單觀點解釋的方式去表達自己的情感，尤其與荷瑞特的書信往來。因為彌爾墨守這種簡單的觀點，導致他無法闡明《自由論》中使他擔憂的一致性要求，以及污名化問題的某些方面。進而，他退回一組支持自由的論證，這些論證不僅相當不完全，並且在某些方面，對於尊重宗教多元性的當代自由主義形式而言是難以接受的。

我希望，本書的分析能夠從全新的角度支持彌爾的一般立場。經由詳細地分析一些情感的認知結構，亦即那些有時被認為其認知結構不怎麼有趣的情感，我們能夠對於個人及其自由之平等尊重的障礙得到新的理解，進而也得到新的理由以提防那些道德論版本的自由主義，因為它們依靠了某些將會造成前述障礙的情感。如同我經常指出的，光是反對信任噁心與羞恥，還不算是就法律的道德界線提出一個完整的自由主義理論。我們需要其他有關君父主義的論證，以及對於懲罰性質的一般性積極理解，才能至少擁有關於法律規制之自由主義理論的基底。然而，既然自由主義的反對者，甚至其所謂的盟友，經常依賴噁心與羞恥作為他們的工具，則目前我們已經做了一些工作：我們已經證明這種依靠將危害到我們想要保護的人類尊嚴。

更廣泛來看，反思過人類生命的深刻困難，以及其引發依賴噁心與羞恥來作為公共情感的事實後，我們至少開始了解一些自由社會應該重視並加以培育的能力：享受互賴關係而非宰

制關係的能力，承認自我與他人之不完整性、動物性以及必死性的能力。透過公共教育、公共制度與公共文化的精心巧製，社會可以做許多事來鼓勵這些能力，並防堵那些引起不平等與階級性社會關係的能力。[26]

在分析治療結束後九個月，病人 B 寫了一封信給溫尼科特。在他的信中，我們看不到堅硬與死板，也看不到羞恥，而這些是先前用來描述他的詞語。反之，他很樂意地接受了不確定性：

親愛的溫尼科特醫生：

……治療結束後，我一點也不確定自己將會做什麼。我不太可能太早就做計畫。既然我覺得現在很不錯，有時我會想中止分析。然而，我知道這個過程還沒完成，而我可以選擇與您繼續下去，如果不可能再與您繼續下去的話，我或許會找其他醫生重新開始。我竟然能夠相當輕鬆地接受這個想法，對我而言似乎是極大的進步。

如果我們不再繼續，我想利用這個機會向您表達我的感激之意，感謝您為我所做的一切。

您的摯友

26　一些具體建議可見 Nussbaum (200la, chap. 8)。

那句「如果不可能再與您繼續下去的話」特別有意思，因為Ｂ知道有長期心臟毛病的溫尼科特病得很重；事實上，溫尼科特不久就病逝了。於是Ｂ接受了精神分析醫師的必死性，進而接受了自己的。由於承認愛本身（他一直以來與溫尼科特交流所享有的「微細互動」）是不完美與必死的存有者之間的關係，他展現了對於人類愛的全新理解。

這種對於不完整性（缺陷）與不確定性的坦白承認，或許是個好的起點，就好比具有不同殘疾的人們一起工作和努力，以求創造一個自由社會。

誌謝

本書肇端於公元兩千年三月在紐約大學瑞馬克研究所（Remarque Institute）的瑞馬克講座。本人相當感謝所長Tony Judt的邀請與機會的提供，使我能夠與犀利的聽眾分享想法。在訪問過程裡的一切安排，Jair Kessler的支持是無價之寶。

關於情感與法律的一般性章節，主要建基於Dan Kahan與本人（1996）發表在《哥倫比亞法學評論》（*Columbia Law Review*）上的〈刑法中的兩個情感概念〉（Two Concepts of Emotion in Criminal Law）。我很感激Kahan在幾年前開始引導我走上這樣的思路，他對本議題的助益與才智貢獻良多。我們兩人在追求共同的興趣時，不斷出現許多意見不一的情況，而本書大部分是這些衝突的紀錄，因此可能包含甚多對他的批評。然而，我應該說清楚，本書大部分也應該歸功於他的洞見與活力。

關於噁心的部分，源自於本人對William Miller《噁心的解剖學》（*The Anatomy of Disgust*）的書評，該文發表於《新共和》（*New Republic*）。Miller充滿睿智的作品激發了我的思考，他對我寫作中的作品也給了不少評論，我對他非常感謝。本書的成形之初是一篇文章，收於Susan Bandes（1999）所編的一本討論法律與情感的書——該文為〈惡行的陰溝：噁心、身體、法律〉（Secret Sewers of Vice: Disgust, Bodies, and the Law），收於

《法律的激情》（*The Passions of Law*）。她極力鼓勵我寫作這篇文章，令我備感溫馨。本文曾經在芝加哥法學院的卡茲講座（Katz Lecture）及其他少數大學發表。關於羞恥的部分也在一些場合裡發表過，包括美國政治哲學與法哲學學會（American Society of Political and Legal Philosophy）在美國哲學協會東方分部舉行的研討會，以及加州大學波特廳的卡迪敘講座（Kadish Lecture）。在前者，我很感謝 Dan Kahan 與 Sandy Levinson 的正式批評；在後者，我很感謝 Seana Shiffrin 與 Chris Kutz。寫作中的手稿也曾經在雪城大學（Syracuse University）的一系列演講以及紐約州立大學水牛城分校的胡瑞尼講座（Hourani Lecture）裡發表。

　　感謝在各種場合給我批評指教，閱讀我的草稿並予以回應的人，他們是：Kate Abramson、Louise Antony、Marcia Baron、Michael Blake、John Brademas、John Braithwaite、Talbot Brewer、Susan Brison、Alisa Carse、Peter Cicchino、Ruth Colker、Richard Craswell、John Deigh、Joshua Dressier、Barbara Fried、Robert Goodin、Virginia Held、Dan M. Kahan、Mark Kelman、Benjamin Kilborne、Carolyn Korsmeyer、Maggie Little、Tracey Meares、Winfried Menninghaus、Jeffrie Murphy、Charles Nussbaum、Rachel Nussbaum、Eric Posner、Richard Posner、 Bernard Reginster、 Deborah Rhode、 Sibyl Schwarzenbach、Nancy Sherman、Jerry Siegel、Laura Slatkin、Marc Spindelman、Gopal Sreenivasan、Michael Stocker、Cass

Sunstein、David Velleman、James Whitman。

交給普林斯頓大學出版社的原稿經過三位讀者的書面評論，他們是 Seana Shiffrin、Robin West 與一位匿名的評論人。我滿心感謝他們，也感謝其他後來為我做了同樣事的人，他們是 Mitchell Berman、Dan Markel、Cass Sunstein 以及 Stephen Schulhofer。

最後，在本書起源的各個階段裡，我很幸運在研究上得到優異的幫助。我極度感激 Sonya Katyal、Felise Nguyen 與 Mark Johnson，謝謝他們的活力與創意。

本書獻給我長久的老朋友 David Halperin。他是一位學者、行動家以及嚴格的性取徑研究的發起人。儘管我知道在方法上與本質上他不同意本書中的許多地方（正如我也不同意某些他寫的東西），我們之間多年的共識與衝突，都是以我對他的感恩為基礎。他讓我感受到被了解、被重視，而這樣的經驗在一般的友情裡並不易見；我也希望這是雙向的感受。最後則是基於我倆對平等之人性尊嚴的熱情志業。

參考書目

Adorno, Theodor, et al. (1950). *The Authoritarian Personality*. New York: Harper and Row.

Ahmed, Eliza, Nathan Harris, John Braithwaite, and Valerie Braithwaite (2001). *Shame Management through Reintegration*. Cambridge: Cambridge University Press.

Alschuler, Albert W., and Stephen J. Schulhofer (1998). "Antiquated Procedures or Bedrock Rights? A Response to Professors Meares and Kahan." *University of Chicago Legal Forum* 1998: 215–44.

Amundson, Ron (1992). "Disability, Handicap, and the Environment." *Journal of Social Philosophy* 23: 105–18.

—— (2000a). "Biological Normality and the ADA." In Francis and Silvers (2000): 102–10.

—— (2000b). "Against Normal Function." *Studies in History and Philosophy of Biological and Biomedical Sciences* 31C: 33–53.

Angyal, Andras (1941). "Disgust and Related Aversions." *Journal of Abnormal and Social Psychology* 36: 393–412.

Annas, Julia (manuscript) (2000). "Shame and Shaming Punishments." Paper for the Workshop on Law and Social Control, University of Minnesota, November.

Archimandritou, Marta (2000). *The Open Prison* (in Modern Greek). Athens: Ellinika Grammata.

Arneson, Richard J. (2000). "Perfectionism and Politics." *Ethics* 111: 37–63.

Averill, James R. (1982). *Anger and Aggression: An Essay on Emotion*. New York: Springer.

Baker, Katharine K. (1999). "Sex, Rape, and Shame." *Boston University Law Review* 79 (1999): 663–716.

Balint, Alice (1953). "Love for the Mother and Mother Love." In Michael Balint, ed., *Primary Love and Psychoanalytic Technique*. New York: Liveright.

Bandes, Susan A. (1997). "Empathy, Narrative, and Victim Impact Statements." *University of Chicago Law Review* 63: 361–412.

——, ed. (1999). *The Passions of Law*. New York and London: New York University Press.

Bartov, Omer (1991). *Hitler's Army*. New York: Oxford University Press.

—— (1996a). *Murder in Our Midst: The Holocaust, Industrial Killing, and Representation*. New York: Oxford University Press.

—— (1996b). Review of Goldhagen (1996). *New Republic*, 29 April, 32–38.

—— (1997). Review of W. Sofsky, *The Concentration Camp*. *New Republic*, 13 October.

Batson, C. Daniel (1991). *The Altruism Question: Toward a Social-Psychological Answer*. Hillsdale, NJ: Lawrence Erlbaum Associates.

Beale, Joseph H., Jr. (1903). "Retreat from a Murderous Assault." *Harvard Law Review* 16: 567–82.

Becker, Ernest (1973). *The Denial of Death*. New York: The Free Press.

Becker, Lawrence (2000). "The Good of Agency." In Francis and Silvers (2000): 54–63.

Ben-Yehuda, Nachman (1990). *The Politics and Morality of Deviance: Moral Panics, Drug Abuse, Deviant Science, and Reversed Stigmatization*. Albany: State University of New York Press.

Bérubé, Michael (1996). *Life As We Know It: A Father, a Family, and an Exceptional Child*. New York: Pantheon.

Bollas, Christopher (1987). *The Shadow of the Object: Psychoanalysis of the Unthought Known*. London: Free Association Books.

Boswell, John (1989). "Jews, Bicycle Riders, and Gay People: The Determination of Social Consensus and Its Impact on Minorities." *Yale Journal of Law and Humanities* 1: 205–28.

Bowlby, John (1982). *Attachment and Loss*. Vol. 1: *Attachment*. 2d edition. New York: Basic Books.

——— (1973). *Attachment and Loss*. Vol. 2: *Separation: Anxiety and Anger*. New York: Basic Books.

——— (1980). *Attachment and Loss*. Vol. 3: *Loss: Sadness and Depression*. New York: Basic Books.

Boyarin, Daniel (1997). *Unheroic Conduct: The Rise of Heterosexuality and the Invention of the Jewish Man*. Berkeley and Los Angeles: University of California Press.

Brademas, John (1982). *Washington, D. C., to Washington Square: Essays on Government and Education*. New York: Weidenfeld and Nicolson.

Braithwaite, John (1989). *Crime, Shame, and Reintegration*. Cambridge and New York: Cambridge University Press.

——— (1999). "Restorative Justice: Assessing Optimistic and Pessimistic Accounts." *Crime and Justice* 25: 1–127.

——— (2002). *Restorative Justice and Responsive Regulation*. Oxford and New York: Oxford University Press.

Braithwaite, John, and Valerie Braithwaite (2001). "Shame, Shame Management and Regulation." In Ahmed, Harris, Braithwaite, and Braithwaite (2001): 3–69.

Brenner, Claudia (1995). *Eight Bullets: One Woman's Study of Surviving Anti-Gay Violence*. Ithaca, NY: Firebrand Books.

Broucek, Francis (1991). *Shame and the Self*. New York: Guilford Press, 1991.

Browning, Christopher (1992). *Ordinary Men*. New York: HarperCollins.

Bruun, Christer (1993). *The Water Supply of Ancient Rome: A Study of Roman Imperial Administration*. Helsinki: Societas Scientiarum Fennica.

Calhoun, Cheshire (2003). "An Apology for Moral Shame." *Journal of Political Philosophy* 11: 1–20.

Case, Mary Anne C. (1995) "Disaggregating Gender from Sex and Sexual Orientation: The Effeminate Man in the Law and Feminist Jurisprudence." *Yale Law Journal* 105: 1–104.

Cavell, Stanley (1969). "The Avoidance of Love: A Reading of *King Lear*." In Cavell, *Must We Mean What We Say?*. New York: Charles Scribner's Sons: 267–353.

Chodorow, Nancy (1978). *The Reproduction of Mothering: Psychoanalysis and the Sociology of Gender*. Berkeley and Los Angeles: University of California Press.

Clark, Candace (1997). *Misery and Company: Sympathy in Everyday Life*. Chicago: University of Chicago Press.

Cohen, Stanley (1972). *Folk Devils and Moral Panics: The Creation of the Mods and Rockers.* London: MacGibbon and Kee.

Comstock, Gary David (1981). "Dismantling the Homosexual Panic Defense." *Law and Sexuality* 2: 81–102.

Comstock, Gary David (1991). *Violence Against Lesbians and Gay Men.* New York: Columbia University Press.

Constable, E. L. (1997). "Shame." *Modern Language Notes* 112: 641–65.

Cornell, Drucilla (1995). *The Imaginary Domain: Abortion, Pornography, and Sexual Harassment.* New York and London: Routledge.

—— (2001). "Dropped Drawers: a Viewpoint." In *Aftermath: The Clinton Impeachment and the Presidency in the Age of Political Spectacle.* Ed. Leonard V. Kaplan and Beverley I. Moran. New York: New York University Press: 312–20.

Crossley, Mary (2000). "Impairment and Embodiment." In Francis and Silvers (2000): 111–23.

Damasio, Anthony R. (1994). *Descartes' Error: Emotion, Reason, and the Human Brain.* New York: Putnam.

Darwin, Charles R. (1965 [1872]). *The Expression of the Emotions in Man and Animals.* Chicago: University of Chicago Press.

De Grazia, Edward (1992). *Girls Lean Back Everywhere: The Law of Obscenity and the Assault on Genius.* New York: Random House.

Deigh, John (1994). "Cognitivism in the Theory of Emotions." *Ethics* 104: 824–54.

—— (1996). *The Sources of Moral Agency: Essays on Moral Psychology.* Cambridge: Cambridge University Press.

De Sousa, Ronald (1987). *The Rationality of Emotion.* Cambridge, MA: MIT Press.

Devlin, Patrick (1965). *The Enforcement of Morals.* London: Oxford University Press.

Douglas, Mary (1966). *Purity and Danger.* London: Routledge and Kegan Paul.

Dressler, Joshua (1995). "When 'Heterosexual' Men Kill 'Homosexual' Men: Reflections on Provocation Law, Sexual Advances, and the 'Reasonable Man' Standard." *The Journal of Criminal Law and Criminology* 85: 726–63.

Dressler, Joshua (2002). "Why Keep the Provocation Defense?: Some Reflections on a Difficult Subject." *Minnesota Law Review* 86: 959–1002.

Dworkin, Andrea (1987). *Intercourse.* New York: Free Press.

—— (1989). *Pornography: Men Possessing Women.* New York: E. P. Dutton.

Dworkin, Ronald (1977). "Liberty and Moralism." In Dworkin, *Taking Rights Seriously.* Cambridge: Cambridge University Press: 240–58.

Eaton, Anne (manuscript) (2001). "Does Pornography Cause Harm?" Presented at the annual meeting of the Eastern Division of the American Philosophical Association.

Ehrenreich, Barbara (2001). *Nickel and Dimed: On (Not) Getting By in America.* New York: Metropolitan Books.

Elias, Norbert (1994). *The Civilizing Process.* Cambridge, MA: Blackwell.

Ellis, Havelock (1890). "Whitman." Extract from *The New Spirit.* In *Norton Critical Edition of Whitman,* ed. Sculley Bradley and Harold W. Blodgett. New York and London: W. W. Norton, 1973: 803–13.

Ellman, Richard (1987). *Oscar Wilde.* London: Penguin.

Etzioni, Amitai (2001). *The Monochrome Society.* Princeton: Princeton University Press.

Fairbairn, W.R.D. (1952). *Psychoanalytic Studies of the Personality.* London and New York: Tavistock/Routledge.

Feinberg, Joel (1985). *The Moral Limits of the Criminal Law*. Vol. 2: *Offense to Others*. New York: Oxford University Press.

Fletcher, George (1999). "Disenfranchisement as Punishment: Reflections on the Racial Uses of *Infamia*." *UCLA Law Review* 46: 1895–1907.

Francis, Leslie Pickering, and Anita Silvers, eds. (2000). *Americans With Disabilities: Exploring Implications of the Law for Individuals and Institutions*. New York and London: Routledge.

Frank, Robert (1999). *Luxury Fever*. New York: The Free Press.

Freud, Sigmund (1905). *Three Essays on the Theory of Sexuality*. In *The Standard Edition of the Complete Psychological Works of Sigmund Freud*. Vol. 7. Ed. James Strachey. London: Hogarth Press: 125–245.

——— (1908). "Character and Anal Erotism." In *Standard Edition* 9, 169–75.

——— (1910). *Five Lectures on Psychoanalysis*. In *Standard Edition* 11, 3–56.

——— (1915). "Mourning and Melancholia." In *Standard Edition* 14, 239–58.

——— (1920). *Beyond the Pleasure Principle*. In *Standard Edition* 18.

——— (1930). *Civilization and Its Discontents*. In *Standard Edition* 21, 59–145.

——— (1985). *The Complete Letters of Sigmund Freud to Wilhelm Fliess, 1887–1904*. Ed. and trans. Jeffrey M. Masson. Cambridge, MA: Harvard University Press.

Garvey, Steven (1998). "Can Shaming Punishments Educate?" *University of Chicago Law Review* 65: 733–94.

Gattrell, V.A.C. (1994). *The Hanging Tree: Execution and the English People, 1770–1868*. Oxford and New York: Oxford University Press.

Gauthier, David (1986). *Morals By Agreement*. New York: Oxford University Press.

Geller, Jay (1992). "(G)nos(e)ology: The Cultural Construction of the Other." In *People of the Body: Jews and Judaism from an Embodied Perspective*, ed. Howard Eilberg-Schwartz. New York: State University of New York Press.

Gilligan, James (1997). *Violence: Reflections on a National Epidemic*. New York: Vintage Books.

Gilman, Sander (1991). *The Jew's Body*. New York: Routledge.

Glover, Jonathan (2000). *Humanity: A Moral History of the Twentieth Century*. New Haven: Yale University Press.

Goffman, Erving (1963). *Stigma: Notes on the Management of Spoiled Identity*. New York: Simon and Schuster.

Goldhagen, Daniel Jonah (1996). *Hitler's Willing Executioners: Ordinary Germans and the Holocaust*. New York: Knopf.

Goldhagen, Daniel Jonah, Omer Bartov, and Christopher Browning (1997). An exchange. *New Republic*, 10 February.

Graham, George (1990). "Melancholic Epistemology." *Synthese* 82: 399–422.

Gustafson, Mark (1997). "*Inscripta in fronte*: Penal Tattooing in Late Antiquity." *Classical Antiquity* 16 (1997): 79–105.

Haidt, Jonathan, Clark R. McCauley, and Paul Rozen (1994). "A Scale to Measure Disgust Sensitivity." *Personality and Individual Differences* 16: 701–13.

Hall, Stuart, Chas Critcher, Tony Jefferson, John Clarke, and Brian Roberts (1978). *Policing the Crisis: Mugging, the State, and Law and Order*. London: MacMillan.

Hilberg, Raul (1985). *The Destruction of the European Jews*. New York: Holmes and Meier.

Hollander, Anne (1994). *Sex and Suits: The Evolution of Modern Dress*. New York: Farrar, Straus, and Giroux.

Holmes, Oliver Wendell, Jr. (1992). *The Essential Holmes*. Ed. Richard A. Posner. Chicago: University of Chicago Press.

Hornle, Tatjana (2000). "Penal Law and Sexuality: Recent Reforms in German Criminal Law." *Buffalo Criminal Law Review* 3: 639–85.

Human Rights Watch (1998). *Losing the Vote: The Impact of Felony Disenfranchisement Law in the U.S.* Available online from Human Rights Watch at *humanrightswatch.org.*

Hyde, H. Montgomery (1956). *The Three Trials of Oscar Wilde.* New York: University Books.

Ignatieff, Michael (1978). *A Just Measure of Pain: The Penitentiary in the Industrial Revolution, 1750–1850.* New York: Pantheon.

Jenkins, Philip (1998). *Moral Panic: Changing Concepts of the Child Molester in Modern America.* New Haven and London: Yale University Press.

Johnson, Mark L. (2001). Comment on sentencing and equal protection. *University of Chicago Legal Forum.*

Jones, Christopher P. (1987). "*Stigma:* Tattooing and Branding in Graeco-Roman Antiquity." *Journal of Roman Studies* 77: 139–55.

—— (2000). "Stigma and Tattoo." In *Written on the Body,* ed. Jane Caplan. Princeton: Princeton University Press: 1–16.

Kadidal, Shayana (1996). "Obscenity in the Age of Mechanical Reproduction." *American Journal of Comparative Law* 44: 353–85.

Kadish, Sanford H., and Stephen J. Schulhofer (1989). *Criminal Law and Its Processes: Cases and Materials.* 5th ed. Boston, Toronto, and London: Little, Brown and Company.

Kahan, Dan M. (1996). "What Do Alternative Sanctions Mean?" *University of Chicago Law Review* 63: 591–653.

—— (1998). "*The Anatomy of Disgust* in Criminal Law." *Michigan Law Review* 96: 1621–57.

—— (1999a). "The Progressive Appropriation of Disgust." In Bandes (1999): 63–79.

Kahan, Dan M., and Martha C. Nussbaum (1996). "Two Conceptions of Emotion in Criminal Law." *Columbia Law Review* 96: 269–374.

Kahan, Dan M., and Eric A. Posner (1999). "Shaming White-Collar Criminals: A Proposal for Reform of the Federal Sentencing Guidelines." *Journal of Law and Economics* 42: 365–91.

Kaster, Robert A. (1997). "The Shame of the Romans." *Transactions of the American Philological Association* 127: 1–19.

—— (2001). "The Dynamics of *Fastidium.*" *Transactions of the American Philological Association* 131: 143–89.

Kavka, Gregory S. (2000). "Disability and the Right to Work." In Francis and Silvers (2000): 174–92.

Kelman, Mark (2000). "Does Disability Status Matter?" In Francis and Silvers (2000): 91–101.

Kelman, Mark, and Gillian Lester (1997). *Jumping the Queue: An Inquiry into the Legal Treatment of Students with Learning Disabilities.* Cambridge, MA, and London: Harvard University Press.

Kernberg, Otto (1985). *Borderline Conditions and Pathological Narcissism.* Northvale, NJ: Jason Aronson.

Kilborne, Benjamin (2002). *Disappearing Persons: Shame and Appearance.* Albany: State University of New York Press.

Kim, David Haekwon (2001). *Mortal Feelings: A Theory of Revulsion and the Intimacy of Agency.* Ph.D. Dissertation, Syracuse University, August 2001.

Kindlon, Daniel J. (2001). *Too Much of a Good Thing: Raising Children of Character in an Indulgent Age.* New York: Miramax.

Kindlon, Daniel J., and Michael Thompson (1999). *Raising Cain: Protecting the Emotional Life of Boys.* New York: Ballantine Books.

Kittay, Eva Feder (1999). *Love's Labor: Essays on Women, Equality, and Dependency.* New York and London: Routledge.

Klein, Melanie (1984). *Envy and Gratitude and Other Works 1946-1963.* London: The Hogarth Press.

—— (1985). *Love, Guilt, and Reparation and Other Works 1921-1945.* London: The Hogarth Press.

Kniss, Fred (1997). *Disquiet In the Land: Cultural Conflict in American Mennonite Communities.* New Brunswick, NJ: Rutgers University Press.

Kohut, Heinz (1981a). "On Empathy." In *The Search for the Self: Selected Writings of Heinz Kohut: 1978-1981,* ed. P. H. Orstein. Madison, CT: International Universities Press, Inc: 525-35.

—— (1981b). "Introspection, Empathy, and the Semicircle of Mental Health." In *The Search for the Self: Selected Writings of Heinz Kohut: 1978-1981,* ed. P. H. Orstein. Madison, CT: International Universities Press, Inc: 537-67.

—— (1986). "Forms and Transformations of Narcissism." In Morrison (1986): 61-88.

Koppelman, Andrew (2002). *The Gay Rights Question in Contemporary American Law.* Chicago: University of Chicago Press.

Korsmeyer, Carolyn W. (1999). *Making Sense of Taste.* Ithaca, NY: Cornell University Press.

Larmore, Charles (1987). *Patterns of Moral Complexity.* New York: Cambridge University Press.

—— (1996). *The Morals of Modernity.* New York: Cambridge University Press.

Law, Sylvia A. (1988). "Homosexuality and the Social Meaning of Gender." *Wisconsin Law Review:* 187-235.

Lazarus, Richard S. (1991). *Emotion and Adaptation.* New York: Oxford University Press.

LeDoux, Joseph (1996). *The Emotional Brain: The Mysterious Underpinnings of Emotional Life.* New York: Simon & Schuster.

Levitz, Mitchell, and Jason Kingsley (1994). *Count Us In: Growing Up with Down Syndrome.* New York: Harcourt Brace.

Lindgren, James (1993). "Defining Pornography." *University of Pennsylvania Law Review* 141: 1153-1276.

Lopez, Frederick G., and Kelly A. Brennan (2000). "Dynamic Processes Underlying Adult Attachment Organization." *Journal of Counseling Psychology* 47: 283-300.

Lumbard, J. Edward (1965). "The Citizens' Role in Law Enforcement." *Journal of Criminal Law, Criminology and Police Science* 56: 67-72.

MacKinnon, Catharine A. (1987). *Feminism Unmodified: Discourses on Life and Law.* Cambridge, MA: Harvard University Press.

—— (1989). *Toward a Feminist Theory of the State.* Cambridge, MA: Harvard University Press.

MacKinnon, Catharine A., and Andrea Dworkin (1997). *In Harm's Way: The Pornography Civil Rights Hearings.* Cambridge, MA: Harvard University Press.

Maguigan, Holly (1991). "Battered Women and Self-Defense: Myths and Misconceptions in Current Reform Proposals." *University of Pennsylvania Law Review* 140: 379–486.

Mahler, Margaret S. (1968). *On Human Symbiosis and the Vicissitudes of Individuation.* Vol. I: *Infantile Psychosis.* New York: International Universities Press.

————— (1979). *The Selected Papers of Margaret S. Mahler.* Vol. 1: *Infantile Psychosis and Early Contributions.* Vol. 2: *Separation-Individuation.*

Mahler, Margaret, Fred Pine, and Anni Bergman (2000 [1975]). *The Psychological Birth of the Human Infant: Symbiosis and Individuation.* First paperback edition. New York: Basic Books.

Mandler, George (1975). *Mind and Emotion.* New York: Wiley.

————— (1984). *Mind and Body: Psychology of Emotion and Stress.* New York: Norton.

Margalit, Avishai (1996). *The Decent Society.* Trans. Naomi Goldblum. Cambridge, MA: Harvard University Press.

Maritain, Jacques (1953). *Man and the State.* Chicago: University of Chicago Press.

Markel, Dan (2001). "Are Shaming Punishments Beautifully Retributive?: Retributivism and the Implications for the Alternative Sanctions Debate." *Vanderbilt Law Review* 54: 2157–2242.

Marmontel, Jean-François (1999). *Mémoires.* Paris: Mercure de France.

Massaro, Toni (1991). "Shame, Culture, and American Criminal Law." *Michigan Law Review* 89: 1880–1942.

————— (1997). "The Meanings of Shame: Implications for Legal Reform." *Psychology, Public Policy and Law* 3: 645–80.

————— (1999). "Show (Some) Emotions." In Bandes (1999): 80–122.

Meares, Tracey, and Dan M. Kahan (1998a). "The Wages of Antiquated Procedural

Meares, Tracy, and Dan M. Kahan (1998b). "The Coming Crisis of Criminal Procedure." *Georgetown Law Journal* 86: 1153–84.

————— (1999). "When Rights are Wrong." In Symposium, "Do Rights Handcuff Democracy?" (with respondents). *Boston Review* 24: 4–8, respondents 10–22, response by Meares and Kahan 22–23.

Menninghaus, Winfried (1999). *Ekel: Theorie und Geschichte einer starken Empfindung.* Frankfurt: Suhrkamp.

Mill, John Stuart (1838). "Bentham."

————— (1859). *On Liberty.*

————— (1861). *Utilitarianism.*

————— (1873). *Autobiography.* (Posthumously published.)

Miller, Alice (1986). "Depression and Grandiosity as Related Forms of Narcissistic Disturbances." *In Morrison* (1986): 323–47.

Miller, William I. (1993). *Humiliation.* Ithaca, NY: Cornell University Press.

————— (1997). *The Anatomy of Disgust.* Cambridge, MA: Harvard University Press.

————— (1998). "Sheep, Joking, Cloning and the Uncanny." In *Clones and Clones,* ed. Martha C. Nussbaum and Cass R. Sunstein. New York: Norton: 78–87.

Minow, Martha (1990). Making All the Difference: *Inclusion, Exclusion, and American Law.* Ithaca, NY: Cornell University Press.

Mison, Robert B. (1992). "Comment: Homophobia in Manslaughter: The Homosexual Advance as Insufficient Provocation." *California Law Review* 80: 133–37.

Morris, Herbert (1968). "Persons and Punishment." Originally published in *The Monist* 52. Reprinted in *Punishment and Rehabilitation*, ed. Jeffrie Murphy. 3d edition. Belmont, CA: Wadsworth Publishing Company, 1995: 74–93.

——— (1971). *Guilt and Shame*. Belmont, CA: Wadsworth Publishing Co.

Morris, Jenny (1991). *Pride Against Prejudice*. Philadelphia: New Society Publishers, 1991.

——— (1992). "Tyrannies of Perfection." *The New Internationalist*, 1 July, 16.

Morris, Norval, and David J. Rothman, eds. (1998). *The Oxford History of the Prison: The Practice of Punishment in Western Society*. New York and Oxford: Oxford University Press.

Morrison, Andrew P. (1986a). *The Culture of Shame*. London and Northvale, NJ: Jason Aronson.

——— (1986b). "Shame, Ideal Self, and Narcissism." In Morrison (1986): 348–72.

——— (1989). *Shame: The Underside of Narcissism*. Hillsdale, NJ: The Analytic Press.

———, ed., (1986). *Essential Papers on Narcissism*. New York and London: New York University Press.

Morse, Stephen J. (1984). "Undiminished Confusion in Diminished Capacity." *Journal of Criminal Law and Criminology* 75: 1–34.

Murdoch, Iris (1970). *The Sovereignty of Good*. London: Routledge.

Murphy, Jeffrie G., and Jean Hampton (1988). *Forgiveness and Mercy*. Cambridge and New York: Cambridge University Press.

Nagel, Thomas (1997). "Justice and Nature." *Oxford Journal of Legal Studies* 17: 303–21.

——— (1998). "Concealment and Exposure." *Philosophy and Public Affairs* 27: 3–30.

Nourse, Victoria (1997). "Passion's Progress: Modern Law Reform and the Provocation Defense." *Yale Law Journal* 106: 1331–1443.

Nussbaum, Martha C. (1990). *Love's Knowledge: Essays on Philosophy and Literature*. New York: Oxford University Press.

——— (1994). *The Therapy of Desire: Theory and Practice in Hellenistic Ethics*. Princeton: Princeton University Press.

——— (1995). *Poetic Justice: The Literary Imagination and Public Life*. Boston: Beacon Press.

——— (1997). *Cultivating Humanity: A Classical Defense of Reform in Liberal Education*. Cambridge, MA: Harvard University Press.

——— (1998). "Emotions as Judgments of Value: A Philosophical Dialogue." *Comparative Criticism* 20: 33–62.

——— (1999a). *Sex and Social Justice*. New York: Oxford University Press.

——— (1999b). "'Secret Sewers of Vice': Disgust, Bodies, and the Law." *In* Bandes (1999):19–62.

——— (1999c). "Invisibility and Recognition: Sophocles' *Philoctetes* and Ellison's *Invisible Man*." *Philosophy and Literature* 23: 257–83.

——— (2000a). *Women and Human Development: The Capabilities Approach*. Cambridge and New York: Cambridge University Press.

——— (2000b). "The Future of Feminist Liberalism." *Proceedings and Addresses of the American Philosophical Association* 74: 47–79.

——— (2000c). "Aristotle, Politics, and Human Capabilities: A Response to Antony, Arneson, Charlesworth, and Mulgan." *Ethics* 111: 102–40.

——— (2001a). *Upheavals of Thought: The Intelligence of Emotions*. Cambridge and New York: Cambridge University Press.

—— (2001b). "Disabled Lives: Who Cares?" *New York Review of Books* 48, 11 January 34–37.

—— (2001c). "Political Objectivity." *New Literary History* 32: 883–906.

—— (2002a). "Millean Liberty and Sexual Orientation." *Law and Philosophy* 21: 317–34.

—— (2002b). "Sex Equality, Liberty, and Privacy: A Comparative Approach to the Feminist Critique." In E. Sridharan, R. Sudarshan, and Z. Hasan, eds., *India's Living Constitution: Ideas, Practices, Controversies*. Delhi: Permanent Black: 242–83.

—— (2003a). "Capabilities as Fundamental Entitlements: Sen and Social Justice." *Feminist Economics* 9: 33–59.

—— (2003b). "Compassion and Terror." *Daedalus* (Winter) 10–26.

—— (2003c). "Genocide in Gujarat: The International Community Looks Away." *Dissent* (Summer) 61–69.

Oatley, Keith (1992). *Best Laid Schemes: The Psychology of Emotions*. Cambridge: Cambridge University Press.

Ochoa, Tyler Trent, and Christine Newman Jones (1997). "Defiling the Dead: Necrophilia and the Law." *Whittier Law Review* 18: 539–78.

Olyan, Saul, and Martha C. Nussbaum, eds. (1998). *Sexual Orientation and Human Rights in American Religious Discourse*. New York: Oxford University Press.

Ortner, Sherry B. (1973). "Sherpa Purity." *American Anthropologist* 75: 49–63.

Ortony, Andrew, Gerald L. Clore, and Allan Collins (1988). *The Cognitive Structure of Emotions*. Cambridge: Cambridge University Press.

Piers, Gerhart, and Milton B. Singer (1953). *Shame and Guilt: A Psychoanalytic and a Cultural Study*. Springfield, IL: Charles C. Thomas.

Pipher, Mary (1994). *Reviving Ophelia: Saving the Selves of Adolescent Girls*. New York: Putnam.

Pohlman, H. L. (1999). *The Whole Truth? A Case of Murder on the Appalachian Trail*. Amherst: University of Massachusetts Press.

Posner, Eric A. (2000). *Law and Social Norms*. Cambridge, MA: Harvard University Press.

Posner, Richard A. (1990). *The Problems of Jurisprudence*. Cambridge, MA: Harvard University Press.

—— (1992). *Sex and Reason*. Cambridge, MA: Harvard University Press.

—— (1995). *Overcoming Law*. Cambridge, MA: Harvard University Press.

Posner, Richard A., and Katharine B. Silbaugh (1996). *A Guide to America's Sex Laws*. Cambridge, MA: Harvard University Press.

Proctor, Robert N. (1999). *The Nazi War on Cancer*. Princeton and Oxford: Princeton University Press.

Rawls, John (1971). *A Theory of Justice*. Cambridge, MA: Harvard University Press.

—— (1996). Political Liberalism. Expanded paperback edition. New York: Columbia University Press.

Reich, Annie (1986). "Pathologic Forms of Self-Esteem Regulation." In Morrison (1986): 44–60.

Reynolds, David S. (1995). *Walt Whitman's America: A Cultural Biography*. New York: Knopf.

Rodman, F. Robert (2003). *Winnicott: Life and Work*. Cambridge, MA: Perseus Publishing.

Rozin, Paul, and April E. Fallon (1987). "A Perspective on Disgust." *Psychological Review* 94: 23–41.

Rozin, Paul, April E. Fallon, and R. Mandell (1984). "Family Resemblance in Attitudes to Foods." *Developmental Psychology* 20: 309–14.

Rozin, Paul, Jonathan Haidt, and Clark R. McCauley (1999). "Disgust: The Body and Soul Emotion." *Handbook of Cognition and Emotion*. Ed. T. Dalgleish and M. Power. Chichester, UK: John Wiley and Sons, Ltd.: 429–45.

——— (2000). "Disgust." *Handbook of Emotions, 2d Edition*. Ed. M. Lewis and J. M. Haviland-Jones. New York: Guilford Press: 637–53.

Sanders, Clinton R. (1989). *Customizing the Body: The Art and Culture of Tattooing*. Philadelphia: Temple University Press.

Sarkar, Tanika (2002). "Semiotics of Terror." *Economic and Political Weekly*. 13 July.

Scheler, Max (1957). "Über Scham und Schamgefühl." *Schriften aus dem Nachlass*. Band 1: *Zur Ethik und Erkenntnislehre*. Bern: Francke: 55–148.

Schulhofer, Steven J. (1995). "The Trouble with Trials; the Trouble with Us." *Yale Law Journal* 105: 825–55.

Sennett, Richard (2003). *Respect in a World of Inequality*. New York: W. W. Norton.

Sherman, Nancy (1999). "Taking Responsibility for Our Emotions." In *Responsibility*, ed. E. Paul and J. Paul. Cambridge and New York: Cambridge University Press: 1999: 294–323.

Silvers, Anita (1998). "Formal Justice." In Silvers, Wasserman, and Mahowald (1998): 13–145.

——— (2000). "The Unprotected: Constructing Disability in the Context of Antidiscrimination Law." In Francis and Silvers (2000): 126–45.

Silvers, Anita, David Wasserman, and Mary Mahowald (1998). *Disability, Difference, Discrimination: Perspectives on Justice in Bioethics and Public Policy*. Lanham, MD: Rowman and Littlefield.

Spierenburg, Pieter (1984). *The Spectacle of Suffering: Executions and the Evolution of Repression*. Cambridge and New York: Cambridge University Press.

Stern, Daniel N. (1977). *The First Relationship: Infant and Mother*. Cambridge, MA: Harvard University Press.

——— (1985). *The Interpersonal World of the Infant*. New York: Basic Books.

——— (1990). *Diary of a Baby*. New York: Basic Books.

Strawson, Peter (1968). "Freedom and Resentment." In Strawson, *Studies in the Philosophy of Thought and Action*. New York and Oxford: Oxford University Press: 71–96.

Sunstein, Cass R. (1993). *Democracy and the Problem of Free Speech*. New York: The Free Press.

——— (1997). *Free Markets and Social Justice*. New York and Oxford: Oxford University Press.

——— (1999). *One Case at a Time: Judicial Minimalism on the Supreme Court*. Cambridge, MA: Harvard University Press.

——— (2001). *Designing Democracy: What Constitutions Do*. New York and Oxford: Oxford University Press.

Sunstein, Cass R., Daniel Kahnemann, and David A. Schkade (1998). "Assessing Punitive Damages (with Notes on cognition and Valuation in Law)." *Yale Law Journal* 107: 2071 ff.

Sunstein, Cass R., Reid Hastie, John W. Payne, David A. Shkade, and W. Kip Viscusi (2002). *Punitive Damages: How Juries Decide*. Chicago: University of Chicago Press.

Taylor, Gabriele (1985). *Pride, Shame and Guilt: Emotions of Self-Assessment.* Oxford: Clarendon Press.

tenBroek, Jacobus (1966). "The Right to Be in the World: The Disabled in the Law of Torts." *California Law Review* 54 (1966): 841–919.

Theweleit, Klaus (1987, 1989). *Male Fantasies.* Trans. S. Conway. Two Volumes. Minneapolis: University of Minnesota Press.

Tomkins, Silvan S. (1962–63). *Affect/Imagery/Consciousness.* Vols. 1 and 2. New York: Springer.

Tonry, Michael (1999). "Rethinking Unthinkable Punishment Policies in America." *UCLA Law Review* 46: 1751–91.

Tonry, Michael, and Kathleen Hatlestad, eds. (1997). *Sentencing Reform in Overcrowded Times: A Comparative Perspective.* New York and Oxford: Oxford University Press.

Veatch, Robert M. (1986). *The Foundations of Justice: Why the Retarded and the Rest of Us Have Claims to Equality.* New York and Oxford: Oxford University Press.

Velleman, J. David (2002). "The Genesis of Shame." *Philosophy and Public Affairs* 30: 27–52.

Walker, Lenore (1980). *Battered Woman.* New York: Perennial.

Warner, Michael (1999). *The Trouble with Normal: Sex, Politics, and the Ethics of Queer*

Wasserman, David (1998). "Distributive Justice." In Silvers, Wasserman, and Mahowald (1998): 147–208.

——— (2000). "Stigma without Impairment: Demedicalizing Disability Discrimination." In *Francis* and *Silvers* (2000): 146–62.

Weininger, Otto (1906). *Sex and Character.* London and New York: William Heinemann and G. P. Putnam's Sons. (Based on 6th German edition.)

Whitman, James Q. (1998). "What Is Wrong with Inflicting Shame Sanctions?" *Yale Law Journal* 107: 105 ff.

——— (2003). *Harsh Justice: Criminal Punishment and the Widening Divide between America and Europe.* New York and Oxford: Oxford University Press.

Whitman, Walt (1973). *Leaves of Grass.* Norton Critical Edition. Ed. Scolley Bradley and Harold W. Blodgett. New York: W. W. Norton.

Williams, Bernard (1993). *Shame and Necessity.* Berkeley and Los Angeles: University of California Press.

Williams, Joan (1999). *Unbending Gender: Why Family and Work Conflict and What to Do About It.* New York and Oxford: Oxford University Press.

Winnicott, Donald W. (1965). *The Maturational Processes and the Facilitating Environment: Studies in the Theory of Emotional Development.* Madison, CT: International Universities Press, Inc.

——— (1986). *Holding and Interpretation: Fragments of an Analysis.* New York: Grove Press.

Wollheim, Richard (1984). *The Thread of Life.* Cambridge, MA: Harvard University Press.

——— (1999). *On the Emotions.* New Haven: Yale University Press.

Wurmser, Leon (1981). *The Mask of Shame.* Baltimore: Johns Hopkins University Press.

Yoshino, Kenji (2002). "Covering." *Yale Law Journal* 111: 760–939.

Young-Bruehl, Elizabeth (1996). *The Anatomy of Prejudices.* Cambridge, MA: Harvard University Press.

國家圖書館出版品預行編目資料

逃避人性／瑪莎・納思邦 （Martha C. Nussbaum）著　方佳俊譯
一初版一台北市：商周出版：家庭傳媒城邦分公司發行
2007（民96）面： 公分.（人與法律：61）
譯自 Hiding from Humanity: Disgust, Shame, and the Law

ISBN 978-986-124-883-7 （平裝）
1.法律 — 心理方面
580.167　　　　　　　　　　　　　　　　96007850

人與法律　61

逃避人性

原 著 書 名 / Hiding from Humanity: Disgust, Shame, and the Law
作　　　者 / 瑪莎・納思邦（MARTHA C. NUSSBAUM）
譯　　　者 / 方佳俊
總 　 編 　 輯 / 楊如玉
責 任 編 輯 / 陳玳妮

發 　 行 　 人 / 何飛鵬
法 律 顧 問 / 元禾法律事務所　王子文律師
出　　　版 / 商周出版
　　　　　　城邦文化事業股份有限公司
　　　　　　台北市中山區民生東路二段141號9樓
　　　　　　電話：(02) 2500-7008 傳眞：(02) 2500-7759
　　　　　　E-mail：bwp.service@cite.com.tw
發 　 　 　 行 / 英屬蓋曼群島商家庭傳媒股份有限公司城邦分公司
　　　　　　台北市中山區民生東路二段141號2樓
　　　　　　書虫客服服務專線：02-25007718・02-25007719
　　　　　　24小時傳眞服務：02-25001990・02-25001991
　　　　　　服務時間：週一至週五09:30-12:00・13:30-17:00
　　　　　　郵撥帳號：19863813　戶名：書虫股份有限公司
　　　　　　讀者服務信箱E-mail：service@readingclub.com.tw
　　　　　　歡迎光臨城邦讀書花園 網址：www.cite.com.tw
香 港 發 行 所 / 城邦（香港）出版集團有限公司
　　　　　　香港灣仔軒尼詩道235號3樓 Email：hkcite@biznetvigator.com
　　　　　　電話：(852) 25086231　傳眞：(852) 25789337
馬 新 發 行 所 / 城邦(馬新)出版集團 Cite (M) Sdn. Bhd. (458372 U)
　　　　　　11, Jalan 30D/146, Desa Tasik, Sungai Besi,57000
　　　　　　Kuala Lumpur, Malaysia. Email：citecite@streamyx.com
　　　　　　電話：(603)9056 3833　傳眞：(603) 9056 2833

封 面 設 計 / 王志弘
排　　　版 / 極翔企業有限公司
印　　　刷 / 韋懋實業有限公司
經 　 銷 　 商 / 聯合發行股份有限公司
　　　　　　電話：(02)2917-8022　傳真：(02) 2911-0053
　　　　　　地址：新北市231新店區寶橋路235巷6弄6號2樓

■2007年5月初版　　　　　　　　　　　Printed in Taiwan
■2024年2月初版 3.3刷
定價 / 500元

廣　告　回　函
北區郵政管理登記證
台北廣字第000791號
郵資已付，免貼郵票

104台北市民生東路二段141號2樓

英屬蓋曼群島商家庭傳媒股份有限公司　城邦分公司

請沿虛線對摺，謝謝！

書號：BJ0061	書名：逃避人性	編碼：

 商周出版

讀者回函卡

感謝您購買我們出版的書籍!請費心填寫此回函卡,我們將不定期寄上城邦集團最新的出版訊息。

不定期好禮
立即加入:
Facebook

姓名:＿＿＿＿＿＿＿＿＿＿＿＿＿＿＿＿＿ 性別:□男 □女

生日:西元＿＿＿＿＿＿＿年＿＿＿＿＿＿＿月＿＿＿＿＿日

地址:＿＿＿＿＿＿＿＿＿＿＿＿＿＿＿＿＿＿＿＿＿＿＿＿

聯絡電話:＿＿＿＿＿＿＿＿＿＿ 傳真:＿＿＿＿＿＿＿＿＿

E-mail:

學歷:□ 1. 小學 □ 2. 國中 □ 3. 高中 □ 4. 大學 □ 5. 研究所以上

職業:□ 1. 學生 □ 2. 軍公教 □ 3. 服務 □ 4. 金融 □ 5. 製造 □ 6. 資訊

　　　□ 7. 傳播 □ 8. 自由業 □ 9. 農漁牧 □ 10. 家管 □ 11. 退休

　　　□ 12. 其他＿＿＿＿＿＿＿＿＿＿＿＿＿＿＿＿＿＿＿＿

您從何種方式得知本書消息?

　　　□ 1. 書店 □ 2. 網路 □ 3. 報紙 □ 4. 雜誌 □ 5. 廣播 □ 6. 電視

　　　□ 7. 親友推薦 □ 8. 其他＿＿＿＿＿＿＿＿＿＿＿＿＿＿

您通常以何種方式購書?

　　　□ 1. 書店 □ 2. 網路 □ 3. 傳真訂購 □ 4. 郵局劃撥 □ 5. 其他＿＿＿＿

您喜歡閱讀那些類別的書籍?

　　　□ 1. 財經商業 □ 2. 自然科學 □ 3. 歷史 □ 4. 法律 □ 5. 文學

　　　□ 6. 休閒旅遊 □ 7. 小說 □ 8. 人物傳記 □ 9. 生活、勵志 □ 10. 其他

對我們的建議:＿＿＿＿＿＿＿＿＿＿＿＿＿＿＿＿＿＿＿＿＿

＿＿＿＿＿＿＿＿＿＿＿＿＿＿＿＿＿＿＿＿＿＿＿＿＿＿＿＿

＿＿＿＿＿＿＿＿＿＿＿＿＿＿＿＿＿＿＿＿＿＿＿＿＿＿＿＿